汽车保险与理赔

主　编　郑利民　高伟江　康　凯

北京理工大学出版社
BEIJING INSTITUTE OF TECHNOLOGY PRESS

内容简介

本书在介绍保险相关基础知识的基础上，详细介绍了汽车保险与理赔的基本理论知识和实务操作。全书对我国汽车保险的发展历程、历史沿革进行了详细叙述，并就最新的汽车保险险种、保险条款和费率模式进行了详细系统的介绍，对汽车投保、承保、理赔、现场查勘、定损、赔款理算等有关保险实务进行了详细叙述，并附有大量汽车保险理赔典型案例分析和现行的保险相关法律法规。另外，为了适应现阶段汽车行业和保险行业的发展，本书还加入了新能源汽车的保险条款和新能源汽车的查勘、定损、理赔理算和线上投保、线上理赔、远程定损等新的模式和内容。

本书适合本科院校汽车服务工程专业教学使用。

图书在版编目(CIP)数据

汽车保险与理赔 / 郑利民，高伟江，康凯主编. --北京：北京理工大学出版社，2023. 10

ISBN 978-7-5763-3037-3

Ⅰ. ①汽… Ⅱ. ①郑… ②高… ③康… Ⅲ. ①汽车保险-理赔-中国-高等学校-教材 Ⅳ. ①F842.63

中国国家版本馆 CIP 数据核字(2023)第 205863 号

责任编辑：徐艳君　　**文案编辑**：徐艳君
责任校对：刘亚男　　**责任印制**：李志强

出版发行 / 北京理工大学出版社有限责任公司
社　　址 / 北京市丰台区四合庄路 6 号
邮　　编 / 100070
电　　话 / (010) 68914026（教材售后服务热线）
(010) 68944437（课件资源服务热线）
网　　址 / http://www.bitpress.com.cn

版 印 次 / 2023 年 10 月第 1 版第 1 次印刷
印　　刷 / 三河市天利华印刷装订有限公司
开　　本 / 787 mm×1092 mm　1/16
印　　张 / 18. 75
字　　数 / 437 千字
定　　价 / 82. 00 元

前 言

汽车工业和保险业都是我国现代经济的重要产业，而汽车保险隶属于财产保险的范畴，可以说是汽车行业和保险行业结合而产生的。1983 年我国将汽车保险改为机动车辆保险，使其具有了更广泛的适应性。尤其伴随着汽车进入百姓的日常生活，机动车辆保险正逐步成为与人们生活密切相关的经济活动，其发展程度体现了社会文明水平、经济发展程度和社会治理能力。

党的二十大报告明确指出“深入贯彻以人民为中心的发展思想”“深入开展人才强国战略”“贯彻新发展理念和坚持问题导向”，培养适合我国当前汽车保险所需的应用型高级人才，汽车保险理赔课程在人才培养上起到了重要的推动作用。2021 年我国财产保险保费收入 1.27 万亿元，其中机动车辆保险保费收入 0.82 万亿元，占 64.6%，是我国财产保险公司的龙头险种和经营的生命线。与此同时，随着道路交通的快速发展和汽车保有量的大幅度提升，机动车辆保险的业务量将更大，涉及面也将更加广泛。为了顺应时代发展，汽车相关专业的各院校在机动车辆保险人才培养方面要更加注重调动学生的主动性，加强培养学生分析问题、解决问题的能力，以及对汽车保险市场不断发展的适应能力。

本书是为了更好地满足本科院校对汽车保险课程的教学需求和适应快速变化的汽车保险市场而编写的。在编写的过程中，本书以应用需求为中心，以培养学生自主学习、提高学生学习兴趣为出发点，结合互联网+，将实际案例与理论知识内容相结合，增加了阅读材料，拓宽了知识范围。本书旨在提升学生的理论与实践水平，为汽车保险行业培养高水平的应用型人才。

本书较为全面地介绍了汽车保险的基本理论及方法，主要内容包括保险的基本理论知识、汽车保险基础、汽车保险产品、汽车保险承保实务、汽车保险理赔和定损实务，以及汽车保险相关法律法规等。在章节内容安排上，每章有教学目标、教学案例、习题、案例分析等，层次清楚，便于教学。本书为校企合作教材，在编写过程中，相关汽车企业和中国人保财险锦州分公司为本书提供了很多实用的可操作案例，故本书可作为本科院校汽车服务工程及其他汽车类相关专业教材，也可作为培训机构教学用书及其他喜欢汽车保险知识或从事汽车保险工作的读者的参考用书。

本书是辽宁工业大学的立项教材，并由辽宁工业大学资助出版。全书由郑利民、高伟江、康凯担任主编，具体编写分工为：辽宁工业大学郑利民编写第 5、7 章，辽宁工业大学高伟江编写第 1、4 章，辽宁理工学院康凯编写第 2、3 章，中国人民财产保险股份有限公司任明鹤、解彦林编写第 6 章。

本书在编写过程中参阅了一些文献、保险领域公众号和网站相关资料，受益匪浅，在此对有关作者表示感谢。

受时间和编者水平所限，书中的不妥和疏漏之处在所难免，恳请广大读者批评指正，以期后续进一步完善和丰富本书内容。

编　者

2023 年 4 月

目 录

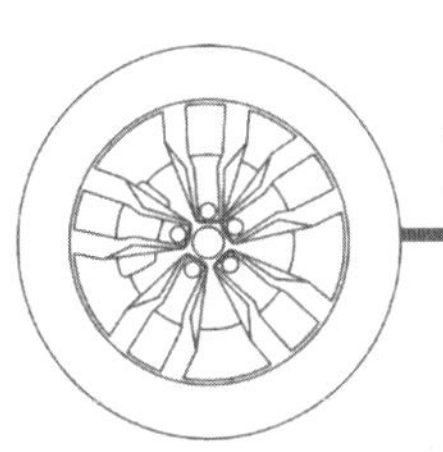

1 保险概述

学习目标

本章主要讲述风险、保险和保险原则的基本知识，要求学生了解风险的含义和构成要素、保险的概念和分类，掌握保险利益原则、最大诚信原则、近因原则、损失补偿原则、代位原则，以及分摊原则的含义与主要规定，并能熟练应用这些原则及规定解决汽车保险活动中的实际问题。

1.1 风险与风险管理

“天有不测风云，人有旦夕祸福”这句俗语是人类对自己的命运、对自然规律的不可预见性的一种无可奈何的总结。人类在从事生产经营活动和日常生活中，随时都会面临各种各样的风险，例如自然界的地震、台风、洪水，人类社会的瘟疫、战争、意外事故等。人类的发展史从某种意义上讲就是同这些风险斗争的历史。人们已经想出了多种举措来规避危险、减少损失或者转嫁风险，其中，购买保险就是一种比较简单、便于计算成本的有效方式。可以说没有风险就没有保险，风险的客观存在是保险产生与发展的自然基础。因此，保险的研究必须从风险入手。

1.1.1 风险的概念和特征

保险理论的风险，通常是指损失发生的不确定性，它有两层含义：一是可能存在损失，二是这种损失是不确定的。这种不确定性包括是否发生不确定、发生的时间和地点不确定、发生的过程和结果不确定。总之，风险是与损失和不确定性相关联的。根据风险的概念及其外在表现可知，风险具有以下特征：

1. 风险存在的客观性

风险是客观而真实存在的，并且不以人的意志为转移的。例如，人类面临的各种各样的自然灾害和人类社会的瘟疫、战争、意外事故等，无论人们是否意识到，它们都一直存在。人类只能在一定的条件下改变风险发生或存在的条件，从而降低风险发生的概率和损失程度，但是却不能彻底消除风险。

2. 风险发生的不确定性

风险总体表现为客观存在，但对某个风险个体来说是偶然的，是一种随机现象，其发生与否、发生时间、发生地点、损失程度等都表现出不确定性。例如，交通事故是客观存在的，但是不能确定某一个具体事故的发生时间、地点及损失。

3. 风险损失的必然性

事件的发展可能导致三种结果：损失、无损失和收益。其中损失是我们所关注的，无损失和收益不是保险学所指的风险。只有当风险给人们的生命和财产造成损失时，才称为风险，否则只是一种普通现象。损失和我们的经济利益息息相关，指的是风险发生后对人们的身体、生命或经济方面等造成的损失。经济方面的损失可以用货币直接衡量，人的健康和生命不能用货币直接衡量，需要转化成收入的减少或支出的增多，因为保险的作用是对损失的经济利益进行补偿。

4. 大量风险的可测性

个别风险的发生是偶然的，但对于某一类风险总体而言，风险的发生是必然的，并且具有一定的规律性。风险可以利用概率论和数理统计的方法进行预测、衡量与评估，这体现了风险总体的可测性，也为保险的经营奠定了基础。

5. 风险的变革性

风险已渗入人类社会经济生活的方方面面，随时威胁着人类的生命和财产安全。而且随着经济的发展、技术的进步和生活方式的改变，风险也在发生着变化。人类致力于消除某一风险的同时，又会有新的风险出现。例如，当机器人的操作代替人工操作后，人的安全事故风险可能会消除，但是大批熟练工人又可能会面临由于失业而失去生活保障的新风险。

1.1.2 风险的三要素

风险三要素包括风险因素、风险事故和风险损失。它们之间是必要不充分条件，见图1-1。

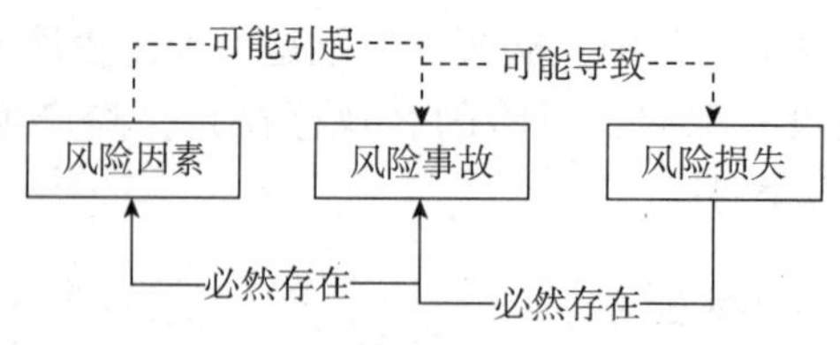

图 1-1 风险三要素

1. 风险因素

风险因素是指引起或增加风险事故的机会或扩大损失幅度的原因和条件，是风险事故发生的潜在原因，或者是造成损失的内在的或间接的原因。它大致可以分为有形风险因素和无形风险因素。

有形风险因素也叫实质风险因素，是指能引起或增加损失发生机会或扩大损失程度的物质条件，如车辆转向失灵或制动失效、环境污染，免疫力下降等因素。

无形风险因素是一类非物质形态的因素，包括道德风险因素、心理风险因素和社会风

险因素三种。道德风险因素是与人的品德修养有关的无形风险因素，是指由于个人不诚实、不正直或不轨企图促使风险事故发生，以致引起社会财富损毁或人身伤亡的原因和条件，如欺诈、纵火、贪污、盗窃等。心理风险因素是与人的心理状态有关的无形风险因素，是指由于人的不注意、不关心、侥幸或存在依赖保险的心理，以致增加风险事故发生的概率或扩大损失幅度的因素，如疲劳驾驶、投保财产保险后放松对财物的保护措施等。社会风险因素指社会经济状况的改变、科技进步引起的生产、生活方式的改变，以及政治变动等产生的无形风险因素，如通货膨胀、政权更替等。

2. 风险事故

风险事故指可能引起人身伤亡或财产损失的偶然事件，是造成风险损失的直接外因。损失都是由风险事故所造成的。风险事故使风险的可能性转化为现实，即风险的发生。如超速行驶酿成车祸而导致人员伤亡，其中超速行驶是风险因素，车祸是风险事故，人员伤亡是损失。如果仅有超速行驶而未导致车祸，不导致人员伤亡也就不存在风险事故。

某一事件，在一定条件下，可能是造成损失的直接原因，则它成为风险事故；而在其他条件下，可能是造成损失的间接原因，则它便成为风险因素。若下冰雹使得路滑而造成车祸，致使人员伤亡，这时冰雹是风险因素，车祸是风险事故；若冰雹直接击伤行人，那冰雹就是风险事故。

3. 风险损失

风险损失是指非故意的、非预期的和非计划的经济价值的减少，是风险事故的直接结果。这个定义是狭义损失的定义。显然，风险管理中的损失包括两个方面的条件：一是非故意的、非预期的和非计划的观念；二是经济价值的观念，即经济损失必须以货币来衡量，二者缺一不可。如有人因病导致智力下降，虽然符合第一个条件，但不符合第二个条件，不能把智力下降定为损失。当然广义的损失既包括精神上的耗损，又包括物质上的损失。例如记忆力减退、时间的耗费、车辆的折旧和报废等属于广义的损失，不能作为风险管理中所涉及的损失，因为它们是必然发生的或是计划安排的。在保险实务中，损失分为直接损失和间接损失，前者是直接的、实质的损失；后者包括额外费用损失、收入损失和责任损失。

案例 1-1

1. 一辆汽车 A 停在了停车场，突然车辆发生火灾，分析该事件的风险因素。

2. 该车起火的过程中，正好遇到大风，在风的作用下，引燃了旁边停着的另一辆汽车 B，分析 B 车的风险因素、风险事故。

分析：在案例 1 中，只要是引起 A 车起火的原因都属于风险因素。如果该车是因为油气泄漏、电路老化而引起自燃，那么油气泄漏、电路老化就属于风险因素，而且是实质风险因素。如果该车是因为被人点燃，并且该人的行为是过失行为，那么就属于心理风险因素；如果该人是故意纵火，就属于道德风险因素。在案例 2 中，该起风险事故的原因是 A 车的火源和大风，那么 A 车着火和大风都属于 B 车火灾事故的风险因素。由此可见，A 车的风险事故变成了 B 车事故的风险因素。

1.1.3 风险的分类

人类面临的风险各式各样，有着不同的性质和特点。为了有效地识别和管理风险，有必要对风险按照不同的角度进行分类。

1. 按风险的性质分类

按风险的性质可将风险分为纯粹风险和投机风险。

纯粹风险是指一旦发生风险事故，只有损失机会而无获利可能的风险，如自然灾害。纯粹风险导致的结果只有两种：损失和无损失。纯粹风险的变化较为规则，有一定规律性，可利用数理统计法计算其发生频率、损失程度。保险公司所承保的风险基本上是纯粹风险。

投机风险是指既有损失，可能又有获利希望的风险，如赌博。投机风险导致的结果有三种：损失、无损失和盈利。投机风险一般都是不规则的，无规律可循，难以利用数理统计的方法测算。保险人通常将投机风险视为不可保风险。

此外，还有一种只会产生收益而不会导致损失的风险，例如，接受教育可使人终身受益。但教育对受教育的得益程度是无法进行精确计算的，而且也与不同的个人因素、客观条件和机遇有密切关系。对不同的个人来说，虽然付出的代价是相同的，但其收益可能是大相径庭的，这也可以说是一种风险，有人称之为收益风险，这种风险当然也不能成为保险对象。

2. 按风险的损害对象分类

按风险的损害对象可将风险分为财产风险、人身风险、责任风险和信用风险。

财产风险是导致财产发生毁损、灭失和贬值的风险。如房屋有遭受火灾、地震的风险，机动车有发生车祸的风险，财产价值因经济因素有贬值的风险。

人身风险是指生老病死残和自然、政治、军事、社会等因素给人们带来的风险，如人身意外伤残的风险，或由于疾病、伤残、死亡、失业等导致个人、家庭经济收入减少。生、老、病、死虽然是人生的必然现象，但在何时发生并不确定，一旦发生，将给本人或家属在精神和经济生活上带来困难。

责任风险是指因侵权或违约，依法对他人遭受的人身伤亡或财产损失应负的赔偿责任的风险。例如，汽车撞伤行人，如果属于驾驶人的过失，那么按照法律责任规定，就须对受害人或家属给付赔偿金。又如，根据合同、法律规定，雇主对其雇员在从事工作范围内的活动中造成的身体伤害所承担的经济给付责任。

信用风险是指权利人因义务人不履行义务而导致损失的风险，如贷款人因借款人不按期还款而遭受损失的风险。

3. 按风险产生的原因分类

按风险产生的原因可将风险分为自然风险、社会风险、经济风险、技术风险、政治风险和法律风险。

自然风险是指由于自然现象或物理现象导致的风险，如洪水、地震、风暴、火灾、泥石流等所导致的人身伤亡或财产损失的风险。自然风险在各类风险中所占比重较大，已成为保险中承保最多的风险。

社会风险是由于个人行为反常或不可预测的团体的过失、疏忽、侥幸、恶意等不当行为所导致的损害风险，如盗窃、抢劫、罢工、暴动等。

经济风险是指在产销过程中，有关因素变动或估计错误，导致产量减少或价格涨跌带来的风险，如市场预期失误、经营管理不善、消费需求变化、通货膨胀、汇率变动等所导

致经济损失的风险等。

技术风险是指伴随着科学技术的发展、生产方式的改变而发生的风险，如核辐射、空气污染、噪声等。

政治风险是指政治原因，如政局的变化、政权的更替、政府法令和决定的颁布实施，以及种族和宗教冲突、叛乱、战争等，引起社会动荡而造成损害的风险。

法律风险是指由于颁布新的法律和对原有法律进行修改等而导致经济损失的风险。

除此之外，还可以按风险的影响程度分为基本风险和特定风险，按风险产生的环境分为静态风险和动态风险等。

1.1.4 风险管理

1. 风险管理概念

风险管理是指社会组织或者个人通过对风险进行识别和度量，采取合理的经济和技术手段，有目的有计划地主动对风险加以处理，以最小的成本去争取最大的安全保障和经济利益的行为。风险管理的对象是风险，主体可以是任何组织和个人，包括个人、家庭、组织(包括营利性组织和非营利性组织)，基本目标是以最小的成本收获最大的安全保障。风险管理现已成为一个独立的管理系统，并成为一门新兴学科。

2. 风险管理方法

风险管理方法分为控制型和财务型两类。

(1)控制型风险管理方法

控制型风险管理方法是指采取各种措施避免、防止、排除或减少风险，其目的在于改善损失的不利条件、降低损失频率、缩小损失幅度。常见的控制型风险管理方法有风险避免、风险预防、风险抑制、风险集合和风险分散等。

①风险避免。风险避免是指放弃或根本不去做可能发生风险的事情。这是一种最彻底的风险处理方法，也是一种非常消极的方法，容易失去与该事情相关的利益。另外，在现实经济生活中，绝大多数风险是难以避免的。采用避免方法通常在两种情况下进行：一是某特定风险所致损失频率和损失幅度相当高；二是在处理风险时，其成本大于其产生的效益。如 2020 年疫情期间，大家居家减少外出，可以避免新冠病毒的感染。

②风险预防。风险预防是指在风险发生前，为了消除或减少可能引发损失的各种因素而采取的处理风险的具体措施，其目的在于通过消除或减少风险因素降低损失发生频率。

风险预防措施可分为工程物理法和人类行为法。工程物理法就是损失预防措施侧重于物质因素的一种方法，如防盗装置的设置；人类行为法指在人们行为教育方面设置预防措施，如安全教育。

③风险抑制。风险抑制是指在损失发生时或之后，为缩小损失幅度而采取的各项措施，如发生火灾后应及时灭火。

④风险集合。风险集合是指集合同类风险的多数单位，使之相互协作，提高各自应付风险的能力。如多艘小船连接在一起，以抵抗风浪冲击翻船的风险。

⑤风险分散。风险分散是指将企业面临损失的风险单位进行分散，如企业采用商品多样化经营方式以分散或减轻可能遭受的风险。

(2)财务型风险管理方法

财务型风险管理方法是指采用财务技术来处理风险，目的在于建立财务基金，消除损失的成本。常见的财务型风险管理方法有风险自留和风险转嫁。

①风险自留。风险自留是指企业自行承担一部分或全部风险，分为主动自留和被动自留。风险管理者经过对风险的衡量，考虑各种风险处理方法后，决定不转移风险的，为主动自留；风险管理者没有意识到风险的存在，没有采取措施处理风险的，为被动自留。

②风险转嫁。风险转嫁是指企业将自己的风险转嫁给他人的方法。风险转嫁可分为保险转嫁和非保险转嫁两种。保险转嫁是指通过购买保险将风险转嫁给保险公司，这是一种最重要、最常用的风险处理方法。非保险转嫁是指通过保险以外的方式将风险转嫁给他人，如出让转嫁等。

3. 风险管理基本程序

①风险的识别：即对风险的存在与否、风险的种类、风险的性质等进行判断。风险识别是风险管理的第一步。风险识别的方法有现场调查分析法、以往事故分析法、专业人士调查法、风险列举法和生产流程法，通常多种方法配合使用效果更好。

②风险的估测：即预测风险发生的概率和损失程度，使风险管理建立在科学的基础上。风险的损失程度通常为平均风险频率与平均风险损失程度的乘积。风险估测可以自己做，也可以由保险公司或专业机构做。

③风险管理方法的选择：不同的风险管理方法，具有不同的特点，应从实际出发，根据最小成本原则，择优选用或组合应用，才能取得最佳的风险管理效果。

④实施风险管理的决策：即制订风险管理计划，并付诸实施。

⑤风险管理效果的评价：即对风险管理方法的适用性和收益性、风险管理计划的执行情况进行分析、检查、修正和评估，看是否有效地规避了风险，是否达到以最小的风险管理成本实现了最大的安全保障。

1.1.5 可保风险

现实生活中人们面临各种各样的风险，风险的类别、性质、成因、发生频率、损失程度等千差万别，保险公司能接受的风险是有限的，也就是说并不是所有的风险保险公司都可以承保。保险公司可以接受承保的风险称为可保风险，它一般应该具备下列条件：

1. 具有可能性

风险发生必须具有客观上的可能性。保险的动机在于防患于未然，以求补偿。若已知没有发生风险的可能，就失去了投保的实际意义。《中华人民共和国保险法》(以下简称《保险法》)第二条关于保险定义的规定中所使用的“可能发生的事故”即为此含义。此外，这种可能性是指客观上的，并非人们的主观忧虑。

2. 具有纯粹性

保险人承保的风险只能是纯粹风险，而不可能是投机风险。因为承保投机风险有可能会引起道德风险，使被保险人因投保而获取额外收益，违反了保险的基本原则。必须是纯粹风险且有导致重大损失的可能，人们才会愿意购买保险。

3. 具有偶然性

偶然性是指事先无法预知其发生的时间、地点、损失程度等。事先可以预知必然会发生的损失，如自然损耗、折旧等，保险公司是不予承保的。另外，风险不能使大多数保险标的同时遭受损失，这是保险公司盈利经营的前提。

4. 具有意外性

风险的意外性包括以下两层含义：

①风险的发生是不可预知的，可预知的风险带有必然性，保险人不予赔偿。

②风险的发生及损失后果的扩展不是被保险人的故意行为所致，对于被保险人故意行为或不采取合理预防措施所造成的损失，保险人不予赔偿。

5. 具有同质性

可保风险应该是大量存在的同质风险，即大量标的均有遭受同样或者近似损失的可能性。这一条件是为了满足保险经营大数法则的要求。保险是保险人依据大数定律为被保险人建立稳定的保险基金，来赔付少数实际出险的标的损失。因此，可保风险的一个重要条件是必须有某种同质风险的大量存在。同时，风险发生的概率和损失应该是可以计算的，这是保险人计算保险费率的依据。

以上条件相互之间是有关联的，确定可保风险时也应该综合分析，以免发生承保失误。需要说明的是，随着社会经济的发展，人们对风险管理意识的增强，保险业技术管理水平的提高，可保风险的范围有可能逐步扩大，可保风险的条件亦有可能做出较大调整。

1.2 保　险

1.2.1 保险的起源与发展

1. 古代的保险思想与萌芽

现代保险业发达的资本主义大国并非保险思想的发源地，保险思想起源于处在东西方要道上的文明古国——古巴比伦和古埃及，而后传至今黎巴嫩境内，再传入古希腊。最早的保险萌芽可追溯到公元前 3000 年古埃及沙漠骆驼商队，为了分担沙漠运输途中货物损失的风险，约定未受损失的商人将所获得利润的一部分，分摊资助给受损失的商人，如果大家全部安全到达，则从每个商人的获利中取出一小部分留存，作为下次运输补偿损失的资金来源。上述骆驼商队的这种互助共济的做法被进一步完善，收录到《汉谟拉比法典》（约公元前 1792—公元前 1750 年），这是人类最早的保险雏形。

公元前 19 世纪，古巴比伦国王曾命令僧侣、官员等征收一种专门税，用作救济火灾的基金。在古罗马的历史上，也有过类似于现代养老保险的丧葬互助会组织，还出现过一种缴付会费的士兵团体，在士兵调职或退役时发放旅费，在士兵死亡时发给其继承人抚恤金。在古希腊，曾盛行过一种团体，即组织有相同政治、哲学观点或宗教信仰的人或同一行业的工匠入会，每月交纳一定的会费形成一笔公共基金，当入会者遭遇意外事故或自然灾害造成经济损失时，由该团体给予救济。这些都是人身保险的原始形态。

到了中世纪，各种行会组织陆续在欧洲各国的城市中出现，它们具有互助性质。共同互助救济的范围包括沉船、盗窃、火灾、死亡、疾病、伤残等财产和人身损失事故，这种行会或救济制度在 13 世纪至 16 世纪特别盛行，并在此基础上产生了相互合作的保险组织。

我国人民在与风险抗争的长期实践中，很早就有了朴素的保险思想，明白了“居安思危”“防患于未然”的道理。我国夏朝就开始采用储存粮食以备荒年的办法，之后历代都有赈济制度，如周朝有“委积”，战国时代魏有“御廪”、韩有“敖仓”，汉代有“常平仓”，隋朝有“义仓”，宋朝有“社仓”等。赈济制度本质上是建立后备、应付饥荒的一种风险对策。早在3000多年以前，即商末周初，一些在扬子江(长江下游河段的旧称)上做生意的商人，不将个人的全部货物集中放于一条船，而是分散在几条船上，以避免货物全部遭受损失，这是我国海上保险起源的最早实例。而在明、清时期出现的镖局制度则是现代陆路运输保险的萌芽。由于受中央集权的封建制度和重农抑商的观念影响，尽管保险思想和救济后备制度产生很早，但碍于经济发展缓慢，又缺乏经常性的海上贸易，我国古代社会中没有出现商业保险。

2. 当代保险的发展

当代保险最早可以追溯至14世纪，发源于意大利的海上保险。当时航海运输业的迅速发展，虽然受当时技术的限制，航海运输业的风险很大，但是回报也非常高，这大大促进了保险的发展。迄今为止，世界上发现的最古老的保险单诞生于1347年10月23日的意大利热那亚，是一张船舶航程保单。后来航海保险在欧洲，尤其是英国发展很快，它为航海业的蓬勃发展起到了巨大的推动作用。

产业革命后，保险业仅在英国、法国等西方少数国家得到迅速发展。19世纪初，全世界只有30家保险公司，其中英国占了近半。除英国以外，只有11个国家开办了保险公司。到19世纪中叶，保险公司扩大到360家，这时的保险险种仍然主要是海上保险。

1666年9月的一天凌晨，伦敦的一家面包房起火，大火迅速蔓延，燃烧了5天，伦敦市内82%的地区化为瓦砾，13200户毁于一旦，财产损失达1200多万英镑，20多万人无家可归。正是这场大火促使火灾保险应运而生，1667年医师尼古拉斯·巴蓬在伦敦开始承保房屋火灾保险，开创近代火灾保险的先河；1680年英国成立了“火灾营业所”，1705年改名为菲尼克斯火灾保险公司，成为近代火灾保险业的开山鼻祖。

1583年6月18日由伦敦皇家交易所的16个属于保险行会的商人签发给被保险人威廉·吉本斯的人寿保险单是目前世界上发现最早的人寿保险单。1698年，英国创办了马莎斯人寿保险公司，这是近代第一家人寿保险公司。

机动车保险是近代发展起来的，晚于水险、火险、盗窃险和综合险。保险公司承保机动车保险的基础，是根据水险、火险、盗窃险和综合险等实践经验发展起来的。机动车保险的发展异常迅速，如今，已成为世界保险业的主要险种之一，甚至超过了火灾保险。英国法律事故保险公司首先开发了机动车保险，成为机动车保险的第一人。1903年，弗雷德里克·托雷斯拜伊创办了第一家专门的机动车保险公司——汽车通用保险公司。

进入20世纪后，保险业发展进入黄金时代。保险业摆脱了过去的从属地位，成为一个独立的特殊行业，逐渐形成了自身独特的运行机制。各国的经济发展都不能没有保险，同时经济的发展也为保险业的发展提供了有利条件。随着社会生活方式的变化，各种灾害和危险事故增加，人们对保险有了更多的需求：从交通事故到火箭发射，从人寿保险到运动员、演员的身体器官，从自然灾害到体育比赛的天气等都可以通过订立保险合同来转嫁可能发生的风险和危机。保险业务名目繁多，可以说无所不保。保险已成为当代人们生活中不可或缺的部分。

3. 我国保险的发展

由于近代我国饱受西方列强的侵略，保险的发展也不例外地受到很大影响。清朝后期帝国主义入侵，将西方的保险制度带入我国。外国的保险公司进入我国后，一直在我国的

保险市场占据主导地位。

（1）保险出现（1949—1978 年）

中华人民共和国的诞生揭开了中国保险史的新篇章，新中国的保险业首先是从整顿和改造旧中国保险业和保险市场开始的，当时共接管了官僚资本保险机构 21 家，实行监理的有两家。对私营保险业实行重新登记，并缴存规定的保证金，经批准后复业。复业的华商保险公司 63 家，外商保险公司 42 家。1949 年 6 月 20 日，中国保险恢复营业，统一办理对外分保。经政务院财经委员会批准，1949 年 10 月 20 日成立的中国人民保险公司（以下简称中国人保）是中华人民共和国成立后的第一家全国性国有保险公司，标志着新中国保险业发展的开始，业务涉及火灾保险、人身保险、农业保险、货物运输保险、涉外保险等。发展到 1958 年，我国保险事业在建立机构、培养干部、增加险种、积累资金、开展防灾减灾、促进生产发展和国际经济交往等方面，都取得了很大成绩。1958—1978 年，保险业处于停滞状态。从 1959 年起，国内保险业务除上海、哈尔滨等地因客观原因需要继续维持一段时间外，其余地区全部停办了各种保险业务，保险事业受到了重创。

（2）恢复发展（1978—2000 年）

1978 年，我国恢复了国内保险业务，保险市场进入了一个新的蓬勃发展时期。1986 年，中国人民银行批准成立了“新疆生产建设兵团农牧业生产保险公司”，结束了中国人保独家经营的历史。1987 年，交通银行设立保险部，经营保险业务，并于 1991 年 4 月将其改组为中国太平洋保险公司（以下简称太平洋保险），总部设在上海。太平洋保险是继中国人保之后成立的第二家全国性保险公司。

1988 年，经中国人民银行批准，深圳平安公司成立，总部设在深圳，并于 1992 年更名为中国平安保险公司，成为第三家全国性、综合性保险公司。1992 年 9 月，美国友邦保险公司获准在上海设立分公司，标志着国外保险公司进军我国保险市场。1995 年《保险法》颁布，确立产寿险分业经营原则。1998 年，中国保险监督管理委员会（以下简称保监会）成立，监管体系初步搭建。1994—2000 年我国保费收入从 376 亿元增至 1598 亿元，年化增速约 27.3%，保险公司达到 33 家。

（3）快速扩张（2001—2010 年）

2001 年加入 WTO 以来，保监会多批次下发保险牌照，同时设立了一批保险中介公司，市场主体日益丰富，大型险企改制上市，截至 2010 年保险公司总数达到 142 家。2003 年以来保监会出台一系列举措，如车险费改、放宽分支机构经营区域，放宽险资投资渠道。2006 年国务院发布《关于保险业改革发展的若干意见》，即“国十条”，机动车交通事故责任强制保险、健康保险等政策红利极大促进行业发展，保费收入从 2001 年 2109 亿元大幅提高至 2010 年 1.45 万亿元，保持年化 24%高速增长。

（4）松绑创新（2011—2016 年）

2011 年，加息周期叠加银保新规，保险业陷入瓶颈期，保费收入首次出现负增长，监管层定调“整顿、松绑、改革”。2012 年保险资金运用市场化改革，批准下发保险资管牌照，大幅拓宽投资工具，提高险企权益投资上限；2013 年人身险费率改革，废除 2.5%预定利率上限，产品吸引力上升；2015 年代理人资格考试取消，代理人渠道爆发。2014 年国务院发布《关于加快发展现代保险服务业的若干意见》，对巨灾保险、农业保险、商业养老、健康保险、责任保险等各领域改革进行部署。多重松绑之下，我国保险业 2011—2016 年保费收入从 1.43 万亿元不断跃升，突破 3 万亿元，维持 16%的年化增速。

(5)规范发展(2017 年至今)

2017 年以来，强监管、补短板、治乱象、防风险成为监管导向。寿险方面，监管叫停快速返还、附加万能账户类产品，重点发展保障型产品；财险方面，二次费改全面推开，整治机动车险乱象；保险资金运用方面，对保险频繁举牌上市公司、干扰公司治理等行为进行监管；强调全面风险监管，实施偿二代监管体系、资产负债管理等。2018 年，中国银行保险监督管理委员会(以下简称银保监会)成立，将银监会和保监会职责整合。这一阶段，保险行业从规模导向转变为风险导向，市场整体下滑，2018—2020 年全国保费收入增速放缓，2020 年降至 6. 13%。

中国保险行业从无到有、从小到大。截至 2020 年 6 月，中国保险行业协会共有会员 331 家，其中包括 13 家保险集团(控股)公司，86 家财产保险公司，89 家人身保险公司，12 家再保险公司，14 家资产管理公司，56 家保险中介机构，44 家地方保险协会(含中介协会)，17 家保险相关机构。2020 年，保险业总资产达到 23. 3 万亿元，2020 年保险业 4. 52 万亿元保费收入中，人身险 3. 33 万亿元，占比 74%，同比增长 7. 53%；财险保费收入 1. 19 万亿元，占比 26%，同比增长 2. 4%，见图 1-2。

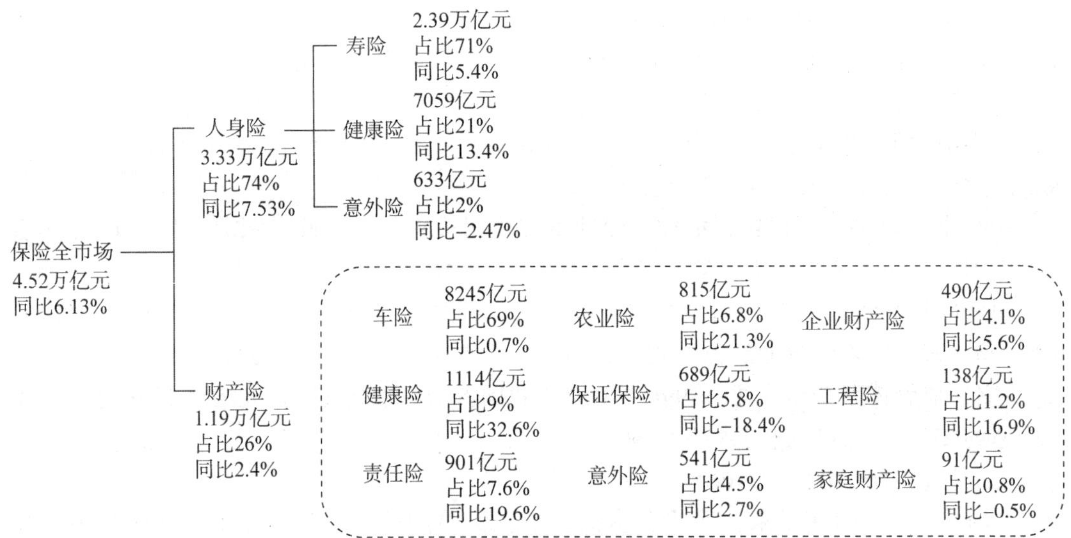

图 1-2　2020 年保险市场结构数据图

1. 2. 2　保险概念和职能

1. 保险的概念

《保险法》第二条规定：“本法所称保险，是指投保人根据合同约定，向保险人支付保险费，保险人对于合同约定的可能发生的事故因其发生所造成的财产损失承担赔偿保险金责任，或者当被保险人死亡、伤残、疾病或者达到合同约定的年龄、期限等条件时承担给付保险金责任的商业保险行为。”

由此可见，保险既是一种经济制度，又是一种法律关系。作为一种经济制度，保险是为了确保经济生活的安定，针对特定风险事故或特定事件的发生所导致的损失，运用多数经济单位的集体力量，根据合理的计算，共同建立基金，进行补偿或给付的经济保障制度；作为一种法律关系，保险这一经济制度对于国民经济有着重要作用，所以，世界上许

多国家均将调整这种保险经济关系的准则用法律形式固定下来，借以巩固这一经济补偿制度。

2. 保险的职能

保险的职能是指保险内在的、固有的功能。保险的职能有基本职能和派生职能之分。

基本职能是反映保险原始和固有的职能，它不以时间的推移和社会形态的不同而改变，包括补偿损失职能和经济给付职能。

补偿损失职能具体体现在特定风险损害发生时，在保险的有效期、保险合同约定的责任范围，以及保险金额内，按其实际损失数额给予赔付。

经济给付职能具体体现在人身保险事故的保险保障方面。由于人的价值是难以用货币具体量化的，所以人身保险责任事故发生造成的损失，难以用补偿实现其保险保障。因此人身保险的保障是通过保险人和投保人双方约定的经济给付行为来实现的。

派生职能是在保险基本职能基础上，伴随着保险分配关系发展而产生的，包括融资职能和防灾防损职能。

融资职能具体体现在保险把多个投保人的闲散资金先积累成雄厚的保险基金，然后再利用多种投资形式对其进行有效运用，实现其增值。融资职能的发挥能增强保险人的补偿和给付能力，促进保险基本职能的实现。

防灾防损职能具体体现在整个保险过程中保险双方一直强化防灾防损意识，实施防灾防损的措施，力争降低损失发生的频率；如果真的出现了损失，投保人依据保险合同约定，也会采取有效的施救措施，将风险损失控制在最低程度。防灾防损职能可降低保险人积累的社会资产出现不必要损失的概率，这对保险保障基本职能的发挥也有一定的促进作用。

保险职能的发挥在社会经济生活中所产生的效果可以看作保险的作用，表现为宏观和微观两个层次。保险的宏观作用是指保险对全社会及国民经济在整体上所产生的效果。保险的微观作用是指保险对于企业、家庭、个人所起的保障作用。

1.2.3　保险基本术语

1. 保险人

保险人也称承保人，是指与投保人订立保险合同，并承担赔偿或者给付保险金责任的保险公司。各国法律通常规定保险人必须是法人，在我国必须是按照《保险法》设立的保险公司及法律、行政法规规定的其他保险组织。

2. 投保人

投保人是指与保险人订立保险合同，并按照保险合同负有支付保险费义务的人。投保人可以是法人也可以是自然人，但必须具备民事权利能力和民事行为能力。

3. 被保险人

被保险人是指其财产或者人身受保险合同保障，享有保险金请求权的人。

4. 受益人

受益人是指人身保险合同中由被保险人或者投保人指定的享有保险金请求权的人。

5. 保险标的

保险标的是保险保障的目标和实体，是保险合同双方当事人权利和义务所指向的对象。保险标的可以是财产，即与财产有关的利益或责任，也可以是人的身体或生命。

6. 保险费

保险费简称“保费”，是投保人为转嫁风险支付给保险人，与保险责任相对应的价金。

7. 保险中介

保险中介包括保险代理人、保险经纪人和保险公估人。

保险代理人是根据开展保险业务的财产保险公司的委托，向其收取代理手续费，并在其授权范围内办理保险业务的单位或者个人。开展汽车保险业务的财产保险公司必须与汽车保险代理人签订代理合同或授权书确定其代理权限，汽车保险代理人在进行业务活动，即推销汽车保险产品时，以财产保险公司的名义办理汽车保险业务，财产保险公司必须对其代理权限范围内的业务或活动承担法律责任。

保险经纪人是基于投保人的利益，为投保人与保险人订立保险合同提供中介服务，并依法收取佣金者。汽车保险经纪人是为汽车投保人参谋购买汽车保险的人。由于汽车保险经纪人了解汽车保险市场行情，同时又熟知保险条件、保险费率等专业知识，所以汽车保险经纪人可以帮助投保人设计费用最低、保险保障程度最高的投保方案。

汽车保险公估人是站在第三者的立场上，依法为汽车保险合同当事人办理保险车辆查勘、鉴定、估损及理赔款项清算业务并给予证明的人。由于保险公估人通常是由具有专业知识和技术的专家担任的，且处于第三者的地位，与保险合同当事人双方以及保险标的均无经济利害关系，因此，保险公估人能保持公平、独立、公正的立场，出具客观公正的公估报告，从而能最大限度地维护保险合同各方当事人的利益，易于为保险合同当事人双方所接受，有利于解决保险争议。

8. 保险密度

保险密度是指按照一个国家的全国人口计算的人均保费收入，它反映了一个国家保险的普及程度和保险业的发展水平。

9. 保险深度

保险深度是指保费收入占国内生产总值(GDP)的比例，它是反映一个国家的保险业在其国民经济中地位的一个重要指标。

1.2.4 保险的分类

1. 按保险实施方式分类

按保险实施方式，可分为自愿保险与强制保险。

自愿保险也称任意保险，是指投保人与保险人在平等自愿的基础上建立的保险关系，如商业汽车保险。

强制保险也称法定保险，是指投保人与保险人根据国家法律或行政命令的要求必须建立保险关系，否则属于违法行为，如机动车交通事故责任强制保险(简称交强险)。

2. 按保险标的分类

按保险标的，可分为财产保险和人身保险。

财产保险是指以财产及其相关利益为保险标的，由保险人对保险标的可能遭受的意外损失负赔偿责任的一种保险。此处的财产既包括一些有形财产，又包括一些无形财产，所

以是一种广义的财产，称为广义的财产保险。

我国将财产保险又分为财产损失保险、责任保险和信用保证保险。

财产损失保险中的财产指有形财产，是狭义的财产，所以财产损失保险有时称为狭义的财产保险，常见种类有火灾保险、海上保险、汽车保险、航空保险、工程保险、利润损失保险和农业保险等。

责任保险是指以被保险人依法应负的民事赔偿责任或经过特别约定的合同责任为保险标的的一种保险，常见种类有公众责任保险、产品责任保险、职业责任保险、雇主责任保险、机动车第三者责任保险(简称第三者责任保险)等。

信用保证保险是指以信用关系为保险标的的一种保险，它是一种担保性质的保险。按投保对象的不同，信用保证保险可分为信用保险和保证保险两种。信用保险是指权利人(债权人)向保险人投保义务人(债务人)的信用风险的保险，常见种类有国内商业信用保险和出口信用保险等。保证保险是指义务人(债务人)根据权利人(债权人)的要求，请求保险人担保自己信用的保险，常见种类有合同保证保险、产品质量保证保险和诚实保证保险等。无论信用保险还是保证保险，其被保险人都是权利人(债权人)。

人身保险是指以人的身体或生命为保险标的，以生存、年老、疾病、死亡、伤残等为保险事故，当被保险人在保险期内发生保险事故或生存到保险期满时，保险人按合同约定的条件，向被保险人或受益人给付保险金的保险。我国将人身保险分为人寿保险、意外伤害保险和健康保险等，人寿保险分为死亡保险、生存保险和两全保险。近几年，人寿保险领域又开发出许多新型保险业务，如分红保险、投资连结保险、万能保险等。

3. 按保险性质分类

按保险性质可分为社会保险、商业保险和政策保险。

社会保险是指国家通过立法对社会劳动者因遭遇年老、疾病、生育、伤残、失业和死亡等风险而暂时或永久丧失劳动能力或失业时提供一定的物质帮助以保障其基本生活的一种社会保障制度，常见种类有养老保险、医疗保险、失业保险、生育保险和工伤保险等。

商业保险是指投保人根据合同约定，向保险人支付保险费，保险人对于合同约定的风险导致的被保险人的财产损失承担赔偿责任，或者当被保险人死亡、伤残、疾病或者达到合同约定的年龄、期限时承担给付保险金责任的保险。

政策保险是政府为了某种政策目的，运用普通保险的技术而开办的一种保险，常见种类有农业保险、为扶持中小企业开办的信用保险、为促进国际贸易开办的出口信用保险等。

4. 按风险转嫁方式分类

按风险转嫁方式，分为足额保险、不足额保险和超额保险。

足额保险是指投保时约定的保险金额与保险标的价值相等的保险。当保险标的遭受损失时，如果是全部损失，保险人按保险金额赔偿；如果是部分损失，保险人按保险标的实际损失赔偿。

不足额保险是指投保时约定的保险金额小于保险标的实际价值的保险。当保险标的全损时，保险人按保险金额赔偿；当保险标的部分损失时，保险人按保险金额与保险价值比例赔偿。

超额保险是指投保时约定的保险金额大于保险标的实际价值的保险。造成超额保险的主要原因：一是投保人想获得超过保险价值的赔偿；二是投保人在投保时高估了保险标的的实际价值；三是保险标的的市价下跌了。不管出于什么原因，超额保险的超额部分无效，其赔偿和足额保险相同。

案例1-2

某保险标的的价值是10万元，假如保额也为10万元，则为足额保险；如果保额为8万元，则为不足额保险；如果保额为12万元，则为超额保险。如果该保险标的因保险事故发生全损，则足额保险将赔偿10万元，不足额保险将赔偿8万元，超额保险将赔偿10万元。如果该保险标的因保险事故发生部分损失，损失5万元，则足额保险将赔偿5万元，不足额保险将赔偿5万元×(8÷10)=4万元，超额保险将赔偿5万元。

对不足额保险除采用比例责任赔偿外，在有些特殊合同中，有时指明采用第一危险责任方式赔偿。所谓第一危险责任是指等于保险金额部分，超出保险金额部分称为第二危险责任，保险人只对第一危险责任部分负责。案例中，如果保险标的损失5万元，不超过8万元，为第一危险责任，则保险公司赔偿5万元；如果保险标的损失9万元，则保险公司只能赔偿8万元，超出的1万元为第二危险责任，保险公司不负责。

5. 按保险价值是否确定分类

按保险价值在合同中是否确定分为定值保险和不定值保险。

定值保险是指以保险当事人双方商定的价值作为保险金额，并载明于保险合同的保险形式。定值保险适用于货物运输保险及财产险中某些贵重物品的保险。定值保险的赔偿，如果是全损，则按保险金额全数赔偿；如果是部分损失，则需确定损失程度，按损失程度比例赔偿。

不定值保险是指不列明保险标的的实际价值，只列保险金额作为最高赔偿限度，并载明于保险合同的保险形式。不定值保险的赔偿按事故发生时保险标的的实际损失与保险金额比较后的小者确定。财产损失保险多为不定值保险。

案例1-3

某保险标的，以定值保险的方式投保了保险，投保时按实际价值与保险人约定保险价值为24万元，保险金额也为24万元，后保险标的发生保险事故，出险时当地完好市价为20万元。如果保险标的全损，保险人应按保险金额赔偿，赔款为24万元。如果保险标的部分损失，损失程度为80%，则保险人应按损失程度比例赔偿，因此赔款=保险金额×损失程度=24万元×80%=19.2万元。

如果该保险标的以不定值保险方式投保了保险，投保时按实际价值与保险人约定保险金额为24万元，后保险标的发生保险事故，出险时当地完好市价为20万元。如果保险标的全损，保险人应按保险标的实际损失赔偿，赔款为20万元。如果保险标的部分损失，损失程度为80%，则保险人应按比例赔偿，因此，赔款=实际损失×损失程度=20万元×80%=16万元。

1.3 保险原则

保险原则是保险历史发展的过程中，伴随着保险制度的不断完善，逐步形成的一系列为人们公认的、特殊的、规范保险行为的一些基本原则。这些原则有的写进了法律文件，有的规定在保险条款里，始终贯穿于整个保险活动中，成为保险双方当事人必须遵守的行为准则。

保险活动所必须遵循的基本原则包括保险利益原则、最大诚信原则、近因原则和损失补偿原则，以及损失补偿原则的两个派生原则：代位原则和重复保险分摊原则。

1.3.1 保险利益原则

保险利益是指投保人或被保险人对其所保标的具有法律所承认的利益。《保险法》第十二条规定："人身保险的投保人在保险合同订立时，对被保险人应当具有保险利益。财产保险的被保险人在保险事故发生时，对保险标的应当具有保险利益。"同时，第四十八条规定："保险事故发生时，被保险人对保险标的不具有保险利益的，不得向保险人请求赔偿保险金。"

保险利益原则作为保险运行中的一项重要的原则，要求投保人或者被保险人在保险合同的订立或者履行过程中必须具有保险利益，否则保险合同无效。也就是说，投保人或被保险人只有对保险标的有利益关系，才有权据以保险，据以签订的保险合同在发生保险事故时，才拥有保险赔偿的请求权。需要特别注意的是，保险利益建立在保险标的之上，但并非保险标的本身，保险利益是一种经济利益关系。

1. 保险利益原则存在的意义

保险利益原则是保险行业中的一个基本原则，又称"可保利益原则"或"可保权益原则"。它的主要意义在于下面两个方面：

(1) 可有效防止道德风险发生

道德风险是指被保险人为了获得保险人的赔款，故意促使风险事故的发生或在风险事故发生时放任损失扩大。例如，有人为了获得巨额保险赔偿，采用纵火、投毒、谋财害命等手段故意制造风险事故，增加风险事故的发生。因此，投保人对标的不具有保险利益，与保险人订立保险合同后，极易发生道德风险。如果要求投保人在签订合同、履行合同时具有保险利益，当保险标的因事故受损时，被保险人获得的赔偿最多等于原有利益，不会出现被保险人因较小损失而获得较大赔偿的"利益引诱"，可以避免欺诈及其他违法行为。因此，坚持保险利益则可有效防止道德风险发生。

另外，如果允许无保险利益的人以他人人身或财产作为保险标的，自己作为受益方投保，一旦风险事故发生，本无关系的受益方就会获得远远超过保险费的保险金，保险活动就成了赌博的投机行为，丧失了风险转移的根本作用。

(2) 可有效限制保险补偿程度

保险利益的存在，可以正确评估被保险人受到的损失，财产保险以经济损失补偿为目的。当发生保险事故时，被保险人所主张的赔偿金额不得超过其对保险标的所具有的保险利益的金额。也就是说，投保人或被保险人对超过保险标的实际价值的部分，不具有保险利益。如某车主将其实际为30万元的汽车投保，在发生保险事故后，若车辆全损，他最多只能得到30万元的保款。即便是他投保了35万元的保险金额，并多缴了保险费，也不能获得超过车辆价值的赔款，否则将获得和自身所受损失不相称的利益，必将损害保险人的合法权益，或者说降低保险活动本身的价值。

2. 保险利益构成的条件

投保人或被保险人对保险标的所拥有的任何利益并非都可成为保险利益，保险利益的构成必须具备下列条件：

(1)保险利益必须是合法利益

合法利益是指投保人或被保险人对保险标的的利益必须是法律上承认的利益，即能得到法律认可和保护的利益。投保人如果以非法律认可的利益投保，则保险合同无效。汽车保险中，投保人对保险标的的所有权、使用权、收益权或对保险标的承担的责任等，必须依照法规和合同等合法取得与享有。投保人以盗窃、诈骗、走私等手段所获取的汽车即非法利益，不能成为保险合同的标的物。

(2)保险利益必须是经济利益

经济利益是指可以用货币估算价值的利益，即金钱上的利益。保险实质是对被保险人遭受的经济损失给予补偿。如果不能用货币衡量经济损失的价值，就无法计算损害程度大小，也就难以确定对损失补偿的标准。因此，只有经济利益才能构成保险利益，其他利益如政治利益、精神创伤、声誉诋毁、信誉丧失等，虽然和当事人有直接利害关系，但无法用金钱估计其价值，不能构成保险利益。

(3)保险利益必须是确定的、客观存在的利益

确定利益包括已经确定利益和即将确定利益。已经确定利益是指事实上的利益，即现有利益，如投保人或被保险人对已经取得所有权或运营权的汽车具有的利益。即将确定利益是指客观上可以实现的利益，即预期利益，如出租房屋可以获得的租金，维修厂预期可以得到的修理费收入等。预期利益是基于现有利益于未来可以实现的利益，必须具有客观标准，不能凭当事人主观预测或想象而获得。现有利益比较容易确定，预期利益容易引起争议。对于汽车保险，其保险利益多偏重于现有利益。

3. 汽车保险利益的形式

汽车保险利益的形式包含以下这些方面：

①财产利益包括汽车的所有利益、占有利益、抵押利益等。

②收益利益包括对汽车的营运收入利益、租金利益等。

③责任利益包括汽车的民事损害赔偿责任利益等。

④费用利益是指施救费用利益及救助费用利益等。

汽车保险利益的具体表现形式是多样的，投保时比较集中的利益形式是民事损害赔偿责任利益、所有利益、营运收入利益、抵押利益等。

案例1-4

王某与赵某为朋友，2020年10月王某从公司辞职后开始创业。创业之初，由于缺乏流动资金，王某向赵某提出借款，并愿意将自己的房子作为抵押，以保证按时还款。赵某觉得以房子作为抵押，自己的债权较有保证，同时为以防万一，赵某要为房子购买

保险，王某表示同意。2020 年 11 月，双方到保险公司投了保，并且投保人和被保险人一栏中，都写了赵某的名字。2021 年年初，王某家中不慎着火，房子全损，王某也身受重伤。得知事故后，赵某向保险公司提出了索赔，认为该事故属于保险责任，保险公司应当赔偿。保险公司认为尽管该房子的损失属于保险责任，但是房子并非赵某所有或使用，赵某对于房子没有保险利益，根据《保险法》第十二条的规定，保险合同无效，保险公司应退还赵某所交的保费，不承担赔偿责任。经过几次交涉未果，赵某将保险公司告上了法庭。法院经过审理认为，赵某作为债权人，抵押物是否完好关系到抵押权能否实现，最终决定债权能否清偿。因此，发生保险事故后，赵某对房子拥有保险利益，保险公司应当进行赔偿。

分析：本案争议的焦点在于，抵押权人对投保财产是否拥有保险利益。根据《保险法》第十二条的规定，保险利益指投保人对保险标的具有的法律上承认的利益，具体是指保险事故发生时，投保人可能遭受的损失或失去的利益。实际上，保险利益的形态是多种多样的。就本案而言，赵某为保证自己的抵押权获得实现，以自己为投保人为房子购买了保险，房子若损毁，赵某的抵押权随之消灭，其利益是受到影响的。因此，赵某因对房子具有抵押权而对房子拥有保险利益，保险合同有效，赵某有权向保险公司要求赔偿。

4. 保险利益的时效

保险要求从合同订立到合同终止的整个过程中，都必须对保险标的存在保险利益，一旦失去，保险合同随即无效，被保险人也就无权获得保险赔偿。

(1)财产保险的保险利益时限

财产保险的保险利益，时间上一般要求从保险合同订立到保险事故发生时始终要有保险利益。如果合同订立时具有保险利益，而当保险事故发生时保险利益不存在，则保险合同无效。如某汽车的车主甲在投保机动车损失保险后，将该汽车出售给乙，如果出售前没有办理批改手续，发生保险责任范围内的损失时，因该机动车损失保险保单的被保险人甲对保险标的已没有保险利益而不能向保险人请求赔偿。随着我国二手汽车市场的繁荣，汽车的所有权会经常出现变更。从理论上讲，在保险合同的有效期内，汽车的原所有权人，因为对汽车丧失了所有权，所以其与保险人签订的保险合同也因保险利益的丢失而失效，而汽车的新所有权人为享受保险保障只好重新投保。但在保险业务习惯中，法律往往承认新的所有权人可以通过办理变更手续取代原投保人的地位，使得保险合同继续生效，而不需要重新投保，这就是汽车保险利益的转移。

海上货运保险比较特殊，投保人在投保时可以不具有保险利益，但当损失发生时必须具有保险利益。这种规定是为了适应国际贸易的习惯做法。买方在投保时，货物所有权往往尚未转移到自己手中，但因其货物所有权的转移是必然的，所以可以投保海上货物运输保险。

(2)人身保险的保险利益时限

人身保险的保险利益只要求在保险合同订立时存在，而不要求在保险事故发生时一定存在。在保险合同订立时，要求投保人对保险标的必须具有投保利益，而发生保险事故时，则不追究是否具有保险利益。

如某投保人为其配偶投保人身险，即使在保险期限内该夫妻离婚，保险合同依然有效。该规定是基于人身保险的保险标的是人的寿命和身体，同时人寿保险具有储蓄性。

案例1-5

2020年1月1日，王某将其所有的丰田轿车向保险公司投保机动车损失保险和第三者责任保险，保险期限一年，保险金额30万元。2020年4月9日，被保险人将该车出卖给张某，买卖合同约定：张某当日向王某支付20万元，待过户手续办理完时再补足余款。张某迟迟未办理过户手续，2020年4月23日保险车辆发生交通事故，损失15万元，张某向保险公司提出索赔，保险公司以张某不是被保险人为由拒赔。王某以被保险人名义向保险公司提出索赔，也被拒赔。王某遂以被保险人名义向法院起诉，要求保险公司承担补偿责任。请问法院会支持王某的索赔请求吗？

分析：该案例属于保险利益转移问题。案例中车辆所有权未发生转移，王某对车辆具有保险利益，王某向保险公司索赔是合理的，保险公司也应该向王某承担补偿责任。

1.3.2 最大诚信原则

1. 最大诚信原则的含义

《保险法》第五条规定："保险活动当事人行使权利、履行义务应当遵循诚实信用原则。"在保险合同关系中，对当事人诚信的要求比一般民事活动更严格，要求当事人具有"最大诚信"。最大诚信原则是指保险合同的双方当事人在保险合同的签订和履行过程中，对于与保险标的有关的重要事实，必须以最大的诚意如实告知，互不欺骗和隐瞒，恪守合同的约定与承诺，否则保险合同无效。

保险合同是最大诚信合同，不允许存在任何虚假、欺骗、隐瞒行为。不仅在保险合同订立时要遵守此项原则，而且在整个合同有效期间和履行合同过程中也都要求当事人具有"最大诚信"。这是由保险经营对象的特殊性、保险合同双方信息的不对称性，以及随着合同的成立易诱发新的风险等特点决定的。具体如下：①保险经营的对象是风险，它不像有形产品，能通过严格的工艺流程控制产品的次品率。风险是否发生、发生后损失程度是否能控制，与当事人的态度有很大关系。②保险双方当事人所知晓的信息具有不对称性，投保人对保险标的情况非常熟悉，而保险人对保险合同内容、保险条款含义非常熟悉。③购买了保险后，被保险人容易放松对保险标的的防护而诱发较大的心理风险。因此，保险中只有双方都如实告知、诚实信用、遵守规定，才能保证保险活动的正常进行。

2. 最大诚信原则的内容

最大诚信原则的内容大致包含下面三个方面：

(1)告知

告知是指在合同订立前、订立时及在合同有效期内，投保人应将保险标的相关实质性重要事实实事求是地告知保险人，保险人也应将与投保人利害相关的重要条款内容据实告知投保人。投保人与保险人的告知也是投保人与保险人应当履行的义务之一。所谓实质性重要事实是指那些影响保险双方当事人做出是否签约、签约条件、是否继续履约、如何履约的每一项事实。对保险人而言，是指那些足以影响保险人承保决策的每一项事实；对于投保人而言，则是指那些会影响投保人做出投保决定的事实，如有关保险条款、费率，以及其他条件等。

投保人的告知形式有无限告知和询问回答告知两种。无限告知是指对告知的内容没有明确性的规定，投保人应将保险标的的危险状况及有关重要事实如实告知保险人。询问回答告知是指投保人只对保险人所询问的问题如实回答，而对询问以外的问题投保人无须告知。在我国，保险立法要求投保人采取询问回答的形式履行其告知义务。《保险法》第十六条第一款规定："订立保险合同，保险人就保险标的或者被保险人的有关情况提出询问的，投保人应当如实告知。"

保险人的告知形式有明确列明和明确说明两种。明确列明是指保险人只需将保险的主要内容明确列明在保险合同之中，即视为已告知投保人；明确说明是指保险人不仅应将保险的主要内容明确列明在保险合同之中，还必须对投保人进行正确的解释。在国际上，通常只要求保险人采取明确列明的告知形式。我国为了更好地保护被保险人的利益，要求保险人在明确列明形式的基础上履行明确说明的告知义务，即需要对保险条款、责任免除等部分加以解释。《保险法》第十七条第一款规定："订立保险合同，采用保险人提供的格式条款的，保险人向投保人提供的投保单应当附格式条款，保险人应当向投保人说明合同的内容。对保险合同中免除保险人责任的条款，保险人在订立合同时应当在投保单、保险单或者其他保险凭证上作出足以引起投保人注意的提示，并对该条款的内容以书面或者口头形式向投保人作出明确说明；未作提示或者明确说明的，该条款不产生效力。"

(2)保证

保险合同保证义务的履行主体是投保人或被保险人。保证是指保险人和投保人在保险合同中约定，投保人或被保险人在保险期限内担保对某种特定事项的作为或不作为或担保某一事项的真实性。

保证通常分为明示保证和默示保证。明示保证主要用于保险合同当中，以书面形式载于或附于保险单内、要求投保人或被保险人必须作为或不作为或者保证某项事实的真实性的特约条款。投保人或被保险人必须遵守明示保证条款，否则保险合同无效。例如，我国机动车辆保险条款列明：被保险人必须对保险车辆妥善保管、使用、保养，使之处于正常技术状态。

明示保证又可分为确认保证和承诺保证。确认保证要求投保人或被保险人对过去或投保时的事实作出如实的陈述，不涉及该事实以后的发展情况。例如，某人确认他投保的汽车没有出过大的交通事故，车况良好。承诺保证是指投保人或被保险人对将来某种特定事项的作为或不作为。例如，某人承诺今后一定妥善保管所投保的汽车，正常使用和保养汽车，使之处于正常技术状态。

默示保证是保证的一种，指虽然在保单中无文字，但习惯上已被社会公认为投保人或被保险人应该遵守的事项。与明示保证不同，默示保证不通过文字来说明，而是根据有关的法律、惯例及行业习惯来决定。虽然没有文字规定，但是被保险人应按照习惯保证作为或不作为。因此，默示保证与明示保证具有同等的法律效力。

保证对投保人或被保险人的要求主要表现在：投保人按时缴纳保险费，维护保险标的的安全，保险标的发生风险事故时及时施救，保险标的出险后维护现场，并积极配合有关部门调查等。保证对保险人的要求主要体现在：保险人在保险责任范围内的风险事故发生或合同约定条件满足后，按合同约定履行赔偿或给付义务。保证是保险人接受承保或承担保险责任所需投保人或被保险人履行某种义务的条件。因此，保证是影响保险合同效力的重要因素，保险保证的内容是合同的组成部分。

(3)弃权与禁止反言

弃权是保险合同一方当事人放弃主张某种权利的行为，通常是指保险人放弃合同解除权与抗辩权等。构成弃权必须具备两个条件：首先，保险人须有弃权的意思表示。这种意思表示可以是明示的，也可是默示的。其次，保险人必须知道有权利存在。如果保险人不知道有违背约定义务的情况，其作为或不作为均不得视为弃权。禁止反言也称禁止抗辩，是指保险合同一方既然已放弃他在合同中的某种权利，就不得要求再向他方主张这种权利。禁止反言与弃权有紧密联系，如果保险人放弃法律或合同中规定的某项权利，例如，承保权、解除保险合同的权利等，就不得向投保人或被保险人主张这种权利。

弃权与禁止反言的限定，不仅可约束保险人的行为，要求保险人为其行为及其代理人的行为负责，同时也维护了投保人和被保险人的权益，有利于保险双方权利、义务关系的平衡。

案例1-6

某保险公司于2018年6月3日承保了李某的机动车辆保险，在李某尚未交付保费的前提下，业务员将保单正本和保费收据一并交给了被保险人李某，此后多次催促李某支付保费，李某均以资金不足为由拖延。2018年10月10日，李某的车辆肇事，车辆发生损毁。事后，李某在10月11日立即向保险公司以现金方式补交了全年保费，此时保险公司还不知道已经发生了事故，为了核销该笔保费，保险公司接受了该保费。随后李某向保险公司报案，保险公司调查真相后，以李某在发生事故前未及时交付保费为由予以拒赔，李某不服，以保险公司已接受了其保费而未履行赔偿义务为由，向法院提起诉讼。请分析保险公司是否应该赔付。

分析：本案例涉及三个方面的问题，第一是被保险人履行义务的问题，第二是保险人履行义务的问题，第三是最大诚信原则里面的“弃权与禁止反言”。如未按照保险合同载明的时间和金额履行交费义务，则保险合同效力终止，那么保险公司可不予赔偿。然而，本案中，保险公司在尚未收到保费的情况下，就将保单正本连同保费发票一并交给了被保险人，在保险公司宽容的条件下让合同生效后，投保人却采取一拖二磨的做法迟迟不履行缴纳保费的义务，此时，保险人可以采取终止合同的措施，本案保险人却迁就地放弃了这一权利。后来，在被保险人发生事故后，保险人不加核实检查就接受了补交的保费，事实上，保险公司又一次放弃了应有的权利，以至于最后事态发展到法律都不能原谅的被动局面。根据最大诚信原则中“弃权与禁止反言”原则，保险公司应当对此案进行赔偿。当然，投保人这种不道德行为应该受到谴责。

1.3.3 近因原则

1. 近因原则的含义

所谓近因，并非指在时间上或空间上与损失最接近的原因，而是指在风险和损失之间，导致损失的最直接、最有效的、起决定作用或支配性作用的原因。近因原则是判断风险事故与保险标的损失之间的关系，从而确定保险赔偿责任的一项基本原则。它的含义为：只有在导致保险事故的近因属于保险责任范围内时，保险人才应承担保险责任，若造成保险标的损失的近因不属于保险责任范围，则保险人不负赔偿责任。因此近因原则对判定事故损失是否属于赔偿范围具有十分重要的意义。

2. 近因的识别

(1) 单一原因造成损失

如果导致保险标的损失的原因只有一个，该原因即为损失的近因。如果该原因属于保险责任，保险人应对损失负赔偿责任；如果该原因属于除外责任，则保险人不负赔偿责任。

案例 1-7

陈某为其所有的轿车(车龄 8 年)向保险公司投保了车损险(其中洪水造成的损失属于承保范围)，保险金额为 49700 元。在保险期间内的某日，因突发洪水，致使陈某停放的轿车被水淹而发生损坏，该损坏事故发生后，陈某及时通知保险公司，并经保险公司确定车辆受损的价值为 28082 元。之后陈某向保险公司索赔，保险公司以涉案的车辆行驶证年检过期 1 个月为由，拒绝赔付，陈某遂将案件诉至法院。

分析：一审法院认为，陈某的车辆被水淹受损，该损失属于保险合同约定的承保范围，保险公司应当按照合同约定进行理赔。涉案车辆被水淹受损与行驶证是否过期没有因果关系，保险公司的抗辩理由不成立，遂判决保险公司赔付陈某 28082 元。一审判决后，保险公司不服，提出上诉。二审法院经审理后，决定维持一审法院的判决。

本案是一起典型的单一原因致损的案件。陈某的车辆受损是被洪水淹没造成的，洪水是车辆受损的近因，其属于保险合同约定的承保范围，因此保险公司应当承担赔付责任。保险公司以车辆的行驶证没有进行年检、已经过期为由进行抗辩是没有依据的。因为行驶证是否过期，与车辆被洪水淹没受损之间并不存在因果关系。因此，一、二审法院判决保险公司承担赔付责任并无不当。

(2) 多种原因造成损失

如果造成保险标的的损失原因不止一个，分析起来稍微复杂一些，可分以下几种情况：

①多种原因同时发生。造成保险事故的多种风险原因同时发生，而且这些原因对保险标的的损失均有直接的、实质的影响，它们均为保险标的损失的近因。此时有三种可能：第一，多种原因全部属于保险责任范围，保险人承担全部赔偿责任。第二，多种原因全部不属于保险责任范围，保险人不承担赔偿责任。第三，在多种原因中，有的原因属于保险责任范围，有的原因不属于保险责任范围，此时保险人是否承担赔偿责任要根据损失是否可以进行划分来确定。能划分开的，保险人仅承担所保风险导致的损失，如果无法划分的，保险人可与投保人协商赔付。

案例 1-8

2015 年 5 月 31 日，陈某以丈夫王某为被保险人向保险公司投保了意外保险，身故保险金受益人为陈某。合同约定：被保险人无合法有效驾驶证驾驶或驾驶无有效行驶证的机动车(并明确：无合法有效驾驶证驾驶所指情形包括没有取得驾驶资格，或者驾驶与准驾车型不符的车辆)导致被保险人身故的，保险人不承担给付保险金的责任。2016 年 4 月 27 日，杨某驾驶重型半挂牵引车与对向行驶的王某驾驶的无牌摩托车相撞，造成王某死亡。交警大队出具的交通事故认定书认定：杨某因驾车逆向行驶发生事故后未保护现场，负主要责任；王某未戴头盔，准驾车型与所驾车型不相符，且所驾车辆为无牌机动车，王某负次要责任。陈某随即向保险公司要求理赔，但保险公司却以王某无驾驶该车辆资格且该车辆无牌照致其身故属于合同免责事项，拒绝赔付，陈某因此提起诉讼。

分析：一审法院认为，保险公司对王某无合法有效驾驶证驾驶无牌照摩托车致其身故应予免责的抗辩主张并无不当，判决驳回陈某的诉讼请求。陈某不服该判决，提出上诉。其上诉理由之一为：王某死亡的原因是肇事方驾驶机动车逆向行驶与王某相撞造成，肇事方的行为是导致王某死亡的直接原因，无证驾驶、无有效行驶证，与其死亡结果不存在因果关系。二审法院认为：根据交通事故认定书，本案交通事故的发生是由杨某驾驶机动车逆向行驶和王某持与准驾车型不符的驾驶证驾驶无牌机动车这两个原因共同造成的，两个原因均是造成涉案交通事故的近因。因此，王某的行为与交通事故发生存在因果关系。保险公司援引合同中的免责条款主张并无不当，依法维持一审判决。

评析：本案是一起多因同时发生致损的保险纠纷案件。被保险人王某发生交通事故，死亡的结果是由杨某驾驶机动车逆向行驶和王某持与准驾车型不符的驾驶证驾驶无牌机动车两个原因共同作用造成的，只是两者的作用大小不同，但均是结果发生的近因。法院在本案中，运用的就是多因同时发生的近因原则判定规则，来认定案件的因果关系，并认定本案事故发生的近因有两个，即杨某驾驶机动车逆向行驶和王某持与准驾车型不符的驾驶证驾驶无牌机动车。该因果关系大的判断是正确的，但是在对保险人的赔付责任的承担与否的判定上，法院明显是采用了“除外效力优先”的理论，判定对于多因同时发生的案件中，近因既有承保事故，又有除外责任事故时，保险人不承担赔付义务这样的判决显然有失公平。

因为该判决过于注重保护保险人的利益，而忽视了被保险人在订立合同时的合理期待，即只要出现保险合同约定的承保风险，就应当得到赔付的期待。此外，保险合同作为一种双务合同，投保人的义务是支付保费，而保险人的义务则是对于损失结果的近因为承保风险时承担保险赔付责任，在投保人已经支付对价、保险人应当履行合同义务的条件也已经具备时，法院判决保险人不承担义务，是有失公允的。这样的判决结果必然造成保险合同双方权利义务的不对等，不利于维护合同当事人的合法权益。当然，对于类似的案件，实践中已经有运用比例因果关系的理论，并结合公平原则进行裁判的案例。运用比例因果关系的前提是，用近因原则对因果关系进行判断，在确定损失结果发生的近因后，对于近因中既有承保风险或非承保风险，又有除外责任，而难以区分各个近因对结果造成的损失多少的情况下，才能运用比例原则和公平原则做出裁决。

②多种原因连续发生。如果损失的发生由具有因果关系的连续、不间断的多种原因所致，保险人是否承担赔付责任要依据两种情况来判定：第一，如果这些原因均为保险责任范围内的原因，则保险人应负赔付责任。第二，如果这些原因中既有保险责任，又有除外责任，则要看损失的前因是否属于保险责任。如果前因属于保险责任，后因是除外责任，且后因是前因的必然结果，则保险人应承担赔付责任；相反，如果前因是除外责任，后因是保险责任，且后因是前因的必然结果，保险人不承担赔付责任。

案例1-9

王某投保了一份家庭财产保险，保险合同中明确规定因火灾、雷击、爆炸而导致保险标的损失，保险公司负责赔偿，但因战争、罢工、暴动造成的损失属除外责任。一日，该地区遭遇敌军飞机轰炸，扔下的炸弹引发地面燃烧，然后波及了周围的房屋，引发火灾，王某的房屋也未能幸免。请问该房屋损失是否属于保险公司赔付范围？

分析：该案例中虽然表面上房屋是由于大火而被烧毁，属于保险责任范围，但是发生大火的原因却是战争行为中的敌军投弹引起的。从本质上看，这次事故的因果关系是：战争—火灾—房屋损失；因此在这次损失中最直接、最有效、起决定作用的原因(即近因)是战争。因战争造成的损失属于除外责任，在这种情况下，保险公司无须赔偿。

③多种原因间断发生。造成损失的多种风险原因先后出现，各风险原因之间不相关联，若其中一种原因是造成损失的独立近因，则该近因属于保险责任范围，保险人应承担赔付责任；反之，保险人不承担赔付责任。但是，在该项独立原因出现之前，存在保险责任范围内的风险原因导致的损失，保险人也应该对这部分损失进行赔付。

案例1-10

2018年8月5日，袁某为自己的轿车购买了汽车保险，车辆损失险保险金额为19万元，保险期一年。2018年8月20日凌晨市区下了一场倾盆大雨，大多数道路有积水现象。同日上午9时，袁某准备开车上班，见停放在其住宅区通道的上述保险车辆轮胎一半受水淹，且驾驶室中有浸水的痕迹，经简单擦抹后就上车点火起动，发动机发出发动声后熄火，之后则无法起动。袁某随即将车辆拖至某汽车维修公司，经该公司检查认为故障原因系发动机进气系统进水并被吸进燃烧室活塞运转时，由于水不可压缩，进而导致连杆折断，缸体破损。袁某向保险公司报案后因争议太大，保险公司没有赔偿损失，袁某遂诉至法院。该案在审理期间，经保险公司申请，法院委托市产品质量监督检验所对车辆受损原因进行鉴定。市产品质量监督检验所认为：①造成发动机缸体损坏的直接原因是进气口浸泡在水中或空气滤清器有余水，起动发动机后气缸吸入了水，导致连杆折断，从而打烂缸体。②事发时可能当天晚上下了大雨，该车停放的地方涨过水，使该车被雨水严重浸泡，进气管空气滤清器进水，当水退至车身地台以下，驾驶人起动汽车时，未先检查汽车进气管空气滤清器有无进水，使空气滤清器余水被吸入发动机气缸，造成连杆折断，缸体破损。袁某和保险公司对质量监督检验所的鉴定意见均无异议，只是对造成保险标的损失的近因，保险公司应否赔偿车辆损失这一问题存在较大分歧。

保险公司认为，造成保险车辆发动机缸体损坏的原因是进气管空气滤清器有余水，起动发动机，气缸吸入了水，导致连杆折断，从而打烂缸体。而进气管空气滤清器有余水，则是暴雨所造成的。暴雨和起动发动机这两个危险事故先后间断出现，前因与后因之间不具有关联性，后因既不是前因的合理延续，也不是前因自然延长的结果，后因是完全独立于前因之外的一个原因。根据近因原则，起动发动机是直接导致保险车辆发动机缸体损坏的原因，故为发动机缸体损坏的近因。暴雨为发动机缸体损坏的原因。而起动发动机属除外风险，由起动发动机这一除外风险所致发动机缸体损坏的损失，保险人不负赔偿责任，保险公司只需赔偿因暴雨造成汽车浸水后进行清洗的费用。

袁某认为，从危险事故与保险标的损失之间的因果关系来看，本案属于多种原因连续发生造成损失的情形，其中暴雨是前因，车辆进气管空气滤清器进水相对于暴雨是后因，而相对于前因，起动发动机是后因，正是暴雨的发生，才导致车辆进气管空气滤清器进水，才使起动发动机这一开动汽车必不可少的条件发生作用，导致发动机缸体损坏，根据近因原则，暴雨才是近因，因此保险公司应向袁某赔偿车辆的实际损失。

分析：本案例属于几种原因相继发生，但其因果链是由于新干预因素出现而中断的，如果这种新干预因素具有现实性、支配性和有效性，新干预因素即为近因。本案中车辆进水后强行起动发动机导致发动机受损，强行起动发动机即为新干预因素，强行起动发动机即为近因，不属于承保范围，因此保险公司不予理赔。2020 年 9 月 19 日以后实行的保险条款中，因为发动机进水造成的损失，已经列入了赔偿范围之列。

1.3.4 损失补偿原则

1. 损失补偿原则的定义

损失补偿原则主要适用于财产保险合同，是指保险标的发生保险责任范围内的损失时，保险人按照合同规定，补偿被保险人的损失，使被保险人在经济上恢复到受损前的状态，而不允许被保险人获得额外利益。

保险的职能是通过补偿被保险人因保险事故造成的损失，达到社会生产和社会生活稳定的目的。如果保险能够给被保险人带来额外利益，就可能导致个别不法之徒故意制造保险事故，以此谋取好处，诱发道德风险，为社会带来新的危害和不稳定因素。因此，坚持损失补偿原则，可有效杜绝保险不法行为，防范道德风险的发生。损失补偿原则有两个派生原则，分别是代位原则和分摊原则。

2. 保险人履行损失补偿责任的限度

保险人履行损失补偿责任时，必须把握三个限度，以保证被保险人既能恢复失去的经济利益，又不会由于保险赔款而额外受益。

(1) 以实际损失为限

实际损失是根据保险标的损失时的市价来确定的，保险赔偿以被保险人所遭受的实际损失为限，即赔偿金额不能超过该项财产损失的市价。因此，保险人在实际理赔中必须充分考虑标的价格变动的因素。如某汽车投保了机动车损失保险，保险金额 20 万元。该车出险时，由于价格下降，该车市场价已降到 15 万元。如果该车发生全损，保险公司只能赔偿 15 万元，而不能赔偿 20 万元。

(2) 以保险金额为限

保险金额是保险人承担赔偿保险金责任的最高限额。赔偿金额不得高于保险金额。如果前例中汽车实际价值为 25 万元，而被保险人在投保时所确定的保险金额为 20 万元，当该汽车发生全损时，尽管标的实际损失为 25 万元，但保险人只能赔偿 20 万元。

(3) 以保险利益为限

保险人的赔偿以被保险人对保险标的所具有的保险利益为限。被保险人对遭受损失的财产具有保险利益，是被保险人索赔的基础，被保险人获得的赔款，不得超过对被损财产所具有的保险利益。例如，在抵押贷款中，抵押权人对抵押汽车具有保险利益。如果借款人借入的款项为 15 万元，而他用作抵押的汽车的价值为 20 万元，那么在抵押汽车出险

时，即使抵押权人按20万元投保机动车损失保险，保险人最多也只能赔偿15万元。

3. 保险人履行损失补偿责任的方式

保险的损失补偿有现金给付、重置和修理三种方式。

现金给付是财产保险的最常见的损失补偿方式，它简单方便，结案迅速，深受欢迎。汽车保险中的第三者责任保险常采用这一方式补偿。重置是指保险人重新购置与保险标的相同或相似的物品，作为损失的补偿。汽车保险中的玻璃破碎一般采用这一方式补偿。修理是指当保险标的受损时，保险人采用修理的办法，将保险标的的性能恢复到未受损时的状况。车辆损失险的大部分项目采用这一方式补偿。目前的汽车保险条款中一般都规定：因保险事故损坏的被保险机动车和第三者财产，应当尽量修复；修理前被保险人应当会同保险人检验，协商确定修理项目、方式和费用。

1.3.5 代位原则

代位原则是损失补偿原则的一个派生原则，适用于财产保险，指保险人依照合同约定，对被保险人遭受的损失进行赔偿后，依法取得向对损失负有责任的第三者进行追偿的权利，或取得被保险人对保险标的的所有权，由权利代位和物上代位两部分组成。

1. 权利代位

(1)权利代位的定义

权利代位又称代位追偿，是指在财产保险中，由于第三者的过错致使保险标的发生保险责任范围内的损失，保险人按照合同约定给付了保险金后，依法取得向对损失负有责任的第三者进行追偿的权利。

(2)权利代位的产生

《保险法》第六十条规定："因第三者对保险标的的损害而造成保险事故的，保险人自向被保险人赔偿保险金之日起，在赔偿金额范围内代位行使被保险人对第三者请求赔偿的权利。"

保险人通过代位追偿得到的第三者的赔偿数额，只能以保险人支付给被保险人的实际赔偿数额为限，超出部分的权利属于被保险人，保险人无权处理。

保险人向负民事赔偿责任的第三者行使代位请求赔偿的权利，不影响被保险人就未取得赔偿的部分向第三者请求赔偿的权利。

由此可见，权利代位的产生需要满足下面的条件：

①代位追偿的对象是负民事赔偿责任的第三者，保险标的的损失必须是由第三者造成的，依法应由第三者承担赔偿责任。这里的第三者既可以是法人、自然人，也可以是其他经济组织。除被保险人的家庭成员或者其组成人员故意事故外，保险人不得对被保险人的家庭成员或者其组成人员行使代位追偿权利。

②保险标的的损失是保险责任范围内的损失，根据合同约定，保险人理应承担赔偿责任。如果不属于保险责任范围内的损失，则不适用于权利代位。

③必须在保险人赔偿保险金后，保险人才能取代被保险人的地位与第三者产生债务债权关系，且只能以保险人支付给被保险人的实际赔偿数额为限，超出部分的权利属于被保险人，保险人无权处理。而对于未取得赔偿的部分，被保险人继续享有向第三者请求赔偿的权利。

(3)代位追偿权的行使

在财产保险中，因第三者对保险标的侵权而造成保险事故的，受害人与致害人之间首先是一种民事侵权法律关系，致害人按照有关法律规定承担民事赔偿责任。同时，受害人作为被保险人，与保险人之间还存在着一种民事合同法律关系，当发生合同约定的保险事故时，保险人应依约承担赔偿责任。也就是说，当由于第三者原因导致保险事故发生后，被保险人既可以根据有关法律向致害人请求赔偿，也可以根据保险合同向保险人索赔。

当被保险人向保险人索赔并获得足够赔偿后，若再向致害人请求赔偿，将获得多余损失的额外利益，这不符合保险的损失补偿原则。因此，保险原则规定当保险人赔偿被保险人的损失后，将获得代替被保险人向第三者索赔的权利。

实践中，当被保险人向保险人请求赔偿时，经常会因被保险人的一些不当作为或不作为而使保险人代位追偿权遭到损害。为此，《保险法》第六十一条对代位追偿权的行使做出了明确规定："保险事故发生后，保险人未赔偿保险金之前，被保险人放弃对第三者请求赔偿的权利的，保险人不承担赔偿保险金的责任。保险人向被保险人赔偿保险金后，被保险人未经保险人同意放弃对第三者请求赔偿的权利的，该行为无效。被保险人故意或者因重大过失致使保险人不能行使代位请求赔偿的权利的，保险人可以扣减或者要求返还相应的保险金。"

2. 物上代位

物上代位是指保险标的发生保险责任事故遭受损失，保险人在履行了对被保险人的赔偿义务后，代位取得对受损标的的所有权。物上代位实际上是一种物权的转移，当保险人在处理标的物时，若得到的利益超过赔偿的金额，应属保险人所有。

《保险法》第五十九条规定："保险事故发生后，保险人已支付了全部保险金额，并且保险金额等于保险价值的，受损保险标的的全部权利归于保险人；保险金额低于保险价值的，保险人按照保险金额与保险价值的比例取得受损保险标的的部分权利。"

案例 1-11

1. 2020 年 8 月 17 日，老王给自己的汽车购买了车辆损失保险、第三者责任保险、车上人员责任保险，保险期限一年。10 月 7 日，老王在开车回老家的路上，被老李的车追尾。经交警认定，老李负事故的全部责任。老王修车花费 5000 元，并从保险公司索要了赔款，同时将向老李追偿的权利转移给保险公司。保险公司在代替老王向老李索要事故损失赔偿时，老李认为事故原因是自己驾驶技术不熟练，责任在自己，心中也感觉十分愧疚，于是马上拿出了 6000 元，给了保险公司人员小赵。小赵将 6000 元全部交回了保险公司。一段时间后，老王听说了此事，向保险公司要多余的 1000 元，保险公司是否应该将这 1000 元返还给老王？

2. 2021 年 5 月 3 日，老王的汽车被偷，老王马上向公安部门和保险公司报案，三个月后，车辆仍未找回，保险公司给予了老王全部赔款 10 万元。又一个月后，车辆被找回，老王不愿再要车，将车辆的权利转让给保险公司。保险公司对车辆进行拍卖时，竞拍出 12 万元的价格。老王听说了此事后，又向保险公司索要多出的 2 万元，保险公司是否应该将这 2 万元返还给老王？

分析：对于案例 1 来说，保险公司应该将多于保险赔偿的 1000 元给予老王。首先，保险公司的代位追偿是以保险赔偿额度为限，超出部分，保险公司就没有代位追偿权了。其次，多出的 1000 元，是属于肇事者老李对受害者老王的补偿，这不属于保险赔偿，不违背保险补偿原则。再次，如果老李给予保险公司的钱数低于保险赔偿额度，那么保险公司就差额部分继续享有代位追偿权。最后，如果保险公司赔偿老王的赔款数不足以补偿老王的所有损失，那么老王还可以就自己的不足部分继续向老李要钱。而对于案例 2 中的情况，保险公司不应给老王 2 万元。因为物上代位是一种所有权的转移，所以老王对标的车已经没有了任何权利，车辆的所有权已经属于保险公司，所以保险公司处理车辆的收入完全属于保险公司，与老王无关。

1.3.6 分摊原则

1. 分摊原则的含义

分摊原则是损失补偿原则的另一个派生原则，适用于重复保险。重复保险指投保人对同一标的、同一保险利益、同一保险事故分别与两个及以上保险人订立保险合同，其保险金额总和超过保险标的实际价值的保险。重复保险是允许的，但是不允许重复赔偿。发生事故时，按照补偿原则，不能由几个保险人各自赔偿实际损失金额，只能由这几个保险人分摊损失，以免造成重复赔款。这可防止被保险人获得超过实际损失以外的不当利益，以免引发道德风险。

2. 损失分摊的方式

保险人之间的赔款分摊方式有三种，分别是比例责任分摊、限额责任分摊和顺序责任分摊。

(1) 比例责任分摊

比例责任分摊是将各保险人的保险金额，除以各个保险人的保险金额总和，得出每个保险人应分摊的比例，然后按比例分摊损失金额。即

$$\text{某保险人的保险赔款} = \text{损失金额} \times \frac{\text{该保险人的保险金额}}{\text{各保险人保险金额总和}}$$

《保险法》第五十六条规定："重复保险的各保险人赔偿保险金的总和不得超过保险价值。除合同另有约定外，各保险人按照其保险金额与保险金额总和的比例承担赔偿保险金的责任。"因此该方式是目前常用的分摊方式。

(2) 限额责任分摊

限额责任分摊是假定在没有重复保险的情况下，由各保险人单独应负的责任限额比例分摊损失金额。

$$\text{某保险人的保险赔款} = \text{损失金额} \times \frac{\text{该保险人的责任限额}}{\text{各保险人责任限额总和}}$$

(3) 顺序责任分摊

顺序责任分摊是根据多个保险合同生效的先后顺序，由先出立保单的保险人首先负责赔偿，第二个保险人只负责赔偿超出第一保险人保险金额的部分，如果仍有超出部分，则依次由第三、第四个保险人负责赔偿。因为这种分摊方式不符合公平原则，所以目前很少使用。

案例 1-12

刘某先后分别与 A、B、C 三家保险公司就同一保险标的签订了火灾保险合同，A、B、C 承保的保险金额分别为 100000 元、150000 元、250000 元。后保险标的发生火灾，损失 200000 元。请分别用比例责任制、限额责任制和顺序责任制计算各保险公司应分摊的损失。

分析：

(1) 按比例责任制分摊

A 保险公司应赔金额为：100000 元 ÷ (100000 + 150000 + 250000) 元 × 200000 元 = 40000 元；

B 保险公司应赔金额为：150000 元 ÷ (100000 + 150000 + 250000) 元 × 200000 元 = 60000 元；

C 保险公司应赔金额为：250000 元 ÷ (100000 + 150000 + 250000) 元 × 200000 元 = 100000 元。

(2) 按限额责任制分摊

A 保险公司应赔金额为：100000 元 ÷ (100000 + 150000 + 200000) 元 × 200000 元 ≈ 44444 元；

B 保险公司应赔金额为：150000 元 ÷ (100000 + 150000 + 200000) 元 × 200000 元 ≈ 66667 元；

C 保险公司应赔金额为：200000 元 ÷ (100000 + 150000 + 200000) 元 × 200000 元 ≈ 88889 元。

(3) 按顺序责任制分摊

A 保险公司应赔金额为：100000 元；

B 保险公司应赔金额为：100000 元；

C 保险公司应赔金额为：0 元。

复习与思考

1. 简述风险的组成要素。
2. 简述可保风险的特性。
3. 简述保险的概念和职能。
4. 简述最大诚信原则的含义和内容。
5. 简述保险利益的含义和条件。
6. 简述近因原则的主要作用。
7. 简述损失补偿原则的范围和责任限额。
8. 简述权利代位和物上代位的特点及其主要区别。
9. 简述分摊原则的含义和损失分摊的方式。

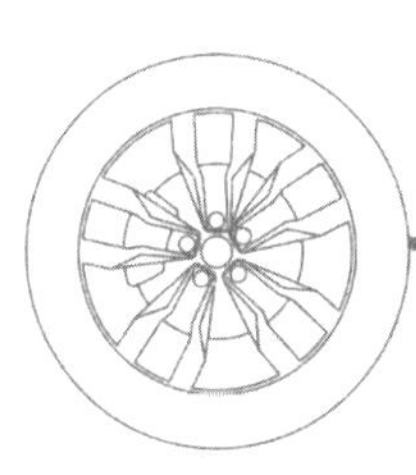

2 汽车保险基础

学习目标

本章主要讲述了汽车保险的职能与特点、汽车保险的发展历程和我国的汽车保险市场。要求学生了解汽车保险的含义、职能和作用，熟悉汽车保险的发展历程，掌握我国汽车保险市场的产品体系、供求关系、服务体系和我国汽车保险市场的现状。

2.1 汽车保险的职能与特点

2.1.1 汽车保险的含义、职能与作用

1. 汽车保险的含义

汽车保险是指以机动车辆(包括内燃机车、新能源汽车、摩托车、拖拉机、各种专用机械及特种车)为保险标的的保险，其保障范围包括车辆本身因自然灾害或意外事故导致的损失，以及车辆所有人或被保险机动车驾驶人(以下简称驾驶人)因使用车辆发生意外事故所负的赔偿责任，是财产保险的一种。汽车保险包括下面几层含义：

①它是一种商业保险行为。保险人按照等价交换关系建立的汽车保险是以营利为目的的。简而言之，保险人要从它所开展的汽车保险业务上赚到钱，因此汽车保险属于一种商业行为。

②它是一种合同行为。投保人与保险人要以各类汽车及其责任为保险标的签订书面的、具有法律效力的保险合同。例如，要填制保险单，否则汽车保险没有存在的法律基础。

③它是一种权利义务行为。投保人与保险人共同签订的保险合同(如汽车保险单)明确规定了双方的权利与义务，并确定了违约责任，要求双方在履行合同时共同遵守。

④它是一种以合同约定的、以保险事故发生为条件的损失补偿或保险金给付的保险行为。正是这种损失补偿或保险金给付行为，才成为人们转移车辆及相关责任风险的一种方法，才体现了保险保障经济生活安定的互助共济的特点。

2. 汽车保险的职能

组织经济补偿和实现保险金的给付是汽车保险的基本职能。生产力水平的提高、科学技术的发展使人类社会走向文明，然而汽车文明在给人类生活带来交通便利的同时，也带来了意外事故造成的财产损失和人身伤亡。不仅如此，随着生产力水平的提高及科学技术的进步，风险事故所造成的损失也越来越大，对人类社会的危害也越来越严重。

汽车在使用过程中遭受自然灾害风险和发生意外事故的概率较大，特别是在发生涉及第三者责任的道路交通事故中，其损失赔偿是很多人难以承受的。也就是说汽车在使用过程中的各种风险及风险损失难以通过对风险的避免、预防、分散、抑制以及风险自留来解决，必须通过保险转嫁方式使其中的风险及风险损失得以在全社会范围内分散和转移，最大限度地抵御风险。汽车用户以缴纳保险费为条件，将自己可能遭受的风险成本全部或部分转嫁给保险人。

汽车保险是一种重要的风险转嫁方式，在大量的风险单位集合的基础上，将少数被保险人可能遭受的损失后果转嫁到全体被保险人身上，而保险人作为被保险人之间的中介对其实行经济补偿。通过汽车保险，拥有汽车的企业、家庭和个人所面临的种种风险及其损失后果在全社会范围内分散与转嫁。因此，汽车保险是现代社会处理风险的一种非常重要的手段，是风险转嫁中一种最重要、最有效的技术，是不可缺少的经济补偿制度。

3. 汽车保险的作用

汽车保险的作用是其职能在现实生活中发挥所表现出的效果。经过 40 多年的发展，我国汽车保险取得了长足进步。尤其是伴随着汽车进入人们的日常生活，汽车保险在社会生产和生活中所发挥的作用越来越突出。

①促进汽车工业的发展，扩大了人们对汽车的需求。目前汽车工业已成为我国经济健康稳定发展的重要动力之一。汽车产业政策在国家产业政策中的地位越来越重要，汽车产业政策要产生社会效益和经济效益，成为中国经济发展的原动力，离不开汽车保险及其配套服务。汽车保险业务自身的发展对于汽车工业的发展起到了有力的推动作用。汽车保险的出现，使人们可以把用车风险转嫁给保险公司，解除了企业与个人对使用汽车过程中可能出现的风险的担心，一定程度上提高了消费者购买汽车的欲望，扩大了对汽车的需求。

②稳定了社会公共秩序。汽车所有者为了转嫁使用汽车带来的风险，愿意支付一定的保险费投保，发生交通事故后，可以从保险公司获得经济补偿或者履行对第三者的赔偿，有利于维护受害者的权益，稳定了公共秩序。

③促进了汽车安全性能的提高。汽车保险业的经营管理与汽车维修行业服务水平及其价格密切相关，其原因是，在汽车保险的经营成本中，事故车辆的维修费用是其中重要的组成部分，同时车辆的维修质量在一定程度上体现了汽车保险产品的质量。保险公司出于有效控制经营成本和风险的需要，除了加强自身的经营业务管理，必然会加大事故车辆修复工作的管理，一定程度上提高了汽车维修质量管理的水平。同时，汽车保险的保险人从自身和社会效益的角度出发，联合汽车生产厂家、汽车维修企业开展汽车事故原因的统计分析，研究汽车安全设计新技术，并为此投入大量的人力和财力，从而促进了汽车安全性能方面的提高。

2.1.2 汽车保险的特点

1. 汽车保险业务在财产保险中的地位重要

汽车保险业务在财产保险中占有重要的地位，是各财产保险公司竞争的焦点。

大多数发达国家的汽车保险业务在整个财产保险业务中占有十分重要的地位。美国汽车保险保费收入，占财产保险总保费的50%左右，占全部保费的30%左右。亚洲地区很多国家(如日本、韩国等)，汽车保险的保费占整个财产保险总保费的比例在60%左右。从我国情况来看，汽车保险保费收入逐年递增。表2-1为2002—2021年我国财产保险保费收入与汽车保险保费收入的情况。可见，近年来我国汽车保险保费收入均占财产保险总保费收入的60%以上，汽车保险已成为各财产保险公司的支柱险种，其经营的好坏直接关系到整个财产保险业的经济效益。其中2020年在新的保险费改之后，汽车保险保费收入占财产保险保费收入的比例略有下降。

表2-1 2002—2021年我国财产保险保费收入与汽车保险保费收入情况表

年份	2002	2003	2004	2005	2006	2007	2008	2009	2010	2011
财产保险保费年收入/亿元	780	869	1125	1283	1579	2086	2446	2993	4027	4779
汽车保费年收入/亿元	472	540	745	858	1108	1484	1703	2156	3004	3505
汽车保险保费收入占财产保险保费收入的比例/%	60.5	62.1	66.2	66.9	70.2	71.1	69.6	72.0	74.6	72.4
年份	2012	2013	2014	2015	2016	2017	2018	2019	2020	2021
财产保险保费年收入/亿元	5530	6481	7544	8423	9266	9835	11756	13016	13856	11736
汽车保费年收入/亿元	4005	4721	5516	6199	6834	7521	7834	8188	8245	7773
汽车保险保费收入占财产保险保费收入的比例/%	72.4	72.8	73.1	73.6	73.8	76.5	66.6	62.9	60.8	66.2

随着我国汽车工业的迅猛发展和人民生活水平的提高，汽车保有量呈逐年上升趋势。这对保险公司来说，意味着汽车保险是保源相对稳定且快速扩大的行业，因此各财产保险公司集中精兵强将展开竞争。同时，汽车保险也能使保险公司接触到社会各界，可让社会各界通过车险这个窗口直接领略其承保服务是否热情、理赔是否真诚，进而树立良好的企业形象，吸引客户购买其他财产保险产品，因此各保险公司对此倍加重视。

2. 保险对象具有广泛性和差异性

汽车保险对象广泛性和差异性的特点，是针对汽车保险的被保险人和保险标的自身特点而言的。

(1)被保险人方面

汽车保险中被保险人的广泛性具体表现为，随着汽车日益成为人们主要的交通工具，汽车与每一个人的生活息息相关。企业和个人更加广泛地拥有汽车，尤其是私人拥有的汽车数量不断增加，汽车逐步成为人们生活中的必需品。正是因为汽车拥有者的广泛性特点，被保险人必然存在差异性，不同类型的企业、不同类型的家庭、不同的个人、不同的职业、不同的风险倾向均是这种差异性的体现。可见，汽车保险的被保险人人数众多且差异非常大，而汽车保险业务需要保险人与每个投保人接触，需要与发生事故并索赔的每个被保险人接触。想要处理好与众多接触对象的关系，就需要汽车保险的从业人员素质高、能力强、见识广。

(2)保险标的方面

作为保险标的的汽车具有明显的差异性，汽车的类型逐年增多，既有传统的燃油车，也有混合动力汽车和新能源汽车。同类型车辆的车型品种繁多，性能各异。汽车按用途可分为客车、货车、特种车、摩托车、拖拉机，而它们又可根据不同依据进一步细分，如客车可按座位多少细分，货车可按载重量细分，特种车可按用途细分，摩托车可按排量细分，拖拉机可按使用性质与功率细分。

汽车按性质可分为营业车辆和非营业车辆。营业车辆又可分为出租租赁、固定路线运输、公路运输；非营业车辆又可分为家庭自用、企业非营业、机关非营业。种类、性质、座位、载重量、用途、排量、功率不同的汽车，其结构、性能、零件、材料等也有很大差异，其风险状况也不同。对保险人而言，经营汽车保险要从多方面增强风险控制，不同的汽车，收费要有所差别。同时还要调整承保政策、软件系统，以适应新车的出现。

汽车行业发展速度非常快，新技术、新结构、新材料不断运用于汽车上，加快了汽车的更新换代。汽车厂家从经营角度考虑，也会不断调整产品结构、增减汽车配置等。此种汽车发展环境下，做好理赔工作的关键是，应拥有一支懂汽车专业、知识结构不断更新的理赔队伍为保险标的的查勘定损工作服务。

3. 汽车保险标的出险率高，且出险时间、地点不固定

众所周知，汽车是人们日常生活中的主要交通工具，但是由于其流动性的特点，使用过程中很容易发生碰撞及其他意外事故，造成人身伤亡或财产损失，导致汽车发生风险事故的概率增大。同时，由于汽车保有量的迅速增加，一些国家的道路交通设施及机动车辆管理水平跟不上汽车的发展速度，再加上使用者的过失、疏忽等人为原因，导致汽车交通事故发生频繁，因此，汽车保险相对其他财产保险而言出险率较高。

表 2-2 所示为 2002—2021 年我国机动车交通事故数据统计，平均每年发生交通事故近 30 万起，约每 1. 8 分钟发生一起事故，平均每起事故损失 4897 元。除机动车交通事故外，属于汽车保险赔偿的机动车事故还有很多，如盗抢事故、火灾事故、水灾事故、雹灾事故、玻璃破碎事故等，因此，汽车出险率非常高。但同时，汽车保险每起事故的赔付额与其他保险险种相比却比较低，此种情况下，就要求精细化管理，降低单起事故的查勘、定损、理算等理赔成本。

表 2-2　2002—2021 年我国机动车交通事故数据统计

年份	2002	2003	2004	2005	2006	2007	2008	2009	2010	2011
机动车交通事故数/起	675449	627029	471080	424409	358249	309261	251077	225096	207156	198113
直接财产损失/亿元	30. 17	33. 05	22. 48	18. 38	14. 64	11. 72	9. 91	8. 94	9. 04	10. 48
年份	2012	2013	2014	2015	2016	2017	2018	2019	2020	2021
机动车交通事故数/起	190756	183404	196812	187781	212846	203049	244937	247646	244674	273098
直接财产损失/亿元	11. 42	10. 00	10. 75	10. 37	12. 07	12. 13	13. 85	13. 46	13. 14	14. 50

汽车作为运输工具，经常处于运动状态。保险标的所处状态直接影响其面临的风险大小，这就导致汽车出险时间和地点的不可预知性，有可能在本地，有可能在外地，有可能在境内，还有可能境外出险，无论何时、何地出险，保险人都应积极提供查勘、定损、赔

款等服务，这就要求保险人具有一个全天候的、非常庞大的、查勘定损服务网络。

4. 汽车保险的业务量大、投保率高

由于汽车保险标的具有出险率较高的特点，汽车的所有者需要以保险方式转嫁风险。2021 年全国机动车保有量达 3.95 亿辆，其中汽车 3.02 亿辆，机动车驾驶人达 4.81 亿人，其中汽车驾驶人 4.44 亿人。目前，我国总人口约 14 亿人，人均汽车保有量远远低于美国、日本的水平。正是由于差距大，才有潜力可挖，表 2-3 为 2002—2021 年我国汽车产量，从中可以看出我国汽车工业发展迅猛，这对汽车保险市场的扩大是一个极大的促进。

表 2-3 2002—2021 年我国汽车产量

年份	2002	2003	2004	2005	2006	2007	2008	2009	2010	2011
产量/万辆	325	444	509	570	728	889	931	1380	1827	1842
年份	2012	2013	2014	2015	2016	2017	2018	2019	2020	2021
产量/万辆	1928	2212	2373	2450	2812	2902	2781	2572	2531	2627

随着汽车的增多和我国交强险的实施，人们购买保险的主动性大大增强。自然灾害的发生、交通事故的影响，使得多数车主愿意通过购买保险的方式把自己的用车风险转嫁给保险公司。如何购买汽车保险、如何索赔已成为多数车主讨论的话题，应该说，汽车保险成为诸多保险中人们的保险意识最强的一个险种。

5. 汽车保险使得保险的利益得到扩大

在汽车保险中，针对汽车的所有者与实际的使用者有可能不同的特点，汽车保险中不仅被保险人使用保险标的时发生保险事故保险人要承担赔偿责任，而且被保险人允许的驾驶人在使用保险标的时，也视其对保险标的具有保险利益关系，如果发生保险合同约定的保险责任范围内的事故，保险人同样要承担事故造成的损失。保险人方面须说明汽车保险的规定以“从车”为主，凡经被保险人允许的驾驶人使用被保险人的保险标的造成保险事故的损失，保险人均须负赔偿责任。此规定是为了对被保险人提供更充分的保障，并不违背保险利益原则。但如果在保险合同有效期内，被保险人将保险车辆转卖、转让、赠予他人，被保险人应当书面通知保险人并申请办理批改；否则，保险事故发生时，保险人对被保险人不承担赔偿责任。

6. 被保险人自负责任与无赔款优待

汽车保险中，为了督促投保人和被保险人对保险标的履行安全防损的义务，使保险标的保持安全行驶的技术状态，并督促驾驶人注意安全行车，以减少交通事故，保险条款中一般规定驾驶人在交通事故中所负的责任，有些险种在符合赔偿规定的金额内实行绝对免赔率。如果保险车辆在保险期限内无赔款记录，续保时可以按保险费的一定比例享受无赔款优待。以上规定，也是汽车保险区别于一般财产保险的特点，尽管它们分别是对被保险人的惩罚和优待，但要达到的目的是一致的。

2.2 汽车保险的发展历程

2.2.1 国外汽车保险发展概况

1886 年，德国人卡尔·本茨获得了世界上第一项汽车发明专利，标志着汽车的问世。

汽车作为交通工具的初期，由于设施简陋、工艺粗糙、操纵性能一般、安全性能较差、驾驶人员的驾驶经验比较欠缺，再加上道路状况不好，所以驾驶汽车非常容易出事故，事故除了造成车辆自身损坏，还经常导致他人财产损失和人身损害。汽车的这些使用风险，被精明的保险商看中，认为驾驶汽车存在财产损失和人身损害的可能，这为汽车保险的产生提供了商机。

1895 年，英国的法律意外保险有限公司签发了世界上最早的汽车保险单，为汽车责任险保单，保险费为 10~100 英镑，于是汽车保险诞生。

1898 年，美国的旅行者保险公司签发了美国历史上第一份汽车人身伤害责任保险。

1899 年，英国将汽车保险范围扩大到与其他车辆碰撞所造成的损失。

1901 年，英国将汽车保险范围又扩大到盗窃和火灾等造成的损失。

1902 年，美国第一张汽车损失保险单问世。

1903 年，英国成立了第一家专门经营汽车保险的公司，即“汽车综合保险联合社”。

1906 年，英国成立了“汽车保险有限公司”，该公司有专门的工程技术人员，负责每年对保险汽车免费检查一次，这与目前我国对汽车保险的“验标核保”、提供风险控制建议等基本相同，所以这种成功的运作经验极大地推进了汽车保险的发展。

1927 年，美国的马萨诸塞州首先将汽车造成他人的财产损失和人身伤害视为社会问题，公布实施了汽车强制保险法，成为世界上首次将汽车的第三者责任规定为强制责任保险的地区。

第一次世界大战后，英国汽车的流行加重了公路运输的负担，事故层出不穷，有些事故中的受害者不知道应找哪一方赔偿损失。针对这种情况，政府发起了汽车第三者强制保险的宣传，并在《1930 年公路交通法令》中将其纳入强制保险条款。1931 年英国开始实施强制汽车责任保险。

1936 年，英国国会成立了强制责任保险调查小组，该小组于 1937 年提交了著名的“卡斯奥报告”，报告讨论了在实行强制汽车责任保险后，如果部分车辆所有人未依法投保责任险或者保险单失效时，受害人将无法得到保险人的赔偿，对此应如何处理的问题。但由于第二次世界大战爆发，所以“卡斯奥报告”的建议当时没有付诸实施。

1945 年年底，英国根据“卡斯奥报告”的建议成立了汽车保险人赔偿局，规定当事故受害人因肇事者未依法投保责任险，或者保险单失效而无法得到赔偿时，由该局承担赔偿责任。受害人获得赔偿后，须将其向肇事者索赔的权利转移给汽车保险人赔偿局。目前，对肇事者逃逸，受害人无法得到保险赔偿的情况，也由该局负责赔偿。

日本于 1956 年实施强制汽车责任保险。法国于 1959 年实施强制汽车责任保险。德国于 1965 年实施强制汽车责任保险。目前，世界绝大多数国家或地区都实行了强制汽车责任保险制度。

总之，汽车保险是伴随着汽车的出现而产生的，在财产保险领域中属于一个相对年轻的险种。汽车保险的发展过程是先出现汽车责任保险，后出现汽车损失保险。汽车责任保险是先实行自愿方式，后实行强制方式。汽车损失保险一般是先负责保障碰撞危险，后扩大到非碰撞危险，如盗窃、火灾等。

汽车保险虽然相对年轻，但是发展迅速。现如今，世界上发达国家的汽车保险业已经基本成熟并不断创新。由于汽车保险具有面广、量大等特点，便于新技术的推广，所以汽车保险也成为保险业运用新技术的试验田。风靡全球的网上销售、电话销售和电脑远程核保就是首先在汽车保险上应用的，并取得了良好效果。随着信息化和大数据时代的到来，全球有超过300家保险机构推出UBI(Usage-Based Insurance)车险产品。UBI是基于使用量而定保费的保险，UBI车险可理解为一种基于驾驶行为的保险，通过车联网、智能手机和OBD等联网设备将驾驶者的驾驶习惯、驾驶技术、车辆信息和周围环境等数据综合起来，建立人、车、路(环境)多维度模型进行定价。

2.2.2 我国汽车保险发展概况

我国汽车保险业务的发展经历了一个曲折的历程。汽车保险进入我国是在鸦片战争以后，但由于我国保险市场处于外国保险公司的垄断与控制之下，加之旧中国的工业不发达，我国的汽车保险实质上处于萌芽状态，其作用与地位十分有限。

1949年10月20日，中国人保成立，1950年开办了汽车保险。但是因为宣传不够和认识的偏颇而出现了争议，认为汽车保险及第三者责任保险对于肇事者予以经济补偿会导致交通事故的增加，对社会产生负面影响，于是中国人保于1955年停办了汽车保险。直到20世纪70年代，随着我国对外关系的开展、各国纷纷与我国建立友好关系，为满足各国驻华使领馆汽车的保险需要，70年代中期，我国才开始办理以涉外业务为主的汽车保险业务。

1980年，我国全面恢复国内保险业务，中国人保逐步全面恢复中断了近25年的汽车保险业务，以适应国内企业和单位对汽车保险的需要，适应公路交通运输业迅速发展、事故发生日益频繁的客观需要。但当时汽车保险仅占财产保险业务的2%。

随着改革开放的发展，社会经济和人民生活发生了巨大的变化，汽车保险迅速普及和发展，汽车保险业务也随之得到迅速发展。1983年11月，我国将汽车保险更名为机动车辆保险，使其具有了更广泛的适用性。在此后的发展过程中，机动车辆保险在我国保险市场，尤其是在财产保险市场中始终发挥着重要的作用。到1987年，机动车辆保险的保费收入超过了20亿元，占财产保险保费收入的37.6%，第一次超过了企业财产保险(35.99%)。从此之后，机动车辆保险一直是财产保险的第一大险种，并保持高增长率，我国的机动车辆保险业务进入了高速发展的时期。

1998年11月，根据《中共中央、国务院关于深化金融改革，整顿金融秩序，防范金融风险的通知》(中发〔1997〕19号)和《国务院关于成立中国保险监督管理委员会的通知》(国发〔1998〕37号)，设置保监会，统一监督管理全国保险市场，维护保险业的合法、稳健运行。2003年前，我国采用严格的机动车辆保险条款管理制度，各保险公司统一实行由保监会颁布的条款，其险种数量非常有限。2002年3月4日，保监会发布《关于改革机动车辆保险条款费率管理办法有关问题的通知》，规定条款费率不再由保监会统一制订，而是由各公司自主制订、修改和调整，经保监会备案后，向社会公布使用，个性化条款自2003年1月1日起在全国范围实施。

2004年5月1日实施的《中华人民共和国道路交通安全法》(以下简称《道路交通安全法》)在法律上明确了我国实施强制机动车责任保险，该法第十七条规定："国家实行机动车第三者责任强制保险制度，设立道路交通事故社会救助基金。"但是，《道路交通安全法》只是做了一个原则性的规定，确定实施交强险，但究竟如何实施，相关配套规定未同时推出。

2006年3月1日，国务院第127次常务会议通过了《机动车交通事故责任强制保险条例》，自2006年7月1日起施行。该条例的公布是我国机动车保险发展进程中迈出的一大步，标志着我国正式施行了交强险。

伴随着交强险的实施，2006年7月1日我国推出了机动车商业保验(以下简称商业车险)的A、B、C三套条款，统一了机动车损失保险和机动车第三者责任保险两个主要险种；2007年4月1日，又推出了商业车险的新A、B、C三套条款，统一了机动车损失保险、机动车第三者责任保险、机动车车上人员责任险、盗抢险、玻璃单独破碎险、车身划痕损失险、可选免赔额特约条款、不计免赔率特约条款等8个险种。

为促进保险业的持续健康发展，中国保险行业协会于2012年3月14日对外发布了《机动车辆商业保险示范条款》，后对其进行修订完善，形成《中国保险行业协会机动车综合商业保险示范条款(2014版)》(以下简称《商业车险示范条款(2014版)》)。这是我国商业车险产品发展进程中的一次重要创新，对我国车险市场持续、健康发展意义重大。2015年3月24日，保监会发布了《深化商业车险条款费率管理制度改革试点工作方案》，确定自2015年4月1日起，黑龙江、山东、青岛、广西、陕西、重庆6个省份为商业车险改革试点地区。2016年1月1日起，启动商业车险改革第二批试点工作，包括天津、内蒙古、吉林、安徽、河南、湖北、湖南、广东、四川、青海、宁夏、新疆12个省份。2016年7月1日起，商业车险改革试点推广到了全国范围。

2018年3月，根据《第十三届全国人民代表大会第一次会议关于国务院机构改革方案的决定》，银保监会成立，保监会撤销。在中国银保监会的指导下，中国保险行业协会对2014版商业车险示范条款进行了修订完善，在征求多方意见的基础上，形成了《中国保险行业协会机动车商业保险示范条款(2020版)》(以下简称《商业车险示范条款(2020版)》)等5个商业车险示范条款。2021年12月14日，中国保险行业协会开发完成《中国保险行业协会新能源汽车商业保险专属条款(试行)》(以下简称《新能源汽车示范条款(试行)》)，包括《中国保险行业协会新能源汽车商业保险示范条款(试行)》和《中国保险行业协会新能源汽车驾乘人员意外伤害保险示范条款(试行)》。按照新能源汽车商业保险示范条款费率切换时间，所有新保和续保的新能源汽车，但不包括摩托车、拖拉机、特种车，统一适用《新能源汽车示范条款(试行)》承保，不再适用《商业车险示范条款(2020版)》。

目前，我国车险仍在不断改革与创新，以促使汽车保险行业更加健康发展。

2.3 我国的汽车保险市场

2.3.1 我国汽车保险的产品体系

1. 车辆相关的风险

车辆在使用过程中，使用风险种类繁多，可分为三类。

(1)车辆自身风险

车辆本身有遭受自然灾害和意外事故的威胁。常见的导致车辆自身损失的风险为碰撞、火灾、水灾、自燃、被盗抢等。除此之外，还有车辆倾覆、被外界坠落或倒塌物体砸毁、车身被划痕，以及雹灾、暴风、雷击、海啸、地陷、冰陷、崖崩、雪崩、泥石流、滑

坡、地震等自然灾害风险。

(2)车辆使用责任风险

车辆在使用过程中发生意外事故，容易造成第三方人员人身伤害、财产损失，车上人员的人身伤害、车上货物的损失，以及因车载货物掉落、泄漏、污染等造成第三方人员或财产的损失等。此时作为车辆的使用者或所有者有对受害人员的人身伤害或财产损失履行赔偿的责任。

(3)其他使用风险

车辆除了因意外事故导致车辆自身损失和相关赔偿责任，还有一些其他损失，常见的有：

①车辆的施救费用。如翻入沟中的车辆需要吊车吊装，不能行驶的车辆需要拖车，着火的车辆需要灭火，车辆在行驶途中因多个轮胎损坏或油量、电量不足需要救援等。施救过程中如果方法不合理，还可能导致损失扩大。

②车辆营业收入的减少。如出租车因事故不能运行，导致收入减少；运输车辆因事故不能顺利到达目的地，导致挣不到运费等。

③车辆因在外地发生事故，必须额外支出住宿费、交通费等。

④因车辆事故与第三方之间产生法律纠纷而支出的相关费用，如诉讼费、仲裁费等。

⑤为准确确定车辆损失数额、第三方财产损失数额、人员伤残等级等而支出的相关费用，如评估费、鉴定费等。

⑥因车辆使用过程中发生意外事故造成伤亡而产生的精神损失费等。

2. 当前险种的框架

汽车相关风险的种类繁多，也造就了保险险种的丰富，针对上面列出的风险，对于其中的可保风险，各保险公司都推出了对应的保障产品。我国现行的汽车保险产品体系为交强险和商业车险两类。

交强险是必须投保的。《道路交通安全法》《机动车交通事故责任强制保险条例》等法律法规规定，机动车所有人、管理人必须投保交强险，否则公安机关交通管理部门将扣留在道路上行驶的机动车，并通知机动车所有人、管理人依照规定投保，同时处应缴纳保险费的2倍罚款。因此交强险作为车辆上道路行驶的必备条件，是必须购买的险种，这也是客户遵守法律的良好表现。

商业车险是自愿保险，投保人投保时应量力而行。交强险只是对第三者损害的基本保障，对车辆损失、车上人员受伤等不予保障，即使对第三者的赔偿，许多的情况下交强险也不能完全补偿。商业车险的险种很多，不同的险种对应不同的保险范围，投保险种越多，保障越全面，但需缴保费也更多，因此客户为获得保险的充足保障，应根据自身风险状况和经济实力综合考虑后选择购买。

商业车险分主险和附加险两部分。主险是对车辆使用过程中大多数车辆使用者经常面临的风险给予保障。附加险是对主险保险责任的补充，它承保的一般是主险不予承保的自然灾害或意外事故。附加险不能单独承保，必须投保相应主险后才能承保。随着汽车保险业的发展，主险险种、附加险险种都在不断进行补充丰富或改革创新，使险种数量及其保障内容都大大增加。

当前我国汽车保险险种见表2-4。各险种的具体内容，将在下一章介绍。

表2-4　当前我国汽车保险险种

序号	险种	分类	险种名称列举	特点
1	交强险			强制购买，险种单一，是对第三者损害的基本保障
2	商业车险	主险	车辆损失险，三者险，车上人员责任险，机动车单程提车保险，驾乘人员意外伤害保险，摩托车商业保险，新能源汽车商业保险	可单独投保，根据自己面临的风险选择
		附加险	绝对免赔率特约条款，车轮单独损失险，新增加设备损失险，车身划痕损失险，修理期间费用补偿险，发动机进水损坏除外特约条款，车上货物责任险，精神损害抚慰金责任险，法定节假日限额翻倍险，医保外医疗费用责任险，机动车增值服务特约条款，外部电网故障损失险，自用充电桩损失保险，自用充电桩责任保险，绝对免赔率特约条款等	不可单独投保，必须投保了相应的主险之后投保，种类丰富，数量众多，根据需要量力而行

2.3.2　汽车保险市场的供求关系

1. 保险市场构成要素

保险市场是指保险商品交换关系的总和，它既包括保险商品交换的场所，也包括保险商品交换中供给与需求的关系及其有关活动。保险市场由市场主体和市场客体两部分构成。

①市场主体由保险的供给方、需求方、中介方构成。供给方就是各类保险人；需求方为各类投保人；中介方主要是保险代理人、保险经纪人、保险公估人、保险律师、保险理算师、保险精算师等。

②市场客体为保险商品，实为一种经济保障，具有许多特殊性，可以理解为上一小节中介绍的保险险种。它是一种无形商品，其生产过程和消费过程不可分离，其服务质量缺乏稳定性，其价格具有相对固定性等。

2. 保险市场机制

市场是以市场机制为主体进行经济活动的系统和体系。保险市场机制也是价值规律、供求规律和竞争规律三者之间相互制约、相互作用的关系。保险市场是直接经营风险的市场，是一个非即时清结的市场。但由于保险市场具有不同于一般市场的独有特征，市场机制在保险市场上表现出特殊的作用。

(1)价值规律

价值规律在流通领域中要求等价交换，即要求价格与价值相一致。保险商品是一种特殊商品，保险费率即为保险商品的价格。由于保险费率的主要构成是依据过去的、历史的经验测算出来的未来损失的概率，所以，价值规律对于保险费率的自发调节作用只能限于凝结在费率中的附加费率部分的社会必要劳动时间，而这对于保险商品的价值形成具有一

定的局限性，只能通过改进保险企业经营技术、提高服务效率来降低附加费率。

(2)供求规律

供求规律是流通领域的一条重要规律，表现为供给与需求之间的关系。在商品经济条件下，供给不是大于需求就是小于需求，二者很少正好相等；然而从发展趋势看，供给量与需求量是大致相等的。

在保险市场上的商品价格即保险费率并不完全取决于市场供求的力量对比。保险市场保险费率的形成，一方面取决于风险发生的频率，另一方面取决于保险商品的供求情况，也就是说保险人不能根据需求情况的变化随意调整费率。

(3)竞争规律

价格竞争是任何市场都具备的重要特征。而在保险市场上，一般商品价格竞争机制会受到某种程度的限制。随着社会的进步，人们对于竞争已经有了理性的认识，市场竞争已从单纯的价格竞争转变为服务等非价格竞争。

3. 汽车保险消费行为

(1)消费愿望与态度

由于当前汽车保险分为交强险和商业车险，交强险必须购买，而商业车险中由于第三者责任保险损失的不可预估性，使得一般消费者对此类风险的防范意识较强。相比较而言，消费者对机动车损失保险等其他险种的购买则比较被动，因为此类险种的标的价值有限且可以衡量，因此一般消费者的投保欲望低于第三者责任保险。如果从车的价格分析，低档车的投保率要比高档车低，究其原因：一是因为低档车的标的价值较低，一旦发生事故损失金额有限，因此车主的投保愿望不强；二是因为低档车车主的收入一般都低于高档车车主的收入，因此其消费水平也相应较低。

在当今的车险市场上，价格是消费者最为关心的因素。多项资料显示，中国的车险消费者对车险的价格敏感度极高，只关心回扣，而对各公司条款的差异性了解甚少，至于保障的范围更是不清楚。这跟中国的车险消费市场总体上还处于一个非理性消费的阶段有关，消费者的购买行为容易受到价格这一最外在的因素影响，而忽略了其他对产品质量有深刻影响的因素，如服务等。

不过，相比较而言，团体客户对价格的敏感度要低于个人客户，因为团体客户相对比较理性，同时其购买力也比较高，他们对价格的要求就相对低一些。而服务和品牌也是影响团体客户购买的重要因素，一般团体客户会拥有比较强的品牌忠诚度，其用车的续保率相当高，除非在理赔或其他服务环节中与保险人出现了重大的分歧，一般不会轻易更换保险公司。

(2)影响购买决策的因素

在汽车保险市场营销当中，广告是影响消费者决策的重要因素。然而在现阶段的中国市场，针对汽车保险的产品广告并不多，一般来说都是公司的形象广告。总体而言，广告对车险消费者的影响也不大。

朋友推荐也是影响车险消费者购买的一个重要原因。朋友关系的介绍是选择保险公司的一种主要方式，这跟中国文化中注重人与人之间关系的传统有着密切关系；尤其对于中国的消费者而言，保险的认识度不强，对各家保险公司及其产品认识有限，自主决策比较困难，因此更依赖于熟人之间的介绍。

在全国范围来说，中国人保无疑是影响力最大、品牌知名度最高的财险公司。在车险市场也是如此，由于中华人民共和国成立以来数十年的垄断经营，中国人保拥有其他保险公司所不具备的历史优势。从车险保费收入看，2019 年中国人民财产保险股份有限公司(以下简称人保财险)车险保费收入达 2629.28 亿元，占全国汽车保险保费收入比重的 32.11%，排名第一；其次为中国平安财产保险股份有限公司(以下简称平安财险)，车险保费收入达 1943.15 亿元，占比达 23.73%；中国太平洋财产保险股份有限公司(以下简称太平洋财险)车险保费收入达 932.18 亿元，占比 11.38%。三家公司市场总份额达 67.22%，所占比重超过一半。

这就可以看出，中国人保、中国平安保险(集团)股份有限公司(以下简称中国平安)和太平洋保险的品牌形象为广大车险消费者所熟悉，尤其在农村及其他一些不富裕地区，占市场的统治地位。总体来说，农村地区或小城市的消费者更加依赖这三大保险公司的品牌，这除了因为这三家保险公司分支机构齐全，当地消费者的选择面比较窄之外，还因为农村或小城市地区的消费者一般偏保守，因此更信赖国有背景的中国人保。相反，在大城市或省会城市，由于保险公司众多，加上消费者理念更为前卫，因此表现的品牌偏好相对分散，无论是国有背景的中国人保、股份制的中国平安，还是其他中资或外资成分的保险公司，在当地市场都能拥有相当数量的消费者。

2.3.3 我国汽车保险的服务体系

1. 保险的组织机构

所谓组织机构，是指全体组织成员为实现一定的组织目标进行分工协作时，在权力、责任、职务范围等方面形成的结构体系。具体到保险公司，通常做法是建立以经理为首的业务经营管理系统，根据保险公司自身发展的特点，设置不同部门。例如投资管理部门、业务管理部门、科技运营部门、风险管理部门等，并且明确规定公司各部门的职责和权限。图 2-1 为中国人保组织架构。其他各保险集团或保险公司的组织架构各有不同。

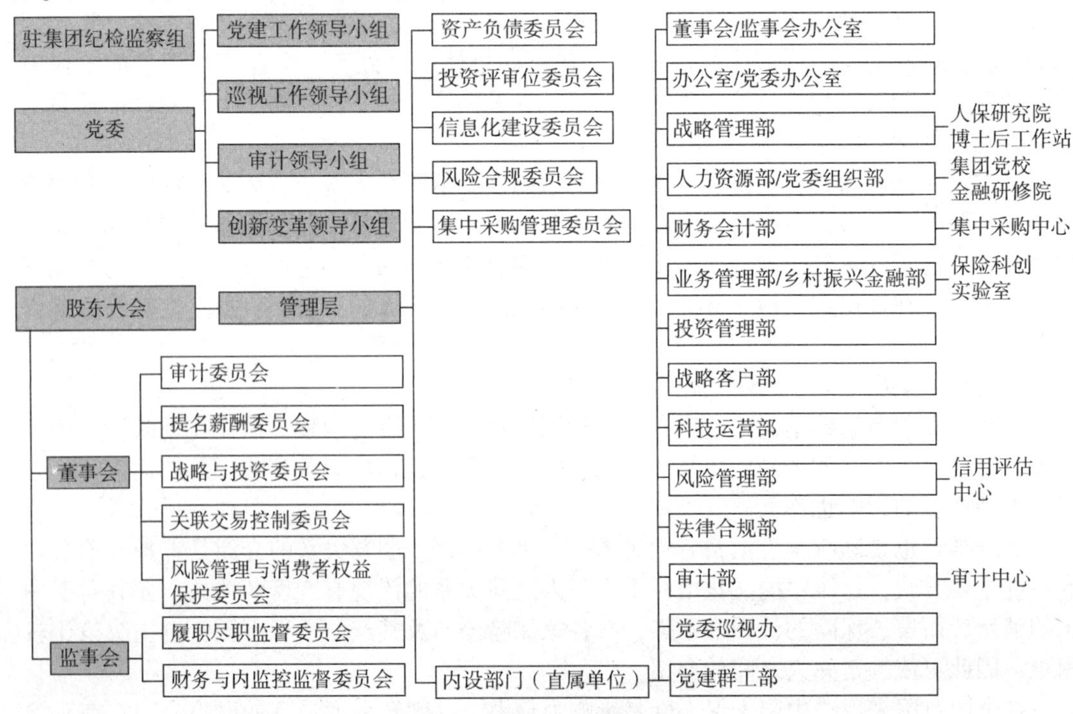

图 2-1 中国人保组织架构

我国经营汽车保险业务的保险组织机构主要有人保财险、平安财险、太平洋财险、中华联合财产保险股份有限公司、阳光财产保险股份有限公司、永安财产保险股份有限公司、中国太平保险集团有限公司、中国大地财产保险股份有限公司、天安财产保险股份有限公司、香港民安保险有限公司、美亚保险公司上海分公司、丰泰保险(亚洲)有限公司上海分公司、美国联邦保险股份有限公司上海分公司、皇家太阳联合保险公司上海分公司等。

在我国财产保险公司中，人保财险、平安财险和太平洋财险三家保险公司是汽车保险行业内资质较高的大公司，并且服务全面。太平洋财险采用网上理赔，速度非常快；平安财险专业性强，车险种类丰富，在全球有数十万个网点；人保财险服务有优势，全国故障车辆享受免费救援服务。

从中国三大保险公司车险保费收入变化来看，2019 年，人保财险车险保费收入规模较大，达到 2629. 28 亿元，位居第一；其次为平安财险。在增速方面，平安财险增长迅速，2019 年车险保费收入增速达到 6. 90%[见图 2-2(a)]。从车险保费收入占公司总保费收入比重来看，2019 年平安财险超过太平洋财险，车险保费收入占公司总保费收入比重最高，达到 71. 72%，但是 2019 年三家保险公司车险保费收入占公司总保费收入比重均出现下降[见图 2-2(b)]。从车险赔付支出来看，2019 年三家保险公司车险赔付支出整体实现增长，人保财险和平安财险的车险赔付支出均超过千亿元，人保财险仍居首位。增速方面，平安财险增长迅速，增速超过 10%[见图 2-2(c)]。从公司车险承保利润来看，2019 年人保财险表现亮眼，车险承保利润大幅增长 111. 00%，至 82 亿元，约为平安财险的 1. 67 倍、太平洋财险的 4. 82 倍[见图 2-2(d)]。

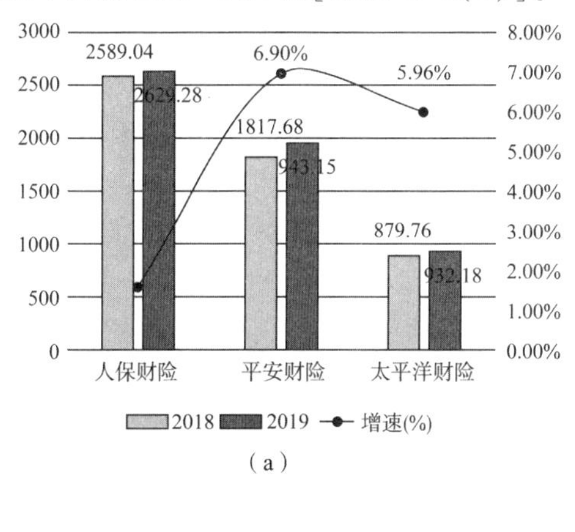

(a)

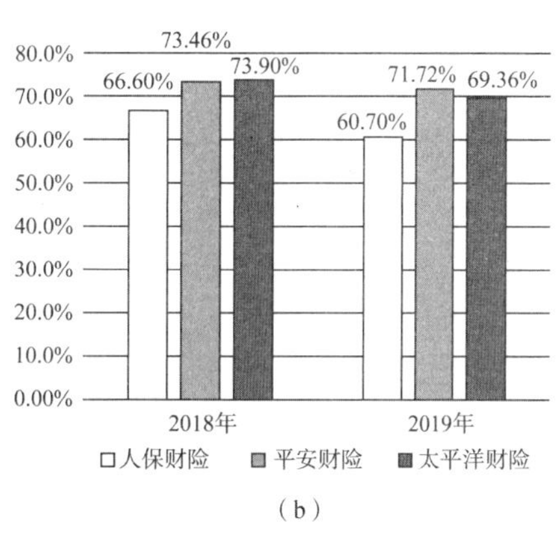

(b)

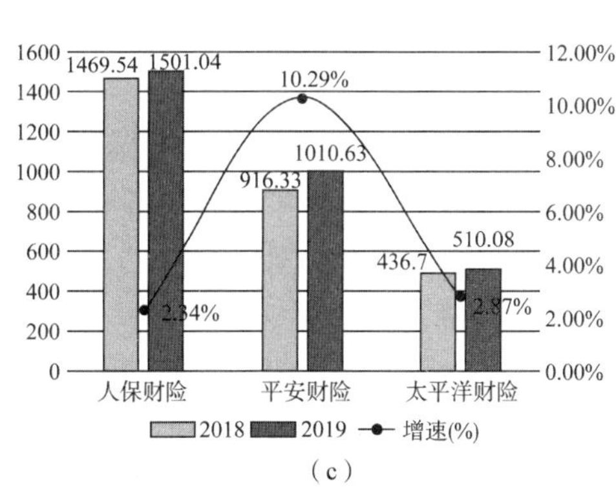

(c)

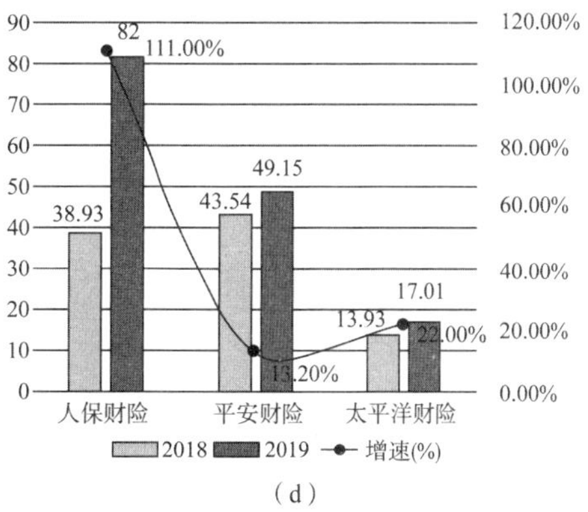

(d)

图 2-2　我国三大保险公司经营状况对比

(a)保费收入及其变化；(b)保费收入占比；(c)赔付支出及变化；(d)车险承保利润及其变化

中国保险市场虽然初步形成竞争的格局，但这种以国有独资保险公司高度垄断市场的局面，特别是以少数几家保险公司寡头垄断市场的局面，就是目前中国保险市场的特点之一。

2. 保险的中介机构

保险中介是指介于保险人之间，或者保险人与投保人之间，专门从事保险业务咨询与销售、风险管理与安排、价值衡量与评估、鉴定与理算等中介服务活动的企业或个人，保险中介从中依法获取佣金或手续费。

保险中介主要包括专业保险中介机构(例如保险代理公司、经纪公司、公估公司)、兼业代理机构、保险营销员，以及其他保险中介机构如保险精算师事务所、保险会计师事务所、保险律师事务所等为保险市场提供中介服务的机构。保险中介机构是现代保险市场的重要组成部分，也是促进保险交易、扩大保险供给渠道、维护市场公平的重要组成部分。汽车保险中介机构存在的意义如下：

①提升汽车保险服务质量。汽车保险中介机构可以运用自身优势，为消费者提供专业服务，一定程度上弥补保险人在客户服务上的不足。

②保护消费者权益。部分消费者对汽车保险产品及其可以享有的各项服务并不十分了解，需要专业人士提供相关咨询服务。汽车保险中介机构在保险人和消费者之间搭起了桥梁，保障了投保人作为消费者的权益。

③加快汽车保险产品的开发。汽车保险中介机构同汽车保险客户接触多，了解客户的各种需求，同时与保险人的合作密切，这有利于开发更多符合客户要求的保险产品。

④分担汽车保险产业风险。汽车保险中介机构的存在，增加了保险市场中服务供应商的数量，承担了过去完全由保险人承担的经营风险。

3. 保险的管理机构

(1)银保监会

1998 年 11 月 18 日，保监会成立，中国保险业的监管大权由中国人民银行移交到新成立的保监会。保监会根据国务院授权履行行政管理职能，依照法律、法规统一监督管理全国保险市场，维护保险业的合法、稳健运行。保监会内设 16 个职能机构和 2 个事业单位，并在全国各省、自治区、直辖市、计划单列市设有 36 个保监局，在苏州、烟台、汕头、温州、唐山市设有 5 个保监分局。

2018 年 4 月 8 日，由中国银行业监督管理委员会和保监会合并的银保监会正式挂牌，其主要职责是依照法律法规统一监督管理银行业和保险业，维护银行业和保险业合法、稳健运行，防范和化解金融风险，保护金融消费者合法权益，维护金融稳定。

2019 年年初，银保监会印发《关于进一步加强车险监管有关事项的通知》，主要针对当前车险市场未按照规定使用车险条款费率和业务财务数据不真实两个方面的问题，提出以下措施：

①银保监会各派出机构按照职责，依法对辖区内财产保险公司车险经营违法违规行为进行查处。为确保监管措施的及时性和有效性，对市场乱象问题快速进行纠正，各派出机构查实财产保险公司未按照规定报批和使用车险条款、费率的行为后，银保监会或其派出

机构可对相关财产保险公司采取责令停止使用车险条款和费率、限期修改等监管措施，并依法对相关财产保险公司及责任人员进行处罚。

②由中国保险行业协会(以下简称中保协)建立对会员单位投诉举报的受理、核查制度，并将违法违规线索及时报送银保监会财险部。

③由中国保险信息技术管理有限责任公司(以下简称中国保信)建立车险费率执行相关数据的监测机制，将数据异常情况及时报送银保监会财产保险监管部。

《关于进一步加强车险监管有关事项的通知》的发布实施，对维护车险市场秩序、遏制违法违规行为起到有效作用，有利于商业车险改革的顺利推进。

(2)中保协

中保协成立于2001年2月23日，是经保监会审查同意，并在国家民政部登记注册的中国保险业的全国性自律组织，是自愿结成的非营利性社会团体法人。中保协的基本职责为自律、维权、服务、交流、宣传。中保协的组织宗旨是遵守国家宪法、法律、法规和经济金融方针政策，遵守社会道德风尚，深入贯彻科学发展观，依据《保险法》，配合保险监管部门督促会员自律，维护行业利益，促进行业发展，为会员提供服务，促进市场公开、公平、公正，全面提高保险业服务社会主义和谐社会的能力。

(3)中国保信

中国保信成立于2013年7月，是经国务院批准，由银保监会直接管理的金融基础设施运营管理单位。中国保信的主要业务是统一建设、运营和管理保险信息共享平台，通过信息技术手段，采集保险经营管理数据，建立标准化、系统性的数据体系，为保险业的发展和监管提供基础性的网络支持和信息服务。

(4)各地银保监局

各地银保监局的职责主要是根据银保监会的授权和统一领导，依法、依规独立对所辖区域内的银行业和保险业实行统一的监督管理，制定银行业和保险业监管法规、制度方面的实施细则和规定，监督相关法规、制度在所辖区域内的落实；对有关银行业、保险业机构及其业务范围实行准入管理，审查高级管理人员的任职资格；对有关银行业、保险业机构实行现场检查和非现场监管，开展风险与合规评估，保护金融消费者合法权益，依法查处违法违规行为；同时，统计有关数据和信息，跟踪、监测、预测辖内银行业、保险业运行情况，指导和监督地方金融监管部门的相关业务工作。

2.3.4 我国汽车保险市场现状

近年来，我国经济建设取得重大成就，呈现出快速发展、平稳增长的良好态势。大好经济形势为我国保险业和汽车业的发展提供了良好的条件。

汽车保险是保险业与汽车业结合而产生的一门交叉学科，隶属财产保险范畴，其发展受保险业大环境的影响，更与汽车工业的发展息息相关。近年来，我国汽车保险业取得了快速平稳的发展，具体表现在下面几个方面：

1. 车险保费收入增长迅速

进入21世纪以来，随着汽车保有量的增多，全国承保的机动车数量迅速上升，车险保费收入也整体上呈上升趋势(见图 2-3)，从 2003 年 540 亿元增长到 2020 年 8245 亿元。受到包括疫情在内的诸多因素的影响，2021 年我国车险保费收入为 7773 亿元，较 2020 年下降约 5.7%；但 2022 年又稳步增长，达到 8210 亿元。

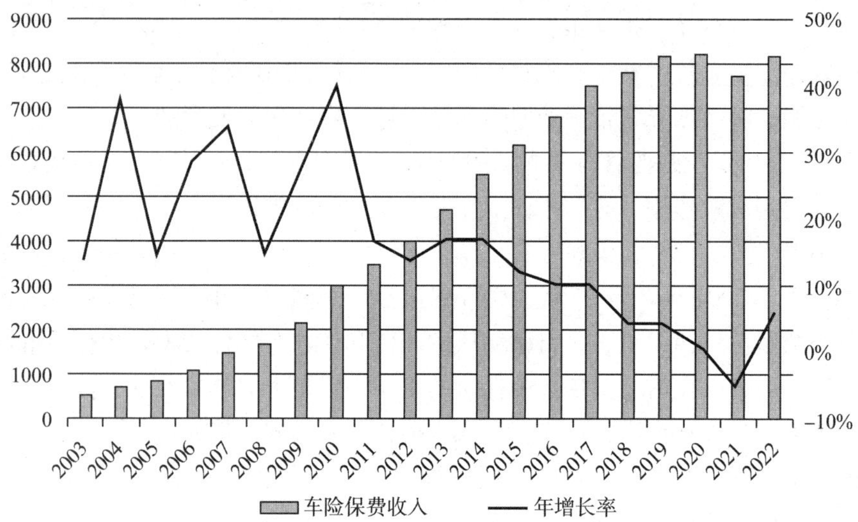

图 2-3　2003—2022 年我国车险保费收入及其年增长率

汽车保有量是影响车险保费收入的重要因素之一。私人汽车保有量增长迅速，影响了汽车保险业的投保结构(见表 2-5)。过去，车险客户以机关、企事业单位居多，现在已变成以私家车主居多。客户对象的变化，要求保险公司必须调整服务内容和提高服务水平。

表 2-5　2003—2022 年我国汽车保有量

年份	2003	2004	2005	2006	2007	2008	2009	2010	2011	2012
民用汽车保有量/万辆	2383	2694	3160	3697	4358	5100	6281	7802	9356	10933
私人汽车保有量/万辆	1219	1482	1848	2333	2876	3501	4575	5939	7327	8839
私人汽车保有量在民用汽车保有量中的占比/%	51.2	55.0	58.5	63.1	66.0	68.8	72.8	76.1	78.3	80.8
年份	2013	2014	2015	2016	2017	2018	2019	2020	2021	2022
民用汽车保有量/万辆	12670	14598	16285	18575	20907	23231	25387	27341	29419	31184
私人汽车保有量/万辆	10520	12339	14099	16330	18515	20575	22513	24291	26152	27792
私人汽车保有量在民用汽车保有量中的占比/%	82.9	84.5	86.6	87.9	88.6	88.6	88.7	88.8	88.9	89.1

2. 保险公司数量增多

我国开办汽车保险业务的保险公司，经过多年的发展，已由最初的人保财险一家，发展到现在的几十家(见表 2-6)。目前，大多数财产保险公司都开展车险业务，其中，有专业性的汽车保险公司，也有综合性的财产保险公司，有中资公司，也有外资公司，这使得我国汽车保险业的竞争加剧。

表 2-6　我国经营车险业务的财产保险公司(部分)

序号	资本结构	公司名称(简称)	序号	资本结构	公司名称(简称)	序号	资本结构	公司名称(简称)
1		人保财险	23		中银保险	45		前海联合
2		平安财险	24		长安责任	46		海峡金桥
3		太平洋财险	25		安华农险	47		久隆财险
4		国寿财险	26		鼎和财险	48	中资	珠峰财险
5		大地保险	27		富德财险	49		众安在线
6		中华联合	28		众诚车险	50		中原农险
7		阳光产险	29		中煤财险	51		安心财险
8		太平财险	30		泰山财险	52		安信农险
9		天安财险	31		锦泰财险	53		安盛天平
10		华安保险	32		北部湾财险	54		利宝保险
11	中资	永安保险	33	中资	华海财险	55		富邦财险
12		大家财险	34		华农财险	56		国泰产险
13		华泰财险	35		国元农险	57		中航安盟
14		英大财险	36		诚泰财险	58		三星财险
15		永诚财险	37		燕赵财险	59	外资	中意财险
16		紫金产险	38		长江财险	60		安联财险
17		都邦财险	39		恒邦财险	61		日本财险
18		浙商财险	40		阳光农险	62		东京海上日动
19		安诚财险	41		鑫安车险	63		现代财险
20		国任财险	42		铁路自保	64		三井住友
21		渤海财险	43		中路财险	65		史带保险
22		亚太保险	44		合众财险	66		美亚保险

3. 保险中介机构增多

保险中介主要是指保险代理人、保险经纪人和保险公估人，这三类保险中介由于具有专业化、技术强、服务好的特点，适应了保险业结构调整和保险市场化发展的需要，所以近年来发展迅速。2002 年年末，我国专业保险中介机构仅有 114 家，到 2018 年年末已有 2647 家，其中保险中介集团 5 家、保险专业代理机构 1790 家(全国性保险代理 240 家，区域性保险代理 1550 家)、保险经纪机构 499 家、保险公估机构 353 家。

4. 车险业创新不断

从车险营销方式上，多家保险公司推出了电话营销、网络营销。虽说我国目前业务员销售、4S 店等中介渠道依旧是车险销售的主渠道，但电话营销和网络营销是一种发展趋势，可节省客户投保费用。而在保险发达的国家(如美国、英国等)，电话车险已是最主要的销售方式，英国有超过 50%的车主选择电话投保。

从销售方式上，财险与寿险实行了交叉销售。财寿险交叉销售是指经营范围不同的财险公司与寿险公司，可以利用自身的业务渠道，相互代理销售对方的保险产品，并提供相应服务，以实现资源共享。交叉销售是国际保险业一种先进的销售机制，其作用是利于双方。对寿险公司而言，可以通过财险客户资源增加寿险保费收入；对财险公司而言，可以通过寿险销售的完善网络和销售队伍，向寿险客户销售财险产品，节省了销售成本，降低了营销费用，同时能改善专业化服务形象，增强同业竞争能力；对消费者而言，可以通过向客户提供一站式购物服务，提升客户满意度，增加客户忠诚度。因此，通过互动合作，财险与寿险可实现优势互补、资源整合、提升企业形象、培育客户忠诚度，拓宽各自的业务领域，是一种新型的保障企业可持续发展的模式。

当前，随着互联网的发展，车险网上理赔愈发普遍。虽然国家政策进行车险改革，对于互联网车险具有一定冲击，但是从长期来看，互联网车险将朝着规范发展，未来规模将进一步扩大，保险公司也将扩大互联网车险市场布局。

在互联网车险市场中，大地保险占比最高，市场份额达到 20.1%，其次为太平洋财险和平安财险，市场份额超过 10%。人保财险互联网车险业务份额为 6.7%，行业排名第四（见图 2-4）。

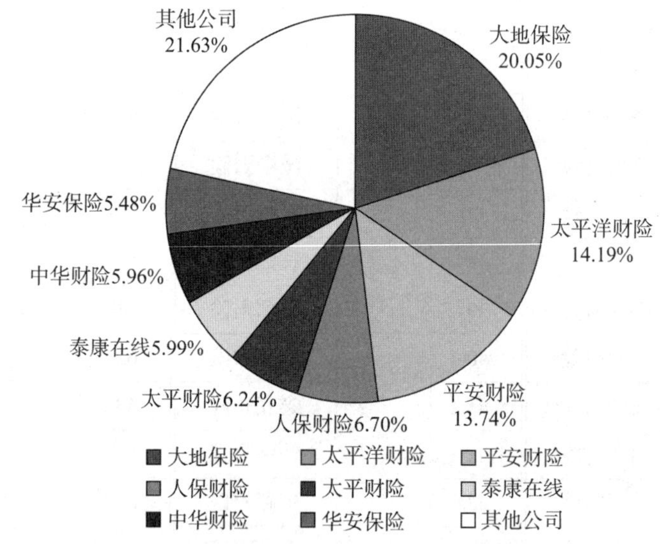

图 2-4 2020 年互联网车险行业企业市场份额分布图

整体而言，汽车保险市场竞争日益激烈，互联网车险市场已有企业异军突起，未来车险行业的竞争重心已从价格向服务转移，保险公司应注重整体效益的提升。

5. 车险业产品种类日益丰富

车险产品经历了几十年的发展，产品越来越成熟，种类也越来越丰富，保障范围越来越广泛。2014 年商业车险改革后，我国商业车险险种大幅度调整，由原来的 4 个主险、38 个附加险，调整为 4 个主险、11 个附加险，即《商业车险示范条款（2014 版）》；2020 年中保协对《商业车险示范条款（2014 版）》进行了修订完善（删除了 1 个主险及 5 个附加险，新增 6 个附加险），调整为目前的 3 个主险、11 个附加险，即《商业车险示范条款（2020 版）》。

6. 开始关注车险业产业链发展

所谓汽车保险产业链是指以汽车保险为中心，由不同业态主体组成的产业链条，包括产业链前端的汽车厂商、汽车销售商、各保险专业和兼业代理机构、经纪公司，以及产业链后端的保险公估公司、律师事务所、医院、汽车修理商等。

汽车保险产业链各主体间加强合作，整合产业链资源，实现汽车保险产业链上各主体和谐可持续发展是非常必要的。同时，要明确产业链各环节的合理利益区间，树立合作共赢、互相支持、彼此促进、协同发展的理念，促进汽车保险产业链的进一步发展。

复习与思考

1. 简述汽车保险的含义、职能和作用。
2. 简述汽车保险的主要特点。
3. 简述我国汽车保险的发展历程。
4. 简述我国汽车保险的产品体系。
5. 简述汽车保险市场的构成要素。
6. 分析现阶段我国汽车保险的消费行为。
7. 调查我国汽车保险市场的现状。

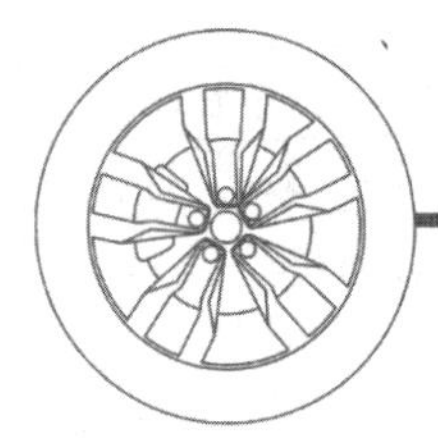

3 汽车保险产品

学习目标

本章主要讲述各类汽车保险产品和保险费率，要求学生了解我国交强险的产生背景和发展历程，掌握交强险的相关条款及实务，掌握我国汽车保险改革的历程和主险、附加险的变更历程及其相应内容，掌握现行的保险产品的保险金额、责任限额、保险责任和除外责任等相关规定。

3.1 机动车交通事故责任强制保险

3.1.1 机动车交通事故责任强制保险的产生与发展

我国的机动车交通事故责任强制保险是由保险公司对被保险机动车发生道路交通事故造成受害人(不包括本车人员和被保险人)的人身伤亡、财产损失，在责任限额内予以赔偿的强制性责任保险。交强险是中国首个由国家法律规定实行的强制保险制度，其保费实行全国统一收费标准，由国家统一规定，但是不同汽车型号的交强险价格也不同。无论被保险人是否在交通事故中负有责任，保险人均将按照《机动车交通事故责任强制保险条例》及交强险条款的具体要求在责任限额内予以赔偿。交强险对于维护道路交通通行者的人身及财产安全、确保道路安全具有重要的作用，同时有助于减少法律纠纷，简化交通事故处理程序，确保受害人获得及时有效的赔偿。

2004 年 5 月 1 日起实施的《道路交通安全法》首次提出“建立机动车第三者责任强制保险制度，设立道路交通事故社会救助基金”。2006 年 3 月 21 日国务院颁布《机动车交通事故责任强制保险条例》，机动车第三者责任强制保险从此被“交强险”代替，条例规定自 2006 年 7 月 1 日起实施。

2006 年 6 月 30 日，保监会发布《机动车交通事故责任强制保险业务单独核算管理暂行办法》，规定自发布之日起实施；2007 年 6 月 27 日，保监会发布《机动车交通事故责任强制保险费率浮动暂行办法》，规定自 7 月 1 日起实行；2007 年 7 月 1 日随着配套措施的完

善，交强险最终普遍实行。

2012 年 3 月 30 日，国务院对《机动车交通事故责任强制保险条例》作修改，第五条第一款修改为："保险公司经保监会批准，可以从事机动车交通事故责任强制保险业务。"在 2006 年 7 月 1 日起施行的旧版条例中，允许从事交强险业务的只限于"中资保险公司"。去掉"中资"两个字，意味着中国正式向外资保险公司开放交强险市场，中国保险业进入全面开放阶段。

2012 年 12 月 17 日，国务院对《机动车交通事故责任强制保险条例》作修改，增加一条，作为第四十三条："挂车不投保机动车交通事故责任强制保险。发生道路交通事故造成人身伤亡、财产损失的，由牵引车投保的保险公司在机动车交通事故责任强制保险责任限额范围内予以赔偿；不足的部分，由牵引车方和挂车方依照法律规定承担赔偿责任。"修改决定自 2013 年 3 月 1 日起施行。

2020 年 9 月 3 日，银保监会官网发布《关于实施车险综合改革的指导意见》，其中明确规定，提升交强险保障水平，将交强险总责任限额从 12.2 万元提高到 20 万元，其中死亡伤残赔偿限额从 11 万元提高到 18 万元，医疗费用赔偿限额从 1 万元提高到 1.8 万元，财产损失赔偿限额维持 0.2 万元不变。

2020 年 9 月 11 日，根据《机动车交通事故责任强制保险条例》的有关规定，在广泛征求意见的基础上，银保监会会同公安部、卫生健康委、农业农村部确定了交强险责任限额的调整方案，会同公安部确定了交强险费率浮动系数的调整方案。

3.1.2 机动车交通事故责任强制保险条款

交强险条款的内容共分十部分，分别为总则、定义、保险责任、垫付与追偿、责任免除、保险期间、投保人与被保险人义务、赔偿处理、合同变更与终止、附则。

1. 总则

总则主要是对条款制定的法律依据、合同的组成与形式、费率的影响因素、交费情况等内容进行阐述。

条款制定的法律依据是《道路交通安全法》《保险法》和《机动车交通事故责任强制保险条例》。

交强险合同由条款、投保单、保险单、批单和特别约定共同组成，凡与交强险合同有关的约定，都应采用书面形式。

交强险费率实行与被保险机动车道路交通安全违法行为、交通事故记录相联系的浮动机制。签订交强险合同时，投保人应当一次支付全部保险费。保险费按照银保监会批准的交强险费率计算。

2. 定义

定义主要是对交强险合同中的被保险人、投保人、受害人、责任限额、抢救费用等术语做出解释。

被保险人是指投保人及其允许的合法驾驶人。

投保人是指与保险人订立交强险合同，并按照合同负有支付保险费义务的机动车的所有人、管理人。

受害人是指因被保险机动车发生交通事故遭受人身伤亡或者财产损失的人，但不包括被保险机动车本车车上人员、被保险人。

责任限额是指被保险机动车发生交通事故，保险人对每次保险事故所有受害人的人身伤亡和财产损失所承担的最高赔偿金额。责任限额分为死亡伤残赔偿限额、医疗费用赔偿限额、财产损失赔偿限额，以及被保险人在道路交通事故中无责任的赔偿限额。其中无责任的赔偿限额分为无责任死亡伤残赔偿限额、无责任医疗费用赔偿限额，以及无责任财产损失赔偿限额。

抢救费用是指被保险机动车发生交通事故导致受害人受伤时，医疗机构对生命体征不平稳和虽然生命体征平稳但如果不采取处理措施会产生生命危险，或者导致残疾、器官功能障碍，或者导致病程明显延长的受害人，参照国务院卫生主管部门组织制定的《交通事故人员创伤临床诊疗指南》和国家基本医疗保险标准，采取必要的处理措施所发生的医疗费用。

3. 保险责任

保险责任主要规定了交强险保险责任的具体内容和责任限额的具体数额。

保险责任是在中华人民共和国境内(不含港、澳、台地区)，被保险人在使用被保险机动车过程中发生交通事故，致使受害人遭受人身伤亡或者财产损失，依法应当由被保险人承担的损害赔偿责任，保险人按照交强险合同的约定对每次事故在下列赔偿限额内负责赔偿：

①死亡伤残赔偿限额为 180000 元；

②医疗费用赔偿限额为 18000 元；

③财产损失赔偿限额为 2000 元；

④被保险人无责任时，无责任死亡伤残赔偿限额为 18000 元，无责任医疗费用赔偿限额为 1800 元，无责任财产损失赔偿限额为 100 元。

责任限额中死亡伤残赔偿限额和医疗费用赔偿限额负责赔偿的具体项目如下：

死亡伤残赔偿限额和无责任死亡伤残赔偿限额项下负责赔偿丧葬费、死亡补偿费、受害人亲属办理丧葬事宜支出的交通费用、残疾赔偿金、残疾辅助器具费、护理费、康复费、交通费、被扶养人生活费、住宿费、误工费，被保险人依照法院判决或者调解承担的精神损害抚慰金。

医疗费用赔偿限额和无责任医疗费用赔偿限额项下负责赔偿医药费、诊疗费、住院费、住院伙食补助费，必要的、合理的后续治疗费、整容费、营养费。

4. 垫付与追偿

被保险机动车在下列 4 种情形的任一情形下发生交通事故，造成受害人受伤需要抢救的，保险人在接到公安机关交通管理部门的书面通知和医疗机构出具的抢救费用清单后，按照国务院卫生主管部门组织制定的《交通事故人员创伤临床诊疗指南》和国家基本医疗保险标准进行核实。

①驾驶人未取得驾驶资格的；

②驾驶人醉酒的；

③被保险机动车被盗抢期间肇事的；

④被保险人故意制造交通事故的。

对于符合规定的抢救费用，保险人在医疗费用赔偿限额内垫付。被保险人在交通事故中无责任的，保险人在无责任医疗费用赔偿限额内垫付。对于其他损失和费用，保险人不负责垫付和赔偿。对于垫付的抢救费用，保险人有权向致害人追偿。

5. 责任免除

下列损失和费用，交强险不负责赔偿和垫付。

①因受害人故意造成的交通事故的损失；

②被保险人所有的财产及被保险机动车上的财产遭受的损失；

③被保险机动车发生交通事故，致使受害人停业、停驶、停电、停水、停气、停产、通信或者网络中断、数据丢失、电压变化等造成的损失，以及受害人财产因市场价格变动造成的贬值、修理后因价值降低造成的损失等其他各种间接损失；

④因交通事故产生的仲裁或者诉讼费用及其他相关费用。

6. 保险期间

交强险合同的保险期间为一年，以保险单载明的起止时间为准。但有下列情形之一的，保险期间可以少于一年，投保人可以投保短期交强险。

①境外机动车临时入境的；

②机动车临时上道路行驶的；

③机动车距规定的报废期限不足 1 年的；

④国务院保险监督管理机构规定的其他情形。

7. 投保人与被保险人义务

投保人与被保险人义务主要是根据交强险条款和《保险法》规定，列明投保人、被保险人的具体义务，包括：

①投保人投保时，应当如实填写投保单，向保险人如实告知重要事项，并提供被保险机动车的行驶证和驾驶证复印件。重要事项包括机动车的种类、厂牌型号、识别代码、号牌号码、使用性质和机动车所有人或者管理人的姓名(名称)、性别、年龄、住所、身份证或者驾驶证号码(统一社会信用代码)、续保前该机动车发生事故的情况以及银保监会规定的其他事项。

投保人未如实告知重要事项，对保险费计算有影响的，保险人按照保单年度重新核定保险费计收。

②签订交强险合同时，投保人不得在保险条款和保险费率之外，向保险人提出附加其他条件的要求。

③投保人续保的，应当提供被保险机动车上一年度交强险的保险单。

④在保险合同有效期内，被保险机动车因改装、加装、使用性质改变等导致危险程度增加的，被保险人应当及时通知保险人，并办理批改手续。否则，保险人按照保单年度重新核定保险费计收。

⑤被保险机动车发生交通事故，被保险人应当及时采取合理、必要的施救和保护措施，并在事故发生后及时通知保险人。

⑥发生保险事故后，被保险人应当积极协助保险人进行现场查勘和事故调查。发生与

保险赔偿有关的仲裁或者诉讼时，被保险人应当及时书面通知保险人。

8. 赔偿处理

被保险机动车发生交通事故的，由被保险人向保险人申请赔偿保险金。

(1) 被保险人索赔时应当向保险人提供的材料

①交强险的保险单；

②被保险人出具的索赔申请书；

③被保险人和受害人的有效身份证明、被保险机动车行驶证和驾驶人的驾驶证；

④公安机关交通管理部门出具的事故证明，或者人民法院等机构出具的有关法律文书及其他证明；

⑤被保险人根据有关法律法规规定选择自行协商方式处理交通事故的，应当提供依照《交通事故处理程序规定》规定的记录交通事故情况的协议书；

⑥受害人财产损失程度证明、人身伤残程度证明、相关医疗证明，以及有关损失清单和费用单据；

⑦其他与确认保险事故的性质、原因、损失程度等有关的证明和资料。

(2) 人身伤亡和财产损失赔偿方面的注意事项

①保险事故发生后，保险人按照国家有关法律法规规定的赔偿范围、项目、标准，以及交强险合同的约定，并根据国务院卫生主管部门组织制定的《交通事故人员创伤临床诊疗指南》和国家基本医疗保险标准，在交强险的责任限额内核定人身伤亡的赔偿金额。

②因保险事故造成受害人人身伤亡的，未经保险人书面同意，被保险人自行承诺或支付的赔偿金额，保险人在交强险责任限额内有权重新核定。

③因保险事故损坏的受害人财产需要修理的，被保险人应当在修理前会同保险人检验，协商确定修理或者更换项目、方式和费用。否则，保险人在交强险责任限额内有权重新核定。

④被保险机动车发生涉及受害人受伤的交通事故，因抢救受害人需要保险人支付抢救费用的，保险人在接到公安机关交通管理部门的书面通知和医疗机构出具的抢救费用清单后，按照国务院卫生主管部门组织制定的《交通事故人员创伤临床诊疗指南》和国家基本医疗保险标准进行核实。对于符合规定的抢救费用，保险人在医疗费用赔偿限额内支付。被保险人在交通事故中无责任的，保险人在无责任医疗费用赔偿限额内支付。

9. 合同变更与终止

在交强险合同有效期内，被保险机动车所有权发生转移的，投保人应当及时通知保险人，并办理交强险合同变更手续。

下列 3 种情况下，投保人可以要求解除交强险合同：

①被保险机动车被依法注销登记的；

②被保险机动车办理停驶的；

③被保险机动车经公安机关证实丢失的。

交强险合同解除后，投保人应当及时将保险单、保险标志交还保险人；无法交回保险标志的，应当向保险人说明情况，征得保险人同意。

发生《机动车交通事故责任强制保险条例》所列明的投保人、保险人解除交强险合同的

情况时，保险人按照日费率收取自保险责任开始之日起至合同解除之日止期间的保险费。

10. 附则

附则主要是规定了合同争议的处理方式、适用法律等。交强险合同争议解决有 3 种方式：

①因履行交强险合同发生争议的，由合同当事人协商解决。

②协商不成的，提交保险单载明的仲裁委员会仲裁。

③保险单未载明仲裁机构或者争议发生后未达成仲裁协议的，可以向人民法院起诉。

交强险合同争议处理适用中华人民共和国法律。

3.1.3 机动车交通事故责任强制保险的快速理赔

1. 互碰自赔

所谓“互碰自赔”，即对事故各方均有责任、各方车辆损失均在交强险有责任财产损失赔偿限额 2000 元以内、不涉及人员伤亡和车外财产损失的交通事故，可由各自保险公司直接对车辆进行查勘、定损，但须交警认定或当事人根据出险地关于快速处理的规定自行协商确定双方均有责任，以及当事人需同意互碰自赔处理办法。互碰自赔机制是保险行业进一步简化交强险理赔手续、服务于道路交通事故的快速处理、提高被保险人满意度的一项重要举措。

(1) 互碰自赔的条件

①多车互碰：两车或多车互碰；

②有交强险：事故各方都有交强险(还未到期)；

③只有车损：事故只导致各方车辆损失，没有发生人员伤亡和车外的财产损失；

④不超 2000 元：各方车损都不超过 2000 元；

⑤都有责任：交警裁定或事故各方自行协商确定为各方都有责任(同等或主次责任)；

⑥各方同意：事故各方都同意采用互碰自赔。

不属于交强险赔偿范围的单方事故、任何一方损失金额超过 2000 元的事故、不符合道路交通事故快速处理范围的事故、涉及人员伤亡或车外财产损失的事故都不适用互碰自赔方式处理，要按一般的理赔方式处理。

(2) 互碰自赔流程

符合互碰自赔的，各方车主凭交警《道路交通事故认定书》，或《机动车交通事故快速处理协议书》等单证，直接到保险公司索赔。

需要提交的索赔单证有：

①索赔申请书；

②责任认定书、调解书或事故双方自行协商处理协议书；

③损失情况确认书(定损单)；

④车辆修理费发票(原件)；

⑤驾驶证和行驶证(复印件)。

2. 无责代赔

交强险“无责代赔”，是一种交强险简化处理机制，即两方或多方机动车互碰，对于应由无责方交强险承担的、对全责/有责方车辆损失的赔偿责任，由全责/有责方保险公司在本方交强险项下代为赔偿。

案例3-1

2019年3月，吴某购买了一辆日产轩逸轿车，并购买了交强险。某天在路口等信号灯时被一辆宝马轿车追尾，导致轩逸的后保险杠被撞坏，宝马的前保险杠与前照灯等也有部分损坏。交警认定宝马车主需要承担本次交通事故的全责。日产轩逸维修费300元，宝马维修费3150元。在此种情况下，宝马车主肯定要赔偿吴某车辆的维修费300元，那么作为无事故责任一方的吴某或其投保的保险公司是否需要赔偿宝马车的损失呢？如果要赔偿，最多应赔偿多少呢？

分析：按现行交强险规定，在事故中，有责任方在财产损失责任限额2000元内赔偿对方车辆的损失，无责任方在财产损失责任限额100元内赔偿对方车辆损失。所以，承保日产轩逸的保险公司应该替吴某赔偿宝马车主100元，而承保宝马的保险公司则应该替宝马车主赔偿吴某300元。

可能很多同学就和吴先生一样感觉很不解，对方追尾撞了自己，自己无责，承保我的车的保险公司却要赔偿对方100元，这交强险到底是怎么回事？

(1)无责代赔的适用条件

同时满足以下条件的双方或多方事故，可适用无责代赔处理机制：

①两方或多方机动车互碰，各方均投保交强险；

②交警认定或根据法律法规能够协商确定事故责任，“一方无责、一方全责”或“多方有责、多方无责”；

③无责方车号、交强险保险人明确。

(2)无责代赔流程

①出险后，仅涉及财产损失不涉及人员伤亡的，由全责/有责方向承保公司报案，无责方不必向承保公司报案。

接报案时应提醒客户注意记录对方车牌号、被保险人名称、驾驶证号码、联系方式、交强险保险公司等信息。

当事人根据法律法规自行协商处理事故或要求自行协商处理的，应指导客户填写《机动车交通事故快速处理协议书》。

②由全责/有责方保险公司进行查勘、定损，拍摄事故照片，出具查勘报告、定损单，查勘报告和定损单应由当事人签字确认。

③对于本应由无责方交强险承担的、对全责/有责方车损的赔偿责任，一律由全责/有责方承保公司在本方交强险无责任财产损失代赔偿限额内代为赔偿。

④全责/有责方交强险项下合计赔款为：

合计赔款=交强险赔款+无责代赔款

交强险赔款=其他有责方车损核定承担金额+无责方车损核定承担金额+车外财产损失核定承担金额(≤2000元)

无责代赔款=有责方车损(≤无责方车辆数×无责任财产损失赔偿限额÷有责方车辆数)

(3)无责代赔处理原则

①无责代赔仅适用于对全责/有责方车辆损失部分的赔偿，对于人员伤亡损失不进行代赔。

②对于应由无责方交强险承担的、对全责/有责方车辆损失的赔偿责任，由全责/有责方承保公司在单独的交强险无责任财产损失代赔偿限额内代赔，不占用普通的交强险赔偿限额。

事故涉及多方车辆的，代赔偿限额为无责方交强险无责任财产损失赔偿限额之和，在各有责方之间平均分配。

代赔偿限额=无责方车辆数×无责任财产损失赔偿限额÷有责方车辆数

a. 一方全责，一方无责的，代赔偿限额为交强险无责任财产损失赔偿限额。

b. 一方全责，多方无责的，代赔偿限额为各无责方交强险无责任财产损失赔偿限额之和。

c. 多方有责，一方无责的，代赔偿限额为交强险无责任财产损失赔偿限额除以有责方车辆数。

d. 多方有责，多方无责的，代赔偿限额为各无责方交强险无责任财产损失赔偿限额之和除以有责方车辆数。

③事故涉及多个无责车辆的，所有无责方视为一个整体。

各无责方车辆不参与对其他无责车辆损失和车外财产损失的赔偿计算，仅参与对全责/有责方车辆损失或本车以外人员伤亡损失的赔偿计算。在计算各方车辆的核定损失承担金额时，应首先扣除无责代赔的部分，再对剩余部分损失进行分摊计算。

④无责代赔后，各保险公司之间不进行清算。

(4)无责代赔注意事项

①当事人协商确定事故责任的，应通过查勘、比对等方式，对事故原因和协商结果进行核实。第三方车辆不明，不能证明无责方确实存在，按找不到第三方的情况处理。

②无责代赔仅适用于车辆损失部分的赔偿。涉及人身伤亡的案件，对于全责/有责方的车辆损失仍然适用无责代赔机制；对于人员伤亡损失，全责/有责方保险公司原则上不予代赔，仍应由无责方被保险人或其授权委托人向其承保公司索赔。如果无责方不予配合，受害人可直接向无责方保险公司索赔。无论是否涉及人员伤亡，无责车辆均不参与对其他无责车辆和车外财产损失的赔偿计算。

③对于不符合无责代赔条件，仍需无责方自行向其承保公司索赔的，应及时告知各方当事人。

3.1.4 机动车交通事故责任强制保险费率

1. 机动车交通事故责任强制保险基础费率

机动车交通事故责任强制保险基础费率见表3-1。

表3-1 机动车交通事故责任强制保险基础费率

车辆大类	序号	车辆明细分类	保费/元
一、家庭自用车	1	家庭自用汽车6座以下	950
	2	家庭自用汽车6座及以上	1100
二、非营业客车	3	企业非营业汽车6座以下	1000
	4	企业非营业汽车6~10座	1130
	5	企业非营业汽车10~20座	1220

续表

车辆大类	序号	车辆明细分类	保费/元
二、非营业客车	6	企业非营业汽车 20 座以上	1270
	7	机关非营业汽车 6 座以下	950
	8	机关非营业汽车 6~10 座	1070
	9	机关非营业汽车 10~20 座	1140
	10	机关非营业汽车 20 座以上	1320
三、营业客车	11	营业出租租赁 6 座以下	1800
	12	营业出租租赁 6~10 座	2360
	13	营业出租租赁 10~20 座	2400
	14	营业出租租赁 20~36 座	2560
	15	营业出租租赁 36 座以上	3530
	16	营业城市公交 6~10 座	2250
	17	营业城市公交 10~20 座	2520
	18	营业城市公交 20~36 座	3020
	19	营业城市公交 36 座以上	3140
	20	营业公路客运 6~10 座	2350
	21	营业公路客运 10~20 座	2620
	22	营业公路客运 20~36 座	3420
	23	营业公路客运 36 座以上	4690
四、非营业货车	24	非营业货车 2t 以下	1200
	25	非营业货车 2~5t	1470
	26	非营业货车 5~10t	1650
	27	非营业货车 10t 以上	2220
五、营业货车	28	营业货车 2t 以下	1850
	29	营业货车 2~5t	3070
	30	营业货车 5~10t	3450
	31	营业货车 10t 以上	4480
六、特种车	32	特种车一	3170
	33	特种车二	2430
	34	特种车三	1080
	35	特种车四	3980
七、摩托车	36	摩托车 50mL 及以下	80
	37	摩托车 50~250mL(含)	120
	38	摩托车 250mL 以上及侧三轮	400

续表

车辆大类	序号	车辆明细分类	保费/元
八、拖拉机	39	兼用型拖拉机 14.7kW 及以下	按保监产险〔2007〕53 号实行地区差别费率
	40	兼用型拖拉机 14.7kW 以上	
	41	运输型拖拉机 14.7kW 及以下	
	42	运输型拖拉机 14.7kW 以上	
注：1. 座位和吨位的分类都按照“含起点不含终点”的原则来解释。 2. 特种车一：油罐车、气罐车、液罐车。 特种车二：专用净水车、特种车一以外的罐式货车，以及用于清除、清扫、清洁、起重、装饰、升降、搅拌、挖掘、推土、冷藏、保温等的各种专用机动车。 特种车三：装有固定专用仪器设备从事专业工作的监测、消防、运钞、医疗、电视转播等的各种专用机动车。 特种车四：集装箱拖头。 3. 挂车根据实际的使用性质并按照对应吨位货车的 30%计算。 4. 低速载货汽车参照运输型拖拉机 14.7kW 以上的费率执行。			

2. 机动车交通事故责任强制保险的费率浮动

根据交强险新费率浮动系统方案，交强险的费率浮动因素及浮动比率如下：

①内蒙古、海南、青海、西藏 4 个地区实行的与道路交通事故相联系的浮动方案 A 见表 3-2。

表 3-2 与道路交通事故相联系的浮动方案 A

浮动因素	浮动比率
A1，上一个年度未发生有责任道路交通事故	-30%
A2，上两个年度未发生有责任道路交通事故	-40%
A3，上三个及以上年度未发生有责任道路交通事故	-50%
A4，上一个年度发生一次有责任不涉及死亡的道路交通事故	0%
A5，上一个年度发生两次及两次以上有责任道路交通事故	10%
A6，上一个年度发生有责任道路交通死亡事故	30%

②陕西、云南、广西 3 个地区实行的与道路交通事故相联系的浮动方案 B 见表 3-3。

表 3-3 与道路交通事故相联系的浮动方案 B

浮动因素	浮动比率
B1，上一个年度未发生有责任道路交通事故	-25%
B2，上两个年度未发生有责任道路交通事故	-35%
B3，上三个及以上年度未发生有责任道路交通事故	-45%
B4，上一个年度发生一次有责任不涉及死亡的道路交通事故	0%
B5，上一个年度发生两次及两次以上有责任道路交通事故	10%
B6，上一个年度发生有责任道路交通死亡事故	30%

③甘肃、吉林、山西、黑龙江、新疆 5 个地区实行的与道路交通事故相联系的浮动方

案 C 见表 3-4。

表 3-4　与道路交通事故相联系的浮动方案 C

浮动因素	浮动比率
C1，上一个年度未发生有责任道路交通事故	-20%
C2，上两个年度未发生有责任道路交通事故	-30%
C3，上三个及以上年度未发生有责任道路交通事故	-40%
C4，上一个年度发生一次有责任不涉及死亡的道路交通事故	0%
C5，上一个年度发生两次及两次以上有责任道路交通事故	10%
C6，上一个年度发生有责任道路交通死亡事故	30%

④北京、天津、河北、宁夏 4 个地区实行的与道路交通事故相联系的浮动方案 D 见表 3-5。

表 3-5　与道路交通事故相联系的浮动方案 D

浮动因素	浮动比率
D1，上一个年度未发生有责任道路交通事故	-15%
D2，上两个年度未发生有责任道路交通事故	-25%
D3，上三个及以上年度未发生有责任道路交通事故	-35%
D4，上一个年度发生一次有责任不涉及死亡的道路交通事故	0%
D5，上一个年度发生两次及两次以上有责任道路交通事故	10%
D6，上一个年度发生有责任道路交通死亡事故	30%

⑤江苏、浙江、安徽、上海、湖南、湖北、江西、辽宁、河南、福建、重庆、山东、广东、深圳、厦门、四川、贵州、大连、青岛、宁波 20 个地区实行的与道路交通事故相联系的浮动方案 E 见表 3-6。

表 3-6　与道路交通事故相联系的浮动方案 E

浮动因素	浮动比率
E1，上一个年度未发生有责任道路交通事故	-10%
E2，上两个年度未发生有责任道路交通事故	-20%
E3，上三个及以上年度未发生有责任道路交通事故	-30%
E4，上一个年度发生一次有责任不涉及死亡的道路交通事故	0%
E5，上一个年度发生两次及两次以上有责任道路交通事故	10%
E6，上一个年度发生有责任道路交通死亡事故	30%

3. 机动车交通事故责任强制保险费计算方法

交强险最终保险费=交强险基础保险费×(1+与道路交通事故相联系的浮动比率 X)

式中：X 取 A、B、C、D、E 方案其中之一对应的值。

与道路交通事故相联系的浮动比率 X 为 $X1$ 至 $X6$ 其中之一，不累加。同时满足多个浮动因素的，按照向上浮动或者向下浮动比率的高者计算。

3.2 机动车商业保险

3.2.1 机动车商业保险概述

商业车险是投保人根据意愿自主选择购买的一种保险，保险公司也根据保险标的选择是否愿意承保。目前，我国各家财产保险公司经营的机动车保险业务主要以商业车险为主。一般而言，商业车险按保障的范围可分为基础险(主险)和附加险。基础险是保障机动车使用过程中大多数使用者经常面临的风险，附加险是对主险保险责任的补充，它承保的一般是主险不予承保的自然灾害或意外事故。但是，附加险不能单独承保，必须投保相应主险后才能承保。若各附加条款与主险条款有相抵触的，以附加险条款为准，附加险条款未尽之处，以主险条款为准。

我国财产保险业务于1980年全面恢复，汽车保险业务也随之展开。2000年，保监会统一制定了《机动车辆保险条款》，全国汽车保险企业实行统一条款和刚性的费率。2002年3月4日，保监会发布的《改革机动车辆保险条款费率管理办法有关问题的通知》中规定，从2003年1月1日起机动车辆保险条款费率不再由原保监会统一制定，而是由各公司、企业自主制定、修改和调整，经保监会备案后，可向社会公布并实施。

但由于整个行业不正当的竞争关系，严重干扰了汽车保险行业的秩序，为规范市场行为，促进汽车保险行业的有序竞争和良性发展，自2007年4月1日起，全国实行由中保协统一制定的A、B、C三套条款，这三套条款分别根据人保财险、太平洋财险和平安财险三大公司的车险条款设计，各保险公司可以任选其一(天平汽车保险股份有限公司除外，银保监会允许天平汽车保险股份有限公司采用自己制定的条款)经营。A、B、C三套条款只对机动车损失保险和第三者责任保险两个主要险种的条款进行了统一，其他险种的条款由各保险公司自己制定，向保险监督管理部门备案即可。A、B、C三套条款的编写体例和险种构成的差异不大，各保险公司也可任选一款作为自家公司的保险条款(见表3-7)。

表3-7 2007版A、B、C三套条款的险种构成

A款险种构成	B款险种构成	C款险种构成
机动车第三者责任保险	商业第三者责任保险	机动车损失保险
家庭自用汽车损失保险	车辆损失险	机动车第三者责任保险
非营业用汽车损失保险	全车盗抢险	机动车车上人员责任险
营业用汽车损失保险	车上人员责任险	机动车全车盗抢损失险
特种车保险	摩托车、拖拉机保险	摩托车、拖拉机保险
摩托车、拖拉机保险	玻璃单独破碎险条款	玻璃单独破碎险
机动车车上人员责任保险	车身划痕损失险条款	车身油漆单独损伤险
机动车盗抢保险	基本险不计免赔率特约条款	车损免赔额特约条款
玻璃单独破碎险		基本险不计免赔特约条款
车身划痕损失险		
可选免赔额特约条款		
不计免赔率特约条款		

2012年3月14日，中保协对外发布了《机动车辆保险示范条款》，对保险行业进行了规范和简化，使得条款更明确，责任更清晰。之后又进行了修行和完善，并形成了《商业

车险示范条款(2014 版)》，该示范条款的产品体系和条款体例见表 3-8。

表 3-8 《商业车险示范条款(2014 版)》产品体系和条款体例

产品体系	机动车综合商业保险示范条款	机动车单程提车保险示范条款	摩托车、拖拉机综合商业保险示范条款	特种车综合商业保险示范条款
条款体例	总则 第一章　机动车损失保险 保险责任 责任免除 免赔率与免赔额 保险金额 赔偿处理 第二章　机动车第三者责任保险 保险责任 责任免除 免赔率 责任限额 赔偿处理 第三章　机动车车上人员责任保险 保险责任 责任免除 免赔率 责任限额 赔偿处理 第四章　机动车全车盗抢保险 保险责任 责任免除 免赔率 保险金额 赔偿处理 第五章　通用条款 保险期间 其他事项 附加险 玻璃单独破碎险 自燃损失险 新增加设备损失险 车身划痕损失险 发动机涉水损失险 修理期间费用补偿险 车上货物责任险 精神损害抚慰金责任险 不计免赔率险 机动车损失保险无法找到第三方特约险 指定修理厂险 释义	总则 第一章　机动车损失保险 保险责任 责任免除 免赔率 保险金额 赔偿处理 第二章　机动车第三者责任保险 保险责任 责任免除 免赔率 责任限额 赔偿处理 第三章　机动车车上人员责任保险 保险责任 责任免除 免赔率 责任限额 赔偿处理 第四章　通用条款 保险期间 其他事项 附加险 不计免赔险 机动车损失保险无法找到第三方特约险 释义	总则 第一章　摩托车、拖拉机损失保险 保险责任 责任免除 免赔率 保险金额 赔偿处理 第二章　摩托车、拖拉机第三者责任保险 保险责任 责任免除 免赔率 责任限额 赔偿处理 第三章　摩托车、拖拉机车上人员责任保险 保险责任 责任免除 免赔率 责任限额 赔偿处理 第四章　摩托车、拖拉机全车盗抢保险 保险责任 责任免除 免赔率 保险金额 赔偿处理 第五章　通用条款 保险期间 其他事项 附加险 不计免赔险 摩托车、拖拉机损失保险无法找到第三方特约险 释义	总则 第一章　特种车损失保险 保险责任 责任免除 免赔率与免赔额 保险金额 赔偿处理 第二章　特种车第三者责任保险 保险责任 责任免除 免赔率 责任限额 赔偿处理 第三章　特种车车上人员责任保险 保险责任 责任免除 免赔率 责任限额 赔偿处理 第四章　特种车全车盗抢保险 保险责任 责任免除 免赔率 保险金额 赔偿处理 第五章　通用条款 保险期间 其他事项 附加险 玻璃单独破碎险 自燃损失险 新增加设备损失险 修理期间费用补偿险 车上货物责任险 精神损害抚慰金责任险 不计免赔率险 特种车损失保险无法找到第三方特约险 指定修理厂险 起重、半年、挖掘车辆损失扩展条款 特种车辆固定设备、仪器损坏扩展条款 释义

2020 年 9 月 2 日银保监会对《商业车险示范条款(2014 版)》进行了进一步的修订和完善，最终形成了《商业车险示范条款(2020 版)》(见表 3-9)等 5 个商业车险示范条款。完善后的条款更加适应新形势下投保人的需求，保障范围进一步扩大。

表 3-9 《商业车险示范条款(2020 版)》产品体系和条款体例

产品体系	机动车商业保险示范条款	机动车单程提车保险示范条款	摩托车、拖拉机商业保险示范条款	特种车商业保险示范条款
条款体例	总则 第一章　机动车损失保险 　保险责任 　责任免除 　免赔额 　保险金额 　赔偿处理 第二章　机动车第三者责任保险 　保险责任 　责任免除 　责任限额 　赔偿处理 第三章　机动车车上人员责任保险 　保险责任 　责任免除 　责任限额 　赔偿处理 第四章　通用条款 　保险期间 　其他事项 附加险 　附加绝对免赔率特约条款 　附加车轮单独损失险 　附加新增加设备损失险 　附加车身划痕损失险 　附加修理期间费用补偿险 　附加发动机进水损坏除外特约条款 　附加车上货物责任险 　附加精神损害抚慰金责任险 　附加法定节假日限额翻倍险 　附加医保外医疗费用责任险 　附加机动车增值服务特约条款 释义	总则 第一章　机动车损失保险 　保险责任 　责任免除 　保险金额 　赔偿处理 第二章　机动车第三者责任保险 　保险责任 　责任免除 　责任限额 　赔偿处理 第三章　机动车车上人员责任保险 　保险责任 　责任免除 　责任限额 　赔偿处理 第四章　通用条款 　保险期间 　其他事项 附加险 　附加绝对免赔率特约条款 　附加车轮单独损失险 　附加精神损害抚慰金责任险 　附加医保外医疗费用责任险 释义	总则 第一章　摩托车、拖拉机损失保险 　保险责任 　责任免除 　保险金额 　赔偿处理 第二章　摩托车、拖拉机第三者责任保险 　保险责任 　责任免除 　责任限额 　赔偿处理 第三章　摩托车、拖拉机车上人员责任保险 　保险责任 　责任免除 　责任限额 　赔偿处理 第四章　摩托车、拖拉机全车盗抢保险 　保险责任 　责任免除 　保险金额 　赔偿处理 第五章　通用条款 　保险期间 　其他事项 附加险 　附加绝对免赔率特约条款 　附加精神损害抚慰金责任险 　附加医保外医疗费用责任险 释义	总则 第一章　特种车损失保险 　保险责任 　责任免除 　免赔额 　保险金额 　赔偿处理 第二章　特种车第三者责任保险 　保险责任 　责任免除 　责任限额 　赔偿处理 第三章　特种车车上人员责任保险 　保险责任 　责任免除 　责任限额 　赔偿处理 第四章　特种车全车盗抢保险 　保险责任 　责任免除 　保险金额 　赔偿处理 第五章　通用条款 　保险期间 　其他事项 附加险 　附加绝对免赔率特约条款 　附加车轮单独损失险 　附加新增加设备损失险 　附加修理期间费用补偿险 　附加车上货物责任险 　附加精神损害抚慰金责任险 　附加医保外医疗费用责任险 　附加起重、半年、挖掘车辆损失扩展条款 　附加特种车辆固定设备、仪器损坏扩展条款 释义

3.2.2 机动车损失保险

机动车损失保险是指被保险车辆的车主和车主允许的驾驶人员在使用车辆的过程中发生保险事故，导致车辆受损，保险公司将在合理的范围内予以赔偿的商业车险。机动车在使用过程中，会因为各种原因发生道路交通意外事故，由于这类事故较多，同时，为了扩大对被保险人的保障并方便投保人购买保险，机动车损失保险一般提供较综合的保险责任。2020 年 9 月 19 日，银保监会研究制定的《关于实施车险综合改革的指导意见》中，对机动车损失保险保障责任也进行了较大的拓展。机动车损失保险主险条款在现有保险责任基础上，增加机动车全车盗抢、玻璃单独破碎、自燃、发动机涉水、不计免赔率、无法找到第三方特约等保险责任。车险改革虽然增加这些保障，但保障范围都在基本不增加投保人保费支出的原则下拓展。

1. 保险责任

①保险期间内，被保险人或驾驶人在使用被保险机动车过程中，因自然灾害、意外事故造成被保险机动车直接损失，且不属于免除保险人责任的范围，保险人依照本保险合同的约定负责赔偿。

“使用被保险机动车过程”指被保险机动车作为一种工具被使用的整个过程，包括行驶、停放及作业，但不包括在营业场所被维修养护期间、被营业单位拖带或被吊装等施救期间。

自然灾害指对人类及人类赖以生存的环境造成破坏性影响的自然现象，包括雷击、暴风、暴雨、洪水、龙卷风、冰雹、台风、热带风暴、地陷、崖崩、滑坡、泥石流、雪崩、冰陷、暴雪、冰凌、沙尘暴、地震及其次生灾害等。

意外事故指被保险人不可预料、无法控制的突发性事件，但不包括战争、军事冲突、恐怖活动、暴乱、污染(含放射性污染)、核反应、核辐射等。

②保险期间内，被保险机动车被盗窃、抢劫、抢夺，经出险地县级以上公安刑侦部门立案证明，满 60 天未查明下落的全车损失，以及因被盗窃、抢劫、抢夺受到损坏造成的直接损失，且不属于免除保险人责任的范围，保险人依照本保险合同的约定负责赔偿。

③发生保险事故时，被保险人或驾驶人为防止或者减少被保险机动车的损失所支付的必要的、合理的施救费用，由保险人承担；施救费用数额在被保险机动车损失赔偿金额以外另行计算，最高不超过保险金额。

2. 责任免除

在上述保险责任范围内，下列情况下，不论任何原因造成被保险机动车的任何损失和费用，保险人均不负责赔偿：

①事故发生后，被保险人或驾驶人故意破坏、伪造现场，毁灭证据。

②驾驶人有下列情形之一者：

a. 交通肇事逃逸，指发生道路交通事故后，当事人为逃避法律责任而采取的驾驶或者遗弃车辆逃离道路交通事故现场及潜逃藏匿的行为。

b. 饮酒、吸食或注射毒品、服用国家管制的精神药品或者麻醉药品。

c. 无驾驶证。驾驶证被依法扣留、暂扣、吊销、注销期间。

d. 驾驶与驾驶证载明的准驾车型不相符合的机动车。

案例 3-2

民警小王在初次申领驾驶证后第4个月驾驶执行任务的警车，不慎撞树造成车损，该车辆投保了《商业车险示范条款(2020版)》，保险公司是否应该赔付?

分析：该情形属于机动车损失保险责任范围。虽然《中华人民共和国道路交通安全法实施条例》第二十二条规定，机动车驾驶人初次申领机动车驾驶证后的12个月为实习期，机动车驾驶人在实习期内不得驾驶执行任务的警车；但《商业车险示范条款(2020版)》的机动车损失保险责任免除部分已删除了“实习期内驾驶公共汽车、营运客车或者执行任务的警车、载有危险物品的机动车或牵引挂车的机动车；驾驶出租车或营业性机动车无交通运输管理部门核发的许可证书或其他必备证书；学习驾驶时无合法教练员随车指导”不予赔付的相关表述。按新条款，因这些原因导致被保险车辆的损失，机动车损失保险应予赔付。

③被保险机动车有下列情形之一者：

a. 发生保险事故时被保险机动车行驶证、号牌被注销。

b. 被扣留、收缴、没收期间。

c. 竞赛、测试期间，在营业性场所维修、保养、改装期间。

d. 被保险人或驾驶人故意或重大过失，导致被保险机动车被利用从事犯罪行为。

案例 3-3

孙某的车辆在中国人保锦州市分公司投保了《商业车险示范条款(2020版)》的机动车损失保险，因车辆发生故障，委托一物流公司将车辆拖运到省城专修厂检查，车辆在拖运途中被盗，请问该事故是否属于机动车损失保险责任?

分析：该事故不属于机动车损失保险责任范围，不赔付。《商业车险示范条款(2020版)》机动车损失保险第九条第三款约定，被保险机动车在竞赛、测试期间，在营业性场所维修、保养、改装期间，无论任何原因造成被保险机动车的任何损失和费用，机动车损失保险均不负责赔偿。

④下列原因导致的被保险机动车的损失和费用，保险人不负责赔偿：

a. 战争、军事冲突、恐怖活动、暴乱、污染(含放射性污染)、核反应、核辐射。

b. 违反安全装载规定。

c. 被保险机动车被转让、改装、加装或改变使用性质等，导致被保险机动车危险程度显著增加，且未及时通知保险人，因危险程度显著增加而发生保险事故的。

d. 投保人、被保险人或驾驶人故意制造保险事故。

案例 3-4

某日凌晨两点(保险期限内)，驾驶人史某驾驶涉诉车辆，在路经北京顺义区六元桥地段时，不慎撞到树上，造成车辆严重受损。之后，驾驶人史某(原告)以投保了机动车损失保险为由，向保险公司(被告)申请索赔，保险公司经审理后拒绝赔付。协商不成后，史某将保险公司告上法庭。

原告要求：依法对涉诉车辆进行定损鉴定(暂定损失为4万元)；依法判令被告在承保范围内承担理赔责任；本案诉讼费由被告承担。

被告保险公司答辩称：不同意原告的诉讼请求，理由是涉诉车辆改变了使用性质，违反了诚信原则。该保险公司承保的该车辆也显示为非营运车辆，故不同意赔付原告任何费用。

分析：本案中，该保险公司提交了查勘时的询问笔录，笔录中，史某承认从事拉客生意已有一年，承认事故发生时是从顺义区天竺镇小王辛庄村出发去首都机场接客户的路上发生的事故，该单生意没有接成。从史某的笔录来看，可以认定在涉诉事故发生时该车使用性质已发生改变。史某的行为导致保险标的危险程度增加，且未就此通知保险公司。法院审理认为：《保险法》第五十二条规定："在合同有效期内，保险标的危险程度显著增加的，被保险人应按照合同约定及时通知保险人，保险人可以按照合同约定增加保险费或者解除合同。保险人解除合同的，应当将已收取的保险费，按照合同约定扣除自保险责任开始之日起至合同解除之日止应收的部分，退还投保人。"被保险人未履行前款规定的通知义务。因保险标的危险程度显著增加而发生的保险事故，保险人不承担赔偿保险金的责任。根据《商业车险示范条款(2020版)》第十条第三款，被保险机动车被转让、改装、加装或改变使用性质等，导致被保险机动车危险程度显著增加，且未及时通知保险人，因危险程度显著增加而发生保险事故的，保险人不予赔付。

⑤下列损失和费用，保险人不负责赔偿：

a. 因市场价格变动造成的贬值、修理后因价值降低引起的减值损失。

b. 自然磨损、朽蚀、腐蚀、故障、本身质量缺陷。

c. 投保人、被保险人或驾驶人知道保险事故发生后，故意或者因重大过失未及时通知，致使保险事故的性质、原因、损失程度等难以确定的，保险人对无法确定的部分，不承担赔偿责任，但保险人通过其他途径已经知道或者应当及时知道保险事故发生的除外。

d. 因被保险人违反本条款(即《商业车险示范条款(2020版)》，下同)第十五条约定，导致无法确定的损失。

e. 车轮单独损失，无明显碰撞痕迹的车身划痕，以及新增加设备的损失。

f. 非全车盗抢、仅车上零部件或附属设备被盗窃。

案例3-5

李某在人保财险为其购买的小型汽车投保了机动车损失险(保险金额为20万元，保险期限为1年)。某日，李某驾车突遇暴雨，汽车在行进中发动机进水突然熄火，随即李某向保险公司报告。后李某将投保的小型汽车送修，因发动机进水造成损失支出修理费3万元。投保了车辆损失险的情况下，因进水产生的维修费用该由谁承担相应的损失？

分析：本案争议焦点为发动机进水是否属于保险公司理赔范围。《商业车险示范条款(2020版)》第六条约定："保险期间内，被保险人或被保险机动车驾驶人在使用被保险机动车过程中，因自然灾害、意外事故造成被保险机动车直接损失，且不属于免除保险人责任的范围，保险人依照本保险合同的约定负责赔偿。"突遇暴雨导致发动机进水致损，符合保险责任的范畴，机动车损失保险应予理赔。而在之前的保险条款中，对于发

动机的进水损失，机动车损失保险是不负责赔偿的，要获得相应的赔付，需要单独购买发动机进水特别损失险。现行的《商业车险示范条款(2020 版)》可以获得赔偿，而附加险中多了一个“附加发动机进水损坏除外特约条款”。本案中，假设李某同时购买了“附加发动机进水损坏除外特约条款”附加险，则本案中发动机进水这一损失便不能赔付。

3. 免赔额

对于投保人与保险人在投保时协商确定绝对免赔额的，保险人在依据本保险合同约定计算赔款的基础上，增加每次事故绝对免赔额。

4. 保险金额

保险金额按投保时被保险机动车的实际价值确定。

投保时被保险机动车的实际价值由投保人与保险人根据投保时的新车购置价减去折旧金额后的价格协商确定，或根据其他市场公允价值协商确定。新车购置价指本保险合同签订地购置与被保险机动车同类型新车的价格，无同类型新车市场销售价格的，由投保人与保险人协商确定。市场公允价值指熟悉市场情况的买卖双方在公平交易的条件下和自愿的情况下所确定的价格，或无关联的双方在公平交易的条件下一项资产可以被买卖或者一项负债可以被清偿的成交价格。

折旧金额可根据参考折旧系数表确定，见表 3-10。

表 3-10 参考折旧系数表 单位:%

车辆种类	月折旧系数			
	家庭自用	非营业	营业	
			出租	其他
9 座以下客车	0.60	0.60	1.10	0.90
10 座以上客车	0.90	0.90	1.10	0.90
微型载货汽车	—	0.90	1.10	1.10
带拖挂的载货汽车	—	0.90	1.10	1.10
低速货车和三轮汽车	—	1.10	1.40	1.40
其他车辆	—	0.90	1.10	0.90

折旧按月计算，不足一个月的部分，不计折旧。最高折旧金额不超过投保时被保险机动车新车购置价的 80%。

折旧金额=新车购置价×被保险机动车已使用月数×月折旧系数

5. 赔偿处理

①发生保险事故后，保险人依据本条款约定在保险责任范围内承担赔偿责任。赔偿方式由保险人与被保险人协商确定。

②因保险事故损坏的被保险机动车，修理前被保险人应当会同保险人检验，协商确定维修机构、修理项目、方式和费用。无法协商确定的，双方委托共同认可的、有资质的第三方进行评估。

③被保险机动车遭受损失后的残余部分由保险人、被保险人协商处理。如折归被保险人的，由双方协商确定其价值并在赔款中扣除。

④因第三方对被保险机动车的损害造成保险事故，被保险人向第三方索赔的，保险人应积极协助；被保险人也可以直接向保险人索赔，保险人在保险金额内先行赔付被保险人，并在赔偿金额内代位行使被保险人对第三方请求赔偿的权利。

被保险人已经从第三方取得损害赔偿的，保险人进行赔偿时，相应扣减被保险人从第三方已取得的赔偿金额。

保险人未赔偿之前，被保险人放弃对第三方请求赔偿权利的，保险人不承担赔偿责任。

被保险人故意或者因重大过失致使保险人不能行使代位请求赔偿权利的，保险人可以扣减或者要求返还相应的赔款。

保险人向被保险人先行赔付的，保险人向第三方行使代位请求赔偿的权利时，被保险人应当向保险人提供必要的文件和所知道的有关情况的说明。

⑤机动车损失保险赔款按以下方法计算：

a. 全部损失。

赔款=保险金额-被保险人已从第三方获得的赔偿金额-绝对免赔额

b. 部分损失。被保险机动车发生部分损失，保险人按实际修复费用在保险金额内计算赔偿。

赔款=实际修复费用-被保险人已从第三方获得的赔偿金额-绝对免赔额

c. 施救费。施救的财产中，含有本保险合同之外的财产，应按本保险合同保险财产的实际价值占总施救财产的实际价值比例分摊施救费用。

⑥被保险机动车发生保险事故，导致全部损失，或一次赔款金额与免赔金额之和(不含施救费)达到保险金额，保险人按本保险合同约定支付赔款后，本保险责任终止，保险人不退还机动车损失保险及其附加险的保险费。

3.2.3 机动车第三者责任保险

机动车第三者责任保险，是保险车辆因发生意外事故，致使第三方遭受人身伤亡或财产的直接损毁，被保险人需要承担赔付责任的，保险人依照合同约定给予赔偿。

保险合同中的第三者是指因保险标的发生意外事故过程中遭受人身伤亡或财产损失的人员，但不包括保险人、投保人、被保险人和保险标的发生事故时本车车上的人员。需要注意的是，在交通意外事故发生过程中，投保人或被保险人的家庭成员(不在车内)受伤或死亡，也可获得第三者责任保险的赔偿。

1. 保险责任

①保险期间内，被保险人或其允许的驾驶人在使用被保险机动车过程中发生意外事故，致使第三者遭受人身伤亡或财产直接损毁，依法应当对第三者承担的损害赔偿责任，且不属于免除保险人责任的范围，保险人依照本保险合同的约定，对于超过机动车交通事故责任强制保险各分项赔偿限额的部分负责赔偿。

案例3-6

老李新购买一辆汽车并投保了《商业车险示范条款(2020版)》机动车损失保险、第三者责任保险、机动车车上人员责任保险，被保险人为其妻子赵某。某日老李驾驶被保险车辆倒车过程中将在车下指挥的妻子赵某撞伤，请问是否属于第三者责任保险的保险责任。

分析：属于第三者责任保险的保险责任。《商业车险示范条款(2020版)》第三者责任保险第二十条对保险责任的约定为："保险期间内，被保险人或其允许的驾驶人在使用被保险机动车过程中发生意外事故，致使第三者遭受人身伤亡或财产直接损毁，依法应当对第三者承担的损害赔偿责任，且不属于免除保险人责任的范围，保险人依照本保险合同的约定，对于超过机动车交通事故责任强制保险各分项赔偿限额的部分负责赔偿。"第二十四条第四款对责任免除的约定为被保险人、驾驶人、本车车上人员的人身伤亡。条款将投保人纳入第三者范围，且免除责任并未包括被保险人家庭成员、被保险人允许的驾驶人家庭成员的人身伤亡。

②保险人依据被保险机动车一方在事故中所负的事故责任比例，承担相应的赔偿责任。

被保险人或被保险机动车一方根据有关法律法规选择自行协商或由公安机关交通管理部门处理事故，但未确定事故责任比例的，按照下列规定确定事故责任比例：

a. 被保险机动车一方负主要事故责任的，事故责任比例为70%。

b. 被保险机动车一方负同等事故责任的，事故责任比例为50%。

c. 被保险机动车一方负次要事故责任的，事故责任比例为30%。

涉及司法或仲裁程序的，以法院或仲裁机构最终生效的法律文书为准。

2. 责任免除

在上述保险责任范围内，下列情况下，不论任何原因造成的人身伤亡、财产损失和费用，保险人均不负责赔偿：

①事故发生后，被保险人或驾驶人故意破坏、伪造现场，毁灭证据。

②驾驶人有下列情形之一者：

a. 交通肇事逃逸；

b. 饮酒、吸食或注射毒品、服用国家管制的精神药品或者麻醉药品；

c. 无驾驶证，驾驶证被依法扣留、暂扣、吊销、注销期间；

d. 驾驶与驾驶证载明的准驾车型不相符合的机动车；

e. 非被保险人允许的驾驶人。

案例3-7

王某在2020年4月24日驾车撞倒一行人李某后驾车逃离现场，李某经抢救无效死亡。迫于压力，4月25日，王某投案自首。王某为车辆投保了交强险及第三者责任保险，保险公司对死亡人员损失费用是否需要赔付？

分析：保险公司在交强险责任限额内赔付行人死亡损失费用，但第三者责任保险不赔付。因为交强险没有将肇事逃逸列为责任免除，而第三者责任保险约定"交通肇事逃逸"为责任免除，只要发生肇事逃逸行为，不管后期是否投案自首，第三者责任保险都不赔付。

③被保险机动车有下列情形之一者：

a. 发生保险事故时被保险机动车行驶证、号牌被注销；

b. 被扣留、收缴、没收期间；

c. 竞赛、测试期间，在营业性场所维修、保养、改装期间；

d. 全车被盗窃、被抢劫、被抢夺、下落不明期间。

④下列原因导致的人身伤亡、财产损失和费用，保险人不负责赔偿：

a. 战争、军事冲突、恐怖活动、暴乱、污染（含放射性污染）、核反应、核辐射；

b. 第三者、被保险人或驾驶人故意制造保险事故、犯罪行为，第三者与被保险人或其他致害人恶意串通的行为；

c. 被保险机动车被转让、改装、加装或改变使用性质等，导致被保险机动车危险程度显著增加，且未及时通知保险人，因危险程度显著增加而发生保险事故的。

⑤下列人身伤亡、财产损失和费用，保险人不负责赔偿：

a. 被保险机动车发生意外事故，致使任何单位或个人停业、停驶、停电、停水、停气、停产、通信或网络中断、电压变化、数据丢失造成的损失，以及其他各种间接损失；

b. 第三者财产因市场价格变动造成的贬值，修理后因价值降低引起的减值损失；

c. 被保险人及其家庭成员、驾驶人及其家庭成员所有、承租、使用、管理、运输或代管的财产的损失，以及本车上财产的损失；

d. 被保险人、驾驶人、本车车上人员的人身伤亡；

e. 停车费、保管费、扣车费、罚款、罚金或惩罚性赔款；

f. 超出《道路交通事故受伤人员临床诊疗指南》和国家基本医疗保险同类医疗费用标准的费用部分；

g. 律师费、未经保险人事先书面同意的诉讼费、仲裁费；

h. 投保人、被保险人或驾驶人知道保险事故发生后，故意或者因重大过失未及时通知，致使保险事故的性质、原因、损失程度等难以确定的，保险人对无法确定的部分，不承担赔偿责任，但保险人通过其他途径已经知道或者应当及时知道保险事故发生的除外；

i. 因被保险人违反本条款第二十八条约定，导致无法确定的损失；

j. 精神损害抚慰金；

k. 应当由交强险赔偿的损失和费用。

保险事故发生时，被保险机动车未投保交强险或交强险合同已经失效的，对于交强险责任限额以内的损失和费用，保险人不负责赔偿。

案例3-8

1. 刘某投保了交强险和第三者责任保险，在倒车时，不慎将自己母亲撞伤，同时又撞坏了母亲家的大门，请问为刘某承保的保险公司是否在第三者责任保险项下赔付事故损失？

2. 被保险人刘某投保了《商业车险示范条款（2020版）》的机动车损失保险、第三者责任保险。某日刘某驾车过程中将自己的一辆电动自行车撞坏，请问为刘某承保的保险公司是否在第三者责任保险项下赔付事故损失？

分析：在案例1中，刘某母亲受伤保险公司应赔付，因为第三者责任保险条款仅约

定了“被保险人、被保险人允许的驾驶人、本车车上人员的人身伤亡”为责任免除；刘某母亲家大门损失保险公司不赔付，因为第三者责任保险条款约定了被保险人及其家庭成员所有财产的损失为责任免除。

案例2属于第三者责任保险的责任免除范围，不能赔付。根据第三者责任保险第二十四条第三款约定，被保险人及其家庭成员、驾驶人及其家庭成员所有、承租、使用、管理、运输或代管的财产的损失，以及本车上财产的损失，保险人不负责赔偿。

3. 责任限额

①每次事故的责任限额，由投保人和保险人在签订本保险合同时协商确定。

②主车和挂车连接使用时视为一体，发生保险事故时，由主车保险人和挂车保险人按照保险单上载明的第三者责任保险限额的比例，在各自的责任限额内承担赔偿责任。

4. 赔偿处理

①保险人对被保险人或其允许的驾驶人给第三者造成的损害，可以直接向该第三者赔偿。

被保险人或其允许的驾驶人给第三者造成损害、对第三者应负的赔偿责任确定的，根据被保险人的请求，保险人应当直接向该第三者赔偿。被保险人怠于请求的、第三者就其应获赔偿部分直接向保险人请求赔偿的，保险人可以直接向该第三者赔偿。

被保险人或其允许的驾驶人给第三者造成损害、未向该第三者赔偿的，保险人不得向被保险人赔偿。

②发生保险事故后，保险人依据本条款约定在保险责任范围内承担赔偿责任。赔偿方式由保险人与被保险人协商确定。

因保险事故损坏的第三者财产，修理前被保险人应当会同保险人检验，协商确定维修机构、修理项目、方式和费用。无法协商确定的，双方委托共同认可的有资质的第三方进行评估。

③赔款计算。

a. 当(依合同约定核定的第三者损失金额-交强险的分项赔偿限额)×事故责任比例等于或高于每次事故责任限额时：

赔款=每次事故责任限额

b. 当(依合同约定核定的第三者损失金额-交强险的分项赔偿限额)×事故责任比例低于每次事故责任限额时：

赔款=(依合同约定核定的第三者损失金额-交强险的分项赔偿限额)×事故责任比例

④保险人按照《道路交通事故受伤人员临床诊疗指南》和国家基本医疗保险的同类医疗费用标准核定医疗费用的赔偿金额。

未经保险人书面同意，被保险人自行承诺或支付的赔偿金额，保险人有权重新核定。不属于保险人赔偿范围或超出保险人应赔偿金额的，保险人不承担赔偿责任。

5. 机动车第三者责任保险与机动车交通事故责任强制保险的区别

第三者责任保险和交强险的赔付对象均为第三者的人身伤害和财产损失，但两者之间又有很大的区别。

(1)设立目的不同

设置交强险的根本目的在于保护受害人，使交通事故受害人得到及时、便捷的补偿，而不在于转移被保险人风险，因此它除具有一般保险的风险管理功能之外，更多的是社会保障功能。第三者责任保险属于普通的商业车险，其目的在于保护被保险人利益，即通过该保险转移被保险人的赔偿责任风险。

(2)经营理念不同

交强险是一种特殊的责任保险，虽由保险公司采取商业化模式经营，却不以营利为目的，同时保险公司经营该业务时一般会得到国家财政的各种优惠，从而降低保险公司经营成本，实现该保险设计的初衷。而第三者责任保险是一般的商业责任保险，属于财产保险的一种，保险公司经营此项业务以营利为目的。

(3)投保方式不同

《机动车交通事故责任强制保险条例》规定的投保义务人必须投保该交强险，否则将会受到法律法规的处罚，也就是说当事人没有选择是否投保的自由。而第三者责任保险，具有保险利益的人可以自由选择是否投保，其他任何机构和个人不得强制。

(4)责任限额不同

交强险在全国范围内实行统一的责任限额和分项的责任限额，赔偿限额没有档次可选。而第三者责任保险的责任则分为若干个档次，投保人可以自由进行选择。

(5)保险金主张主体不同

发生交强险保险事故时，投保人或者是被保险人对保险人享有保险金的给付请求权，同时，为了更有效地保障交通事故受害人的利益，大部分国家都规定了受害人也可以向保险人申请赔偿。而在机动车第三者责任保险中，根据合同相对性原理，只有保险合同中的被保险人才有权向保险公司提出索赔，保险合同之外的第三者无权直接向保险公司提出索赔，因而受害人不享有对保险人的直接请求权。

(6)合同解除条件不同

交强险保险合同不能被任意解除，除非出现了法定的合同解除事由，如果一方当事人任意解除这种强制性合同，除了民事责任，他还可能承担行政责任。而第三者责任保险合同则可以被双方当事人自由解除，就算合同解除，一方当事人承担的责任也只是民事责任，不涉及行政责任。

(7)赔偿原则不同

对交强险而言，机动车发生交通事故造成人身伤亡、财产损失的，由保险公司在责任限额范围内予以赔偿，若被保险机动车在保险事故中无责任，则仍需在无责任限额内赔偿，即交强险是无责赔付。而在第三者责任保险中，保险公司一般依据投保人或被保险人在交通事故中应负的责任来确定赔偿责任，即第三者责任保险是按责赔付，无责不赔。

(8)赔偿顺序不同

若被保险人发生保险事故，赔付顺序为先赔付交强险，交强险赔付不足的，再由第三者责任保险赔付，并且交强险先赔车外财产损失，再赔第三者车辆损失，而第三者责任保险没有特别规定赔付顺序。

3.2.4 机动车车上人员责任保险

机动车车上人员责任保险，是指在保险期间内，保险标的在保险责任范围内发生意外事故，致使保险标的车上人员发生伤亡损失，保险人依据保险合同约定在保险金额内给予赔偿。机动车车上人员责任保险既可只保障驾驶人的安全，也可保障车上全部人员的安全，这取决于投保人与保险人签订的机动车车上人员责任保险合同上保险标的投保的具

体座位。

1. 保险责任

①保险期间内，被保险人或其允许的驾驶人在使用被保险机动车过程中发生意外事故，致使车上人员遭受人身伤亡，且不属于免除保险人责任的范围，依法应当对车上人员承担的损害赔偿责任，保险人依照本保险合同的约定负责赔偿。

案例3-9

1. 小赵在乘公交车上车过程中，车辆突然起动，导致小赵摔伤，请问小赵的人身伤亡损失是否属于机动车车上人员责任保险的保险责任?

2. 某运输公司为其营运客车投保了《商业车险示范条款(2020版)》机动车车上人员责任保险，某日驾驶人在乘客下车的过程中由于疏忽突然起动，造成正在下车的李某摔倒在地，导致脚骨折住院治疗，请问李某的人身伤亡损失是否属于机动车车上人员责任保险的保险责任?

分析：两个案例中小赵和李某的损失都属于保险责任。《商业车险示范条款(2020版)》对车上人员的定义为发生意外事故的瞬间，在被保险机动车车体内或车体上的人员，包括正在上下车的人员。

案例3-10

2021年7月，王某驾驶投保了交强险、第三者责任保险和机动车车上人员责任保险的车辆发生碰撞事故，导致车上乘客叶某被甩出车外后又被该车碾压，叶某的人身伤亡属于第三者责任保险还是机动车车上人员责任保险的赔偿范围?

分析：中保协制定的《商业车险示范条款(2020版)》规定：车上人员是指发生意外事故的瞬间，在被保险机动车车体内或车体上的人员，包括正在上下车的人员。判断被害人是否属于“本车人员”以外的受害人，时间是一个关键要素。不能因为被害人在事故之前一直处于机动车上，而判断他们为乘车人员。毕竟机动车作为一种交通工具，“车上人员”和“第三者”并不是永久固定不变的身份，而是一种临时性的身份，在一定情形下是可以相互转化的。本案例中，事故发生前，乘客坐在被保险机动车上，属于车上人员；当该车发生碰撞事故，乘客被甩出去时，该乘客已不在车体内，也不是正在上下车的人，而是在被保险机动车之外。因此该乘客属于“本车人员”以外的受害人，即属于第三者的范畴，可以在第三者责任保险范围内赔偿。

对于因驾驶人过失致乘客从车上摔下受伤，乘客下车休息时或下车帮助指挥引导机动车行驶时，被驾驶人的过失驾驶操作行为致伤；因机动车发生撞击，乘客被甩出车外被本车二次碾压受伤等情形；因为乘客在事故发生当时身处被保险机动车之外，此时位于车下的乘客与其他普通的第三者对机动车危险的控制力并无实质差别，相比机动车来说均处于弱势地位，对风险的发生几乎没有任何控制能力，而且乘客并非保险合同关系中的被保险人(投保人及其允许的合法驾驶人)范畴，因此在特定情况下乘客可以转化为第三者，可以获得交强险和第三者责任保险的赔偿。

②保险人依据被保险机动车一方在事故中所负的事故责任比例，承担相应的赔偿责任。

被保险人或被保险机动车一方根据有关法律法规选择自行协商或由公安机关交通管理部门处理事故，但未确定事故责任比例的，按照下列规定确定事故责任比例：

被保险机动车一方负主要事故责任的，事故责任比例为70%；

被保险机动车一方负同等事故责任的，事故责任比例为50%；

被保险机动车一方负次要事故责任的，事故责任比例为30%。

涉及司法或仲裁程序的，以法院或仲裁机构最终生效的法律文书为准。

2. 责任免除

在上述保险责任范围内，下列情况下，不论任何原因造成的人身伤亡，保险人均不负责赔偿：

①事故发生后，被保险人或驾驶人故意破坏、伪造现场，毁灭证据。

②驾驶人有下列情形之一者：

a. 交通肇事逃逸；

b. 饮酒、吸食或注射毒品、服用国家管制的精神药品或者麻醉药品；

c. 无驾驶证，驾驶证被依法扣留、暂扣、吊销、注销期间；

d. 驾驶与驾驶证载明的准驾车型不相符合的机动车；

e. 非被保险人允许的驾驶人。

③被保险机动车有下列情形之一者：

a. 发生保险事故时被保险机动车行驶证、号牌被注销；

b. 被扣留、收缴、没收期间；

c. 竞赛、测试期间，在营业性场所维修、保养、改装期间；

d. 全车被盗窃、被抢劫、被抢夺、下落不明期间。

④下列原因导致的人身伤亡，保险人不负责赔偿：

a. 战争、军事冲突、恐怖活动、暴乱、污染(含放射性污染)、核反应、核辐射；

b. 被保险机动车被转让、改装、加装或改变使用性质等，导致被保险机动车危险程度显著增加，且未及时通知保险人，因危险程度显著增加而发生保险事故的；

c. 投保人、被保险人或驾驶人故意制造保险事故。

⑤下列人身伤亡、损失和费用，保险人不负责赔偿：

a. 被保险人及驾驶人以外的其他车上人员的故意行为造成的自身伤亡；

b. 车上人员因疾病、分娩、自残、斗殴、自杀、犯罪行为造成的自身伤亡；

c. 罚款、罚金或惩罚性赔款；

d. 超出《道路交通事故受伤人员临床诊疗指南》和国家基本医疗保险同类医疗费用标准的费用部分；

e. 律师费、未经保险人事先书面同意的诉讼费、仲裁费；

f. 投保人、被保险人或驾驶人知道保险事故发生后，故意或者因重大过失未及时通知，致使保险事故的性质、原因、损失程度等难以确定的，保险人对无法确定的部分，不承担赔偿责任，但保险人通过其他途径已经知道或者应当及时知道保险事故发生的除外；

g. 精神损害抚慰金；

h. 应当由交强险赔付的损失和费用。

3. 责任限额

驾驶人每次事故责任限额和乘客每次事故每人责任限额由投保人和保险人在投保时协

商确定。投保乘客座位数按照被保险机动车的核定载客数（驾驶人座位除外）确定。

4. 赔偿处理

①赔款计算。

a. 对每座的受害人，当（依合同约定核定的每座车上人员人身伤亡损失金额－应由交强险赔偿的金额）×事故责任比例高于或等于每次事故每座责任限额时：

赔款＝每次事故每座责任限额

b. 对每座的受害人，当（依合同约定核定的每座车上人员人身伤亡损失金额－应由交强险赔偿的金额）×事故责任比例低于每次事故每座责任限额时：

赔款＝（依合同约定核定的每座车上人员人身伤亡损失金额－应由交强险赔偿的金额）×事故责任比例

②保险人按照《道路交通事故受伤人员临床诊疗指南》和国家基本医疗保险的同类医疗费用标准核定医疗费用的赔偿金额。

③未经保险人书面同意，被保险人自行承诺或支付的赔偿金额，保险人有权重新核定。不属于保险人赔偿范围或超出保险人应赔偿金额的，保险人不承担赔偿责任。

3.2.5　附加险

附加险条款的法律效力优于主险条款。附加险条款未尽事宜，以主险条款为准。除附加险条款另有约定外，主险中的责任免除、双方义务同样适用于附加险。主险保险责任终止的，其相应的附加险保险责任同时终止。

1. 附加绝对免赔率特约条款

绝对免赔率为5%、10%、15%、20%，由投保人和保险人在投保时协商确定，具体以保险单载明为准。

被保险机动车发生主险约定的保险事故，保险人按照主险的约定计算赔款后，扣减本特约条款约定的免赔。即：

主险实际赔款＝按主险约定计算的赔款×（1－绝对免赔率）

案例3-11

1. 一辆营业用货车投保机动车损失保险后追尾撞上一辆家庭轿车，货车承担全部责任（发生事故时的实际价值是130000元，损失3000元，无绝对免赔额，未购买“附加绝对免赔率特约条款”附加险），轿车无责（损失1000元），请计算该营业货车的机动车损失保险应如何赔付。

2. 一辆营业用货车投保机动车损失保险后追尾撞上一辆家庭轿车，货车承担全部责任（发生事故时的实际价值是130000元，损失3000元，无绝对免赔额，已购买“附加绝对免赔率特约条款”附加险，约定10%免赔率），轿车无责（损失1000元），请计算该营业货车的机动车损失保险应如何赔付。

分析：在案例1中，被保险机动车发生部分损失，保险人按实际修复费用在保险金额内计算赔偿。货车的机动车损失保险赔款＝实际修复费用－被保险人已从第三方获得的赔偿金额－绝对免赔额＝货车实际修复费用－轿车交强险对货车的赔付额－绝对免赔额＝3000元－100元－0元＝2900元。

在案例2中，被保险机动车发生部分损失，保险人按实际修复费用在保险金额内计算赔偿，由于该货车购买了“附加绝对免赔率特约条款”附加险，计算时需考虑绝对免赔率。

货车的机动车损失保险赔款=(实际修复费用-被保险人已从第三方获得的赔偿金额)×(1-绝对免赔率)-绝对免赔额=(3000-100)元×(1-10%)-0=2610元。

2. 附加车轮单独损失险

投保了机动车损失保险的机动车，可投保本附加险。

(1)保险责任

保险期间内，被保险人或被保险机动车驾驶人在使用被保险机动车过程中，因自然灾害、意外事故，导致被保险机动车未发生其他部位的损失，仅有车轮(含轮胎、轮毂、轮毂罩)单独的直接损失，且不属于免除保险人责任的范围，保险人依照本附加险合同的约定负责赔偿。

(2)责任免除

①车轮(含轮胎、轮毂、轮毂罩)的自然磨损、朽蚀、腐蚀、故障、本身质量缺陷；

②未发生全车盗抢，仅车轮单独丢失。

(3)保险金额

保险金额由投保人和保险人在投保时协商确定。

(4)赔偿处理

①发生保险事故后，保险人依据本条款约定，在保险责任范围内承担赔偿责任。赔偿方式由保险人与被保险人协商确定。

赔款=实际修复费用-被保险人已从第三方获得的赔偿金额

②在保险期间内，累计赔款金额达到保险金额，本附加险保险责任终止。

3. 附加新增加设备损失险

投保了机动车损失保险的机动车，可投保本附加险。

(1)保险责任

保险期间内，投保了本附加险的被保险机动车因发生机动车损失保险责任范围内的事故，造成车上新增加设备的直接损毁，保险人在保险单载明的本附加险的保险金额内，按照实际损失计算赔偿。

(2)保险金额

保险金额根据新增加设备投保时的实际价值确定。新增加设备的实际价值是指新增加设备的购置价减去折旧金额后的金额。

(3)赔偿处理

发生保险事故后，保险人依据本条款约定，在保险责任范围内承担赔偿责任。赔偿方式由保险人与被保险人协商确定。

赔款=实际修复费用-被保险人已从第三方获得的赔偿金额

4. 附加车身划痕损失险

投保了机动车损失保险的机动车，可投保本附加险。

(1)保险责任

保险期间内，被保险机动车在被保险人或被保险机动车驾驶人使用过程中，发生无明

显碰撞痕迹的车身划痕损失，保险人按照保险合同约定负责赔偿。

(2)责任免除

①被保险人及其家庭成员、驾驶人及其家庭成员的故意行为造成的损失；

②因投保人、被保险人与他人的民事、经济纠纷导致的任何损失；

③车身表面自然老化、损坏、腐蚀造成的任何损失。

(3)保险金额

保险金额为2000元、5000元、10000元和20000元，由投保人和保险人在投保时协商确定。

(4)赔偿处理

①发生保险事故后，保险人依据本条款约定，在保险责任范围内承担赔偿责任，赔偿方式由保险人与被保险人协商确定。

赔款=实际修复费用-被保险人已从第三方获得的赔偿金额

②在保险期间内，累计赔款金额达到保险金额，本附加险保险责任终止。

5. 附加修理期间费用补偿险

投保了机动车损失保险的机动车，可投保本附加险。

(1)保险责任

保险期间内，投保了本条款的机动车在使用过程中，发生机动车损失保险责任范围内的事故，造成车身损毁，致使被保险机动车停驶，保险人按保险合同约定，在保险金额内向被保险人补偿修理期间费用，作为代步车费用或弥补停驶损失。

(2)责任免除

下列情况下，保险人不承担修理期间费用补偿：

①因机动车损失保险责任范围以外的事故导致被保险机动车的损毁或修理；

②非在保险人认可的修理厂修理时，因车辆修理质量不合要求造成返修；

③被保险人或驾驶人拖延车辆送修期间。

(3)保险金额

本附加险保险金额=补偿天数×日补偿金额。补偿天数及日补偿金额由投保人与保险人协商确定，并在保险合同中载明，保险期间内约定的补偿天数最高不超过90天。

(4)赔偿处理

全车损失，按保险单载明的保险金额计算赔偿；部分损失，在保险金额内按约定的日补偿金额乘以从送修之日起至修复之日止的实际天数计算赔偿，实际天数超过双方约定修理天数的，以双方约定的修理天数为准。

保险期间内，累计赔款金额达到保险单载明的保险金额，本附加险保险责任终止。

6. 附加发动机进水损坏除外特约条款

投保了机动车损失保险的机动车，可投保本附加险。

保险期间内，投保了本附加险的被保险机动车在使用过程中，因发动机进水后导致的发动机的直接损毁，保险人不负责赔偿。

7. 附加车上货物责任险

投保了第三者责任保险的营业货车(含挂车)，可投保本附加险。

(1) 保险责任

保险期间内，发生意外事故致使被保险机动车所载货物遭受直接损毁，依法应由被保险人承担的损害赔偿责任，保险人负责赔偿。

(2) 责任免除

①偷盗、哄抢、自然损耗、本身缺陷、短少、死亡、腐烂、变质、串味、生锈、动物走失、飞失、货物自身起火燃烧或爆炸造成的货物损失；

②违法、违章载运造成的损失；

③因包装、紧固不善，装载、遮盖不当导致的任何损失；

④车上人员携带的私人物品的损失；

⑤保险事故导致的货物减值、运输延迟、营业损失及其他各种间接损失；

⑥法律、行政法规禁止运输的货物的损失。

(3) 责任限额

责任限额由投保人和保险人在投保时协商确定。

(4) 赔偿处理

①被保险人索赔时，应提供运单、起运地货物价格证明等相关单据，保险人在责任限额内按起运地价格计算赔偿；

②发生保险事故后，保险人依据本条款约定，在保险责任范围内承担赔偿责任，赔偿方式由保险人与被保险人协商确定。

8. 附加精神损害抚慰金责任险

投保了第三者责任保险或机动车车上人员责任保险的机动车，可投保本附加险。

在投保人仅投保第三者责任保险的基础上附加本附加险时，保险人只负责赔偿第三者的精神损害抚慰金；在投保人仅投保机动车车上人员责任保险的基础上附加本附加险时，保险人只负责赔偿车上人员的精神损害抚慰金。

(1) 保险责任

保险期间内，被保险人或其允许的驾驶人在使用被保险机动车的过程中，发生投保的主险约定的保险责任内的事故，造成第三者或车上人员的人身伤亡，受害人据此提出精神损害赔偿请求，保险人依据法院判决及保险合同约定，对应由被保险人或被保险机动车驾驶人支付的精神损害抚慰金，在扣除交强险应当支付的赔款后，在本保险赔偿限额内负责赔偿。

案例3-12

某车在保险公司购买了交强险、机动车损失保险、第三者责任保险和附加精神损害抚慰金责任险。某日，该车发生交通事故，造成第三者车辆一孕妇受伤，在医院住院第35天时，腹痛，造成孕妇婴儿流产，受害方向保险公司请求赔偿精神损害抚慰金，请问保险公司是否支持？

分析：保险公司不用支付此部分赔偿。因为在《附加精神损害抚慰金责任附加险》条款中，明确怀孕妇女的流产发生在交通事故发生之日起30天以外的为除外责任，此案受害方流产发生在交通事故发生的30天后，属于列明的除外责任，故保险公司不予赔偿。

(2)责任免除

①根据被保险人与他人的合同协议，应由他人承担的精神损害抚慰金；

②未发生交通事故，仅因第三者或本车人员的惊恐而引起的损害；

③怀孕妇女的流产发生在交通事故发生之日起30天以外的。

(3)赔偿限额

每次事故赔偿限额由保险人和投保人在投保时协商确定。

(4)赔偿处理

本附加险赔偿金额依据生效法律文书或当事人达成且经保险人认可的赔付协议，在保险单所载明的赔偿限额内计算赔偿。

9. 附加法定节假日限额翻倍险

投保了第三者责任保险的家庭自用汽车，可投保本附加险。

保险期间内，被保险人或其允许的驾驶人在法定节假日期间使用被保险机动车发生第三者责任保险范围内的事故，并经公安部门或保险人查勘确认的，被保险机动车第三者责任保险所适用的责任限额在保险单载明的基础上增加一倍。

10. 附加医保外医疗费用责任险

投保了第三者责任保险或机动车车上人员责任保险的机动车，可投保本附加险。

(1)保险责任

保险期间内，被保险人或其允许的驾驶人在使用被保险机动车的过程中，发生主险保险事故，对于被保险人依照中华人民共和国法律(不含港、澳、台地区“法律”)应对第三者或车上人员承担的医疗费用，保险人对超出《道路交通事故受伤人员临床诊疗指南》和国家基本医疗保险同类医疗费用标准的部分负责赔偿。

(2)责任免除

下列损失、费用，保险人不负责赔偿：

①在相同保障的其他保险项下可获得赔偿的部分；

②所诊治伤情与主险保险事故无关联的医疗、医药费用；

③特需医疗类费用。

(3)赔偿限额

赔偿限额由投保人和保险人在投保时协商确定，并在保险单中载明。

(4)赔偿处理

被保险人索赔时，应提供由具备医疗机构执业许可的医院或药品经营许可的药店出具的、足以证明各项费用赔偿金额的相关单据。保险人根据被保险人实际承担的责任，在保险单载明的责任限额内计算赔偿。

11. 附加机动车增值服务特约条款

①投保了机动车保险后，可投保本特约条款。

②本特约条款包括道路救援服务特约条款、车辆安全检测特约条款、代为驾驶服务特约条款、代为送检服务特约条款共四个独立的特约条款，投保人可以选择投保全部特约条款，也可以选择投保其中部分特约条款。保险人依照保险合同的约定，按照承保特约条款分别提供增值服务。

③道路救援服务特约条款。

a. 服务范围。

保险期间内，被保险机动车在使用过程中发生故障而丧失行驶能力时，保险人或其受托人根据被保险人请求，向被保险人提供如下道路救援服务：

- 单程 50 公里以内拖车；
- 送油、送水、送防冻液、搭电；
- 轮胎充气、更换轮胎；
- 车辆脱离困境所需的拖拽、吊车。

b. 责任免除。

- 根据所在地法律法规、行政管理部门的规定，无法开展相关服务项目的情形；
- 送油、更换轮胎等服务过程中产生的油料、防冻液、配件、辅料等材料费用；
- 被保险人或驾驶人的故意行为。

c. 责任限额。

保险期间内，保险人提供 2 次免费服务，超出 2 次的，由投保人和保险人在签订保险合同时协商确定，分为 5 次、10 次、15 次、20 次四档。

④车辆安全检测特约条款。

a. 服务范围。

保险期间内，为保障车辆安全运行，保险人或其受托人根据被保险人请求，为被保险机动车提供车辆安全检测服务，车辆安全检测项目包括：

- 发动机检测(机油、空滤、燃油、冷却等)；
- 变速器检测；
- 转向系统检测(含车轮定位测试、轮胎动平衡测试)；
- 底盘检测；
- 轮胎检测；
- 汽车玻璃检测；
- 汽车电子系统检测(全车电控电器系统检测)；
- 车内环境检测；
- 蓄电池检测；
- 车辆综合安全检测。

b. 责任免除。

- 检测中发现的问题部件的更换、维修费用；
- 洗车、打蜡等常规保养费用；
- 车辆运输费用。

c. 责任限额。

保险期间内，本特约条款的检测项目及服务次数上限由投保人和保险人在签订保险合同时协商确定。

⑤代为驾驶服务特约条款。

a. 服务范围。

保险期间内，保险人或其受托人根据被保险人请求，在被保险人或其允许的驾驶人因饮酒、服用药物等原因无法驾驶或存在重大安全驾驶隐患时提供单程 30 公里以内的短途代驾服务。

b. 责任免除。

根据所在地法律法规、行政管理部门的要求，无法开展相关服务项目的情形。

c. 责任限额。

保险期间内，本特约条款的服务次数上限由投保人和保险人在签订保险合同时协商确定。

⑥代为送检服务特约条款。

a. 服务范围。

保险期间内，按照《中华人民共和国道路交通安全法实施条例》，被保险机动车需由机动车安全技术检验机构实施安全技术检验时，根据被保险人请求，由保险人或其受托人代替车辆所有人进行车辆送检。

b. 责任免除。

- 根据所在地法律法规、行政管理部门的要求，无法开展相关服务项目的情形；
- 车辆检验费用及罚款；
- 维修费用。

3.3 新能源汽车商业保险

3.3.1 新能源汽车商业保险概述

新能源汽车指采用新型动力系统，完全或者主要依靠新型能源驱动的汽车，包括插电式混合动力(含增程式)汽车、纯电动汽车和燃料电池汽车等。

新能源汽车商业保险分为主险、附加险。主险包括新能源汽车损失保险、新能源汽车第三者责任保险、新能源汽车车上人员责任保险共三个独立的险种，投保人可以选择投保全部险种，也可以选择投保其中部分险种。保险人依照本保险合同的约定，按照承保险种分别承担保险责任。

附加险不能独立投保。附加险条款与主险条款相抵触的，以附加险条款为准，附加险条款未尽之处，以主险条款为准。

新能源汽车商业保险中被保险新能源汽车是指在中华人民共和国境内(不含港、澳、台地区)行驶，采用新型动力系统，完全或主要依靠新型能源驱动，上道路行驶的供人员乘用或者用于运送物品，以及进行专项作业的轮式车辆、履带式车辆和其他运载工具，但不包括摩托车、拖拉机、特种车。

第三者是指因被保险新能源汽车发生意外事故遭受人身伤亡或者财产损失的人，但不包括被保险新能源汽车本车车上人员、被保险人。

车上人员是指发生意外事故的瞬间，在被保险新能源汽车车体内或车体上的人员，包括正在上下车的人员。

3.3.2 新能源汽车损失保险

1. 保险责任

保险期间内，被保险人或被保险新能源汽车驾驶人在使用被保险新能源汽车过程中，因自然灾害、意外事故(含起火燃烧)造成被保险新能源汽车下列设备的直接损失，且不属于免除保险人责任的范围，保险人依照本保险合同的约定负责赔偿。

①车身；

②电池及储能系统、电机及驱动系统、其他控制系统；

③其他所有出厂时的设备。

使用包括行驶、停放、充电及作业。

保险期间内，被保险新能源汽车被盗窃、抢劫、抢夺，经出险地县级以上公安刑侦部门立案证明，满60天未查明下落的全车损失，以及因被盗窃、抢劫、抢夺受到损坏造成的直接损失，且不属于免除保险人责任的范围，保险人依照本保险合同的约定负责赔偿。

发生保险事故时，被保险人或驾驶人为防止或者减少被保险新能源汽车的损失所支付的必要的、合理的施救费用，由保险人承担；施救费用数额在被保险新能源汽车损失赔偿金额以外另行计算，最高不超过保险金额。

2. 责任免除

在上述保险责任范围内，下列情况下，不论任何原因造成被保险新能源汽车的任何损失和费用，保险人均不负责赔偿：

①事故发生后，被保险人或驾驶人故意破坏、伪造现场，毁灭证据。

②驾驶人有下列情形之一者：

a. 交通肇事逃逸；

b. 饮酒、吸食或注射毒品、服用国家管制的精神药品或者麻醉药品；

c. 无驾驶证，驾驶证被依法扣留、暂扣、吊销、注销期间；

d. 驾驶与驾驶证载明的准驾车型不相符合的新能源汽车。

③被保险新能源汽车有下列情形之一者：

a. 发生保险事故时被保险新能源汽车行驶证、号牌被注销；

b. 被扣留、收缴、没收期间；

c. 竞赛、测试期间，在营业性场所维修、保养、改装期间；

d. 被保险人或驾驶人故意或重大过失，导致被保险新能源汽车被利用从事犯罪行为。

④下列原因导致的被保险新能源汽车的损失和费用，保险人不负责赔偿：

a. 战争、军事冲突、恐怖活动、暴乱、污染(含放射性污染)、核反应、核辐射；

b. 违反安全装载规定；

c. 被保险新能源汽车被转让、改装、加装或改变使用性质等，导致被保险新能源汽车危险程度显著增加，且未及时通知保险人，因危险程度显著增加而发生保险事故的；

d. 投保人、被保险人或驾驶人故意制造保险事故。

⑤下列损失和费用，保险人不负责赔偿：

a. 因市场价格变动造成的贬值、修理后因价值降低引起的减值损失；

b. 自然磨损、电池衰减、朽蚀、腐蚀、故障、本身质量缺陷；

c. 投保人、被保险人或驾驶人知道保险事故发生后，故意或者因重大过失未及时通知，致使保险事故的性质、原因、损失程度等难以确定的，保险人对无法确定的部分，不承担赔偿责任，但保险人通过其他途径已经知道或者应当及时知道保险事故发生的除外；

d. 因被保险人违反本条款第十五条约定，导致无法确定的损失；

e. 车轮单独损失，无明显碰撞痕迹的车身划痕，以及新增加设备的损失；

f. 非全车盗抢、仅车上零部件或附属设备被盗窃；

g. 充电期间因外部电网故障导致被保险新能源汽车的损失。

3. 免赔额

对于投保人与保险人在投保时协商确定绝对免赔额的，保险人在依据本保险合同约定计算赔款的基础上，增加每次事故绝对免赔额。

4. 保险金额

保险金额按投保时被保险新能源汽车的实际价值确定。

投保时被保险新能源汽车的实际价值由投保人与保险人根据投保时的新车购置价减去折旧金额后的价格协商确定或其他市场公允价值协商确定。

折旧金额可根据本保险合同列明的参考折旧系数表确定。

5. 赔偿处理

①发生保险事故后，保险人依据本条款约定在保险责任范围内承担赔偿责任。赔偿方式由保险人与被保险人协商确定。

②因保险事故损坏的被保险新能源汽车，修理前被保险人应当会同保险人检验，协商确定维修机构、修理项目、方式和费用。无法协商确定的，双方委托共同认可的有资质的第三方进行评估。

③被保险新能源汽车遭受损失后的残余部分由保险人、被保险人协商处理。如折归被保险人的，由双方协商确定其价值并在赔款中扣除。

④因第三方对被保险新能源汽车的损害而造成保险事故，被保险人向第三方索赔的，保险人应积极协助；被保险人也可以直接向保险人索赔，保险人在保险金额内先行赔付被保险人，并在赔偿金额内代位行使被保险人对第三方请求赔偿的权利。

被保险人已经从第三方取得损害赔偿的，保险人进行赔偿时，相应扣减被保险人从第三方已取得的赔偿金额。

保险人未赔偿之前，被保险人放弃对第三方请求赔偿权利的，保险人不承担赔偿责任。

被保险人故意或者因重大过失致使保险人不能行使代位请求赔偿的权利的，保险人可以扣减或者要求返还相应的赔款。

保险人向被保险人先行赔付的，保险人向第三方行使代位请求赔偿的权利时，被保险人应当向保险人提供必要的文件和所知道的有关情况。

⑤被保险新能源汽车损失赔款按以下方法计算：

a. 全部损失：

赔款=保险金额-被保险人已从第三方获得的赔偿金额-绝对免赔额

b. 部分损失。被保险新能源汽车发生部分损失，保险人按实际修复费用在保险金额内计算赔偿：

赔款=实际修复费用-被保险人已从第三方获得的赔偿金额-绝对免赔额

c. 施救费：施救的财产中，含有本保险合同之外的财产，应按本保险合同保险财产的实际价值占总施救财产的实际价值比例分摊施救费用。

⑥被保险新能源汽车发生保险事故，导致全部损失，或一次赔款金额与免赔金额之和(不含施救费)达到保险金额，保险人按本保险合同约定支付赔款后，本保险责任终止，保险人不退还新能源汽车损失保险及其附加险的保险费。

3.3.3 新能源汽车第三者责任保险

1. 保险责任

①保险期间内，被保险人或其允许的驾驶人在使用被保险新能源汽车过程中发生意外事故(含起火燃烧)，致使第三者遭受人身伤亡或财产直接损毁，依法应当对第三者承担的损害赔偿责任，且不属于免除保险人责任的范围，保险人依照本保险合同的约定，对于超过交强险各分项赔偿限额的部分负责赔偿。

使用包括行驶、停放、充电及作业。

②保险人依据被保险新能源汽车一方在事故中所负的事故责任比例，承担相应的赔偿责任。

被保险人或被保险新能源汽车一方根据有关法律法规选择自行协商或由公安机关交通管理部门处理事故，但未确定事故责任比例的，按照下列规定确定事故责任比例：

被保险新能源汽车一方负主要事故责任的，事故责任比例为70%；

被保险新能源汽车一方负同等事故责任的，事故责任比例为50%；

被保险新能源汽车一方负次要事故责任的，事故责任比例为30%。

涉及司法或仲裁程序的，以法院或仲裁机构最终生效的法律文书为准。

2. 责任免除

在上述保险责任范围内，下列情况下，不论任何原因造成的人身伤亡、财产损失和费用，保险人均不负责赔偿：

①事故发生后，被保险人或驾驶人故意破坏、伪造现场，毁灭证据。

②驾驶人有下列情形之一者：

a. 交通肇事逃逸；

b. 饮酒、吸食或注射毒品、服用国家管制的精神药品或者麻醉药品；

c. 无驾驶证，驾驶证被依法扣留、暂扣、吊销、注销期间；

d. 驾驶与驾驶证载明的准驾车型不相符合的新能源汽车；

e. 非被保险人允许的驾驶人。

③被保险新能源汽车有下列情形之一者：

a. 发生保险事故时被保险新能源汽车行驶证、号牌被注销的；

b. 被扣留、收缴、没收期间；

c. 竞赛、测试期间，在营业性场所维修、保养、改装期间；

d. 全车被盗窃、抢劫、抢夺、下落不明期间。

④下列原因导致的人身伤亡、财产损失和费用，保险人不负责赔偿：

a. 战争、军事冲突、恐怖活动、暴乱、污染(含放射性污染)、核反应、核辐射；

b. 第三者、被保险人或驾驶人故意制造保险事故、犯罪行为，第三者与被保险人或其他致害人恶意串通的行为；

c. 被保险新能源汽车被转让、改装、加装或改变使用性质等，导致被保险新能源汽车危险程度显著增加，且未及时通知保险人，因危险程度显著增加而发生保险事故的。

⑤下列人身伤亡、财产损失和费用，保险人不负责赔偿：

a. 被保险新能源汽车发生意外事故，致使任何单位或个人停业、停驶、停电、停水、停气、停产、通信或网络中断、电压变化、数据丢失造成的损失，以及其他各种间接

损失；

b. 第三者财产因市场价格变动造成的贬值，修理后因价值降低引起的减值损失；

c. 被保险人及其家庭成员、驾驶人及其家庭成员所有、承租、使用、管理、运输或代管的财产的损失，以及本车上财产的损失；

d. 被保险人、驾驶人、本车车上人员的人身伤亡；

e. 停车费、保管费、扣车费、罚款、罚金或惩罚性赔款；

f. 超出《道路交通事故受伤人员临床诊疗指南》和国家基本医疗保险同类医疗费用标准的费用部分；

g. 律师费、未经保险人事先书面同意的诉讼费、仲裁费；

h. 投保人、被保险人或驾驶人知道保险事故发生后，故意或者因重大过失未及时通知，致使保险事故的性质、原因、损失程度等难以确定的，保险人对无法确定的部分，不承担赔偿责任，但保险人通过其他途径已经知道或者应当及时知道保险事故发生的除外；

i. 因被保险人违反本条款第二十八条约定，导致无法确定的损失；

j. 精神损害抚慰金；

k. 应当由交强险赔偿的损失和费用。

保险事故发生时，被保险新能源汽车未投保交强险或交强险合同已经失效的，对于交强险责任限额以内的损失和费用，保险人不负责赔偿。

3. 责任限额

①每次事故的责任限额，由投保人和保险人在签订本保险合同时协商确定。

②主车和挂车连接使用时视为一体，发生保险事故时，由主车保险人和挂车保险人按照保险单上载明的第三者责任保险责任限额的比例，在各自的责任限额内承担赔偿责任。

4. 赔偿处理

①保险人对被保险人或其允许的驾驶人给第三者造成的损害，可以直接向该第三者赔偿。

被保险人或其允许的驾驶人给第三者造成损害，对第三者应负的赔偿责任确定的，根据被保险人的请求，保险人应当直接向该第三者赔偿。被保险人怠于请求的，第三者就其应获赔偿部分直接向保险人请求赔偿的，保险人可以直接向该第三者赔偿。

被保险人或其允许的驾驶人给第三者造成损害，未向该第三者赔偿的，保险人不得向被保险人赔偿。

②发生保险事故后，保险人依据本条款约定在保险责任范围内承担赔偿责任。赔偿方式由保险人与被保险人协商确定。

因保险事故损坏的第三者财产，修理前被保险人应当会同保险人检验，协商确定维修机构、修理项目、方式和费用。无法协商确定的，双方委托共同认可的有资质的第三方进行评估。

③赔款计算。

a. 当(依合同约定核定的第三者损失金额-交强险的分项赔偿限额)×事故责任比例等于或高于每次事故责任限额时：

赔款=每次事故责任限额

b. 当(依合同约定核定的第三者损失金额-交强险的分项赔偿限额)×事故责任比例低于每次事故责任限额时：

赔款=(依合同约定核定的第三者损失金额-交强险的分项赔偿限额)×事故责任比例

④保险人按照《道路交通事故受伤人员临床诊疗指南》和国家基本医疗保险的同类医疗费用标准核定医疗费用的赔偿金额。

未经保险人书面同意，被保险人自行承诺或支付的赔偿金额，保险人有权重新核定。不属于保险人赔偿范围或超出保险人应赔偿金额的，保险人不承担赔偿责任。

3.3.4 新能源汽车车上人员责任保险

1. 保险责任

①保险期间内，被保险人或其允许的驾驶人在使用被保险新能源汽车过程中发生意外事故(含起火燃烧)，致使车上人员遭受人身伤亡，且不属于免除保险人责任的范围，依法应当对车上人员承担的损害赔偿责任，保险人依照本保险合同的约定负责赔偿。

“使用”包括行驶、停放、充电及作业。

②保险人依据被保险新能源汽车一方在事故中所负的事故责任比例，承担相应的赔偿责任。

被保险人或被保险新能源汽车一方根据有关法律法规选择自行协商或由公安机关交通管理部门处理事故，但未确定事故责任比例的，按照下列规定确定事故责任比例：

被保险新能源汽车一方负主要事故责任的，事故责任比例为70%；

被保险新能源汽车一方负同等事故责任的，事故责任比例为50%；

被保险新能源汽车一方负次要事故责任的，事故责任比例为30%。

涉及司法或仲裁程序的，以法院或仲裁机构最终生效的法律文书为准。

2. 责任免除

在上述保险责任范围内，下列情况下，不论任何原因造成的人身伤亡，保险人均不负责赔偿：

①事故发生后，被保险人或驾驶人故意破坏、伪造现场，毁灭证据。

②驾驶人有下列情形之一者：

a. 交通肇事逃逸；

b. 饮酒、吸食或注射毒品、服用国家管制的精神药品或者麻醉药品；

c. 无驾驶证，驾驶证被依法扣留、暂扣、吊销、注销期间；

d. 驾驶与驾驶证载明的准驾车型不相符合的新能源汽车；

e. 非被保险人允许的驾驶人。

③被保险新能源汽车有下列情形之一者：

a. 发生保险事故时被保险新能源汽车行驶证、号牌被注销的；

b. 被扣留、收缴、没收期间；

c. 竞赛、测试期间，在营业性场所维修、保养、改装期间；

d. 全车被盗窃、抢劫、抢夺、下落不明期间。

④下列原因导致的人身伤亡，保险人不负责赔偿：

a. 战争、军事冲突、恐怖活动、暴乱、污染(含放射性污染)、核反应、核辐射；

b. 被保险新能源汽车被转让、改装、加装或改变使用性质等，导致被保险新能源汽车危险程度显著增加，且未及时通知保险人，因危险程度显著增加而发生保险事故的；

c. 投保人、被保险人或驾驶人故意制造保险事故。

⑤下列人身伤亡、损失和费用，保险人不负责赔偿：

a. 被保险人及驾驶人以外的其他车上人员的故意行为造成的自身伤亡；

b. 车上人员因疾病、分娩、自残、斗殴、自杀、犯罪行为造成的自身伤亡；

c. 罚款、罚金或惩罚性赔款；

d. 超出《道路交通事故受伤人员临床诊疗指南》和国家基本医疗保险同类医疗费用标准的费用部分；

e. 律师费、未经保险人事先书面同意的诉讼费、仲裁费；

f. 投保人、被保险人或驾驶人知道保险事故发生后，故意或者因重大过失未及时通知，致使保险事故的性质、原因、损失程度等难以确定的，保险人对无法确定的部分，不承担赔偿责任，但保险人通过其他途径已经知道或者应当及时知道保险事故发生的除外；

g. 精神损害抚慰金；

h. 应当由交强险赔付的损失和费用。

3. 责任限额

驾驶人每次事故责任限额和乘客每次事故每人责任限额由投保人和保险人在投保时协商确定。投保乘客座位数按照被保险新能源汽车的核定载客数（驾驶人座位除外）确定。

4. 赔偿处理

①赔款计算。

a. 对每座的受害人，当（依合同约定核定的每座车上人员人身伤亡损失金额-应由交强险赔偿的金额）×事故责任比例高于或等于每次事故每座责任限额时：

赔款=每次事故每座责任限额

b. 对每座的受害人，当（依合同约定核定的每座车上人员人身伤亡损失金额-应由交强险赔偿的金额）×事故责任比例低于每次事故每座责任限额时：

赔款=（依合同约定核定的每座车上人员人身伤亡损失金额-应由交强险赔偿的金额）×事故责任比例

②保险人按照《道路交通事故受伤人员临床诊疗指南》和国家基本医疗保险的同类医疗费用标准核定医疗费用的赔偿金额。

未经保险人书面同意，被保险人自行承诺或支付的赔偿金额，保险人有权重新核定。不属于保险人赔偿范围或超出保险人应赔偿金额的，保险人不承担赔偿责任。

5. 通用条款

通用条款部分同《商业车险示范条款（2020版）》，在此不再赘述。

3.3.5 附加险

附加险条款的法律效力优于主险条款。附加险条款未尽事宜，以主险条款为准。除附加险条款另有约定外，主险中的责任免除、双方义务同样适用于附加险。主险保险责任终止的，其相应的附加险保险责任同时终止。

1. 附加外部电网故障损失险

投保了新能源汽车损失保险的新能源汽车，可投保本附加险。

①保险期间内，投保了本附加险的被保险新能源汽车在充电期间，因外部电网故障，导致被保险新能源汽车的直接损失，且不属于免除保险人责任的范围，保险人依照本保险

合同的约定负责赔偿。

②发生保险事故时，被保险人为防止或者减少被保险新能源汽车的损失所支付的必要的、合理的施救费用，由保险人承担；施救费用数额在被保险新能源汽车损失赔偿金额以外另行计算，最高不超过主险保险金额。

2. 附加自用充电桩损失保险

投保了新能源汽车损失保险的新能源汽车，可投保本附加险。

(1)保险责任

保险期间内，保险单载明地址的，被保险人的符合充电设备技术条件、安装标准的自用充电桩，因自然灾害、意外事故、被盗窃或遭他人损坏导致的充电桩自身损失，保险人在保险单载明的本附加险的保险金额内，按照实际损失计算赔偿。

(2)责任免除

投保人、被保险人或驾驶人故意制造保险事故。

(3)保险金额

保险金额为2000元、5000元、10000元和20000元，由投保人和保险人在投保时协商确定。

(4)赔偿处理

①发生保险事故后，保险人依据本条款约定在保险责任范围内承担赔偿责任，赔偿方式由保险人与被保险人协商确定。

赔款=实际修复费用-被保险人已从第三方获得的赔偿金额

②在保险期间内，累计赔款金额达到保险金额，本附加险保险责任终止。

3. 附加自用充电桩责任保险

投保了新能源汽车第三者责任保险的新能源汽车，可投保本附加险。

(1)保险责任

保险期间内，保险单载明地址的，被保险人的符合充电设备技术条件、安装标准的自用充电桩造成第三者人身伤亡或财产损失，依法应由被保险人承担的损害赔偿责任，保险人负责赔偿。

(2)责任免除

因被保险人的故意行为导致。

(3)责任限额

责任限额由投保人和保险人在投保时协商确定。

4. 附加绝对免赔率特约条款

绝对免赔率为5%、10%、15%、20%，由投保人和保险人在投保时协商确定，具体以保险单载明为准。

被保险新能源汽车发生主险约定的保险事故，保险人按照主险的约定计算赔款后，扣减本特约条款约定的免赔。即：

主险实际赔款=按主险约定计算的赔款×(1-绝对免赔率)

5. 附加车轮单独损失险

投保了新能源汽车损失保险的新能源汽车，可投保本附加险。

(1)保险责任

保险期间内，被保险人或被保险新能源汽车驾驶人在使用被保险新能源汽车过程中，因自然灾害、意外事故，导致被保险新能源汽车未发生其他部位的损失，仅有车轮(含轮胎、轮毂、轮毂罩)单独的直接损失，且不属于免除保险人责任的范围，保险人依照本附加险合同的约定负责赔偿。

(2)责任免除

①车轮(含轮胎、轮毂、轮毂罩)的自然磨损、朽蚀、腐蚀、故障、本身质量缺陷；

②未发生全车盗抢，仅车轮单独丢失。

(3)保险金额

保险金额由投保人和保险人在投保时协商确定。

(4)赔偿处理

①发生保险事故后，保险人依据本条款约定，在保险责任范围内承担赔偿责任。赔偿方式由保险人与被保险人协商确定。

赔款=实际修复费用-被保险人已从第三方获得的赔偿金额

②在保险期间内，累计赔款金额达到保险金额，本附加险保险责任终止。

6. 附加新增加设备损失险

投保了新能源汽车损失保险的新能源汽车，可投保本附加险。

(1)保险责任

保险期间内，投保了本附加险的被保险新能源汽车因发生新能源汽车损失保险责任范围内的事故，造成车上新增加设备的直接损毁，保险人在保险单载明的本附加险的保险金额内，按照实际损失计算赔偿。

(2)保险金额

保险金额根据新增加设备投保时的实际价值确定。新增加设备的实际价值是指新增加设备的购置价减去折旧金额后的金额。

(3)赔偿处理

发生保险事故后，保险人依据本条款约定在保险责任范围内承担赔偿责任。赔偿方式由保险人与被保险人协商确定。

赔款=实际修复费用-被保险人已从第三方获得的赔偿金额

7. 附加车身划痕损失险

投保了新能源汽车损失保险的新能源汽车，可投保本附加险。

(1)保险责任

保险期间内，被保险新能源汽车在被保险人或被保险新能源汽车驾驶人使用过程中，发生无明显碰撞痕迹的车身划痕损失，保险人按照保险合同约定负责赔偿。

(2)责任免除

①被保险人及其家庭成员、驾驶人及其家庭成员的故意行为造成的损失；

②因投保人、被保险人与他人的民事、经济纠纷导致的任何损失；

③车身表面自然老化、损坏、腐蚀造成的任何损失。

(3)保险金额

保险金额为2000元、5000元、10000元和20000元，由投保人和保险人在投保时协商确定。

(4)赔偿处理

①发生保险事故后，保险人依据本条款约定，在保险责任范围内承担赔偿责任，赔偿方式由保险人与被保险人协商确定。

赔款=实际修复费用-被保险人已从第三方获得的赔偿金额

②在保险期间内，累计赔款金额达到保险金额，本附加险保险责任终止。

8. 附加修理期间费用补偿险

投保了新能源汽车损失保险的新能源汽车，可投保本附加险。

(1)保险责任

保险期间内，投保了本条款的新能源汽车在使用过程中，发生新能源汽车损失保险责任范围内的事故，造成车身损毁，致使被保险新能源汽车停驶，保险人按保险合同约定，在保险金额内向被保险人补偿修理期间费用，作为代步车费用或弥补停驶损失。

(2)责任免除

下列情况下，保险人不承担修理期间费用补偿：

①因新能源汽车损失保险责任范围以外的事故导致被保险新能源汽车的损毁或修理；

②非在保险人认可的修理厂修理时，因车辆修理质量不合要求造成返修；

③被保险人或驾驶人拖延车辆送修期间。

(3)保险金额

保险金额=补偿天数×日补偿金额。补偿天数及日补偿金额由投保人与保险人协商确定，并在保险合同中载明，保险期间内约定的补偿天数最高不超过90天。

(4)赔偿处理

全车损失，按保险单载明的保险金额计算赔偿；部分损失，在保险金额内按约定的日补偿金额乘以从送修之日起至修复之日止的实际天数计算赔偿，实际天数超过双方约定修理天数的，以双方约定的修理天数为准。

保险期间内，累计赔款金额达到保险单载明的保险金额，保险责任终止。

9. 附加车上货物责任险

投保了新能源汽车第三者责任保险的营业货车，可投保本附加险。

(1)保险责任

保险期间内，发生意外事故致使被保险新能源汽车所载货物遭受直接损毁，依法应由被保险人承担的损害赔偿责任，保险人负责赔偿。

(2)责任免除

①偷盗、哄抢、自然损耗、本身缺陷、短少、死亡、腐烂、变质、串味、生锈、动物走失、飞失、货物自身起火燃烧或爆炸造成的货物损失；

②违法、违章载运造成的损失；

③因包装、紧固不善，装载、遮盖不当导致的任何损失；

④车上人员携带的私人物品的损失；

⑤保险事故导致的货物减值、运输延迟、营业损失及其他各种间接损失；

⑥法律、行政法规禁止运输的货物的损失。

(3)责任限额

责任限额由投保人和保险人在投保时协商确定。

(4)赔偿处理

①被保险人索赔时，应提供运单、起运地货物价格证明等相关单据。保险人在责任限额内按起运地价格计算赔偿；

②发生保险事故后，保险人依据本条款约定，在保险责任范围内承担赔偿责任，赔偿方式由保险人与被保险人协商确定。

10. 附加精神损害抚慰金责任险

投保了新能源汽车第三者责任保险或新能源汽车车上人员责任保险的新能源汽车，可投保本附加险。

在投保人仅投保新能源汽车第三者责任保险的基础上附加本附加险时，保险人只负责赔偿第三者的精神损害抚慰金；在投保人仅投保新能源汽车车上人员责任保险的基础上附加本附加险时，保险人只负责赔偿车上人员的精神损害抚慰金。

(1)保险责任

保险期间内，被保险人或其允许的驾驶人在使用被保险新能源汽车的过程中，发生投保的主险约定的保险责任内的事故，造成第三者或车上人员的人身伤亡，受害人据此提出精神损害赔偿请求，保险人依据法院判决及保险合同约定，对应由被保险人或被保险新能源汽车驾驶人支付的精神损害抚慰金，在扣除交强险应当支付的赔款后，在本保险赔偿限额内负责赔偿。

(2)责任免除

①根据被保险人与他人的合同协议，应由他人承担的精神损害抚慰金；

②未发生交通事故，仅因第三者或本车人员的惊恐而引起的损害；

③怀孕妇女的流产发生在交通事故发生之日起30天以外的。

(3)赔偿限额

每次事故赔偿限额由保险人和投保人在投保时协商确定。

(4)赔偿处理

赔偿金额依据生效法律文书或当事人达成且经保险人认可的赔付协议，在保险单所载明的赔偿限额内计算赔偿。

11. 附加法定节假日限额翻倍险

投保了新能源汽车第三者责任保险的家庭自用汽车，可投保本附加险。

保险期间内，被保险人或其允许的驾驶人在法定节假日期间使用被保险新能源汽车发生新能源汽车第三者责任保险范围内的事故，并经公安部门或保险人查勘确认的，被保险新能源汽车第三者责任保险所适用的责任限额在保险单载明的基础上增加一倍。

12. 附加医保外医疗费用责任险

投保了新能源汽车第三者责任保险或新能源汽车车上人员责任保险的新能源汽车，可投保本附加险。

(1)保险责任

保险期间内，被保险人或其允许的驾驶人在使用被保险新能源汽车的过程中，发生主险保险事故，对于被保险人依照中华人民共和国法律(不含港、澳、台地区法律)应对第三者或车上人员承担的医疗费用，保险人对超出《道路交通事故受伤人员临床诊疗指南》和国家基本医疗保险同类医疗费用标准的部分负责赔偿。

(2)责任免除

下列损失、费用，保险人不负责赔偿：

①在相同保障的其他保险项下可获得赔偿的部分；

②所诊治伤情与主险保险事故无关联的医疗、医药费用；

③特需医疗类费用。

(3)赔偿限额

赔偿限额由投保人和保险人在投保时协商确定，并在保险单中载明。

(4)赔偿处理

被保险人索赔时，应提供由具备医疗机构执业许可的医院或药品经营许可的药店出具的、足以证明各项费用赔偿金额的相关单据。保险人根据被保险人实际承担的责任，在保险单载明的责任限额内计算赔偿。

13. 附加新能源汽车增值服务特约条款

①投保了新能源汽车保险后，可投保本特约条款。

②本特约条款包括道路救援服务特约条款、车辆安全检测特约条款、代为驾驶服务特约条款、代为送检服务特约条款共四个独立的特约条款，投保人可以选择投保全部特约条款，也可以选择投保其中部分特约条款。保险人依照保险合同的约定，按照承保特约条款分别提供增值服务。

③道路救援服务特约条款。

a. 服务范围。

保险期间内，被保险新能源汽车在使用过程中发生故障而丧失行驶能力时，保险人或其受托人根据被保险人请求，向被保险人提供如下道路救援服务：

- 单程 50 公里以内拖车；
- 送油、送水、送防冻液、搭电；
- 轮胎充气、更换轮胎；
- 车辆脱离困境所需的拖拽、吊车。

b. 责任免除。

- 根据所在地法律法规、行政管理部门的规定，无法开展相关服务项目的情形；
- 更换轮胎等服务过程中产生的油料、防冻液、配件、辅料等材料费用；
- 被保险人或驾驶人的故意行为。

c. 责任限额。

保险期间内，保险人提供 2 次免费服务；超出 2 次的，由投保人和保险人在签订保险合同时协商确定，分为 5 次、10 次、15 次、20 次四档。

④车辆安全检测特约条款。

a. 服务范围。

保险期间内，为保障车辆安全运行，保险人或其受托人根据被保险人请求，为被保险新能源汽车提供车辆安全检测服务。

b. 责任免除。

- 检测中发现的问题部件的更换、维修费用；
- 洗车、打蜡等常规保养费用；
- 车辆运输费用。

c. 责任限额。

保险期间内，本特约条款的检测项目及服务次数上限由投保人和保险人在签订保险合同时协商确定。

⑤代为驾驶服务特约条款。

a. 服务范围。

保险期间内，保险人或其受托人根据被保险人请求，在被保险人或其允许的驾驶人因饮酒、服用药物等原因无法驾驶或存在重大安全驾驶隐患时提供单程30公里以内的短途代驾服务。

b. 责任免除。

根据所在地法律法规、行政管理部门的要求，无法开展相关服务项目的情形。

c. 责任限额。

保险期间内，本特约条款的服务次数上限由投保人和保险人在签订保险合同时协商确定。

⑥代为送检服务特约条款。

a. 服务范围。

保险期间内，按照《中华人民共和国道路交通安全法实施条例》，被保险新能源汽车需由机动车安全技术检验机构实施安全技术检验时，根据被保险人请求，由保险人或其受托人代替车辆所有人进行车辆送检。

b. 责任免除。

- 根据所在地法律法规、行政管理部门的要求，无法开展相关服务项目的情形；
- 车辆检验费用及罚款；
- 维修费用。

3.4 机动车保险费率

3.4.1 保险费率的确定原则

根据保险价值理论，厘定保险费率的科学方法是依据不同保险对象的客观环境和主观条件形成的危险度，采用非寿险精算的方法进行确定。但是，非寿险精算是一个纯计算后的范畴，在实际经营过程中，非寿险精算仅仅是提供一个确定费率的基本依据和方法，而保险人确定费率还应遵循一些基本的原则。

1. 公平合理原则

公平合理原则的核心是确保实现每一个被保险人的保费负担基本上是依据或者反映了保险标的的危险程度。这种公平合理的原则应在两个层面上加以体现：

①在保险人和被保险人之间。在保险人和被保险人之间体现公平合理，是指保险人的总体收费应当符合保险价格确定的基本原理，尤其是在附加费率部分，不应让被保险人负担保险人不合理的经营成本和利润。

②在不同的被保险人之间。在不同的被保险人之间体现公平合理，是指不同的被保险人的保险标的危险程度可能存在较大的差异，保险人对不同的被保险人收取的保险费应当反映这种差异。

由于保险商品存在一定的特殊性，要实现绝对的公平合理是不可能的，所以公平合理只能是相对的，只是要求保险人在确定费率的过程中注意体现一种公平合理的倾向，力求实现费率确定的相对公平合理。

2. 保证偿付原则

保证偿付原则的核心是确保保险人具有充分的偿付能力。保险费是保险标的的损失偿付基本资金，所以厘定的保险费率应保证保险人具有相应的偿付能力，这是保险的基本职能决定的。保险费率过低，势必削弱保险人的偿付能力，从而影响对被保险人的实际保障。在市场经济条件下，经常出现一些保险公司在市场竞争中为了争取市场份额，盲目地降低保险费率，结果严重影响其自身的偿付能力，损害了被保险人的利益，甚至对保险业和社会产生巨大的负面影响。为了防止这种现象的发生，各国对于保险费率的厘定，大多实行由同业公会制定统一费率的方式，有的国家在一定的历史时期甚至采用由国家保险监督管理部门颁布统一费率，并要求强制执行的方式。如我国 2000 年 7 月 1 日开始实施的《机动车辆保险条款》就采取统一费率的方法。

保证偿付能力是保险费率确定原则的关键，原因是保险公司是否具有足够的偿付能力，这不仅仅影响到保险业的经营秩序和稳定，同时也可能对广大的被保险人，乃至整个社会产生直接的影响。

3. 相对稳定原则

相对稳定原则是指保险费率厘定之后，应当在相当长的一段时间内保持，不要轻易地变动。由于汽车保险业务存在保费总量大、单量多的特点，经常的费率变动势必增加保险公司的业务工作量，导致经营成本上升。同时也会给被保险人带来不便，因为被保险人需要不断适应新的费率。要实现保险费率的相对稳定，在确定保险费时就应充分考虑各种可能影响费率的因素，建立科学的费率体系，更重要的是对未来的趋势作出科学的预测，确保费率的适度超前，从而实现费率的相对稳定。当然，要求费率的确定具有一定的稳定性是相对的，一旦经营的外部环境发生了较大的变化，保险费率就必须进行相应的调整，以符合公平合理的原则。

4. 促进防损原则

防灾防损是保险的一个重要职能，其内涵是保险公司在经营过程中应协商某一风险群体的利益，积极推动和参与针对这一风险群体的预防灾害和损失活动，减少或者避免不必要的灾害事故的发生。这样不仅可以减少保险公司的赔付金额和减少被保险人的损失，更重要的是可以保障社会财富，稳定企业的经营，安定人民的生活，促进社会经济的发展。为此，保险人在厘定保险费率的过程中，应将防灾防损的费用列入成本，并将这部分费用用于防灾防损工作。在汽车保险业务中，防灾防损职能显得尤为重要。一方面，保险公司将积极参与汽车制造商对于汽车安全性能的改进工作，如每年均有一些大的保险公司资助汽车制造商进行测试汽车安全性能的碰撞实验；另一方面，保险公司对于被保险人加强安全生产，进行防灾防损的工作也会予以一定的支持，目的是调动被保险人主动加强风险管理和防灾防损工作的积极性。

3.4.2 保险费率模式

1. 保险费率的概念

就汽车保险而言，保险人同样希望保费设计得更精确、更合理。在不断的统计和分析研究中，人们发现影响汽车保险索赔频率和索赔幅度的风险因素很多，而且影响的程度也各不相同。每一辆汽车的风险程度是由其自身风险因素综合影响的结果，所以科学的方法是通过全面综合地考虑这些风险因素后确定保险费率。

影响汽车保险风险的因素很多，厘定保险费率时应综合考虑。通常保险人在经营汽车保险的过程中将风险因素分为两类：一类是与汽车相关的风险因素，主要包括汽车的种类、使用的情况和行驶的区域等；另一类是与驾驶人相关的风险因素，主要包括驾驶人的性格、年龄、婚姻状况、职业等。因此，各国汽车保险的费率模式基本上可以划分为两大类，即从车费率模式和从人费率模式。

保险费率是指按照保险金额计算保险费的比例。其公式为：

$$保险费率=保险费\div保险金额$$

保险费率是每一保险金额单位，在一定保险期间所缴保险费的比例，通常以%或‰表示。

在市场经济条件下，价值规律的核心是使价格真实地反映价值，从而体现在交易过程中公平和对价的原则。但是，如何才能够实现这一目标？从被动的角度出发，可以通过市场适度和有序的竞争实现这一目标，但这往往需要付出一定的代价。从主动和经济的角度出发，保险人希望能够在市场上生存和发展，就必须探索出确定价格的科学和合理的模式。

2. 从车费率模式

从车费率模式是指在确定保险费率的过程中主要以被保险机动车的风险因素作为影响费率确定因素的模式。目前，我国采用的机动车保险的费率模式就属于从车费率模式，影响保险费率的主要因素是与被保险机动车有关的风险因素。

(1) 车辆使用性质

车辆使用性质不同，对其行驶里程、使用频率、耗损程度、技术状况等都有不同程度的影响。车辆一般分为营运车辆和非营运车辆，使用性质不同，所面临的风险也不同。营运车辆长时间运行，磨损率及事故概率要比非营运车辆高，因此营运车辆的风险比非营运车辆要高。

(2) 车辆种类与大小

车辆种类不同，其主要用途、通常行驶区域，以及自身性能和安全性不同，其出险频率也大不相同，风险程度亦不相同。

车辆大小与发生事故的危险性有直接关系。大型车辆由于体积大、功率大，一旦发生事故危害较大，而小型车辆发生事故的危害性相对小一些。现代车辆车型多而杂，即便同一型号、大小的车辆，其安全性也不尽相同。因此，对车辆的危险性分类很重要。目前国内将机动车辆主要分为五类，即客车、货车、特种车、摩托车、拖拉机。客车风险大小与座位数有关，承保时，要充分考虑座位数，一般按客车的座位数实行分档计费。客车的座位(包括驾驶人座位)以公安交通管理部门核发的机动车行驶证载明的座位为准，不足或无法提供标准座位的客车按同型号客车的标准座位计算。货车的风险大小与吨位数有关。在承保时，要充分考虑吨位数，一般按车辆的载重量实行分档计费。客货两用车按客车或货车中相应的高档费率计费。特种车主要指具有专门用途的车辆，如油罐车、气罐车、液罐车、冷藏车、起重车、装卸车、工程车、监测车、邮政车、消防车、清洁车、医疗车、救护车等。特种车具有特殊的使用性质，带来特殊的风险，如油罐车、气罐车、液罐车一般以装载危险品为主，起重车、装卸车存在较大的作业风险，冷藏车一旦发生损失修复费用通常比一般车辆要高。摩托车的适应性和安全性均较差。据统计，摩托车的事故率相当高，一旦发生事故，造成损失的可能性也较大，因此其使用风险较大。拖拉机的风险除了由其设计使用功能决定之外，一般拖拉机的驾驶人的技术水平也不高。

(3)车龄

车龄是指从新车购置之日起至投保之日止的年限，是车辆已使用时间长短的评价指标。车龄与车辆折旧关系很大，直接影响到保险金额，也会影响到车辆的修理成本和使用危险性。车龄较长的车辆，磨损与老化程度就较高，从而导致车况较差，发生事故的概率同步上升，诱发道德风险可能性较高，因此车辆本身的风险相对较高。同时，对于从车费率的车辆保险，车龄还是确定保险金额的重要依据之一。

(4)车辆的厂牌型号

不同厂家的产品特点不同，性能差异很大，即使是同一厂牌的车辆，不同型号间的差异也比较明显。因此厘定费率时，厂牌和型号是重要的因素。英国采用由保险机构成立的专门机构负责对各种车辆的安全性进行综合分类，效果十分理想。

(5)车辆的行驶区域

根据目前我国地理情况，将车辆行驶区域分为四类，即出入国境行驶、国内行驶、省内(含直辖市、自治区)行驶、指定区域行驶。

由于车辆行驶范围不同，驾驶人对不同地区的交通规则、地形、地貌等熟悉程度不同，而且在不同地区造成损失承担的赔偿责任不同，因此车辆的风险状况也不同。整体而言，随着行驶地域的扩大，风险程度也增大。

从车费率模式具有体系简单，易于操作，可加速淘汰价格低、性能差的车辆上路行驶的优点；但是保险费的负担不合理，无法调动驾驶人的积极性；只强调车的因素，忽视了交通事故中人的主观因素。

3. 从人费率模式

从人费率模式是指在确定保险费率的过程中主要以被保险机动车驾驶人的风险因素作为影响费率确定因素的模式。目前，大多数国家采用的机动车保险的费率模式均属于从人费率模式，影响费率的主要因素是与被保险机动车驾驶人有关的风险因素。

各国采用的从人费率模式考虑的风险因素也不尽相同，主要有驾驶人的年龄、性别、驾龄和事故记录等。

(1)驾驶人年龄

这是影响交通事故率的重要因素之一，交通事故的发生与驾驶人的生理状况和心理状态密切相关。一般情况下，青年人争强好胜，往往喜欢开快车，因而发生交通事故的概率较高，而且往往容易导致恶性交通事故；老年人生理机能日趋下降，对一些意外情况反应迟缓，也容易导致交通事故；年富力强的中年人，除了生理条件具有一定优势，一般具有

一定的驾驶经验，分析和判断能力较强，同时具有稳健的心态和较强的责任感，因此，驾车相对安全。统计表明，年轻驾驶人发生交通事故的概率最高，然后随年龄增长交通事故的概率下降，在40~50岁时为最低，此后又略有上升。因此，通过合理划分年龄档次确定保险费率，是从人费率模式机动车保险制度通用的做法。

(2)驾驶人性别

驾驶人性别与交通事故率有很大关系，就整体而言，男性驾驶人重大事故肇事率较女性要高。在酗酒肇事事故中男性比例明显高于女性。例如，美国的调查资料表明，美国的1.751亿持照驾驶人中男性占51%，女性占49%，但是，在涉及致命的重大交通事故中，肇事的驾驶人中男性所占的比例为4.29%，远远大于女性的1.69%。女性驾驶人发生事故的概率比男性略低，其年龄相差3~5岁，如22岁的女性驾驶人与25~27岁的男性驾驶人的危险因素相当。因此，一般女性驾驶人的保险费率应比男性驾驶人略低一些。

(3)驾驶人驾龄

驾龄直接影响到发生交通事故的概率。驾龄长的驾驶人，驾驶技术比较熟练，对汽车结构、道路结构和道路交通规则比较熟悉，驾车时操作熟练，遇到紧急情况应付自如，因此事故率较低。这就是从人费率模式的机动车保险制度在厘定费率时把驾驶人驾龄作为主要考虑因素的原因。

(4)驾驶人事故记录

如果驾驶人过去频繁发生交通事故，表明其驾驶技术较低，会增加今后的事故频率。因此，驾驶人如果有事故记录，其保险费率会相应增加。在美国，驾驶人的一次交通事故记录，包括高速公路超速行车、酒后开车等违章记录，将导致持续三年的保险费增加。

(5)附加驾驶人数量

从人费率模式的机动车保险制度，一般在规定范围内允许有附加驾驶人。由于附加驾驶人个人情况差异较大，显然会增加事故概率。附加驾驶人越多，事故概率越大。因此，每附加一个驾驶员，保险人就要增收一部分保险费。投保人附加的驾驶人越多，所缴的保险费就越多。

(6)驾驶人生活习性

驾驶人生活习性对安全驾驶也有较大影响。如驾驶人有驾车吸烟的习惯、有酗酒的爱好等。如果驾驶人在汽车行驶途中吸烟，必然妨碍其驾驶操作，影响汽车行驶的安全性。而酗酒对驾驶人的神经系统的影响尤为明显，会导致其反应迟钝、判断错误，酒后开车一直是交通事故的主要原因之一，因此大多数国家都明令禁止。

(7)驾驶人职业

统计资料表明，不同职业对驾驶人的情绪及心理状态有较大影响，发生事故的概率差别很大，如从事体力劳动的工人发生事故的概率较行政工作人员高，飞机驾驶员发生事故率比教师高。

(8)驾驶人婚姻状况

驾驶人婚姻状况对发生交通事故的概率也有影响。如果驾驶人已婚，家庭责任和家人的督促会使其小心驾车，从而降低事故率；如果驾驶人未婚，没有家庭牵挂，其驾车安全性显然不如已婚者，易发生交通事故。所以已婚驾驶人的保险费率要比未婚者低。

从人费率模式充分考虑了人的因素，易于调动驾驶人积极性，具有奖优罚劣的功能，保险费的负担较为合理；但是从人费率模式没有考虑保险车辆的风险因素，因此无法限制安全性能差的车辆上路行驶。

以前，我国保险公司对机动车损失保险等险种费率的确定基本上采用操作相对简单的从车费率模式，但这种方法过于简单，被保险人负担不公平，很难体现现代保险技术的进步，对改善保险人的财务状况、提高服务水平不利。第三者责任保险的费率厘定也主要采用从车费率模式，而且对风险的分类不够细，唯有无赔款优待才采用了从人费率模式。这在保险业发展初期是可行的。随着我国保险业的纵深发展，这种粗放的经营方式就很难延续下去了，经过多年实践和发展，我国的费率确定模式已基本采用从车费率模式为主，兼顾从人费率模式。但从长远来看，机动车保险费率将朝着从人费率模式为主、从车费率模式为辅的方向发展。这主要是因为：

①绝大多数交通事故都是人的各种因素造成，而不是车。交通事故的发生有多方面的原因，诸如汽车状况、道路条件、驾驶人或行人是否遵守交通法规等，其中主要取决于驾驶人是否具有足够的安全意识和良好的安全驾驶行为。

②保险费负担比较合理，从人费率模式将驾驶人的年龄、性别、职业、婚姻、习惯、违章记录、驾龄，以及有无附加驾驶人等都纳入保费厘定考虑的范围，保费的负担比较合理，充分考虑了驾驶人这一主观因素。

3.4.3 保险费计算

交强险的保险费率，在本章第一节已经做了介绍，这里主要介绍商业车险的保险费率。为进一步规范商业车险市场秩序，完善商业车险监管制度，遵循维护社会公众利益和防止不正当竞争的原则，银保监会根据《保险法》《财产保险公司保险条款和保险费率管理办法》等法律及相关规定，就加强商业车险条款费率管理的有关事项发布了《关于加强机动车辆商业保险条款费率管理的通知》，该通知对车险费率的拟定原则和要求都有明确的规定。2020 年 9 月，银保监会下发了《关于实施车险综合改革指导意见》的通知，对商业车险保费测算、保险费率、浮动系数、无赔款优待系数等提出了新方案和新规则。本节以《机动车商业保险示范产品基准纯风险保费表(2020 版)》为基础，介绍各种商业车险保费的计算方法。

2020 年机动车保险费率改革后，保险人须按照银保监会审批的商业车险费率方案计算并收取保费。保费的计算公式如下：

$$\text{商业车险保费}=\text{基准保费}\times\text{费率调整系数}$$

$$\text{基准保费}=\text{基准纯风险保费}\div(1-\text{附加费用率})$$

$$\text{费率调整系数}=\text{无赔款优待系数}\times\text{交通违法系数}\times\text{自主定价系数}$$

式中，基准纯风险保费为投保各主险与附加险基准纯风险保费之和。

将以上三项合并整理后可得：

$$\text{商业车险保费}=\text{基准纯风险保费}\div(1-\text{附加费用率})\times\text{无赔款优待系数}\times\text{自主定价系数}\times\text{交通违法系数}$$

公式适用于机动车综合商业保险、特种车商业保险、单程提车保险，不适用于摩托车和拖拉机商业保险，投保人投保保险期间小于一年的短期险的，计算公式为：

$$\text{短期保费}=\text{年保费}\times\frac{N}{365}$$

式中：N 为投保人的投保天数。

上面的公式中，基准纯风险保费反映了市场的平均赔付成本，为投保各主险与附加险基准纯风险保费之和，根据保险标的的损失概率和损失程度确定，由中保协每1~3年统一制定、颁布、更新，各保险公司通过“中国保信车险信息平台”统一查询获取，保险公司应据实使用，严禁修改。附加费用率由各保险公司自行申报，经银保监会审批同意后方可使用。无赔款优待系数（以下简称NCD系数）由中保协定期制定并颁布，各保险公司通过平台查询使用。自主定价系数由各保险公司自行确定报银保监会后再使用；对于交通违法系数，如果平台已和交管平台对接，可以使用该系数进行费率浮动，各保险公司应据实使用不得调整；若平台未与交管平台对接，则该系数为1.0，保险公司不得调整。

1. 折旧系数

机动车投保时，保险金额不得高于被保险机动车的实际价值。对于实际价值的确定，可以采用折旧法，也可由客户和保险人共同协商。实际价值是指新车购置价减去折旧金额后的价格，折旧金额=新车购置价×被保险机动车已使用月数×月折旧系数。折旧按月计算，不足一个月的部分不计折旧。最高折旧金额不超过投保时被保险机动车新车购置价的80%。新车购置价是指在本保险合同签订地购置与被保险机动车同类型新车的价格，无同类型新车市场销售价格的，由投保人与保险人协商确定。新车购置价也可参考市场主流车型库数据中专业公司汇总整理的车型新车购置价制定，各保险公司获取后存入自身数据系统，客户投保时调取使用。《商业车险示范条款（2020版）》参考折旧系数见前面表3-10。

协商实际价值（即机动车损失保险保额）由客户与保险公司共同协商确定，机动车发生全损时按照机动车的协商实际价值全额赔付。若协商实际价值远高于行业实际参考价值，机动车发生全损时的不当得利会触发客户的逆选择风险，若协商实际价值远低于行业实际参考价值，机动车发生全损时易引发客户投诉。故在与客户协商实际价值时，应尽量与行业实际参考价值一致，原则上不能超过上下浮动30%的区间。

2. 基准纯风险保费

（1）机动车损失保险

车险费改后的机动车损失保险加入了车型风险相对系数，该系数综合考虑了不同的损失赔付率、出险频率、零整比等风险因素，可分为0.8、0.9、1.0、1.1、1.2五档车型系数，该系数由中保协统一制定。客户投保时，为确保保费与车型实际风险对价，车型须据实准确录入。新客户投保时，保险人应根据机动车的合格证、行驶证、发票等信息准确录入车型，投保人续保时，若机动车信息无变化，则按上年车型录入。基准纯风险保费考虑了车型系数的影响，保险公司通过车险平台直接查询，不允许修改。

需特别说明的是，零整比是指某车型全部零配件的价格之和与整车销售价格的比值。不同的品牌、车型的零整比不同，其维修成本也就不同。把汽车后市场的维修成本纳入保险体系，进行风险差异区分，市场价等同的机动车中，零整比高的品牌机动车厘定的费率相应提高，即出险频率高、维修成本大的车型将匹配更高的基准纯风险保费。

①当投保时被保险机动车的实际价值等于新车购置价减去折旧金额时，根据被保险机动车车辆使用性质、车辆种类、车型名称、车型编码、车辆使用年限所属档次直接查询基准纯风险保费。辽宁地区机动车损失保险基准纯风险保费（部分）见表3-11。

表 3-11 辽宁地区机动车损失保险基准纯风险保费(部分)

车辆使用性质	家庭自用车		
车型名称	某品牌 BH7141MY 舒适型	某品牌 LZW6376NF	某品牌 SY654US3BH
车型编码	BBJKR0UC0001	BSQDZHUA0114	BJBDRDUA0237
1 年以下	934	438	934
1~2 年	823	386	823
2~3 年	822	385	822
3~4 年	855	400	855
4~5 年	877	411	877
5~6 年	878	411	878
6~7 年	854	400	854
7~8 年	839	393	839
8~9 年	816	383	816
9~10 年	802	376	802
10 年以上	740	347	740

注：费率表中，凡涉及分段的陈述都按照“含起点不含终点”的原则来解释。

案例 3-13

辽宁地区一辆车龄为 4 年的某品牌 BH7141MY 舒适型轿车投保机动车车损失保险，根据辽宁地区机动车损失保险基准纯风险保费表(见表 3-11)，查询该车对应的机动车损失保险基准纯风险保费为 877 元。

②当投保时被保险机动车的实际价值不等于新车购置价减去折旧金额时，考虑实际价值差异的机动车损失保险基准纯风险保费按下列公式计算：

$$\text{考虑实际价值差异的机动车损失保险基准纯风险保费}=\text{直接查找的机动车损失保险基准纯风险保费}+(\text{协商确定的机动车实际价值}-\text{新车购置价减去折旧金额后的机动车实际价值})\times 0.09\%$$

如附加险的保费计算基础为机动车损失保险基准纯风险保费的，是指考虑实际价值差异的机动车损失保险基准纯风险保费。

案例 3-14

辽宁地区一辆车龄为 4 年的某品牌 BH7141MY 舒适型轿车投保机动车损失保险，该车使用 4 年后新车购置价减去折旧金额后的机动车实际价值为 4.9 万元，如果客户要求约定实际价值为 6 万元，则该车考虑实际价值差异的基准纯风险保费计算如下：

①根据表 3-11，查得该车的机动车损失保险基准纯风险保费为 877 元；

②该车考虑实际价值差异的机动车损失保险基准纯风险保费 = 877+(60000-49000)×0.09% = 886.9(元)。

③如投保时约定绝对免赔额，可按照选择的免赔额、车辆使用年限和实际价值查找费率折扣系数，约定免赔额之后的机动车损失保险基准纯风险保费按下列公式计算：

$$\text{约定免赔额之后的机动车损失保险基准纯风险保费}=\text{考虑实际价值差异的机动车损失保险基准纯风险保费}\times\text{费率折扣系数}$$

辽宁地区机动车损失保险可选绝对免赔额系数(2020 版)见表 3-12，选择了某档次的免赔额其机动车损失保险基准纯风险保费便可享受相应的费率折扣。

表 3-12　辽宁地区机动车损失保险可选绝对免赔额系数(2020 版)

车辆已使用年限	免赔额/元	实际价值					
		5 万元以下	5 万~10 万元	10 万~20 万元	20 万~30 万元	30 万~50 万元	50 万元以上
1 年以下	300	0.90	0.93	0.95	0.96	0.97	0.98
	500	0.80	0.86	0.91	0.94	0.96	0.96
	1000	0.70	0.77	0.85	0.88	0.91	0.93
	2000	0.57	0.62	0.72	0.79	0.86	0.90
1~2 年	300	0.90	0.93	0.95	0.96	0.97	0.98
	500	0.81	0.87	0.91	0.94	0.96	0.96
	1000	0.70	0.78	0.86	0.89	0.91	0.93
	2000	0.57	0.63	0.74	0.81	0.87	0.90
2~6 年	300	0.91	0.94	0.96	0.97	0.98	0.99
	500	0.82	0.89	0.94	0.96	0.96	0.97
	1000	0.73	0.83	0.88	0.91	0.93	0.95
	2000	0.58	0.69	0.79	0.87	0.90	0.92
6 年以上	300	0.91	0.95	0.97	0.98	0.99	0.99
	500	0.84	0.91	0.95	0.97	0.97	0.97
	1000	0.74	0.86	0.90	0.92	0.95	0.97
	2000	0.59	0.73	0.83	0.90	0.92	0.94

(2)第三者责任保险

根据被保险机动车的车辆使用性质、车辆种类、责任限额直接查询基准纯风险保费。机动车商业示范产品基准纯风险保费表(2020 版)——第三者责任保险见表 3-13。如某家庭 5 座自用汽车购买保险金额为 100 万元的第三者责任保险，经查表 3-13，则该车的第三者责任保险基准纯风险保费为 511.47 元。某 5 座出租车购买 50 万元第三者责任保险，经查表 3-13，则该车第三者责任保险基准纯风险保费为 1960.07 元。

表 3-13　机动车商业保险示范产品基准纯风险保费（2020 版）——第三者责任保险

元

使用性质	车辆种类	责任限额													
		10 万元	15 万元	20 万元	30 万元	50 万元	100 万元	150 万元	200 万元	300 万元	400 万元	500 万元	600 万元	800 万元	1000 万元
家庭自用汽车	6 座以下	285. 28	309. 39	338. 08	365. 66	418. 60	511. 47	571. 24	624. 50	727. 83	829. 03	928. 10	1025. 03	1212. 52	1391. 47
	6 座以上	337. 54	366. 07	400. 01	432. 64	495. 27	605. 16	675. 87	738. 89	861. 15	980. 88	1098. 09	1212. 79	1434. 61	1646. 35
	10 座以上	337. 54	366. 07	400. 01	432. 64	495. 27	605. 16	675. 87	738. 89	861. 15	980. 88	1098. 09	1212. 79	1434. 61	1646. 35
企业非营业客车	6 座以下	368. 24	379. 36	414. 06	456. 28	505. 07	618. 67	682. 08	738. 63	848. 33	955. 77	1060. 95	1163. 86	1362. 91	1552. 91
	6～10 座	340. 59	350. 87	382. 98	422. 01	467. 15	572. 21	630. 86	683. 16	784. 62	883. 99	981. 27	1076. 45	1260. 54	1436. 27
	10～20 座	423. 91	436. 72	476. 68	525. 27	581. 44	712. 22	785. 21	850. 31	976. 62	1100. 32	1221. 42	1339. 91	1569. 08	1787. 84
	20 座以上	712. 12	733. 63	800. 75	882. 38	976. 75	1196. 43	1319. 05	1428. 42	1640. 59	1848. 39	2051. 81	2250. 86	2635. 84	3003. 32
党政机关事业团体非营业客车	6 座以下	238. 37	245. 57	268. 05	295. 37	326. 96	400. 50	441. 55	478. 15	549. 16	618. 71	686. 79	753. 41	882. 25	1005. 24
	6～10 座	220. 47	227. 13	247. 91	273. 20	302. 41	370. 42	408. 38	442. 25	507. 95	572. 30	635. 29	696. 93	816. 15	929. 93
	10～20 座	274. 42	282. 71	308. 57	340. 03	376. 40	461. 05	508. 30	550. 45	632. 21	712. 30	790. 69	867. 39	1015. 75	1157. 36
	20 座以上	460. 99	474. 91	518. 36	571. 21	632. 30	774. 51	853. 89	924. 69	1062. 03	1196. 53	1328. 21	1457. 06	1706. 26	1944. 12
非营业货车	2t 以下	459. 39	531. 35	551. 69	619. 87	747. 77	974. 53	1159. 25	1271. 85	1490. 29	1704. 23	1913. 67	2118. 60	2514. 94	2893. 28
	2～5t	655. 76	758. 49	787. 53	884. 84	1067. 425	1319. 10	1654. 79	1815. 53	2127. 34	2432. 74	2731. 69	3024. 23	3589. 99	4130. 06
	5～10t	948. 98	1097. 65	1139. 67	1280. 50	1544. 72	2013. 14	2394. 75	2627. 34	3078. 58	3520. 51	3953. 14	4376. 47	5195. 21	5976. 73
	10t 以上	1434. 66	1659. 43	1722. 95	1935. 86	2335. 30	3043. 46	3620. 38	3972. 02	4654. 20	5322. 31	5976. 36	6616. 34	7854. 11	9035. 61
	低速载货	448. 44	518. 71	538. 56	605. 11	729. 96	951. 32	1131. 65	1241. 57	1454. 81	1663. 65	1868. 09	2068. 15	2455. 06	2824. 37
出租、租赁营业客车	6 座以下	1287. 60	1356. 27	1424. 94	1638. 16	1960. 07	2438. 91	2875. 71	3146. 29	3671. 23	4185. 34	4688. 63	5158. 09	6133. 55	7042. 72
	6～10 座	647. 33	681. 86	716. 38	823. 57	985. 40	1266. 14	1445. 73	1581. 77	1845. 68	2104. 15	2357. 17	2604. 75	3083. 60	3540. 67
	10～20 座	1104. 52	1163. 42	1222. 33	1405. 22	1681. 34	2092. 10	2466. 79	2698. 90	3149. 20	3590. 21	4021. 93	4444. 37	5261. 40	6041. 29

续表

使用性质	车辆种类	责任限额													
		10 万元	15 万元	20 万元	30 万元	50 万元	100 万元	150 万元	200 万元	300 万元	400 万元	500 万元	600 万元	800 万元	1000 万元
出租、租赁营业客车	20～36 座	1561. 74	1645. 03	1728. 32	1986. 94	2377. 37	2958. 17	3487. 96	3816. 15	4452. 85	5076. 41	5686. 86	6284. 17	7439. 42	8542. 14
	36 座以上	1798. 57	1894. 49	1990. 41	2288. 24	2737. 88	3404. 75	4016. 88	4394. 84	5128. 09	5846. 23	6549. 24	7237. 13	8567. 57	9837. 52
城市公交营业客车	6～10 座	584. 68	615. 86	647. 05	743. 86	890. 03	1107. 47	1305. 81	1428. 68	1667. 04	1900. 49	2129. 02	2352. 65	2785. 14	3197. 98
	10～20 座	997. 61	1050. 81	1104. 02	1269. 22	1518. 62	1889. 62	2228. 04	2437. 69	2844. 40	3242. 73	3632. 67	4014. 23	4752. 18	5456. 59
	20～36 座	1410. 59	1485. 82	1561. 04	1794. 63	2147. 27	2671. 86	3150. 37	3446. 80	4021. 88	4585. 10	5136. 47	5675. 98	6719. 42	7715. 44
	36 座以上	1624. 49	1711. 13	1797. 77	2066. 77	2472. 89	3077. 02	3628. 10	3969. 48	4631. 75	5280. 37	5915. 34	6536. 65	7738. 30	8885. 33
公路客运营业客车	6～10 座	543. 79	572. 80	601. 79	691. 84	827. 79	1030. 02	1214. 50	1328. 77	1550. 46	1762. 57	1980. 13	2188. 10	2590. 34	2974. 30
	10～20 座	927. 85	977. 33	1026. 82	1180. 46	1412. 42	1757. 48	2072. 23	2267. 22	2645. 49	3015. 96	3378. 64	3733. 51	4419. 86	5075. 00
	20～36 座	1311. 94	1381. 91	1451. 88	1669. 13	1997. 11	2485. 01	2930. 07	3205. 76	3740. 62	4264. 44	4777. 24	5279. 00	6249. 46	7175. 80
	36 座以上	1510. 89	1591. 47	1672. 05	1922. 24	2299. 96	2861. 85	3374. 39	3691. 90	4307. 87	4911. 14	5501. 71	6079. 58	7197. 22	8264. 06
营业货车	2t 以下	870. 44	1061. 34	1100. 93	1308. 81	1658. 15	2171. 43	2661. 82	2953. 78	3520. 19	4074. 91	4617. 95	5149. 32	6177. 02	7158. 01
	2～5t	1095. 10	1335. 28	1385. 07	1646. 60	2086. 12	2731. 87	3348. 83	3716. 15	4428. 74	5126. 64	5809. 85	6478. 37	7771. 33	9005. 51
	5～10t	1440. 87	1756. 87	1822. 39	2166. 51	2744. 79	3594. 43	4406. 18	4889. 48	5827. 09	6745. 36	7644. 29	8523. 90	10225. 12	11849. 00
	10t 以上	2396. 84	2922. 49	3031. 48	3603. 89	4565. 85	5979. 20	7329. 52	8133. 46	9693. 11	11220. 61	12715. 94	14179. 11	17008. 99	19710. 24
	低速载货	830. 48	1012. 62	1050. 38	1248. 71	1582. 02	2071. 74	2539. 61	2818. 17	3358. 58	3887. 84	4405. 96	4912. 94	5893. 96	6829. 42

注：1. 挂车根据实际的使用性质，按照对应吨位货车的 30%计算。

2. 如果责任限额为 200 万元以上，则：

$$基准纯风险保费=(N-4)\times(A-B)\times(1-N\times0.005)+A$$

式中：A 指档次限额为 200 万元时的基准纯风险保费；B 指同档次限额为 150 万元时的基准纯风险保费；N=限额÷50 万元，限额必须是 50 万元的整数倍。

(3)机动车车上人员责任保险

根据车辆使用性质、车辆种类、驾驶人、乘客查询纯风险费率，机动车车上人员责任保险基准纯风险费率见表 3-14，计算公式如下：

驾驶人基准纯风险保费=每次事故责任限额×纯风险费率

乘客基准纯风险保费=每次事故每人责任限额×纯风险费率×投保乘客座位数

座位数以行驶证所载明的座位数为限，因驾驶人座风险系数高于乘客座，所以驾驶人座纯风险费率高于乘客座，在计算保费时，应分别计算。

表 3-14　机动车商业保险示范产品基准纯风险保费(2020 版)——机动车车上人员责任保险

使用性质	车辆种类	驾驶人	乘客
家庭自用汽车	6 座以下	0. 2122%	0. 1346%
	6 座及以上	0. 2070%	0. 1346%
企业非营业客车	6 座以下	0. 2122%	0. 1294%
	6~10 座	0. 2018%	0. 1190%
	10~20 座	0. 2018%	0. 1190%
	20 座以上	0. 2122%	0. 1294%
党政机关事业团体非营业客车	6 座以下	0. 2018%	0. 1242%
	6~10 座	0. 1915%	0. 1139%
	10~20 座	0. 1915%	0. 1139%
	20 座以上	0. 2018%	0. 1242%
非营业货车	2t 以下	0. 2381%	0. 1449%
	2~5t	0. 2381%	0. 1449%
	5~10t	0. 2381%	0. 1449%
	10t 以上	0. 2381%	0. 1449%
	低速载货	0. 2381%	0. 1449%
出租、租赁营业客车	6 座以下	0. 2588%	0. 1604%
	6~10 座	0. 2070%	0. 1242%
	10~20 座	0. 2174%	0. 1346%
	20~36 座	0. 2174%	0. 1346%
	36 座以上	0. 2174%	0. 1346%
城市公交营业客车	6~10 座	0. 3623%	0. 1294%
	10~20 座	0. 3795%	0. 1397%
	20~36 座	0. 4313%	0. 1604%
	36 座以上	0. 4313%	0. 1604%
公路客运营业客车	6~10 座	0. 2174%	0. 1294%
	10~20 座	0. 2277%	0. 1397%

续表

使用性质	车辆种类	驾驶人	乘客
公路客运营业客车	20~36 座	0.2588%	0.1604%
	36 座以上	0.2588%	0.1604%
营业货车	2t 以下	0.4202%	0.2484%
	2~5t	0.4202%	0.2484%
	5~10t	0.4202%	0.2484%
	10t 以上	0.4202%	0.2484%
	低速载货	0.4202%	0.2484%

(4)附加车身划痕损失险

根据车辆使用年限、新车购置价、保险金额所属档次直接查询基准纯风险保费，附加车身划痕险保费见表 3-15。

表 3-15　机动车商业保险示范产品基准纯风险保费(2020 版)——附加车身划痕险

车辆使用性质	保额/元	车辆使用年限					
		2 年以下			2 年及以上		
		新车购置价					
		30 万元以下	30 万~50 万元	50 万元以上	30 万元以下	30 万~50 万元	50 万元以上
家庭自用汽车	2000	332.02	485.08	705.54	506.33	747.05	913.06
	5000	473.13	747.05	913.06	705.54	1120.57	1245.08
	10000	630.84	971.16	1245.08	1079.07	1494.09	1660.10
	20000	946.26	1477.49	1867.62	1577.10	2158.13	2490.15
企业非营业客车	2000	207.00	302.74	439.88	315.68	465.75	569.25
	5000	294.98	465.75	569.25	439.88	698.63	776.25
	10000	393.30	605.48	776.25	672.75	931.50	1035.00
	20000	589.95	921.15	1164.38	983.25	1345.50	1552.50
党政机关团体非营业客车	2000	207.00	302.74	439.88	315.68	465.75	569.25
	5000	294.98	465.75	569.25	439.88	698.63	776.25
	10000	393.30	605.48	776.25	672.75	931.50	1035.00
	20000	589.95	921.15	1164.38	983.25	1345.50	1552.50
非营业货车	2000	207.00	302.74	439.88	315.68	465.75	569.25
	5000	294.98	465.75	569.25	439.88	698.63	776.25
	10000	393.30	605.48	776.25	672.75	931.50	1035.00
	20000	589.95	921.15	1164.38	983.25	1345.50	1552.50

续表

车辆使用性质	保额/元	车辆使用年限					
		2年以下			2年及以上		
		新车购置价					
		30万元以下	30万~50万元	50万元以上	30万元以下	30万~50万元	50万元以上
出租、租赁营业客车	2000	342.72	501.23	728.28	522.65	771.12	942.49
	5000	488.38	771.12	942.49	728.28	1156.69	1285.21
出租、租赁营业客车	10000	651.17	1002.46	1285.21	1113.85	1542.25	1713.61
	20000	976.76	1525.11	1927.81	1627.93	2227.69	2570.42
城市公交营业客车	2000	342.72	501.23	728.28	522.65	771.12	942.49
	5000	488.38	771.12	942.49	728.28	1156.69	1285.21
	10000	651.17	1002.46	1285.21	1113.85	1542.25	1713.61
	20000	976.76	1525.11	1927.81	1627.93	2227.69	2570.42
公路客运营业客车	2000	342.72	501.23	728.28	522.65	771.12	942.49
	5000	488.38	771.12	942.49	728.28	1156.69	1285.21
	10000	651.17	1002.46	1285.21	1113.85	1542.25	1713.61
	20000	976.76	1525.11	1927.81	1627.93	2227.69	2570.42
营业货车	2000	342.72	501.23	728.28	522.65	771.12	942.49
	5000	488.38	771.12	942.49	728.28	1156.69	1285.21
	10000	651.17	1002.46	1285.21	1113.85	1542.25	1713.61
	20000	976.76	1525.11	1927.81	1627.93	2227.69	2570.42

(5)附加发动机进水损坏除外特约条款

根据地区及车辆使用性质查询附加比例，附加发动机进水损坏除外特约条款费率见表3-16。计算公式如下：

基准纯风险保费=机动车损失保险基准纯风险保费×附加比例

表3-16　附加发动机进水损坏除外特约条款费率

地区	附加比例/%							
	家庭	企业	机关	出租租赁	城市公交	公路客运	非营业货车	营业货车
沿海地区	-1.4884	-2.2433	-1.7219	-1.5930	-0.3143	-0.2967	-0.4570	-0.4643
非沿海地区	-0.8070	-1.2206	-0.9346	-0.8641	-0.3143	-0.2967	-0.4570	-0.4643
费率计算	基准纯风险保费=机动车损失保险基准纯风险保费×附加比例							

(6)附加法定节假日限额翻倍保险

根据被保险机动车的车辆使用性质、车辆种类、基础责任限额、翻倍责任限额直接查询基准纯风险保费。附加法定节假日限额翻倍保费见表3-17。

表 3-17 附加法定节假日限额翻倍保费

家庭自用车	基础限额/万元	10	15	20	30	50	100	150
	翻倍限额/万元	20	30	40	60	100	200	300
	6 座以下保费/元	22.82	24.75	27.05	29.25	33.49	40.91	45.70
	6 座及以上保费/元	27.00	29.29	32.00	34.61	39.62	48.41	54.07
家庭自用车	基础限额/万元	200	300	400	500	600	800	1000
	翻倍限额/万元	400	600	800	1000	1200	1600	2000
	6 座以下保费/元	49.96	58.23	66.32	74.25	82.00	91.00	111.32
	6 座及以上保费/元	59.11	68.90	78.47	87.85	97.02	114.77	131.71

注：如果基础限额为 200 万元以上且未在上表列示，则：

$$基准纯风险保费=(N-4)\times(A-B)\times(1-N\times0.005)+A$$

式中：A 指档次限额为 200 万元时的基准纯风险保费；B 指同档次限额为 150 万元时的基准纯风险保费；N=限额÷50 万元，限额必须是 50 万元的整数倍。

(7)附加车轮单独损失险

各保险公司根据情况自行制定各种车辆使用性质的纯风险费率，计算公式为：

$$基准纯风险保费=保险金额\times纯风险费率$$

(8)附加医保外医疗费用责任险

各保险公司根据情况自行制定基准纯风险保费。

(9)附加机动车增值服务特约条款

各保险公司根据情况自行制定基准纯风险保费其他附加险费率。

(10)附加绝对免赔率特约条款

根据绝对免赔率查询附加比例。计算公式为：

$$基准纯风险保费=机动车主险基准纯风险保费\times附加比例$$

(11)附加新增加设备损失险

根据车辆使用性质查询调整系数。计算公式为：

$$基准纯风险保费=保险金额\times机动车损失保险基准纯风险保费\div机动车损失保险保险金额\div调整系数$$

(12)附加修理期间费用补偿险

计算公式为：

$$基准纯风险保费=约定的最高赔偿天数\times约定的最高日责任限额\times纯风险费率$$

(13)附加车上货物责任险

根据营业货车、非营业货车查询纯风险费率。计算公式为：

$$基准纯风险保费=责任限额\times纯风险费率$$

(14)附加精神损害抚慰金责任险

计算公式为：

$$基准纯风险保费=每次事故责任限额\times纯风险费率$$

部分附加险基准纯风险费率见表 3-18。

表 3-18　部分附加险基准纯风险费率

险种	保费计算	
附加绝对免赔率特约条款	绝对免赔率	附加比例
	5%	-5%
	10%	-10%
	15%	-15%
	20%	-20%
附加新增加设备损失险	家庭自用车	保险金额×机动车损失保险基准纯风险保费÷机动车损失保险保险金额÷1. 132
	非家庭自用车	保险金额×机动车损失保险基准纯风险保费÷机动车损失保险保险金额÷1. 148
附加修理期间费用补偿险	约定的最高赔偿天数×约定的最高日责任限额×6. 50%	
附加车上货物责任险	营业货车(含挂车)	责任限额×2. 1294%
附加精神损害抚慰金	每次事故责任限额×0. 62%	

3. 附加费用率

附加费用率是以保险公司经营费用为基础计算的，包括用于保险公司的业务费用支出、手续费支出、税金、工资支出，以及合理的经营利润。附加费用率由保险公司自主设定唯一值，并严格执行经银保监会批准的附加费用率，不得上下浮动。财产保险公司原则上应根据公司最近三年商业车险实际费用水平，测算本公司商业车险保费的附加费用率。基于阶段性的市场经营策略，也可参考行业平均水平测算本公司商业车险保费附加费用率。该值为唯一确定值，不应设定区间。若保险公司设定的附加费用率水平与上一年度公司实际费用率水平差异较大，必须给予充分说明。

银保监会 2018 年 5 月发布了《关于商业车险自主定价改革试点地区费率方案报送有关事项的通知》，要求财产保险公司制定费率方案时，应严格遵循合理、公平、充足的原则，不得存在导致不正当竞争的因素。使用《商业车险示范条款(2020 版)》的财产保险公司在厘定试点地区商业车险费率时，基准纯风险保费无赔款优待系数和交通违法系数费率调整方案应参照中保协拟订的费率基准执行。2020 年 9 月，银保监会颁布的《关于实施车险综合改革的指导意见》提出，继续合理下调附加费用率，引导行业将商业车险产品设定附加费用率的上限由 35%下调为 25%，预期赔付率由 65%提高到 75%。附加费用率预定值不得超过 25%，附加费用率预定值为 25%的财产保险公司不需要解释说明，附加费用率预定值低于 25%的财产保险公司应进行解释说明。适时支持财险公司报批、报备附加费用率上限低于 25%的网销、电销等渠道的商业车险产品。

4. 费率调整系数

费率调整系数用于根据保险标的的风险判断，对基准保费进行上下浮动调整。2020 年 9 月改革前，费率调整系数由 NCD 系数、自主核保系数和自主渠道系数组成。2020 年 9 月，银保监会颁布的《关于实施车险综合改革的指导意见》提出，引导行业将“自主渠道系

数”和“自主核保系数”整合为“自主定价系数”。因此，改革后的费率调整系数由无赔 NCD 系数、自主定价系数两部分组成。

(1)NCD 系数

NCD 系数根据历史赔款记录，按照 NCD 系数对照表进行费率调整，由中保协统一制定颁布，由行业平台自动返回。保险公司严格按照从平台获取的 NCD 系数值进行费率的浮动，严禁自行上浮或者下调 NCD 系数值来调整保费。NCD 系数根据被保险机动车近年来的赔付情况来确定，见表 3-19。被保险机动车如果在保险期限内没有发生索赔，续保时，无论是原保险公司还是新保险公司都会给予一定的费率折扣，即无赔款优待，无赔款优待是国际通用做法。

表 3-19　NCD 系数对照表

NCD 等级	NCD 系数		保险赔付情况
	全国(不含北京、厦门)	北京、厦门	
-5		0.4	连续五年及以上无赔款
-4	0.5	0.5	连续四年及以上无赔款(不含北京、厦门)； 四年无赔款(北京、厦门)
-3	0.6	0.6	连续三年无赔款
-2	0.7	0.7	连续二年无赔款、三年一次赔款
-1	0.8	0.8	连续一年无发生赔款、两年 1 次、三年 2 次
0	1	1	首次投保、一年 1 次、两年 2 次、三年 3 次
1	1.2	1.2	一年 2 次、两年 3 次、三年 4 次
2	1.4	1.4	一年 3 次、两年 4 次、三年 5 次
3	1.6	1.6	一年 4 次、两年 5 次、三年 6 次
4	1.8	1.8	一年 5 次、两年 6 次、三年 7 次
5	2.0	2.0	一年 6 次、两年 7 次、三年 8 次

商业车险 NCD 系数由原来只考虑上一年，改为综合考虑客户过去三年投保情况和累计出险次数来确定，减少偶发出险客户的费率上浮程度。计算公式为：

NCD 等级=赔付总次数-连续投保年数

需要说明的是，该公式针对的是连续投保的保单，对有理赔记录的，最多追溯 3 年，如果不足 3 年，则按实际年限计算，但前提是有连续的有效保单，否则将停止追溯。所谓连续保单，是指被保险机动车历史保单集合中起保日期靠后的保单为上张保单(脱保时间大于 6 个月的不作为上张保单)，保单起保日期与其“上张保单”终保日期间隔不超过 3 个月为连续保单。在上溯保单年数过程中，若出现脱保导致的不连续投保情况，若脱保时间超过 3 个月，则追溯终止，若脱保时间不足 3 个月，则继续向上追溯。在上溯保单年数过程中，若出现重复投保情况，重叠部分大于 6 个月，视为一张保单，起期取早，止期取晚；重叠部分小于或等于 6 个月的，视为两张连续报单。

案例3-15

李某所拥有的家用轿车已安全使用3年(期间未发生保险事故)，后来李某将该车过户给朋友王某，请问该车过户后王某首年的NCD系数为多少?

分析：当出现以下四种情况之一的，就停止追溯连续保单：①无上张保单；②上张保单为短期保单；③过户保单；④脱保超3个月。上述四种情况出现在第一年，则按新车计算，即NCD系数为1，等级为0，费率不上浮也无优惠。本案中，王某的车为过户车，属于第三种情况，因此王某的车NCD系数为1，等级为0，过户后首年保费不上浮也不下调。如果该过户车承保后，第一年在该保单下没有理赔记录，但在上一年为过户车，所以停止追溯，该车只追溯一年。根据计算公式：NCD等级=赔付总次数-连续投保年数，即NCD等级为0-1=-1，根据表3-19可知，NCD等级为-1，NCD系数为0.8。

针对短期单，在上溯保单年数过程中，将承保时间未满一年视为短期单，若短期单保期小于等于6个月，则继续追溯连续保单；若保期大于6个月，则停止追溯连续保单；如"上张保单"或本保单为短期单，则NCD系数不上浮也不下浮。针对未出险的NCD系数，北京、厦门两市追溯最近5年连续保单，全国其他地区追溯最近4年连续保单。

需要强调的是，理赔与出险的概念不同，车辆出险了，不一定在保险公司有理赔，保险公司只统计有赔款支出的次数，哪怕只赔了1元，也算一次事故，赔了10万元，也算一次事故；但如果被保险人出险并报案了，但为无责，或损失幅度小，最后没有在保险公司理赔，都不算理赔或赔付，则不参与计算公式中"赔付总次数"中的次数。

(2)自主定价系数

各保险公司自主上报自主定价系数及使用规则，在0.65~1.35的范围内调整使用。保险公司应加强自主核保系数的开发使用，包括从人因素、从车因素、产品渠道等，实现费率水平与客户风险特征以及产品渠道成本差异相匹配。消费者在不同渠道购买车险，该系数会有相应的差别。不同的消费者购买车险，该系数也有差别。保险公司自主定价系数使用规则报批后方可使用。

5. 交通违法系数

对于平台已经与交通管理平台对接的地区，可以使用该系数进行费率浮动，交通违法系数由平台返回保险公司，保险公司据实使用，不得调整。部分地区交通违法系数上下限见表3-20。对于平台未与交通管理平台对接的地区，交通违法系数为1.0，保险公司不得调整。

表3-20 部分地区交通违法系数表

地区	交通违法系数	
	下限	上限
北京	1.0	1.45
上海	0.9	1.1
江苏	0.9	1.5
深圳	1.0	1.5

复习与思考

1. 简述我国交强险的发展历程。
2. 简述交强险中垫付与追偿的相关规定。
3. 简述交强险中互碰自赔的条件。
4. 简述机动车损失保险的保险责任。
5. 简述第三者责任保险的保险责任。
6. 简述机动车车上人员责任保险的保险责任。
7. 简述机动车保险中主险和附加险的区别。
8. 简述新能源汽车第三者责任保险的保险责任与责任免除。
9. 简述保险费率的确定原则。
10. 简述保险费率的概念及模式。
11. 简述各保险险种的费率模式。

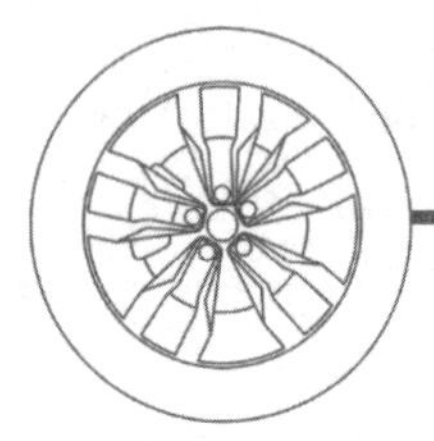

4 汽车保险承保实务

学习目标

本章主要讲述汽车保险合同和承保环节相关知识，要求学生明确汽车保险合同的概念、特征、形式。熟悉汽车保险合同的订立、生效、变更、履行、解除的具体法律规定。理解汽车保险合同的解释原则及争议处理规定，重点掌握汽车保险合同的主体、内容和客体。

4.1 汽车保险合同

4.1.1 保险合同的概念和法律特征

1. 保险合同的概念

根据《中华人民共和国民法典》(以下简称《民法典》)第四百六十四条，合同是民事主体之间设立、变更、终止民事法律关系的协议。保险合同，是联系投保人、被保险人和保险人之间权利与义务关系的纽带。汽车保险合同是保险合同中的一种，《保险法》第十条规定："保险合同是投保人与保险人约定保险权利义务关系的协议。"根据这一概念，投保人有向保险人支付保险费的义务，同时有从保险人那里获取保险保障的权利；而保险人有收取保险费的权利，同时有在约定的保险事故发生时履行赔偿责任或者给付保险金的义务。

汽车保险合同是双方当事人约定保险权利和义务的协议，也是双方当事人应遵循的唯一有效的法律依据。从业务开展过程看，其核心工作就是订立与履行汽车保险合同。

案例 4-1

某单位一辆载货汽车，因使用年限已久且明显老化，经上级主管部门批准予以报废。但该企业并未将车辆按照规定的报废手续处理，而是以数千元的价格卖给了王某。王某将该车加以拼装整修后，通过非法关系办理了假的车辆年审合格证，再以 1.5 万元

的价格卖给了赵某。赵某明知该车有问题，但也抵不住低价诱惑而将车买下，并向某保险公司投保了机动车损失保险，保险金额为6万元。数月后，该车在使用时翻入了路旁的沟内，损毁较重。查勘员在仔细检查车辆相关证件时，发现证件有问题，经请示领导后，拒绝赔偿，但赵某不同意保险公司的拒绝主张，双方产生纠纷。

分析： 由案情可知，本案中的赵某，明知该车有问题，仍以低价买入，投保时不仅超额投保了机动车损失保险，还隐瞒了该车的真实情况，违反了被保险人应该如实告知的义务。根据《保险法》第十七条第二款和第三款的规定："投保人故意隐瞒事实，不履行如实告知义务的，或者因过失未履行如实告知义务，足以影响保险人决定是否同意承保或者提高保险费率的，保险人有权解除保险合同。投保人故意不履行如实告知义务的，保险人对于保险合同解除前发生的保险事故，不承担赔偿或者给付保险金的责任，并不退还保险费。"因此，保险公司有权解除该保险合同，并不负已经发生的交通事故的赔偿责任，甚至可以不退保费。

根据《中华人民共和国民法典》第一百四十八条"一方以欺诈手段，使对方在违背真实意思的情况下实施的民事法律行为，受欺诈方有权请求人民法院或者仲裁机构予以撤销"，赵某以不合格车辆投保，隐瞒事实，属于欺诈行为，所以保险公司有权请求法院予以撤销，并不承担赔偿责任。

2. 汽车保险合同的特征

汽车保险合同属于合同的一种，与其他合同一样，通过汽车保险合同所建立起来的保险关系属于民事法律关系的范畴。汽车保险合同一经成立即受法律保护，对合同各方具有约束力。因此，汽车保险合同既具有一般合同的普遍法律特征，又具有其自身的法律特点，下面是汽车保险合同自身的法律特征。

(1)汽车保险合同是有偿合同

有偿合同是指合同双方当事人的权利取得需要花费一定代价。在双方订立汽车保险合同时，投保人以向保险人支付一定保费为代价，取得了当约定的保险事件出现时投保人能从保险人那里得到赔偿的权利；而保险人所具有的收取投保人保险费的权利，也是以保险标的发生保险事故后自己给予经济补偿的承诺为代价的。因此，汽车保险合同是一种有偿合同。

(2)汽车保险合同是双务合同

双务合同是指双方当事人相互享有权利，并且相互承担义务的合同。汽车保险合同对双方当事人都有法律约束，双方都有义务履行合同，因此是双务合同。投保人在承担支付保费义务后，合同生效；被保险人在被保险汽车发生保险事故时，依据合同享有请求保险人补偿损失的权利；保险人在收取投保人保费后，就必须履行保险合同所规定的赔偿损失的义务。

(3)汽车保险合同是射幸合同

射幸是指侥幸、偶然或不确定的意思。射幸合同是指当事人双方在签订合同时不能确定履行内容的合同。汽车保险合同的射幸性表现为保险事件的发生具有不确定性，因此保险人履行赔偿的责任也是不确定的。如果在保险期内被保险汽车发生保险责任事故，那么保险人必须赔偿被保险人的经济损失，并且保险人的赔偿一般都远远超过投保人所支付的保险费；如果在保险期内被保险汽车没有发生保险事故，保险人则只有保费收入而无任何赔偿。当然，汽车保险合同的射幸性特征，是对单个汽车保险合同而言的。

(4)汽车保险合同是附和合同

附和合同是指合同双方当事人不充分商议合同的重要内容，而是由一方提出合同的主要内容，另一方只能取与舍，即要么接受对方提出的合同内容，签订合同，要么拒绝。汽车保险合同的主要内容一般情况下是由保险人事先拟定好，供投保人或被保险人选择，没有变更或修改的余地，因此汽车保险合同是附和合同。

汽车保险合同具有附和性是由汽车保有量多和汽车保险业务专业性强决定的。随着汽车保有量迅速增长，保险人每年签订的合同数量巨大。因此，保险手续必须力求迅速，由保险人事先拟好合同的主要内容，然后投保人进行选择即可。同时，由于汽车保险合同内容的技术性较强，一般投保人缺乏了解，根本无法让其参与协商确定合同内容。

汽车保险合同附和性的特点，决定了保险合同的双方当事人对合同信息的知晓是不对称的，因此当双方当事人对汽车保险合同出现争议与分歧的时候，法院和仲裁机关通常会做出有利于合同非制定方的解释，这是对投保人和被保险人利益加强保护的一种体现。

(5)汽车保险合同属于不定值保险合同

不定值保险合同是指双方当事人在订立合同时不预先确定保险标的的实际补偿价值，仅载明保险金额作为保险事故发生后的赔偿最高限额。在不定值保险合同中，被保险标的的价值从保险合同成立至保险事故发生这段时间内可能会随市场变动或其他原因发生变化，因此保险标的的实际价值是在保险事故发生后才进行估算的。在保险实践中，通常以市场价格为标准来确定保险事故发生时的保险标的的保险价值。在不宜用市场价格确定保险价值时，也可用重置成本减去使用后折旧的方法或其他的估价方法来确定保险价值。

不定值保险合同适用于多数以有形财产为保险标的的财产保险合同。在汽车保险合同中，机动车损失保险的保险金额可以按照投保时保险标的的实际价值确定，也可以由投保人或被保险人与保险人协商确定，并将投保金额作为保险补偿的最高限额，第三者责任保险将投保人选择的投保限额作为保险责任的最高赔偿限额。保险标的的实际价值是在保险事故发生后进行估算，具有不定值保险合同的特点。我国现行的机动车保险条款中，明确规定了汽车保险合同是不定值保险合同。

(6)汽车保险合同属于条件性合同

汽车保险合同属于条件性合同，它的条件性主要表现在两个方面：一是只有在合同所规定的条件得到满足的情况下，合同当事人方才履行自己的义务，即如果投保人没有满足合同要求，则保险人可以不履行义务；二是汽车保险合同对保险标的的情况及保险利益是有条件限制的，每份汽车保险合同的条款都明确规定自己的保险保障的责任范围及除外责任，也就是说汽车保险合同不可能承担所有的风险事故。

(7)汽车保险合同的保险人享有对第三者的追偿权

汽车保险合同的保险人享有对第三者的追偿权，主要表现在当被保险汽车发生保险责任范围内的事故时，尽管被保险汽车的损失可能是由第三者责任引起的，被保险人还是可以从保险人处取得赔款，但被保险人应该将向第三者的追偿权让与保险人，以防被保险人获得双重的经济补偿。而人身保险则有所不同，基于人体生命的无价性，当因第三者原因导致保险责任事故时，被保险人在获得保险人的赔偿以后，还可以向第三者请求赔偿，也就是说被保险人允许获得双重的经济补偿，保险人没有代位追偿的权利。

(8)汽车保险合同属于最大诚信合同

《保险法》规定，保险活动当事人行使权利、履行义务应当遵循诚实信用原则。采取欺

诈、胁迫等手段订立的合同，法律不承认其法律效力。最大诚信合同又称最大善意合同，是指保险合同当事人在订立合同时及在合同履行的有效期间内，应依法向对方提供可能影响对方是否缔约合同及缔约条件的重要事实，同时严格信守合同中的各项承诺。基于《保险法》对诚实信用原则的要求比《民法典》更高，诚实信用原则在《保险法》中习惯上被称为最大诚信原则。最大诚信原则的相关内容我们在保险原则一节已经介绍。

(9)汽车保险合同是属人性合同

汽车保险合同是属人性合同表现在，保险合同保障的对象并不是遭受损失的保险标的本身，而是被保险人的利益或者说被保险人本人。既然是属人性合同，投保人必须符合保险人认可的条件，未经保险人同意转让或出售保险标的给他人的，保险合同可能面临失效，因为新的所有人可能不符合保险合同规定的承保标准。例如，汽车作为保险标的被转卖时，投保人或被保险人必须对保险合同办理批改手续。

(10)汽车保险合同的可保利益较大

对于汽车保险合同，不仅投保人和被保险人使用保险标的时拥有保险利益，被保险人允许的合格驾驶人在使用保险标的时也同样享有保险保障的利益。

4.1.2 保险合同的内容和形式

汽车保险合同的组成要素主要包括主体部分、客体部分、合同的条款，以及其他声明事项。其中合同的条款又分为基本条款、附加条款、法定条款，以及保证条款。

1. 汽车保险合同的主体与客体

(1)汽车保险合同的主体

汽车保险合同的主体是指在保险合同订立、履行过程中享有合同赋予的权利和承担相应义务的人。根据在合同订立、履行过程中发挥的作用不同，保险合同的主体分为当事人和关系人两类。

对汽车保险合同建立起关键作用的是汽车保险合同当事人，包括保险人和投保人。汽车保险合同的关系人主要是指被保险人，他虽然不直接参与汽车保险合同的订立，但是在汽车保险合同成立后他受合同保障并承担相应义务。

保险人又称承保人，是指与投保人订立保险合同，享有收取保险费的权利，并在保险事故发生后承担赔偿或者给付保险金责任的保险公司。

《保险法》第六十八条规定，设立保险公司应当具备下列条件：

①主要股东具有持续盈利能力，信誉良好，最近三年内无重大违法违规记录，净资产不低于人民币二亿元。

②有符合本法和《中华人民共和国公司法》规定的章程。

③有符合本法规定的注册资本。

④有具备任职专业知识和业务工作经验的董事、监事和高级管理人员。

⑤有健全的组织机构和管理制度。

⑥有符合要求的营业场所和与经营业务有关的其他设施。

⑦法律、行政法规和国务院保险监督管理机构规定的其他条件。

《保险法》第一百一十六条规定，保险公司及其工作人员在保险业务活动中不得有下列行为：

①欺骗投保人、被保险人或者受益人。

②对投保人隐瞒与保险合同有关的重要情况。

③阻碍投保人履行本法规定的如实告知义务，或者诱导其不履行本法规定的如实告知义务。

④给予或者承诺给予投保人、被保险人、受益人保险合同约定以外的保险费回扣或者其他利益。

⑤拒不依法履行保险合同约定的赔偿或者给付保险金义务。

⑥故意编造未曾发生的保险事故、虚构保险合同或者故意夸大已经发生的保险事故的损失程度进行虚假理赔，骗取保险金或者牟取其他不正当利益。

⑦挪用、截留、侵占保险费。

⑧委托未取得合法资格的机构从事保险销售活动。

⑨利用开展保险业务为其他机构或者个人牟取不正当利益。

⑩利用保险代理人、保险经纪人或者保险评估机构，从事以虚构保险中介业务或者编造退保等方式套取费用等违法活动。

⑪以捏造、散布虚假事实等方式损害竞争对手的商业信誉，或者以其他不正当竞争行为扰乱保险市场秩序。

⑫泄露在业务活动中知悉的投保人、被保险人的商业秘密。

⑬违反法律、行政法规和国务院保险监督管理机构规定的其他行为。

(2)汽车保险合同的客体

根据《保险法》第十二条规定，投保人对保险标的应当具有保险利益。投保人对保险标的不具有保险利益的，保险合同无效。因此，保险合同的客体实质上是保险利益，即合同双方当事人权利和义务共同的指向。保险合同的客体不是保险标的本身，而是投保人对保险标的所具有的法律上承认的利益。汽车保险合同并不能保障保险标的本身不受损失，它实际上是保障投保人的利益在保险标的发生风险事故后不变。保险合同履行期间或者保险事故发生后，如果相应的投保人或被保险人对保险标的的保险利益消失，保险合同也即失效。所以汽车保险合同的客体是保险利益。

2. 汽车保险合同的条款

汽车保险合同的基本条款，是指保险人根据不同的汽车保险险种所承保的风险特点制定的有关保险合同双方当事人权利义务关系的事项，基本条款通常印制在保险单上，是构成保险合同的基本内容。附加条款是指汽车保险合同双方当事人基于基本条款，对双方权利义务的补充规定。需要附加条款的情况下，一般由保险人提供拟定好的条款格式，双方就特别约定事项达成一致后附在保险单上。保证条款，是指保险合同中投保人或被保险人为了享受合同保障的权利而承诺对某些行为的作为或不作为。

《保险法》第十八条规定："保险合同应当包括下列事项：(一)保险人名称和住所；(二)投保人、被保险人名称和住所，以及人身保险的受益人的名称和住所；(三)保险标的；(四)保险责任和责任免除；(五)保险期间和保险责任开始时间；(六)保险金额；(七)保险费以及支付办法；(八)保险金赔偿或者给付办法；(九)违约责任和争议处理；(十)订立合同的年、月、日。"因此，汽车保险合同的基本内容如下：

(1)合同主体的名称和住所

合同主体包括保险人、投保人和被保险人。保险人和投保人是合同得以成立的当事人，应首先载明二者的名称和住所。被保险人作为合同的关系人，是合同保障的对象，因

此无论其与投保人是否一致，名称和住所也应在合同中载明。

合同主体为单位的，其名称应与公章名称一致，住所应为主要办事机构所在地；合同主体为个人的，其名称应与相关证件上的姓名一致，住所应为生活住所。

(2)保险标的

保险标的是当事人双方权利和义务共同所指对象，是保险利益的载体。根据载明的保险标的，不但可判断投保人或被保险人对保险标的有无保险利益，而且可确定保险价值、保险金额，以及保险费率档次。汽车保险可简单分为损失险和责任险两类：损失险的保险标的是汽车；责任险的保险标的是汽车使用过程中对他人造成财产损失或人身伤害，依法应承担的经济赔偿责任。

(3)保险责任

保险责任是指保险人承担的具体风险，它规定了保险人对被保险人承担赔偿或给付保险金责任的范围。通常保险责任由保险人制定，保险人根据不同险种和相应风险制定出保险责任条款，并载明于保险合同中。保险人并不对保险标的的所有风险承担责任，而是仅对与投保人在保险合同中约定的风险项目承担责任。险种和风险不同，保险责任也不同。

(4)责任免除

责任免除也叫除外责任，是指保险合同规定的保险人不承担赔偿或给付保险金责任的范围。由于责任免除直接涉及被保险人利益，因此责任免除条款通常采用列举的方式在保险合同中明确列明，同时投保人在投保时，保险人还必须对责任免除条款尽明确说明义务。除此之外，对不属于保险责任而在责任免除部分又未明确列明的风险统归为责任免除的内容。

(5)保险期间和保险责任开始时间

保险期间是保险合同所持续的有效时间，是保险人必须按保险合同约定的保险条款为被保险人提供保险保障的起始时间。保险责任开始时间是保险人承担被保险人保险责任的开始时刻。

保险期间的确定方式一般有两种。一种是保险合同上约定明确的按自然日期计算的起止时间，如某年某月某日某时起至某年某月某日某时止。汽车保险的保险期间就是这种确定方式，如某汽车保险合同保险期间自 2020 年 8 月 8 日零时起至 2021 年 8 月 7 日 24 时止。另一种是按保险事件的过程来确定。例如，货物运输保险以航程或路程的运行期为保险期间，工程保险以工程开始到工程结束的工程期为保险期间。

(6)保险金额

保险金额是保险人承担赔偿或给付保险金责任的最高限额，也是计算保险费的基础。对于财产保险合同，保险金额不得超出保险标的的实际价值，若超出，超出部分无效。对于人身保险，保险金额一般根据被保险人或受益人的实际需要和投保人交付保险费的能力来确定。

(7)保险费

保险费是投保人为使保险人承担保险责任而向保险人支付的费用。保险费是建立保险基金的资金来源，缴纳保险费是投保人的基本义务。保险费可根据保险合同的规定，由投保人一次付清，也可分期付清。投保人不按保险合同的约定交付保费的，应承担相应的法律后果。保险合同应对保险费的数额、交付方式等内容明确规定。

在保险合同中的保险费是根据保险金额和保险费率计算出来的，即保险费等于保险金额乘以保险费率。保险费率的高低取决于保险责任范围的大小、以往经营中的出险损失率和经营成本。《保险法》第一百三十五条规定：“关系社会公众利益的保险险种、依法实行强制保险的险种和新开发的人寿保险险种等的保险条款和保险费率，应当报国务院保险监督管理机构批准。国务院保险监督管理机构审批时，应当遵循保护社会公众利益和防止不正当竞争的原则。审批的范围和具体办法，由保险监督管理机构制定。其他保险险种的保险条款和保险费率，应当报保险监督管理机构备案。”因此，合同双方确定保险费时，应以保险监督管理机构审批或备案的保险费率为依据。

(8)保险金赔偿或给付办法

在财产保险合同中的保险金称为保险金赔偿，而在人身保险中的保险金称为保险金给付。赔偿或给付保险金是保险人依法履行的主要义务，是保险业实现其经济保障职能的要求和体现。

《保险法》第二十三条规定：“保险人收到被保险人或者受益人的赔偿或者给付保险金的请求后，应当及时作出核定；情形复杂的，应当在三十日内作出核定，但合同另有约定的除外。保险人应当将核定结果通知被保险人或者受益人；对属于保险责任的，在与被保险人或者受益人达成赔偿或者给付保险金的协议后十日内，履行赔偿或者给付保险金义务。保险合同对赔偿或者给付保险金的期限有约定的，保险人应当按照约定履行赔偿或者给付保险金义务。”

(9)违约责任和争议处理

违约责任是指保险合同当事人一方违反保险合同的约定，必须向另一方当事人承担相应的违约责任。保险合同明确违约责任可以防范和减少当事人违约行为的发生。当事人一旦没有按照合同的约定完全地、全面地履行合同，那么他就应当承担相应的法律后果和违约责任，这是保险合同法律效力的必然要求，也是保证保险合同正常履行的基本条件。

争议处理是指保险合同发生争议时的解决方法。争议处理的解决方法主要有协商、仲裁或诉讼。当发生争议时，首先是当事人双方通过协商解决，协商解决不了，可提请仲裁或提起诉讼。

(10)订立保险合同的时间

订立保险合同的时间是指保险人同意承保后，在投保单上签字盖章的同时，所注明的时间。该时间对于认定保险合同的订立日、证明保险利益的存在、判断保险危险是否发生有着十分重要的意义。因此，在合同中注明订立合同的时间是极为重要的。

(11)约定内容

《保险法》第十八条同时还规定：“投保人和保险人可以约定与保险有关的其他事项。”因此，当保险合同的基本内容不能完全表达当事人双方的意愿时，当事人双方可以通过协商约定其他内容，这些称为保险合同的约定内容。保险合同的约定内容必须是《保险法》所允许的，不得与其他法律、法规相抵触，也不得违背最大诚信原则。

3. 汽车保险合同的形式

保险合同是要式合同，合同的订立经历从投保人提出要约到保险人作出承诺的一系列过程。《保险法》第十三条规定：“投保人提出保险要求，经保险人同意承保，保险合同成立。保险人应当及时向投保人签发保险单或者其他保险凭证。保险单或者其他保险凭证应当载明当事人双方约定的合同内容。当事人也可以约定采用其他书面形式载明合同内容。依法成立的保险合同，自成立时生效。投保人和保险人可以对合同的效力约定附条件或者

附期限。”由此，保险合同的书面形式由投保单、保险单、保险凭证、暂保单和批单，以及特别约定组成。

(1)投保单

投保单是投保人向保险人申请订立保险合同的书面要约，它是保险人承保的依据，是保险合同的重要组成部分，因此投保人必须如实填写。投保单的内容一般包括投保人、被保险人或受益人的名称、住所、保险标的、投保险别、保险金额、保险期间等。

(2)保险单

保险单是保险人和投保人之间订立保险合同的正式书面文件，是保险人向被保险人履行赔偿或给付义务的依据。保险单的内容通常包括保险项目、保险责任、责任免除及附注条件等。保险单应将保险合同的全部内容详尽列明，包括双方当事人的权利义务和保险人应承担的风险责任。保险合同成立后，保险人应当及时向投保人签发保险单。而被保险人在保险事故发生后，也必须凭借保险单向保险人索赔。

(3)保险凭证

保险凭证是保险人签发给投保人或被保险人证明保险合同已经订立的书面凭证，是一种简化的保险单，与保险单具有同等的法律效力。在保险凭证上除了没有保险条款外，有保险单上所有的项目。对保险凭证中没有的内容，均以保险单上所载内容为准。

(4)暂保单

暂保单是保险人或保险代理人向投保人出具保险单或保险凭证之前签发的临时保险凭证。它的内容一般比较简单，只包括当事人双方约定的一些重要项目，如保险标的、保险金额、保险费率、承保险种、被保险人姓名、当事人双方的权利义务等。暂保单的法律效力等同于保险单或保险凭证。暂保单的有效期限较短，一般只有 30 天，且当保险单或保险凭证出具后，暂保单将自动失效。保险人可以在保险单出具前终止暂保单，但必须提前通知被保险人。

(5)批单

批单是保险合同双方当事人对于保险单的内容进行修改或变更的证明文件。批单是保险合同的重要组成部分。批单的形式有两种：一种是在原保险单或保险凭证上批注(背书)；另一种是出立一张变更保险合同内容的附贴便条。批单的内容与原保险合同内容冲突的，以批单为准；多次批改签发的批单，应以最后批改的批单为准。

4.1.3 保险合同的订立与生效

1. 汽车保险合同订立的程序

汽车保险合同的订立是指投保人与保险人之间基于意思表示一致而进行的法律行为，包括要约和承诺两个阶段。汽车保险合同的订立必须遵循一定的原则：首先，自愿原则是指合同双方当事人在订立保险合同时完全出于自愿，不受他人的干涉与强迫；其次，平等一致原则是指在保险合同订立过程中，当事人法律地位应完全平等，同时，双方充分协商意思表示一致；最后，互利原则是指保险合同的订立，应当对合同双方当事人都有利，即要求双方当事人所享有的权利与承担的义务对等。汽车保险合同订立的程序如下：

(1)投保人申请

投保人以填具投保单作为必要的申请条件。投保申请为保险合同之要约，投保人为订立保险合同的要约人。

(2)保险人审核

投保人做出书面要约后，保险人根据投保人的告知情况对投保单进行审核，如确认符合风险责任的承保条件，即表示同意承保。保险人同意承保的方式是在投保单上签字盖章，以此作为承诺行为。

(3)合同订立

保险人根据已成立的保险合同向投保人出具保险单或者其他保险凭证，并以此作为被保险人享有保险赔偿权利和将来进行索赔的依据。

2. 汽车保险合同的成立与生效

《保险法》第十四条规定："保险合同成立后，投保人按照约定交付保险费，保险人按照约定的时间开始承担保险责任。"由此可知，汽车保险合同的成立与生效是两个不同的法律概念。

从保险合同订立的程序看，保险合同的订立要经过要约与承诺两个阶段，投保是一种要约，保险人的承保是一种承诺，承诺生效时意味着双方就合同的主要条款达成一致，保险合同即成立。保险合同成立解决了保险合同是否存在的问题，但并不意味着保险合同同时生效。保险合同的生效是指合同开始发生效力，当事人开始受该合同条款的约束。也就是说，即使保险合同已经成立，如果不符合保险合同规定的生效要件，仍然不能产生法律效力。例如，汽车保险合同成立后，只有投保人按时缴纳了保险费后保险合同才能生效，对于保险合同成立后和生效之前发生的保险事故损失，保险人不承担赔偿责任。

案例4-2

2019 年 4 月 29 日，黄某在某保险公司为其汽车投保了机动车损失保险，保险公司收取了保险费，并当即签发了保险单，但在保险单上列明的保险期间为：自 2019 年 5 月 1 日零时起至次年 4 月 30 日 24 时止。2019 年 4 月 30 日，黄某超车时措施不当，致车辆翻身造成事故，经认定，黄某负事故的全部责任。事故发生后，黄某的亲属向保险公司提出了索赔申请，保险公司是否应当赔付呢？

分析：本案中，保险公司不应当赔付。黄某与保险公司签订保险合同的时间是 2019 年 4 月 29 日，并于当日足额缴纳了保险费，签发了保险单，保险合同即从合同签订之时成立。但合同中另有约定，保险条款的生效时间是自 2019 年 5 月 1 日零时起至次年 4 月 30 日 24 时止。而黄某发生交通事故的时间是 2019 年 4 月 30 日，在生效日期之前保险合同虽已经签订，但条款约定了其他生效时间，合同成立时间和生效时间是两个不同的概念，所以保险公司不应赔付。

案例4-3

2018 年 3 月 20 日，王某在某保险公司为其汽车投保了机动车损失保险，因身上钱未带够，与保险公司沟通，3 月 23 日再补缴保险费，保险公司也出具了保险单，但在保险合同中约定，保险合同生效以补缴保险费次日零时开始。由于王某工作太忙，忘了补缴保险费。2018 年 3 月 25 日，王某因操作不当发生交通事故，经认定，王某负事故全部责任，事后王某当即奔赴保险公司补缴了剩余保险费。3 月 25 日晚上，王某向所承保的保险公司申请索赔，请问保险公司是否应该赔付？为什么？

分析：本案中，保险公司不应当赔付。王某与保险公司于2018年3月20日签订了保险合同，但保险合同有附件约定，待王某补缴完保险费的次日零时开始生效。投保人王某在违反约定条件而发生保险责任事故后，试图通过补缴保险费的方式获得保险赔偿，这种违反保险经营原则的行为没有法律依据，投保人不履行所附约定的生效条件，保险合同便不生效。因此，本案中王某试图通过补缴保险费的方式获取索赔不能获得保险公司的支持。

4.1.4 保险合同的履行

在汽车保险合同的有效期内，当事人双方都必须履行自己在保险合同中约定的义务，以保证对方行使自己的权利。保险合同的履行分投保人义务的履行和保险人义务的履行两种。

1. 投保人义务的履行

(1)缴纳保险费义务

缴纳保险费是投保人最基本的义务，也是合同生效的必要条件。投保人必须按约定的缴费期限、保险费数额、缴纳方式履行自己的缴费义务。投保人未能履行缴纳保费义务的，保险人可以终止保险合同，也可以拒绝承担保险责任。汽车保险合同中，一般要求投保人一次性缴清保险费。

(2)维护保险标的安全义务

《保险法》第五十一条规定："被保险人应当遵守国家有关消防、安全、生产操作、劳动保护等方面的规定，维护保险标的的安全。"保险人可以按照合同约定对保险标的的安全状况进行检查，及时向投保人、被保险人提出消除不安全因素和隐患的书面建议，或者经被保险人同意，可以对保险标的采取安全预防措施。如果投保人或被保险人未按照约定履行其对保险标的的安全应尽责任，保险人有权要求增加保险费或解除合同。

(3)保险标的危险增加通知保险人义务

保险标的危险增加是指在保险合同有效期内、保险标的出现了订立保险合同时双方当事人未曾估计或无法预料到的危险情况。保险人是按照保险合同成立时投保人告知的保险标的的危险程度来决定承保的，保险标的危险增加，增大了保险人的承保风险，因此投保人或被保险人应及时通知保险人。如果投保人或被保险人没有把保险标的危险增加通知保险人，那么因保险标的危险程度增加而发生的保险事故，保险人不承担赔偿责任。

(4)出险时及时通知义务

出险时及时通知是指在汽车保险合同约定的保险事故发生后，被保险人应及时通知保险人。此时，保险人履行保险赔偿义务的条件已经具备。被保险人及时通知保险人，一方面便于保险人及时采取施救措施，避免保险事故的扩大和损失的增加；另一方面利于保险人保护现场，掌握第一手资料，以便为确定损失程度、明确事故责任及损失原因提供可靠的依据。如果投保人或被保险人未及时履行出险通知的义务，由此造成损失扩大，保险人将不承担扩大部分的保险责任。

(5)积极施救义务

保险事故发生后，被保险人应积极采取施救措施，防止损失程度扩大。被保险人因此而支出的必要的、合理的费用，保险人负责赔偿，并在保险金额外另行计算，但不得超过保险金额。被保险人未履行积极施救义务的，对保险标的因此而扩大的损失，保险人有权拒绝承担赔付责任。

2. 保险人义务的履行

(1)对合同条款进行说明义务

条款说明是指在订立保险合同时，保险人有义务向投保人详细说明保险合同的各项条款及含义。

国际上许多国家一般对条款只要求明确列明，而我国对条款除要求明确列明外，还要求保险人尽明确说明义务，尤其是对责任免除条款，《保险法》第十七条有明确规定，未做提示或明确说明的，该条款不产生效力。

要求保险人尽明确说明义务的原因是合同条款由保险人制定，熟悉其内容，而投保人由于保险知识普及不够等原因对保险业务不熟，对条款理解不透，甚至产生误解，从而有可能会使被保险人得不到预期保障。因此，保险人在订立合同时应对条款内容做出说明，使投保人正确理解，自愿投保。

(2)及时签发保险单证义务

保险单证是合同成立的证明，也是履行保险合同的依据，其上载明了合同内容，是保险合同的重要书面形式。保险合同成立后，及时签发保险单证是保险人的义务。目前，全国大部分地区实行了电子保单，但是很多地区是电子保单、纸质保单并行，包括交强险和交强贴都是电子的，投保者想要纸质保单的话，可以直接打印。

(3)赔付保险金义务

这是保险人在保险合同中最基本的义务，也是保险最基本的目的。保险合同既是特殊的有偿合同，又是射幸合同；投保人支付保险费，向保险人购买保险，目的就是一旦保险事故发生，被保险人或受益人可从保险人那里获得数倍保险费的赔偿。所以保险事故一旦发生并经确定，保险人应该及时、迅速、准确、合理地履行赔付保险金义务；否则，由此造成被保险人或受益人损失的，保险人除赔付保险金外，还要承担违约责任。

(4)承担施救及其他合理费用义务

当保险事故发生后，为降低事故损失，投保人和被保险人有义务采取施救措施，而由此产生的施救费用及其他费用保险人应当承担。这些费用一般包括：

①施救费用。施救费用是指在保险事故发生时，为阻止事故的继续和扩大，减少保险标的损失，投保人或被保险人用于抢救、保护、整理被保险财产而付出的合理费用。

②核定事故性质和评估保险标的损失的费用。这部分费用主要是用于核定事故的性质、原因所支付的查勘及鉴定费用，以及评估保险标的损失程度而支付的费用等。

③仲裁或诉讼费用。仲裁或诉讼费用是指投保人或被保险人为保险利益需要仲裁或诉讼所支付的必要的、合理的费用。

(5)保密义务

根据《保险法》第一百一十六条第十二款规定，保险公司及其工作人员在保险业务活动中不得有“泄露在业务活动中知悉的投保人、被保险人的商业秘密”行为。

在订立和履行保险合同的过程中，保险人通过询问、现场查勘、审核证明资料等，可以了解投保人和被保险人的一些业务和财产情况，这可能涉及投保人、被保险人的秘密、隐私，以及其他不愿公开的事项，因此保险人必须替他们保密，这也是遵守《保险法》的表现。

4.1.5 保险合同的变更

汽车保险合同的变更是指在保险合同有效期内，投保人和保险人通过协商，在不违反有关法律、法规的情况下，变更保险合同的主体、客体和内容。保险合同的变更方式主要有以下三种：

1. 汽车保险合同主体的变更

(1)一般情况下，保险人是不会变更的

但特殊情况下，例如保险人破产、被责令停业、公司合并或分立，就可能导致保险人的变更。此种情况下，为了保护被保险人的权利，各国保险法都规定原保险人必须将持有的保险合同转移给其他保险人，以保证保险合同继续有效。

(2)投保人的变更

由于汽车保险合同期限较短，且多为一次性缴足保险费，所以汽车保险合同中一般不会出现投保人的变更。但在人身保险合同中，由于合同期限长，且多为分期付款，在保险合同有效期内，可能出现投保人死亡或投保人因婚变而不愿继续缴费等情况，所以为使保险合同继续有效，会经常出现投保人变更。

(3)被保险人的变更

被保险人的变更在汽车保险合同中经常出现。由于我国汽车工业发展迅猛，新车型不断推出，所以更新旧车的频率大大加快，出现了大量的二手车交易业务。此种情况下，随着车辆的转让保险标的的所有权发生转移，原被保险人已失去对保险标的的保险利益，此时被保险人应变更为保险标的的新所有者。

2. 汽车保险合同客体的变更

保险合同客体是保险利益，保险利益的载体是保险标的。因此，保险合同客体的变更是指在保险合同的有效期内，投保人和保险人通过协商，变更保险标的的保险范围。如汽车保险合同中，保险标的出险数量增减、保险价值明显增加或减少等情况导致保险利益明显变化时，被保险人可以向保险人提出保险合同变更的申请。

3. 汽车保险合同内容的变更

保险合同内容的变更是指在主体不变的情况下，改变保险合同中约定的当事人双方的权利和义务。汽车保险合同中，内容变更的常见情况有用途改变、危险程度增加、延长或缩短保险期限、扩大或缩小保险责任范围和条件等，这些都会影响保险人所承担的风险大小，都会导致增加或减少保险费，因此必须变更保险合同的内容。

保险合同变更的程序是：首先由投保人或被保险人提出变更保险合同的书面申请；其次保险人审核变更请求并作出相应决定，如风险增大而需增加保险费的，投保人应按规定补缴，如风险降低而应减少保险费的，保险人需退还；最后保险人签发批单，保险合同变更生效。

4.1.6 保险合同的解除

保险合同的解除是指在保险合同有效期限内，当事人双方协议或者一方依法解除保险合同的行为。保险合同的解除分为投保人解除和保险人解除。

1. 投保人解除

由于保险合同是为分担投保人的风险而订立的，因此《保险法》赋予了投保人可以任意解除保险合同的权利，但有特殊规定的除外。例如，货物运输和运输工具航程等保险合同、保险责任开始后，投保人不得解除合同。

投保人在保险合同有效期内解除保险合同时，要支付相关费用。在汽车保险责任开始前，投保人要求解除保险合同的，应向保险人支付一定的退保手续费，保险人应当退还保险费。保险责任开始后，投保人要求解除保险合同的，自通知保险人之日起，保险合同解除，保险人按短期月费率收取自保险责任开始之日起至合同解除之日止期间的保险费，并退还剩余部分保险费。

2. 保险人解除

为保证被保险人的权利，《保险法》有明确的规定，保险人不得随意解除保险合同。但是当投保人、被保险人存在一定的违约或违法行为时，保险人也可以解除保险合同。依照规定，保险合同成立后，如有下列情形，保险人可以解除保险合同。

(1)投保人不履行如实告知义务

《保险法》第十六条规定："订立保险合同，保险人就保险标的或者被保险人的有关情况提出询问的，投保人应当如实告知。投保人故意或者因重大过失未履行前款规定的如实告知义务，足以影响保险人决定是否同意承保或者提高保险费率的，保险人有权解除合同。前款规定的合同解除权，自保险人知道有解除事由之日起，超过三十日不行使而消灭。自合同成立之日起超过二年的，保险人不得解除合同；发生保险事故的，保险人应当承担赔偿或者给付保险金的责任。投保人故意不履行如实告知义务的，保险人对于合同解除前发生的保险事故，不承担赔偿或者给付保险金的责任，并不退还保险费。投保人因重大过失未履行如实告知义务，对保险事故的发生有严重影响的，保险人对于合同解除前发生的保险事故，不承担赔偿或者给付保险金的责任，但应当退还保险费。保险人在合同订立时已经知道投保人未如实告知的情况的，保险人不得解除合同；发生保险事故的，保险人应当承担赔偿或者给付保险金的责任。"

(2)被保险人或受益人有违法行为

被保险人或受益人的违法行为包括谎称发生保险事故骗保和故意制造保险事故两种，任何一种出现，保险人都可以解除保险合同。

《保险法》第二十七条规定："未发生保险事故，被保险人或者受益人谎称发生了保险事故，向保险人提出赔偿或者给付保险金请求的，保险人有权解除合同，并不退还保险费。投保人、被保险人故意制造保险事故的，保险人有权解除合同，不承担赔偿或者给付保险金的责任；除本法第四十三条规定外，不退还保险费。保险事故发生后，投保人、被保险人或者受益人以伪造、变造的有关证明、资料或者其他证据，编造虚假的事故原因或者夸大损失程度的，保险人对其虚报的部分不承担赔偿或者给付保险金的责任。投保人、被保险人或者受益人有前三款规定行为之一，致使保险人支付保险金或者支出费用的，应当退回或者赔偿。"

(3)投保方不履行安全责任

我国《保险法》规定了投保人或被保险人有维护标的安全的义务，投保人或被保险人对

保险标的安全未尽责任的，保险人有权解除合同。

《保险法》第五十一条规定："被保险人应当遵守国家有关消防、安全、生产操作、劳动保护等方面的规定，维护保险标的的安全。保险人可以按照合同约定对保险标的的安全状况进行检查，及时向投保人、被保险人提出消除不安全因素和隐患的书面建议。投保人、被保险人未按照约定履行其对保险标的的安全应尽责任的，保险人有权要求增加保险费或者解除合同。保险人为维护保险标的的安全，经被保险人同意，可以采取安全预防措施。"

(4)保险标的的危险程度增加

《保险法》规定了被保险人对保险标的危险程度增加有及时通知保险人的义务。不论何种原因引起的危险变化，被保险人都应当及时通知保险人。否则，保险人可以解除保险合同。《保险法》第五十二条规定："在合同有效期内，保险标的的危险程度显著增加的，被保险人应当按照合同约定及时通知保险人，保险人可以按照合同约定增加保险费或者解除合同。保险人解除合同的，应当将已收取的保险费，按照合同约定扣除自保险责任开始之日起至合同解除之日止应收的部分后，退还投保人。被保险人未履行前款规定的通知义务的，因保险标的的危险程度显著增加而发生的保险事故，保险人不承担赔偿保险金的责任。"

3. 保险合同解除的程序

先由解约方向对方发出解约通知书，然后经双方协商一致解除合同或一方依据法律终止合同。如果协商不一致或对一方依法终止合同有争议的，可通过仲裁或诉讼方式解决。

4.1.7 保险合同的终止

汽车保险合同的终止是指保险合同双方当事人消灭保险合同确定的权利和义务的行为。合同终止后，保险合同当事人失去了其原来享有的权利，同时也不用再履行其应承担的责任。导致保险合同终止的原因很多，除前述的保险合同解除会导致保险合同效力终止外，还包括以下四种：

(1)保险合同因期满而终止

保险合同因期限届满而终止，这是最普遍、最基本的方式。保险合同签订后，虽然未发生任何保险事故，但如果合同的有效期已届满，则保险人的保险责任亦告终止。若保险期间发生保险事故，保险人赔付保险金后，但不是全部保险金额，合同也将继续有效，直至保险期满而自然终止。

(2)保险合同因义务履行而终止

在合同有效期内，保险事故发生后，保险人依合同规定履行了赔付保险金的全部责任，即保险人完成了合同的全部义务，保险合同即告终止。这里的全部责任，是指发生了保险事故并且保险人按约定的保险金额进行了全部赔付。

(3)因当事人行使终止权而终止

当事人行使终止权是指保险标的部分受损，在保险人赔偿后，双方当事人都可终止合同的情况。《保险法》第五十八条规定："保险标的发生部分损失的，自保险人赔偿之日起三十日内，投保人可以解除合同；除合同另有约定外，保险人也可解除合同，但应当提前十五日通知投保人。合同解除的，保险人应当将保险标的未受损失部分的保险费，按照合同约定扣除自保险责任开始之日起至合同解除之日止应收的部分后，退还投保人。"

(4)因非保险事故引起保险标的全部灭失而导致保险合同终止

保险标的因非保险事故而灭失后，保险合同失去了保障对象，导致无法履行其责任，因此保险合同不得不终止。

4.1.8 保险合同的解释与争议处理

1. 汽车保险合同的解释原则

汽车保险合同的解释是对保险合同约定条款的理解和说明。保险合同生效后，双方当事人履行各自义务、保障自身权利的前提是对保险合同有一致的理解。但在保险实践中，保险双方当事人由于种种原因对保险合同往往有不同的解释，这会直接影响双方当事人各自的权利和义务，并引发保险纠纷，因此必须规范保险合同的解释。保险合同的解释原则有：

(1)文义解释

文义解释就是对保险合同中条款的文字用最常用的、一般的文字意义并结合上下文进行解释。文义解释原则是解释保险合同条款最主要的方法。

(2)意图解释

意图解释是指当保险合同的某些条款文义不清、用词混乱或含糊，无法运用文义解释时，应根据双方当事人订立合同时的真实意图进行解释。运用意图解释原则时，要根据合同的文字、订约的背景及客观实际情况等因素综合分析，以合理判断出合同当事人订约时的真实意图。

(3)有利于被保险人或受益人的解释

由于保险合同是格式合同，其主要条款通常是由保险人事先制定的，保险人在制定保险合同条款时，会更多地考虑其自身利益。而投保人在订立保险合同时，对保险条款只能进行选择，即同意接受或不同意接受，却不能对其进行修改。因此，从公平合理的角度出发，当保险合同某些条款出现一词多义时，应当做有利于非起草人(即被保险人或受益人)的解释。这也是《民法典》和《保险法》所规定的，有利于保护弱势群体。

(4)尊重保险惯例解释

保险是一个专业性极强的行业，在长期实践中，保险业产生了许多专业用语和行业习惯用语，这些用语为世界各国保险经营者所承认和接受。在对这些用语做解释时，应考虑其在保险合同中的特别含义，即在这种情况下，用尊重保险惯例的原则来解释保险合同。

2. 汽车保险合同争议的处理

当投保人、被保险人和保险人对汽车保险合同出现了各自的解释，又无法达成一致时，便产生了保险合同的争议。保险合同争议的处理方法通常有协商、仲裁和诉讼三种。

协商是指双方当事人本着互谅互让、实事求是的原则，在平等互利、合法的基础上自行解决争议。协商解决方式的好处是双方气氛友好、处理事情的灵活性大，并能节省仲裁或诉讼的费用。

仲裁是指双方当事人把保险合同的纠纷诉诸有关仲裁机关，由仲裁机关做出判断或裁决。仲裁解决方式费用较诉讼低，且不公开进行，不至于损害双方的利益。另外，仲裁结

果为终局制，一经做出便产生法律效力，必须执行。如一方拒不执行，另一方可向人民法院申请强制执行。若对仲裁结果不服，可在收到仲裁决定书之日起十五日内向法院提起诉讼。

诉讼是指双方当事人请求人民法院依照法定程序，对于保险纠纷予以审查，并做出判决。诉讼解决方式是司法活动，司法判决具有国家强制力，当事人必须执行。

4.2 承保流程

汽车承保是保险人与投保人签订保险合同的过程。从事展业的人员向客户宣传保险产品，帮助客户分析风险种类及相应管理方法，并制定出完善的保险方案；而客户根据自身情况及展业人员的介绍，产生购买保险的愿望，并填写投保单；然后保险人审查投保单，向投保人询问有关保险标的和被保险人的各种情况，从而决定是否接受投保。如果保险人接受投保，则收取保险费，出具保险单和保险凭证，保险合同即告成立，并按约定时间生效。如果保险人根据当前的客户条件尚不能确定，则可向客户提出需要补充的事项，或表明可以接受投保的附加条件。当然，保险人也可以直接拒绝承保。

案例4-4

赵先生最近有点烦，因为他的车险今年5月初已到期，由于他的车上个年度出了7次险，之前承保他车险的A保险公司嫌他出险次数太多，理赔额高于保费，已对其明确表示只可以承保他的交强险和第三者责任保险，其他商业车险不能给他续保了。

对于A保险公司的答复，赵先生也没表现出太多的愤怒，按照往年惯例，这家不保完全可以去另外一家投保，不怕买不到车险。于是他来到了B保险公司，该公司工作人员查询王某提供的上一年出险情况后，告知赵先生："您的车辆上一年出了7次险，已经超出本公司承保规定，因此不能接受您投保商业车险的请求。"这下可急坏了赵先生，又询问了其他几家保险公司，答复都相似，看来自己的车注定要成为没有保险公司承保的"流浪车"了。

之后，赵先生对乔先生说了自己的遭遇，乔先生也很感慨。原来他的车险合同也马上就到期了，他咨询保险公司续保问题时，被告知他的车属于保险公司核保政策里规定的进口老旧车型，也不能予以承保。二人同病相怜，抱怨保险公司这种规避风险的方法有点太不厚道了。以上两位被拒保到底是怎么回事呢？保险公司违规了吗？

分析：实际上，商业车险属于保险公司自身的商业行为，保险公司和车主都有权决定是否签订保单，保险公司拒保高风险业务没有违规。在商业车险条款中，并没有对保险公司做拒保的束缚，拒保是各保险公司根据自己内部的核保政策所做出的举措，并不是行业统一的政策。而对于交强险，保险公司是不能拒保的。

在保险合同有效期内，如果保险标的的所有权改变，或者投保人因某种原因要求更改或取消保险合同，则需进行批改作业。保险合同接近期满时，保险人会征询投保人意愿，是否继续办理保险事宜，即续保。

因此，一个完整的承保流程可以概括为六个环节，即展业→投保→核保→签发单证→

批改→续保，其核心环节为投保→核保→签发单证。汽车保险承保流程见图 4-1。

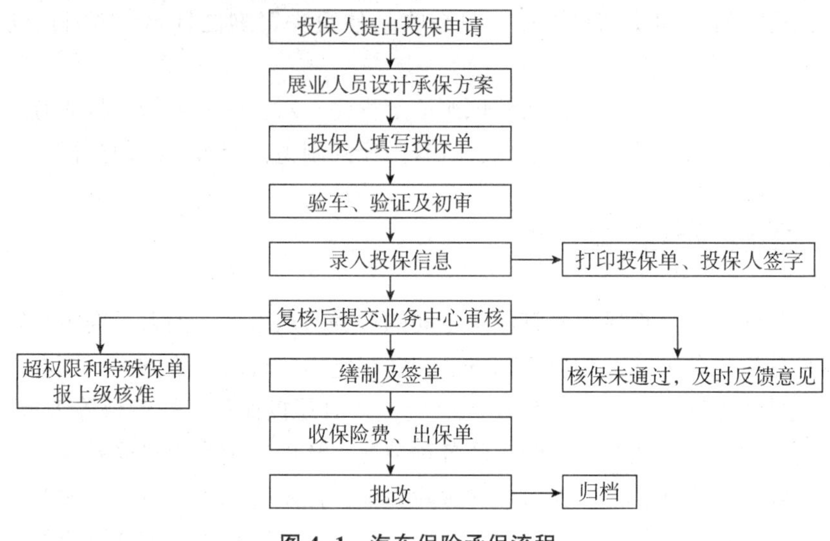

图 4-1　汽车保险承保流程

4. 2. 1　保险展业

保险展业是保险人向客户宣传保险、介绍保险产品的过程，是保险经营的第一步。从事展业工作的人员可以是保险公司员工，也可以是中介机构的代理人或经纪人等。展业工作做得如何，直接影响保险产品的销售量，直接影响用于事故补偿的保险基金的积累量，因此各家保险公司都非常重视展业工作，不断提高展业人员的业务素质，利用代理人、经纪人拓宽服务网络，同时注重加强保险的宣传。汽车保险展业人员应具备以下这些业务能力：

①掌握保险基本原理、运行原则、保险合同等基础知识；

②掌握条款、费率规章、承保规定、理赔流程等；

③掌握本地区车险市场动态和竞争对手的业务重点、展业手段；

④熟悉汽车使用的常见风险及管理方法；

⑤熟悉本地区汽车保有量、增长量、各类车型所占比例、以往保险情况、事故次数、出险赔付等；

⑥熟悉客户需求，尤其是大客户，以便做好公关工作；

⑦了解交通管理、交通事故处理的相关法律法规；

⑧了解汽车保险的相关法律法规；

⑨了解汽车管理的相关法律法规，如《机动车强制报废标准》等。

1. 汽车保险展业的意义

汽车保险展业的开展可以促进社会经济发展，同时可以给被保险人社会再生产的持续进行提供有力的保障。对保险人而言，保险展业的根本目的就是要增加保险标的数量，扩大保险基金。展业工作所具有的重大意义是由保险本身的特点所决定的，主要表现在以下几个方面：

(1)增强人们的风险管理意识

汽车保险产品是一种无形的商品，它所能提供的是对被保险人未来生产、生活的保

障。保险产品在保险期间内能否发挥效用具有很大的不确定性，这就使人们对保险的需求比较被动。因此，汽车保险展业工作可以提升人们对风险的认知和防范意识，减少风险发生后带来的不必要的损失，激发人们对汽车保险的潜在需求，促使人们购买保险。

(2)有利于保险企业的稳定和发展

广泛的汽车保险展业工作不仅能为经营汽车保险的企业带来新客户，而且也可以唤起全社会的风险意识，对树立整个保险业的良好形象起到重要作用。汽车保险展业人员的大规模推广工作，不仅宣传了保险企业所经营的保险产品，也增强了保险企业的影响力。同时，汽车保险展业工作开展得越好，参与投保的保险标的数量就越多，越符合保险大数法则的要求，保险企业的经营也就越稳定。

(3)争夺市场份额，提高企业的市场竞争力

保险企业之间的竞争主要是市场的争夺。通过积极有效的展业活动，保险企业承保的保险标的越多，由保险费形成的责任准备金就越多，保险经营的风险就越低，这也为进一步降低保险价格、提高保险企业的市场综合竞争力提供了保障。汽车保险展业的顺利开展，可以促进保险经营的良性循环。

(4)通过展业对保险标的和风险进行选择

对于保险企业来说，为了完成展业任务，占用的人力和费用成本最高，因为在展业过程中可能出现逆选择。汽车保险展业过程也是甄别风险、避免逆选择的过程。

2. 汽车保险展业的策略

(1)展业渠道创新

保险人在维持汽车保险传统销售渠道的同时，还要积极开拓新的展业集道。例如，2007年，经原保监会批准，平安保险电话车险产品率先在国内推出，私家车主拨打电话投保车险，保险责任与其他渠道完全一致，保费却更低。这种新型营销模式的引入，改变了车险市场原有的渠道，而百亿元的销售业绩则证明了电销车险的成功。目前，汽车保险展业可选的销售渠道有保险公司专属代理人(保险推销员)、兼业代理渠道(如经销商销售车险)、电话销售渠道、互联网销售渠道、专业中介渠道(经纪代理渠道)等。

(2)良好的激励机制

经营汽车保险的企业应建立有效的激励机制，通过组织业务竞赛等活动，增强员工的竞争意识。企业要对那些在爱岗敬业、团队合作及车险险种开发等方面有特殊贡献的个人或团队进行表彰，同时为展业人员创造良好的外部及内部工作环境。

(3)车险产品创新

在汽车保险展业过程中，要积极实施各险种分层开发，用不同的车险产品满足不同客户的保险需求。保险企业对于不符合市场需求的旧险种要大胆调整。例如，针对自动驾驶汽车、网约车、新能源汽车、老年代步车等，保险企业要响应市场需求，积极开发新的车险险种以迎合社会需要。

(4)实施有效的费改

费改对于保险展业的影响，涉及保险条款、费率、核保、理赔政策的调整等方面。有效的费改可以让汽车保险行业统一示范条款，展业人员不用担心不同保险企业相应保险条款间的差异，保额的确定方式更合理，保障范围更广泛。例如，2015年费改后，被保险人或被保险人允许的合法驾驶人的家人可以在第三者责任保险项下赔付，车辆在未上牌情况

下发生保险事故也可以获得赔偿等。2020年费改后，交强险的保障额度提高；第三者责任保险之前只能赔对方住院社保内用药的，现在可以改为社保内外用药，从之前最高500万元的额度提升到了1000万元额度；机动车损失保险也有改变，之前盗抢险、自燃险、发动机涉水险、玻璃险、无法找到第三方、不计免赔险是单独购买的，现在都归纳在机动车损失保险范畴中，保障范围扩大。价格的浮动比例也更优化，自主定价保险企业经营更加灵活，低风险低保费，高风险高保费，奖优罚劣，保费差距拉开。同时，车险保费与随车、随人因素关联性更强，行业监管更有力，车险产品的开发权交给保险企业，选择权交给消费者，品牌优势更明显。

(5)全面售后服务策略

全面售后服务策略是指企业为消费者提供所需要的产品售后全过程的所有服务，这种策略几乎适用于所有经济价值高、寿命周期长、结构复杂和技术性强的产品，包括汽车保险产品。能够把汽车保险产品卖出去只是保险展业参与市场竞争的第一个层次，完善售后服务才是保证保险企业健康经营的重要环节。只有售后服务做好了，才能够进一步培养客户忠诚度。汽车保险展业是包括保险产品销售、理赔，以及后期续保服务的综合体。全面售后服务策略能够最大范围地使消费者满意，增强保险企业的竞争能力，进而扩大市场占有率，给保险企业带来良好的经济效益和社会效益，是保险企业汽车保险产品服务策略的发展方向。

3. 保险方案的设计

汽车保险展业人员要能够根据所掌握的各险种的保险条款，针对具体的保险标的用途、使用环境及使用人员等情况，设计出适合投保人的投保方案。保险方案设计时要依据一定的原则，即公平合理原则和最大诚信原则。公平合理原则，即用最小的成本实现对客户的最大保障，且防止存在不必要的保障范围；展业过程也要遵循最大诚信原则，尽到应有的说明义务，涉及保险条款中可能产生对投保人不利的规定要对投保人如实告知。

4.2.2 投保业务

所谓投保，是指投保人向保险人表达缔结保险合同的意愿，并按照保险合同支付保险费的过程。客户在使用汽车的过程中，面临多种风险，为规避风险，保障自身利益，客户一般会积极主动地了解汽车保险，并付诸购买行动。而现在的保险市场基本上是竞争比较充分的市场，可供客户选择的保险公司越来越多，各保险公司为了争取客户，纷纷树立自己的服务特色。

1. 投保的必要性

我国当前的汽车保险产品分两类：交强险和商业车险。

(1)交强险必须投保

我国于2006年7月1日开始施行交强险。如果机动车所有人、管理人未按照《道路交通安全法》《机动车交通事故责任强制保险条例》等法律规定投保交强险，则公安机关交通管理部门可以扣留在道路上行驶的机动车，并通知机动车所有人、管理人依照规定投保，同时处以依照规定投保最低责任限额应缴纳保费的2倍罚款。因此交强险作为机动车上道路行驶的必备条件，是必须购买的险种，这也是机动车所有人、管理人遵守法律的良好表现。

(2)商业车险应量力而行

交强险的保障总额为20万元；其中，死亡伤残赔偿限额为18万元，医疗费用赔偿限额为1.8万元；财产损失赔偿限额为0.2万元。这就是说，交强险只是体现了对第三者损害的基本保障，许多情况下不能完全补偿第三者的损失。而车辆所有者或使用者除面临第三者赔偿的风险，还面临车辆自身因交通事故、火灾、水灾、盗窃、雹灾、泥石流等意外事故遭受损失的风险，车上人员、车上货物等同样也面临多种风险，这些都需要车辆所有者或使用者进行风险转嫁，即购买第三者责任保险、机动车损失保险、机动车车上人员责任险等商业车险。由于商业车险险种丰富并以营利为目的，且坚持自愿购买原则，所以投保人应根据自身风险状况和经济能力综合考虑购买相应的险种和额度。

2. 投保注意事项

(1)投保前

①了解保险公司财务状况。投保人投保的目的是当保险合同约定的保险事故发生时，保险公司能补偿自身的经济损失，而保险公司的财务状况是否良好决定着其偿付能力是否充足。所以投保人在投保前应了解保险公司的财务状况。

②了解保险条款准确含义。保险条款是保险合同的组成部分之一，由保险公司单方面制定，因此投保人应详细了解条款的含义，确切知晓所购买的保险保障的内容。由于保险条款使用了大量专业术语，投保人可以就其不明白的地方询问展业人员，展业人员应据实回答。

③比较保险公司服务。主要考虑网点分布、售后服务、附加服务等。网点分布决定了投保、理赔的方便程度；售后服务包括业务人员是否热情周到、及时送达保险单、及时通报新产品、及时赔付、耐心听取并真心解决客户的投诉、注意与客户的沟通等；附加服务是提高公司形象的重要手段，也是其提供的延伸产品，如持保险单在日常生活中享受消费优惠、经常召开联谊会、对故障车辆免费施救、给客户免费洗车等。

④比较保险产品内容。主要考虑保险产品的保险责任、保险费用。目前，各保险公司非常重视车险产品的开发，使保险产品的品种和类型越来越丰富。面对不同的车险产品，投保人应根据自身情况，挑选最适合与满意的产品。挑选保险产品时，首先要注意所选险种的保险责任与自己的风险是否对应，因为保险公司只负责赔偿保险责任范围内的损失；其次，车险产品的价格也是需要考虑的因素，对此，投保人可根据保险公司提供的费率规章和各种优惠政策进行简单的费用计算，然后比较其价格高低，争取以较少的投入获得适合自身风险的较大保障。

⑤比较并选择投保方式。常见的投保方式有上门投保、到保险公司营业部门投保、电话投保、网上投保、通过保险代理人投保、通过保险经纪人投保等。各种投保方式的费率优惠程度也有所不同，投保人可以根据自己的意愿选择以何种方式投保。

(2)投保时

①投保时应如实告知。投保人无论投保交强险还是投保商业车险，都应当如实告知。否则，被保险机动车发生保险事故时，保险公司将不负责赔偿。

②应及时交纳保险费，以保障自身权益。根据规定，交纳保险费一般是保险合同生效的前提条件，而保险费交纳前发生的保险事故，保险人不承担赔偿责任。

③不重复投保。构成重复保险的车辆出险时，各保险公司一般是按其保险金额与保险金额总和的比例承担赔偿责任的，不存在重复保险重复赔偿的问题，只能是多付保险费。

④不超额投保。超额保险中，其超出部分无效，其赔偿效果等同于足额保险。因此，投保人不要超额投保，避免浪费金钱。

(3)投保后

①了解保险责任开始时间。保险责任开始时间应由双方在保险合同中约定。如果没有约定，保险实务中规定，于次日零时生效。投保人必须清楚合同生效时间，合同生效才对自己有保障，否则，保险公司不承担赔偿责任。

②注意对被保险车辆的安全维护。对被保险车辆的安全维护，是被保险人应尽的义务，也是享受保险合同保障的前提条件。

③对保险公司服务不满意的，投保人具有随时退保的权利。退保时，保险公司应收取自保险责任开始之日起至合同解除之日止的保险费，退还剩余部分保险费。

3. 汽车保险投保单填写

投保单是投保人向保险人要约意思表示的书面文件，投保人必须如实填写。汽车保险投保单一般包括投保人和被保险人情况、投保车辆情况、投保险种和期限、特别约定，以及投保人签章、标的初审情况等。表 4-1 为某财产保险股份有限公司机动车保险投保单。

表 4-1　某财产保险股份有限公司机动车保险投保单

<table>
<tr><td colspan="2">投保人/被保险人</td><td colspan="10"></td></tr>
<tr><td colspan="2">个人身份证号码</td><td colspan="5"></td><td colspan="2">组织机构代码</td><td colspan="3"></td></tr>
<tr><td colspan="2">联系人姓名</td><td colspan="5"></td><td colspan="2">联系电话</td><td colspan="3"></td></tr>
<tr><td colspan="2">联系地址</td><td colspan="5"></td><td colspan="2">邮政编码</td><td colspan="3"></td></tr>
<tr><td colspan="2">行驶证车主</td><td colspan="10"></td></tr>
<tr><td colspan="2">投保险种</td><td colspan="3">□商业车险　□交通事故责任强制保险</td><td colspan="2">交强险承保公司</td><td colspan="2"></td><td colspan="3">其保单号写入备注</td></tr>
<tr><td colspan="2">车辆类型</td><td colspan="3"></td><td colspan="2">厂牌型号</td><td colspan="2"></td><td colspan="2">排量</td><td></td></tr>
<tr><td colspan="2">新车购置价格</td><td colspan="3"></td><td colspan="2">购置时间</td><td colspan="2"></td><td colspan="2">车身颜色</td><td></td></tr>
<tr><td colspan="2">发动机号</td><td colspan="3"></td><td colspan="2">车架号（VIN）</td><td colspan="5"></td></tr>
<tr><td colspan="2">核定座位或载质量</td><td colspan="3"></td><td colspan="2">车牌号码</td><td colspan="5"></td></tr>
<tr><td colspan="2">车辆制造/登记年月</td><td colspan="10">□国产　□进口　□改装或组装</td></tr>
<tr><td rowspan="2">指定驾驶员</td><td>主</td><td>姓名</td><td></td><td>性别</td><td></td><td>年龄</td><td></td><td>准驾车型</td><td></td><td>驾龄</td><td></td></tr>
<tr><td>副</td><td>姓名</td><td></td><td>性别</td><td></td><td>年龄</td><td></td><td>准驾车型</td><td></td><td>驾龄</td><td></td></tr>
<tr><td colspan="6">投保险种</td><td colspan="4">保险金额/赔偿限额(万元)</td><td colspan="2">保费(元)</td></tr>
<tr><td colspan="6">车辆损失险</td><td colspan="4"></td><td colspan="2"></td></tr>
<tr><td colspan="6">商业第三者责任险</td><td colspan="4"></td><td colspan="2"></td></tr>
<tr><td colspan="6">附加绝对免赔率特约条款(□5%□10%□15%□20%)</td><td colspan="4"></td><td colspan="2"></td></tr>
<tr><td colspan="6">车轮单独损失险</td><td colspan="4"></td><td colspan="2"></td></tr>
<tr><td colspan="6">修理期间费用补偿险(天数____日____补偿金额____)</td><td colspan="4"></td><td colspan="2"></td></tr>
</table>

续表

<table>
<tr><td colspan="3">新增加设备损失险</td><td colspan="2"></td><td></td></tr>
<tr><td colspan="3">车上货物责任险</td><td colspan="2"></td><td></td></tr>
<tr><td rowspan="3">车上人员责任险</td><td colspan="2">驾驶员</td><td colspan="2"></td><td></td></tr>
<tr><td colspan="2">前排乘客(座位数____)</td><td colspan="2"></td><td></td></tr>
<tr><td colspan="2">后排乘客(座位数____)</td><td colspan="2"></td><td></td></tr>
<tr><td colspan="3">发动机进水损坏除外特约条款</td><td colspan="2"></td><td></td></tr>
<tr><td colspan="3">精神损害抚慰金责任险</td><td colspan="2"></td><td></td></tr>
<tr><td colspan="3">医保外医疗费用责任险</td><td colspan="2"></td><td></td></tr>
<tr><td colspan="3">法定节假日限额翻倍险</td><td colspan="2"></td><td></td></tr>
<tr><td colspan="5">车身划痕损失险(限额 □人民币 2000 元 □人民币 5000 元 □人民币 10000 元 □人民币 20000 元)</td><td></td></tr>
<tr><td colspan="3">车辆损失保额确定方式：按照 □新车购置价 □新车购置价扣减折旧 □特别约定确定</td><td>月折旧率</td><td colspan="2">□6‰ □9‰ □12‰</td></tr>
<tr><td>往年保险索赔记录</td><td colspan="5">□上三年无赔款记录 □上二年无赔款记录 □上年无赔款记录 □初次投保
□上年发生一次赔款 □上年发生二次赔款 □上年发生三次赔款
□上年发生四次赔款 □上年发生五次赔款 □上年发生五次以上赔款</td></tr>
<tr><td rowspan="2">使用性质</td><td>□非营业</td><td colspan="4">□个人用车 □企业用车 □机关用车 □货车 □特种车一
□特种车二 □特种车三 □挂车</td></tr>
<tr><td>□营业</td><td colspan="4">□出租、租赁 □城市公交 □公路客运 □货车 □特种车一
□特种车二 □特种车三 □特种车四 □挂车</td></tr>
<tr><td>行驶区域</td><td colspan="2">□省(市)内/500 km 单程内 □中国境内</td><td>货物装载性质</td><td colspan="2">□化工易燃易爆
□建筑材料 □其他</td></tr>
<tr><td>保养状况</td><td colspan="2"></td><td>年行驶里程</td><td colspan="2">km/年</td></tr>
<tr><td colspan="2">车辆损失绝对免赔额</td><td colspan="4">□0 □300 □500 □1000 □2000 □5000 (单位：人民币元)</td></tr>
<tr><td>投保方式</td><td colspan="2">□直接业务 □代理业务</td><td>投保年度</td><td colspan="2">□首年投保 □续保</td></tr>
<tr><td colspan="2">商业车险保费金额合计</td><td colspan="4">(单位：人民币元)</td></tr>
<tr><td colspan="4">交强险与交通安全违法行为和道路交通事故相联系的浮动比率</td><td colspan="2"></td></tr>
<tr><td colspan="4">交强险保费金额(单位：人民币元)</td><td colspan="2"></td></tr>
<tr><td colspan="4">总保费金额合计(人民币大写)：</td><td colspan="2"></td></tr>
<tr><td colspan="6">保险期间：自 年 月 日 时起至 年 月 日 时止，共 个月</td></tr>
<tr><td colspan="6">本合同发生争议，双方应协商解决，如经双方协商未达成协议的，采取下列之一方式解决：
□向______仲裁委员会申请仲裁，但未达成仲裁协议的可以向法院起诉； □向人民法院提起诉讼。</td></tr>
<tr><td colspan="6">付费约定：</td></tr>
</table>

续表

<table>
<tr><td colspan="6">特别约定：</td></tr>
<tr><td colspan="6">投保人声明：
1. 上述所填内容和提供的其他相关资料全部属实；
2. 已认真阅读了保险合同条款的所有内容，了解了有关权利和义务，并充分注意到其中的责任免除条款，对此均无异议；
3. 同意按照上述条件投保。
投保人签名(盖章)：　　　　年　　月　　日</td></tr>
<tr><td colspan="6">以下内容由保险公司填写</td></tr>
<tr><td>车型系数</td><td colspan="5"></td></tr>
<tr><td>车队管理</td><td colspan="5"></td></tr>
<tr><td>预期赔付率</td><td colspan="5">□30%以下　□30%～50%　□50%～65%　□65%～90%　□90%以上</td></tr>
<tr><td>业务员</td><td></td><td>制单</td><td></td><td>核保人</td><td></td></tr>
<tr><td colspan="6">验车情况：
验车人：
年　　月　　日</td></tr>
<tr><td colspan="6">核保意见：
核保人：
年　　月　　日</td></tr>
<tr><td colspan="6">备注：</td></tr>
</table>

(1)投保人和被保险人情况

①投保人与被保险人的名称。对投保人资格的要求是：应当具有相应的权利能力和行为能力，同时对保险标的具有保险利益。在投保单上填写投保人姓名的目的在于保险人核实其资格，避免出现保险纠纷。被保险人是指其车辆及使用责任受保险合同保障、享有保险金请求权的人，被保险人也应当在投保单上填写其姓名，被保险人也可以为投保人。

投保人与被保险人为单位的，名称填写全称(与公章名称一致)；为个人的，填写姓名。名称应与车辆行驶证相符，使用人或所有人称谓与行驶证不符或车辆是合伙购买与经营时，应在投保单特别约定栏内注明，以便登录在保险单上。

②投保人与被保险人住所。投保单上需填写投保人与被保险人的详细地址、邮箱、电

话及联系人，以便于联系。保险人接到投保人填写的投保单后需进行核保。这是因为合同生效后，保险人需定期或不定期地向客户调研自身的服务质量或通知被保险人有关信息，这些都需要保险人与投保人或被保险人及时联系。地址是指法律确认的自然人的生活住所或法人的主要办事机构所在地。

(2)投保车辆情况

保险车辆有关资料这一项主要目的是确定投保车辆的唯一性，一般包括号牌号码、厂牌型号、发动机号、车架号、VIN(Vehicle Identification Number)码、车辆种类、初次登记日期、年均行驶里程等。

①号牌号码。填写车辆管理机关核发的号牌号码并注明底色，如京 A×××××(蓝)。号牌号码应与车辆行驶证一致。

②厂牌型号。此处应填写厂牌名称与车辆型号。

③厂牌型号、发动机号、车架号、VIN 码等按照投保车辆行驶证或合格证的内容填写。对于新车尤其注意要把合格证上的发动机号码、车架号、VIN 码中的字母和数字都写完整；对于有 VIN 码的车辆，应以 VIN 码代替车架号。

VIN 码由一组字母和阿拉伯数字组成，共 17 位。它是识别一辆汽车不可缺少的工具，被誉为“汽车身份证”。VIN 的每位代码都代表着汽车某方面的信息。按代码顺序，可以识别出该车的生产国家、制造公司或生产厂家、车辆类型、品牌名称、车型系列、车身型式、发动机型号、车型年款(生产年份)、安全防护装置型号、检验数字、装配工厂名称和出厂顺序号码等。对于 VIN 代码在车上的位置，各大汽车制造厂不完全一样，在大多数汽车上，都可以在驾驶员侧的仪表盘上找到 VIN，从车外透过挡风玻璃也可以看到此号码。此标记通常位于驾驶员侧车门内的不干胶或铭牌上，或位于车门的框基上。有的 VIN 码会印在杂物箱内。此外，它还经常出现在汽车产权证书和保险凭证上。大型客车、货车可能在整车底盘处等。

各国技术法规一般只规定车辆识别代码的基本要求，例如，应由 17 位代码组成，字母和数字的尺寸、书写形式、排列位置和安装位置等，保证 30 年内不会重号。除对个别符号的含义有硬性规定外，其他不做硬性规定，由生产厂家自行规定其具体含义。

我国国家标准《道路车辆　车辆识别代号(VIN)》(GB 16735—2019)与《道路车辆　世界制造厂识别代号(WMI)》(GB 16737—2019)配套使用，在全国范围规范车辆的生产，为管理提供依据。车辆识别代号由世界制造厂识别代号、车辆说明部分(VDS)和车辆指示部分(VIS)三个部分组成(图 4-2)。

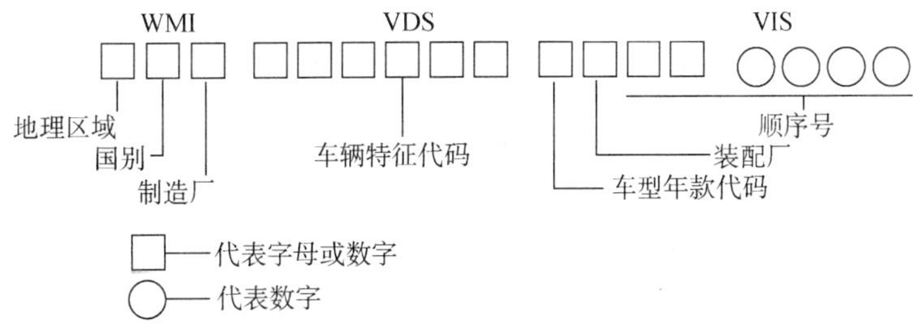

图 4-2　VIN 码

VIN 代码的第 1~3 位为世界制造厂识别代号，按地理区域分配给各国，各国再分配给本国的制造厂。第 1 位是地理区域代码，如亚洲、非洲、欧洲、大洋洲、北美洲、南美洲；第 2 位是国家代码，由美国汽车工程师协会(SAE)分配，第 3 位是制造厂代码，由各国自行分配。

中国部分汽车生产厂家代码举例：LSV——上海大众；LEV——一汽大众；LEN——北京吉普；LHC——广州本田；LS5——长安汽车等。

VIN 代码的第 4~9 位是车辆说明部分(VDS)，表示车辆的类型和配置。若其中的一位或几位字符不用，则必须用选定的字母或数字占位。该部分编码一般包含以下信息：车系；动力系统(发动机型号、变速器型式)；车身型式；约束系统配置(气囊、安全带等)；校验码(第 9 位，用 0~9 或 X 表示)。

VIN 代码的第 10~17 位为车型指示部分(VIS)，是制造厂为了区别每辆车而指定的一组字符，最后 4 位字符应该是数字。第 10 位表示车型年代，用字母或数字表示，不能采用数字 0 和字母 I、O、Q、U、Z，车辆生产年份代表字码见表 4-2。第 11 位字母或数字表示装配厂，若无装配厂可改定其他内容；如制造厂生产的某种类型的车年产量大于 500 辆，最后 6 位字码表示生产顺序号；如果年产量少于 500 辆，则 VIS 的第 3、4、5 位字码与 WMI 的 3 位字码一起表示一个车辆制造厂，最后 3 位表示生产顺序号。

表 4-2　车辆生产年份代表字码

年份	代码	年份	代码	年份	代码
2001	1	2011	B	2021	M
2002	2	2012	C	2022	N
2003	3	2013	D	2023	P
2004	4	2014	E	2024	R
2005	5	2015	F	2025	S
2006	6	2016	G	2026	T
2007	7	2017	H	2027	V
2008	8	2018	J	2028	W
2009	9	2019	K	2029	X
2010	A	2020	L	2030	Y

④车辆种类。按照车辆行驶证上注明的车辆种类填写。车辆种类主要包括货车、客车、客货两用车、挂车、摩托车(不含侧三轮)、侧三轮、农用拖拉机、运输拖拉机、低速载货汽车、特种车等种类，若为特种车，则还需要写明车辆用途。

⑤车辆使用性质。车辆使用性质主要分营业与非营业两类，目前，多数保险公司又将其细分为家庭自用、非营业用(不含家庭自用)、出租/租赁、城市公交、公路客运、旅游客运、营业性货运等。

⑥核定载客人数/核定载质量。根据车辆行驶证注明的核定载客人数或核定载质量填写。客车填写核定载客人数，货车填写核定载质量，客货两用车填写核定载客人数和核定

载质量。

⑦排量/功率。汽车、摩托车填写排量，拖拉机填写功率。排量单位为 L，功率单位为 kW。

⑧初次登记年月。根据行驶证上的登记日期填写。它是理赔时确定车辆实际价值的依据。

⑨年平均行驶里程。指投保车辆自出厂到投保单填写日的实际已行驶的总里程与已使用年限的比值。一般根据里程表上显示的总里程数计算；如果里程表有损坏或进行过调整、更换，则应根据车辆实际已行驶的里程计算。

⑩上年是否在本公司投保商业车险，用以判定投保人能否享受无赔款优待及优待比例，同时还判定投保人是否为本公司的续保客户或忠诚客户。

⑪行驶区域。汽车可指定行驶区域，以获得费率优惠。指定行驶区域分省内行驶和固定行驶路线，对固定行驶路线还需指明具体路线。

⑫是否为未还清贷款的车辆。如果是，写明贷款方是谁。同时保险公司一般会要求投保人选择保险范围较宽的险种，以保障财产的安全。

⑬机动车损失保险与车身划痕险若选择汽车专修厂，则费率将上浮一定比例。

⑭上年度的赔款次数和交通违法行为，是费率浮动的依据。

(3)投保险种和期限

投保险种确定保障的风险类别。交强险必须投保，商业车险投保人根据自己面临的风险和经济水平自行确定投保项目、保险金额或责任限额。

保险期限填写的目的是明确合同期限，保险期限通常为一年。费率表中的费率是保险期限为一年的费率，保险期限不足一年的按短期月费率计收保险费，不足一个月的按一个月计算，短期保险费=年保险费×短期月费率系数。

(4)特别约定

对保险合同的未尽事宜，投保人和保险人协商后，在此栏注明。特别约定内容不得与法律相抵触，否则无效。投保单和保险单特别约定内容要一致，且在投保时向客户如实告知。

(5)投保人签名/盖章

投保人对投保单各项内容如实填写，核对无误，并对责任免除和被保险人义务明示理解后，需在投保人签名/盖章处签名或盖章，并填写日期。

投保单必须由投保人亲笔签名认可方能生效。它的主要作用为：

①提供保险凭证所需要的信息。投保人签章就视同其确认了投保单上所提供的信息，保险人在签发保险证和保险单时，可以依据这些信息填写。

②便于保险人核保。保险人核保时，需要甄别承担风险和确定保险适合的条款。只有投保人签章后，才能确认投保单所提供的信息，便于投保人核保。

③获得投保人对保险合同信息的确认。投保人在投保单上签字后，保险人受理同意，投保单就构成保险合同的要件。如果核保后所填信息没有变化，保险人据此认为投保人已经确认了保险合同的信息。

(6)标的初审

标的初审是完成合同是否承诺的步骤。查验人员要写明验车或验证情况，并签名；业务来源要分类，业务员要签字；复核人签发意见并签名。

4.2.3 核保业务

保险公司除了要大量承揽业务，还要保证每笔业务的质量。大量承保不符合要求或风险较大的业务，将使保险公司赔付率上升，影响其经营效益。保险核保是保险人对每笔业务的风险进行辨认、评估、定价，并确认保单条件，以选择优质业务进行承保的一种行为。所以核保对于控制经营风险，确保保险业务的健康发展有十分重要的作用，它是承保过程中的重要环节之一。核保完毕后，核保人在投保单上签署意见，将投保单、核保意见一并转业务内勤据以缮制保险单证。对超出本级核保权限的，应报上级公司核保。

1. 核保的意义

(1)排除道德风险

保险公司的经营存在信息不对称的问题，对标的情况和相关风险，投保人或被保险人比较了解，而保险人却难以做到完全知晓。由于种种原因，标的完整、精确的信息始终不能为保险人全部获悉，而这可能导致投保人或被保险人的道德风险，从而给保险公司经营带来巨大的潜在风险。保险公司通过建立核保制度，由资深人员运用专业技术和丰富经验对投保标的进行风险评估，最大限度地解决信息不对称问题，排除道德风险，能有效降低保险欺诈案件的发生。

(2)确保业务质量，实现稳定经营

保险公司要稳定经营，关键是控制承保质量。但是，业务争取和业务选择存在着矛盾。业务争取保证了量，业务选择保证了质。业务量是保险业务开展的基础，只有数量充足才能充分发挥分散风险的作用，才能建立雄厚的保险基金。但随着业务量的增大，风险也会增多，必须通过核保来保证业务质量，降低经营风险。

(3)提供高质量的专业服务

核保工作的核心是对承保风险的专业评估。保险公司可以为客户提供全面和专业的风险管理建议，从而实现最有效的防灾防损。

(4)为保险中介市场建立和完善创造必要的前提条件

由于保险中介组织经营目的、价值取向的差异及从业人员的水平等问题，保险公司在充分利用保险中介机构进行业务发展的同时，对中介组织的业务管理更需加强。核保制度是对中介业务质量控制的重要手段，核保制度的建立和完善为保险中介市场的发展和完善创造了必要的前提条件。

2. 核保的一般流程和内容

核保流程没有统一的方案，各保险公司根据核保制度的精神，结合自身业务和经营特点确定合适的方案，其核心是体现权限管理和过程控制。一般先由业务员(包括代理人、经纪人)进行初步审核，然后将初步接受的业务交由核保人员根据各级核保权限进行审核，超过本级核保权限的，报上级核保，进而决定是否承保及承保的条件等。图 4-3 为某保险公司的核保流程。

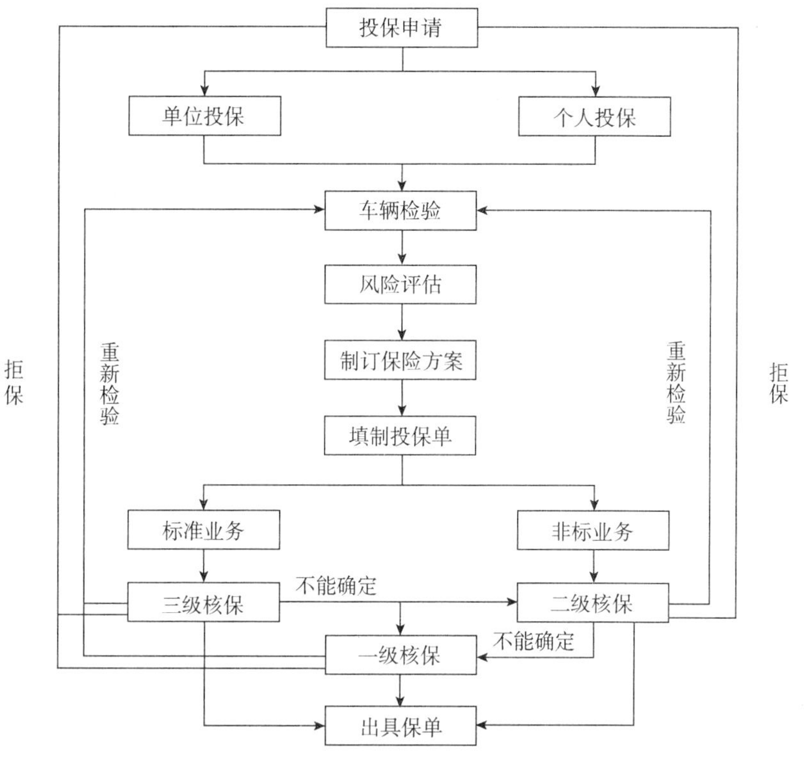

图 4-3　某保险公司的核保流程

3. 核保的主要内容

(1)审查投保单

投保单的审查分形式审查和内容审查。形式审查主要看所填写的各项内容是否完整、清楚。内容审查主要看所填写的各项内容是否准确。判断准确与否主要是根据各种有效证件。

(2)验证

结合投保车辆的有关证明(如车辆行驶证、介绍信等)，进行详细审核。首先，检查投保人称谓与其签章是否一致，以认定投保人对保险标的是否拥有保险利益，如果不一致，投保人需提供其对投保车辆拥有可保利益的书面证明。其次，检验投保车辆的行驶证是否与保险标的相符，投保车辆是否年检合格，以核实投保车辆的合法性，确定其使用性质。可以通过检验车辆的牌照号码、发动机号码是否与行驶证一致等方式来验证。

(3)查验车辆

根据投保单、投保单附表和车辆行驶证，对投保车辆进行实际查验。包括：

①确定车辆是否受损，是否有消防和防盗设备等。

②车辆的实际牌照号码、车型及发动机号、车身颜色等是否与行驶证一致。

③车辆的操纵安全性与可靠性是否符合要求，重点检查转向、制动、灯光、喇叭、刮水器等涉及操纵安全性的内容。

④检查发动机、车身、底盘、电气等部分的技术状况。

根据检验结果，确定整车的新旧成数。对于私家车，一般需填具验车单，附于保险单副本上。

由于车辆需查验的项目较多，并且由于机动车数量太多，所以车辆查验工作的业务量太大，此时，可对一些重点车辆或重点项目进行检查。

重点车辆包括：首次投保车辆；未按期续保车辆；投保三者险后，又加保车辆损失险的车辆；申请增加附加险的车辆；接近报废的车辆；特种车辆；重大事故后修复的车辆。

重点项目包括：牌照、车型、发动机号、车架号、车身颜色是否与行驶证一致（目的是避免拼装车）；是否按期年检（目的是避免报废车或不合格车）；消防配备、防盗装置等是否齐全（目的是控制风险）；车辆技术状况、车辆有无受损、转向性能、制动性能等（目的是确定车辆新旧及车况）。

(4)核定保险费率

应根据投保单上所列车辆情况和保险公司的机动车辆保险费率标准，以及费率规章，逐辆确定投保车辆的保险费率。确定保险费率时，主要依据车辆的使用性质、车辆种类、价格、车龄、驾驶人相关信息等。

(5)计算保险费

计算保险费时应依据各险种保费的计算公式进行。核保的要点是保费计算是否正确。

(6)核保的重点项目

①审核投保单是否按照规定内容与要求填写，有无错漏；审核保险价值与保险金额是否合理。对于不符合要求的，退给业务人员指导投保人进行更正。

②审核业务人员或代理人是否验证和查验车辆，是否按照要求向投保人履行了告知义务，对特别约定的事项是否在特约栏内注明。

③审核费率标准和计收保险费是否正确。

④对于高保额和投保盗抢险的车辆，审核有关证件，查验实际情况是否与投保单的填写一致，是否按照规定拓印牌照存档。

⑤对高发事故和风险集中的投保单位，提出限制性承保条件。

⑥对费率表中没有列明的车辆，视风险情况提出厘定费率的意见。

⑦审核其他相关情况。

4. 核保的具体方式

核保的具体方式应根据公司的组织结构和经营状况进行选择和确定，通常将核保方式分为标准业务核保和非标准业务核保、计算机智能核保和人工核保、集中核保和远程核保、事先核保和事后核保。

(1)标准业务核保和非标准业务核保

标准业务是指常规风险的业务，这类风险基本符合机动车辆保险险种设计所设定的风险情况，按照核保手册就能进行核保，通常由三级核保人完成标准业务的核保工作。非标准业务是指风险较大的业务，如保险价值浮动超过核保手册规定范围的业务、特殊车型业务、军车和外地车业务、高档车盗抢险业务等，而核保手册对于这类业务没有明确规定，无法完全依据核保手册进行核保，此时，应由二级或者一级核保人进行核保，必要时核保人应当向上级核保部门请示。

(2)计算机智能核保和人工核保

计算机智能核保可大大缓解人工核保压力，提高效率和准确性，减少核保过程中的人为负面因素。但计算机不可能解决所有核保问题，对一些非程序化的、非常规业务的核保，仍离不开人员的参与。计算机智能核保与人工核保需要共存。

(3)集中核保和远程核保

集中核保可有效解决统一标准和规范业务的问题，实现技术和经验最大限度的共享。但集中核保的困难是经营网点分散，缺乏便捷和高效的沟通渠道。远程核保就是建立区域性的核保中心，利用互联网等现代通信技术，对辖区内的所有业务进行集中核保。这种方式不仅可以利用核保中心人员技术的优势，还可以利用中心庞大的数据库，实现资源共享。同时，还有利于对经营过程中的管理疏忽及道德风险实行有效防范。

(4)事先核保和事后核保

事先核保是指投保人提出申请后，核保人员在接受承保之前对投保人、被保险人以及保险标的的风险进行评估和分析，决定是否承保。在决定承保的基础上，对承保标的的风险状况，运用保险技术手段，控制自身的责任和风险，以合适的条件予以承保。

事后核保是保险人承保后发觉保险标的风险超出核保标准规定而对保险合同做出淘汰的选择，或对标的金额较小、风险较低、承保业务技术比较简单、经营机构或者代理机构偏远、保险公司从人力和经济的角度难以做到事先核保的业务给予先行承保，然后再采用事后核保的方式。事后核保的结果表现为：①继续承保；②保险合同期满后不再续保；③发现被保险人有错误申报的重要事实或欺诈行为后解除合同；④行使合同的终止权终止合同效力等。

5. 核保机构设置模式

(1)分级设置模式

根据内部机构设置情况、人员配备情况、开展业务需要、业务技术要求等设立数级核保组织。例如，人保公司在各省分公司内设立三级核保组织，即省分公司、地市分公司(营业部)、县支公司(营业部)。这是我国普遍采用的一种模式。

(2)核保中心模式

在一定的区域范围内设立一个核保中心，通过网络技术，对所辖的业务实行远程核保。它的优点在于：所有经营机构均可得到核保中心的技术支持，最大限度地实现技术和优势共享；同时，核保中心可对各机构的经营行为进行有效的控制和管理。按照核保管理集中的趋向，核保中心将成为今后保险公司核保的一种重要模式。同时，网络技术的发展和广泛应用，为远程集中核保提供了有利的条件和必要的技术保证。

6. 核保人员的等级和权限

目前核保人员一般分三个等级，根据等级不同，授予不同的权限。

一级核保人主要负责审核特殊风险业务，包括高价值车辆的核保、特殊车型业务的核保、车队业务的核保，以及下级核保人员无力核保的业务。同时，还应及时解决其管辖范围内出现的有关核保技术方面的问题。

二级核保人主要负责审核非标准业务，即在核保手册中没有明确指示核保条件的业务，如保险金额、赔偿限额、免赔额等有特殊要求的业务。

三级核保人主要负责对常规业务的核保，即按照核保手册的有关规定对投保单的各个要素进行形式上的审核，亦称投保单核保。

核保手册，即核保指南，是将公司对于机动车辆保险核保工作的原则、方针和政策，机动车辆保险业务中涉及的条款、费率，以及相关的规定，核保工作中的程序和权限规定，可能遇到的各种问题及其处理的方法，用书面文件的方式予以明确。

核保手册是核保工作的主要依据，内容涵盖核保原则、方针、政策、条款和费率的解释、保险金额确定、可能遇到的问题及处理方法、核保程序和权限等。通过核保手册，核保人员能按统一标准和程序进行核保，可实现核保工作的标准化、规范化和程序化。

4.2.4 签发单证

1. 单证的缮制与清分

通过核保后，业务人员负责收取保险费，缮制保险单证。交强险和商业车险必须分别出具保险单、保险标志、保险卡、发票等。

制单人应将保险单、投保单及其附表一起送复核人员复核。复核人员复核无误后，在保险单"复核"处签章。然后由业务人员将交强险与商业车险的保险单、保险证、保险标志、保险费发票交投保人查收。

缮制保险单证时还需要注意以下问题：

①保险单一般由计算机出具，系统按预先设置的编制规则生成保险单号码。

②对于双方协商并在投保单上填写的特别约定内容，应清晰完整地记载到保险单对应位置，核保如果有新的意见，应根据核保意见修改或增加。

③缮制的保险单证中的保险合同主体、客体和内容等要素要明确，数字要准确，避免因数字的微小疏忽，给双方造成重大损失或导致不该发生的纠纷。

④缮制好保险单后，应将承保险种对应的所有保险条款附贴在正本之后，并统一加盖骑缝章。

⑤汽车保险合同实行一车一单(保险单)和一车一证(保险证)制。根据保险单打印汽车保险证并加盖业务专用章。也就是说，汽车保险证应与保险单同时签发，且内容必须一致。保险单是保险索赔的有效文件，应妥善保存；保险证是随车携带的资料，以便出现事故后能顺利报案。

投保单、保险单、保险费收据和保险证应由业务人员清理归类。投保单的附表要加贴在投保单的背面，需加盖骑缝章。除交强险保险单正本及条款、交强险标志、商业性保险单正本及条款、保险证、保费发票(投保人留存联)等交由投保人留存外，业务部门也需要留存交强险保险单与商业性保险单的副本、投保单、保险费发票(业务留存联)等。留存业务部门的单证，应由专人保管并及时整理、装订、归档。保险单应按号码顺序排列(含作废保险单)，装订成册，封面及装订要按档案规定办理，并标明档案保存期限；对回收作废的单证要集中销毁，并登记；保险监制单证的使用应符合规定和要求，由专人保管，不得遗失。

2. 相关单证

(1)交强险单证

交强险单证是指投保人与保险公司签订的，证明交强险保险合同关系存在的法定证明文件，由保监会监制，全国统一式样。

交强险单证分为机动车交通事故责任强制保险单(表 4-3)、定额保险单和批单三个类别。机动车交通事故责任强制保险单、定额保险单均由正本和副本组成。正本由投保人或被保险人留存，副本包括业务留存联、财务留存联和公安交管部门留存联。公安交管部门留存联应由保险公司加盖印章后交投保人或被保险人，由其在公安交管部门进行注册登记、检验等后交公安交管部门留存。交强险保险单及批单必须电脑出单；交强险定额保险单可手工出单，但必须在 7 个工作日内据实补录到计算机系统内。

表 4-3 机动车交通事故责任强制保险单

保险单号：

<table>
<tr><td colspan="2">被投保人</td><td colspan="10"></td></tr>
<tr><td colspan="5">被投保人身份证号码(组织机构代码)</td><td colspan="7"></td></tr>
<tr><td colspan="2">地址</td><td colspan="7"></td><td colspan="2">联系电话</td><td></td></tr>
<tr><td rowspan="4">被保险机动车</td><td>号码号牌</td><td colspan="2"></td><td colspan="3">机动车种类</td><td colspan="2"></td><td colspan="2">使用性质</td><td></td></tr>
<tr><td>发动机号码</td><td colspan="2"></td><td colspan="3">识别代码(车架号)</td><td colspan="5"></td></tr>
<tr><td>厂牌型号</td><td colspan="2"></td><td colspan="3">核定载客</td><td colspan="2">人</td><td colspan="2">核定载质量</td><td>kg</td></tr>
<tr><td>排量</td><td colspan="2"></td><td colspan="3">功率</td><td colspan="2"></td><td colspan="2">登记日期</td><td></td></tr>
<tr><td rowspan="3">责任限制</td><td colspan="2">死亡伤残赔偿限额</td><td colspan="4">180 000 元</td><td colspan="4">无责任死亡伤残赔偿限额</td><td>18000 元</td></tr>
<tr><td colspan="2">医疗费用赔偿限额</td><td colspan="4">18000 元</td><td colspan="4">无责任医疗费用赔偿限额</td><td>1800 元</td></tr>
<tr><td colspan="2">财产损失赔偿限额</td><td colspan="4">2000 元</td><td colspan="4">无责任财产损失赔偿限额</td><td>100 元</td></tr>
<tr><td colspan="12">与交通事故安全违法行为和道路交通事故相联系的浮动比率： %</td></tr>
<tr><td colspan="12">保险费合计(人民币大写)： (¥： 元)
其中救助基金(%)¥： 元</td></tr>
<tr><td colspan="12">保险期间自 年 月 日零时起至 年 月 日二十四时止</td></tr>
<tr><td colspan="4">保险合同争议解决方式</td><td colspan="8"></td></tr>
<tr><td rowspan="4">代收车船税</td><td>整备质量</td><td colspan="2"></td><td colspan="2">纳税人识别号</td><td colspan="6"></td></tr>
<tr><td>当年应缴</td><td colspan="2">¥： 元</td><td colspan="2">往年补缴</td><td colspan="3">¥： 元</td><td>滞纳金</td><td colspan="2">¥： 元</td></tr>
<tr><td colspan="11">合计(人民币大写)：(¥： 元)</td></tr>
<tr><td colspan="3">完税凭证号(减免税证明号)</td><td colspan="2"></td><td colspan="2">开具税务机关</td><td colspan="4"></td></tr>
<tr><td>特别约定</td><td colspan="11"></td></tr>
<tr><td>重要提示</td><td colspan="11">1. 请详细阅读保险条款，特别是责任免除和投保人、被保险人义务。
2. 收到本保险单后，请立即核对，如有不符合或疏漏，请及时通知保险人，并办理变更或补充手续。
3. 保险费应一次性交清，请您及时核对保险单和发票(收据)，如有不符，请及时与保险人联系。
4. 投保人应如实告知对保险费计算有影响的或被保险机动车因改装、加装、改变使用性质等导致危险程度增加的重要事项，并及时通知保险人办理批改手续。
5. 被保险人应当在交通事故发生后及时通知保险人。</td></tr>
<tr><td>保险人</td><td colspan="11">公司名称：
公司地址：
邮政编码： 服务电话： 签单日期： (保险人签章)</td></tr>
</table>

核保： 制单：

(2)商业车险保单

某财产保险股份有限公司机动车保险单见表4-4。

表4-4　某财产保险股份有限公司机动车保险单

<table>
<tr><td colspan="11">保险单号：</td></tr>
<tr><td colspan="11">鉴于投保人已向保险人提出投保申请，并同意按约定交付保险费，保险人依照承保险种及其对应条款和特别约定承担赔偿责任。</td></tr>
<tr><td colspan="2">被保险人</td><td colspan="9"></td></tr>
<tr><td colspan="2" rowspan="4">保险车辆情况</td><td colspan="2">号牌号码</td><td colspan="3"></td><td colspan="3">厂牌型号</td><td></td></tr>
<tr><td colspan="2">VIN码/车架号</td><td colspan="3"></td><td colspan="3">发动机号</td><td></td></tr>
<tr><td colspan="2">核定载客</td><td>人</td><td colspan="2">核定载质量</td><td colspan="2">千克</td><td>初次登记日期</td><td></td></tr>
<tr><td colspan="2">使用性质</td><td></td><td colspan="2">年平均行驶里程</td><td colspan="2"></td><td>机动车种类</td><td></td></tr>
<tr><td colspan="3">承保险种</td><td colspan="3">不计免赔</td><td colspan="2">费率浮动(+/-)</td><td colspan="2">保险金额/责任限额</td><td>保险费(元)</td></tr>
<tr><td colspan="3"></td><td colspan="3"></td><td colspan="2"></td><td colspan="2"></td><td></td></tr>
<tr><td colspan="3"></td><td colspan="3"></td><td colspan="2"></td><td colspan="2"></td><td></td></tr>
<tr><td colspan="3"></td><td colspan="3"></td><td colspan="2"></td><td colspan="2"></td><td></td></tr>
<tr><td colspan="11">特别提示：除法律法规另有约定外，投保人拥有保险合同解除权，涉及(减)退保保费的，退还给投保人。</td></tr>
<tr><td colspan="11">本保单投保人为：</td></tr>
<tr><td colspan="11">保险费合计(人民币大写)：　　　　(￥：　　　元)</td></tr>
<tr><td colspan="11">保险期间：自　　年　　月　　日零时起至　　年　　月　　日止</td></tr>
<tr><td colspan="4">特别约定</td><td colspan="7"></td></tr>
<tr><td colspan="4">保险合同争议解决方式</td><td colspan="7"></td></tr>
<tr><td>重要提示</td><td colspan="10">1. 本保险合同由保险条款、投保单、保险单、批单和特别约定组成。
2. 收到本保险单、承保险种对应的保险条款后，请立即核对，如有不符或疏漏，请及时通知保险人并办理变更或补充手续。
3. 请详细阅读承保险种对应的保险条款，特别是责任免除、免赔率与免赔额、投保人被保险人义务，赔偿处理、通用条款等。
4. 被保险机动车因改装、加装、改变使用性质等导致危险程度显著增加，以及转卖、转让，赠送他人的，应通知保险人。
5. 被保险人应当在保险事故发生后及时通知保险人。</td></tr>
<tr><td>保险人</td><td colspan="10">公司名称：　　　　公司地址：
联系电话：
邮政编码：　　　　签单日期：　　　　(保险人签章)</td></tr>
</table>

核保：　　　　制单：

(3)保险证

某财产保险股份有限公司机动车保险证见表4-5。

表4-5 某财产保险股份有限公司机动车保险证

<table>
<tr><th>(正面)</th><th>(反面)</th></tr>
<tr><td>某财产保险股份有限公司
机动车辆保险证
随身携带
就地报案
机构遍布全国 随时提供服务
NO.</td><td>保险单号
被保险人
号牌号码 厂牌型号
发动机号 使用性质
车架号 人/千克
承保险种
保险期限自 年 月 日 时起 保险公司
至 年 月 日 时止 盖 章
服务报案电话:</td></tr>
</table>

4.2.5 批改和续保

1. 批改

在保险单证签发后，对保险合同内容进行修改、补充或增删所进行的一系列作业称为批改，经批改所签发的一种书面证明称为批单。

根据《保险法》和各保险公司机动车辆保险条款的规定，在保险合同有效期内，合同主体、客体与内容变更时，被保险人应事先书面通知保险公司申请办理批改手续。批改的内容根据变更的项目可以多种多样，如被保险人变更、保险车辆增减危险程度、保险车辆变更使用性质、所有险种提前退保、保险金额增减、增加或减少部分险种、变更或增减约定驾驶人、保险费变更、保险期间变更，等等。

需要变更合同时，被保险人需申请办理批改手续。为提醒被保险人注意，一般汽车保险单上都有如下的字样:“本保险单所载事项如有变更，被保险人应立即向本公司办理批改手续，否则，如有任何意外事故发生，本公司不负赔偿责任。”

办理批改时，首先由被保险人填具批改申请书，提出要求修改保险合同的项目和原因。保险公司审核同意后，出具批单给投保人留存，批单粘贴于保险单正本背面，同时批改变动保险证上的有关内容，并在变动处加盖保险人业务专用章。最后，新的保险合同生效。

保险实务中，保险单的批改有两种方式:一是在原保险合同上进行批改;二是另外出具批单附贴在原保险单正本、副本上并加盖骑缝章，使其成为保险合同的一部分。在实际工作中大都采用出具批单的方式，批单应采用统一和标准的格式。有关批改的效力一般规定为批改的效力优于原文。如存在多次批改，最近一次批改的效力优于之前的批改，手写批改的效力优于打印的批改。

2. 续保

续保是指在原有的保险合同即将期满时，投保人在原有保险合同的基础上向保险人提出继续投保的申请，保险人根据投保人的实际情况，对原有合同条件稍加修改而继续签约承保的行为。

保险合同到期后，其效力会自然终止，被保险人利益将不再享受保险保障。为避免因合同到期而效力丧失，投保人一般会采取续保行为。通过及时续保，一方面可以从保险人那里得到连续不断的、可靠的保险保障与服务；另一方面，作为公司的老客户，可以在保险费率方面享受续保优惠。对保险人来说，老客户的及时续保，可以稳定业务量，同时还能利用与投保人建立起来的关系，减少许多展业工作量与费用。因此，续保是一项双赢的活动。

复习与思考

1. 简述保险合同的概念和特征。
2. 简述保险合同的主体与客体。
3. 简述汽车保险合同的主要形式。
4. 简述保险合同的订立与生效。
5. 简述保险合同中投保人和被保险人的义务。
6. 简述保险合同中保险人的义务。
7. 简述保险合同的解除。
8. 简述保险合同的终止。
9. 简述保险合同的解释原则和争议处理方式。
10. 简述投保的注意事项。
11. 简述核保的意义和主要内容。
12. 简述保险合同的批改的主要程序。
13. 今年40多岁的李先生购买了一辆2017年生产的奥迪A6二手车。李先生的实际驾龄近20年，买车主要用于上下班。该车保险即将到期，最近李先生来到某保险公司打算办理该车的续保手续。假如你是保险公司业务员，请你帮李先生设计一个购买车险的规划。

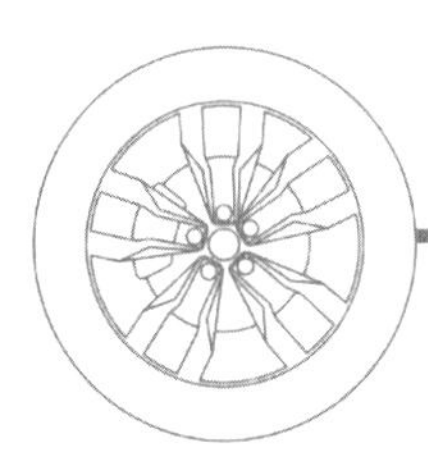

5 汽车保险理赔实务

学习目标

本章主要讲述了汽车保险理赔的相关知识。要求学生了解汽车保险理赔意义、原则、特点；掌握保险理赔的基本流程，事故现场查勘与定损的基本知识，车险索赔的主要内容及注意事项，汽车保险理赔线上服务模式等内容。

5.1 概　述

5.1.1 汽车保险理赔的含义

汽车保险理赔是指被保险汽车在发生保险责任范围内的损失后，保险人依据保险合同的约定，对被保险人提出索赔请求进行处理的行为。汽车保险理赔涉及保险合同双方(保险人和被保险人)权利与义务的实现，是保险经营中的一项重要内容，因此保险理赔环节不仅检验承保质量、促进业务开展，更集中体现保险的经济补偿职能，是衡量保险人“重契约，守信用”的重要手段。

汽车保险理赔的质量，取决于保险人赔案处理的效率和履行保险合同的约定情况，既关系到保险人的成本与信誉，也关系到被保险人的切身利益，所以汽车保险理赔是整个汽车保险的重要环节。由于汽车设计和制造工艺水平的发展完善，以及汽车电动化、网联化、智能化、共享化普及应用，使得汽车保险理赔的内容、形式发生了快速变化，保险人必须根据汽车技术更新变化情况不断调整保险理赔技术以适应社会发展，对发生保险责任事故依据保险合同对被保险人的损失予以补偿，实现被保险人生产和生活保障的同时，进一步改进保险企业经营管理水平，提高经济效益。

5.1.2 汽车保险理赔意义

汽车保险理赔涉及保险人和被保险人的各自利益，因此良好的保险理赔工作对双方都有积极意义。

①汽车保险理赔使得汽车保险基本职能得以实现。保险的基本职能是经济损失的补偿或给付。在发生汽车保险责任事故后，被保险人将其面临的财产或人身等风险转移到保险公司，例如遭遇交通事故，即通过签订保险合同的方式，在缴纳一定的保险费后，一旦车祸发生造成车辆损失、人员伤亡时即可享受损失补偿的权利。保险人将承担保险责任范围内的经济补偿或给付，因此汽车保险理赔是实现经济损失赔偿的经营环节。

②汽车保险理赔能及时恢复被保险人的生产，安定其生活，促进社会生产顺利进行与社会生活的安定。保险有社会的"稳定器"与经济的"助动器"的美称，其在社会生产与生活，乃至经济金融中发挥着诸多积极的作用，但是这些作用的实现和发挥有赖于快捷、准确、优质的保险理赔服务。

③汽车保险理赔是检验保险公司其他经营环节质量的重要环节。汽车保险承保手续是否齐全、保险费是否合理、保险金额是否恰当，平时不易察觉，一旦发生赔偿案件，上述问题就清楚地暴露出来了。保险人通过赔付额度、赔付率等指标发现保险费率、保险金额的确定是否适度、合理与公平，防灾防损工作是否有效等。通过检验，反过来可以促进保险公司改善经营活动中存在的问题，有利于承保工作的改进和业务质量的提高。

④汽车保险理赔的质量直接关系到保险人的经济效益。汽车保险经济效益的高低，在很大程度上取决于保险经营成本的大小，而在汽车保险经营成本中最大的成本项目是赔款支出。因此，赔款支出成本对保险经济效益具有决定性影响。一般来说，一定时期内，保险赔款支出少，在其他条件不变的情况下，保险人的经济效益就好；反之，保险赔款支出多，经济效益就差，或者无效益可言，甚至某一时段的个别赔款可能会使保险公司出现严重的财务危机而导致破产。

5.1.3 汽车保险理赔原则

汽车保险理赔工作涉及面广，情况比较复杂。为确保汽车保险理赔的快捷与高效，需遵循以下原则：

1. 树立为保户服务的指导思想，坚持实事求是原则

整个理赔工作，体现了保险的经济补偿职能作用。当发生汽车保险事故后，保险人要急被保险人所急，千方百计避免扩大损失，尽量减轻因灾害事故造成的影响；及时安排事故车辆修复，并保证基本恢复车辆的原有技术性能，使其尽快投入生产运营；及时处理赔案、支付赔款，以保证运输生产单位(含个体运输户)生产、经营的持续进行和人民生活的安定。

在现场查勘、事故车辆修复定损及赔案处理方面，要坚持实事求是的原则，在尊重客观事实的基础上，具体问题具体分析，既严格按条款办事，又结合实际情况进行适当灵活处理，使各方都比较满意。

2. 重合同、守信用、依法办事

保险人是否履行合同，主要体现在其是否严格履行经济补偿义务。因此，保险人在处理赔案时，必须加强法治观念，严格按条款办事，该赔的一定要赔，而且要按照赔偿标准及规定赔足；不属于保险责任范围的损失，不滥赔；同时还要向被保险人讲明道理，拒赔部分要讲事实、重证据。

要依法办事，坚持重合同，诚实信用，只有这样才能树立保险的信誉，扩大保险的积极影响。

3. 坚决贯彻“八字”理赔原则

“主动、迅速、准确、合理”是保险理赔人员在长期的工作实践中总结出的经验，是保险理赔工作优质服务的最基本要求。

①主动：保险理赔人员对出险的案件要积极、主动地进行调查、了解，查勘现场，掌握出险情况，进行事故分析并确定保险责任。

②迅速：保险理赔人员在查勘、定损各环节要迅速、不拖沓，抓紧赔案处理，对赔案核得准，赔款计算案卷缮制快，复核、审批快，使被保险人及时得到赔款。

③准确：保险理赔人员从查勘、定损以至赔款计算，都要做到准确无误，不错赔、不滥赔、不惜赔。

④合理：保险理赔人员在工作过程中，要本着实事求是的精神，坚持按条款办事。在许多情况下，要结合具体案情准确定性，尤其是在对事故车辆进行定损过程中，要合理确定事故车辆维修方案。

理赔工作的“八字”原则是辨证的统一体，不可偏废。如果片面追求速度，不深入调查了解，不对具体情况作具体分析，盲目结论，或者计算不准确，草率处理，则可能会发生错案，甚至引起法律诉讼纠纷。当然，如果只追求准确、合理，忽视速度，不讲工作效率，赔案久拖不决，则可造成极坏的社会影响，损害保险人的形象。总的要求是：从实际出发，为客户着想，既要讲速度，又要讲质量。

4. 注重《交通事故责任认定书》的证据作用

《交通事故责任认定书》对事故当事人和保险当事人在利益调整上起着举足轻重的作用，在保险理赔中是必不可少的证据材料。由于它在民事诉讼案中不属司法审查范围，保险人习惯采取“拿来主义”，必定给保险企业带来巨大的证据风险和经营风险，因此对于车险事故，需要结合事故现场勘查等进行证据审查后方可作为证据予以采信，以防范风险。

5.1.4 汽车保险理赔的特点

汽车保险与其他保险不同，因此其理赔工作也具有显著特点。保险理赔人员必须了解和掌握这些特点，为今后开展汽车保险理赔工作做好铺垫。

1. 被保险人的公众性

我国汽车保险的被保险人曾经是以单位、企业为主，随着汽车普及，个人拥有车辆数量增加，被保险人中单一车主的比例逐步增加。这些被保险人的特点是：他们购买保险具有较大的被动色彩，加上文化、知识和修养的局限，他们对保险、交通事故处理、车辆修理等知识了解较少。另外，由于利益的驱动，检验和理算人员在理赔过程中与其交流时存在较大的障碍。

2. 损失率高且损失幅度较小

虽然汽车保险事故损失金额一般不大，但事故发生的频率高，因此要求保险公司在经营过程中需要投入较大的精力和费用来保障服务质量。另外，从个案的角度来讲，赔偿的金额不大，但积少成多也将对保险公司的经营产生重要影响。

3. 标的流动性大

汽车的功能特点，决定了其具有相当大的流动性。车辆发生事故的地点和时间不确定，要求保险公司必须拥有一个运作良好、全天候的报案受理机制和庞大而高效的检验网络来支持理赔服务。

4. 受制于修理厂的程度较大

在汽车保险理赔中扮演重要角色的是修理厂，修理厂的修理价格、工期和质量均直接影响汽车保险服务。大多数被保险人在发生事故之后，均认为有了保险，保险公司就必须负责将车辆修复，所以在车辆交给修理厂之后就很少过问，一旦车辆修理质量或工期甚至价格等出现问题，均将保险公司和修理厂一并指责。而事实上，保险公司在保险合同项下承担的仅仅是经济补偿义务，对于事故车辆的修理及相关的事宜并没有负责义务。

5. 道德风险普遍

在财产保险业务中汽车保险是道德风险的“重灾区”。汽车保险具有标的流动性强、保险信息不对称、汽车保险条款不完善、相关的法律环境不健全的特点，再加上汽车保险经营中的特点和管理中存在的一些问题和漏洞，这些给了不法分子可乘之机，导致汽车保险欺诈案件时有发生。

5.2 汽车保险理赔流程

在汽车发生保险事故后，被保险人首先要保护好现场，出现人员受伤的情况要主动抢救伤员，并采取必要的施救措施尽力减少财产损失。与此同时，第一时间向公安机关交通管理部门和保险公司报案。保险公司接到报案之后，根据保险理赔的操作流程，可将理赔工作分为七个步骤，即接受报案、现场查勘、确定保险责任及立案、立损核损、赔款理算、核赔和赔付结案。汽车保险理赔具体流程见图 5-1。

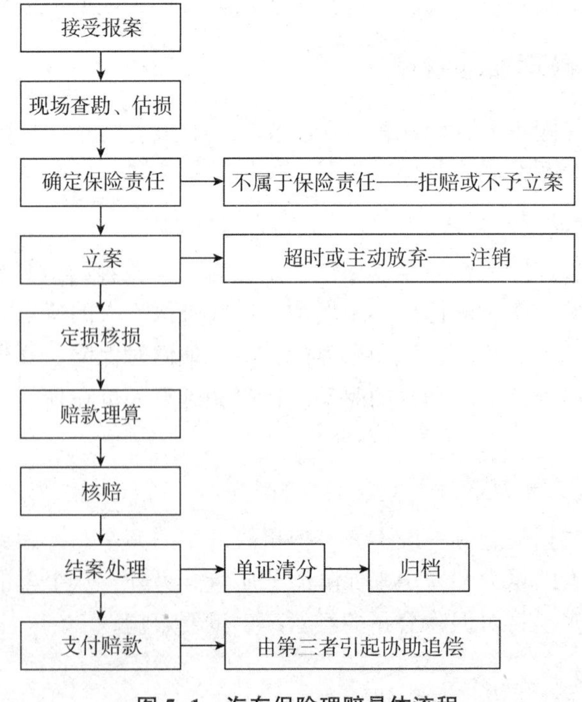

图 5-1　汽车保险理赔具体流程

5.2.1　接受报案

1. 接受报案含义

在汽车发生保险事故后，被保险人第一时间向保险人报案，保险人接受并对相关事项作出安排。一般来说，除不可抗拒力外，发生保险事故时，被保险人或驾驶人应当及时采取合理的、必要的施救和保护措施，防止或减少损失，并在保险事故发生后48小时内通知保险人。

2. 报案流程

①出险后，客户向保险公司理赔部门报案。当前最便捷的方式是电话报案，各保险公司也提供了全国统一的报案电话，例如中国人保的95518、平安保险的95511，同时也可以利用公司的微信公众号或App等进行报案。

②内勤接报案后，要求客户根据出险情况立即填写《业务出险登记表》(电话等报案由内勤代填)；

③内勤根据客户提供的保险凭证或保险单号立即查阅保单副本，并抄单，复印保单、保单副本和附表；查阅保费收费情况并由财务人员在保费收据(业务及统计联)复印件上确认签章(特约付款须附上协议书或约定)。

④确认保险标的在保险有效期限内或出险前已全额交费，要求客户填写《出险立案查询表》，予以立案(如电话、传真等报案，由检验人员负责要求客户填写)，并按报案顺序编写立案号。

⑤发放索赔单证。经立案后向被保险人发放有关索赔单证，并告知索赔手续和方法(电话等报案，由检验人员负责)。

⑥通知勘查检验人员，报告损失情况及出险地点。

接受报案的流程见图5-2。

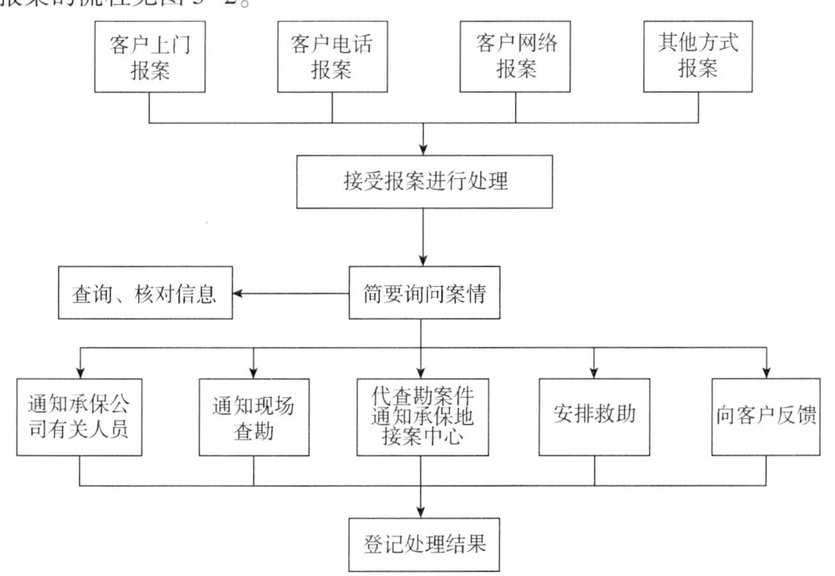

图5-2　接受报案的流程

3. 告知客户注意事项

①发生机动车之间碰撞事故的，应告知客户先报警。对符合交强险"互碰自赔"条件的

案件应引导客户按相关规定处理。

②如当事人采取自行协商方式处理交通事故，应告知双方在事故现场或现场附近等待查勘员，或在规定时间内共同将车开至约定地点定损。

③对于涉及人员伤亡，或事故损失超过交强险责任限额的，应提示报案人立即通知公安交通管理部门。

5.2.2 现场查勘

现场查勘是指运用科学的方法和现代技术手段，对保险事故现场进行实地勘查和查询，将所得的结果完整而准确地记录下来的工作过程。它是查明保险事故真相的重要措施，是分析事故原因和认定事故责任的基本依据，也是事故损害赔偿的依据。因此现场查勘应公正、客观、严密地进行。

1. 现场查勘流程

现场查勘员在接保险公司调度通知后，应迅速做好查勘准备，尽快赶到现场，同被保险人及相关部门开展查勘工作，一般要在 1 个工作日内完成现场查勘和检验工作(受损标的在外地的检验，可委托当地保险公司或第三方代查勘公司在 3 个工作日内完成)。现场查勘流程见图 5-3。

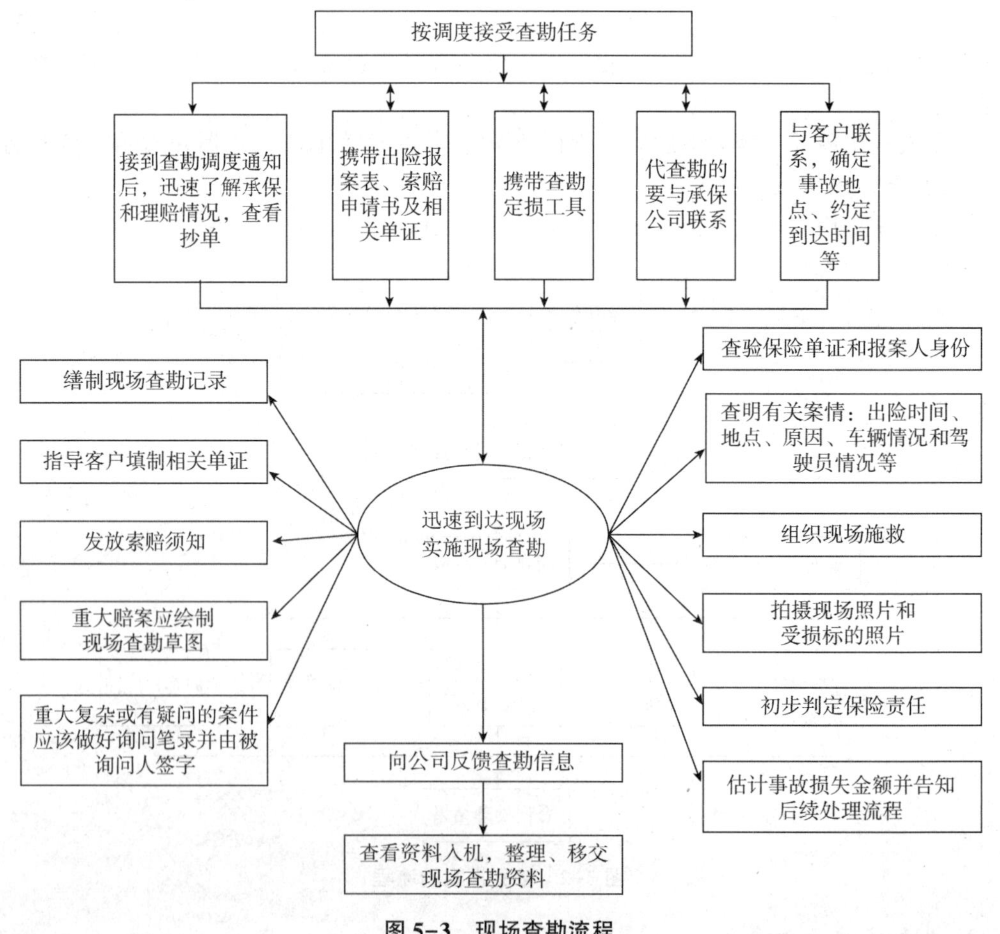

图 5-3 现场查勘流程

2. 现场查勘主要内容

①查勘员接到查勘派工指令后，应立即了解出险车辆的承保、出险情况，并及时与报案人取得联系，进一步核实地点，告知预计到达时间，携带理赔终端手机、平板电脑等设备以及查勘单证。

②查明出险时间。对出险时间是否在保险有效期限内进行判断，对保险起讫期出险的案件，应特别慎重，认真查实。将出险时间和报案时间进行比对，看是否超过 48 小时。了解车辆启程或返回的时间、行驶路线、委托运输单位的装卸货物时间、伤者住院治疗时间等，以核实出险时间。

③查明出险地点及现场处理。查验出险地点与保险单约定的行驶区域范围是否相符；出险地点是否是营业性修理场所；是否擅自移动现场或谎报出险地点。到达现场后要做如下处理：

a. 到达查勘地点后，发现特殊情况，应及时向服务专线反馈。

b. 如果保险标的尚处于危险中，应在保证人员安全的情况下，协助客户采取有效的施救、保护措施，避免损失扩大。

c. 有人员伤亡的、造成道路交通设施损坏的、不符合自行协商处理范围的，应提醒客户向交通管理部门报案，并协助保护现场。

d. 因阻碍交通无法保护现场的，查勘员可快速拍摄第一现场，允许驾驶人将车移至不妨碍交通的地点，在附近等候查勘；若查勘员无法在合理的约定时间赶到现场，可商定请被保险人或当事驾驶人拍摄现场照片，并将受损车辆移至约定定损点进行第二现场查勘，若有必要可约定时间回到出险地补勘复位现场。

④查明肇事驾驶人和报案人情况。

a. 查验肇事驾驶人和报案人的身份，核实报案人、驾驶人与被保险人的关系。

b. 注意驾驶人员是否存在饮酒、醉酒、吸食或注射毒品、被药物麻醉后使用保险车辆情况，是否存在临时找他人顶替真实驾驶人的情况。

c. 驾驶证是否有效，一般指驾驶证正页上有效日期是否过期；驾驶的车辆是否与准驾车型相符；特种车驾驶人是否具备国家有关部门核发的有效操作证等。

⑤查明出险车辆的情况。

a. 确认保险标的车辆信息。查验事故车辆的保险情况、号牌号码、牌照底色、发动机号、VIN 码/车架号、车型、车辆颜色等信息，并与保险单、证(批单)，以及行驶证所载内容进行核对，确认是否就是承保标的。

b. 查验保险车辆的行驶证。查验行驶证是否有效；行驶证车主与投保人、被保险人不同的，车辆是否已经过户；车辆已经过户的，是否改变车辆使用性质并经保险人同意并通过批单对被保险人进行批改。

c. 查验第三方车辆信息。涉及第三方车辆的，应查验并记录第三方车辆的号牌号码、车型，以及第三方车辆的交强险保单号、驾驶人姓名及联系方式等信息。

d. 查验保险车辆的使用性质。应查验车辆出险时使用性质与保单载明的是否相符(两种常见的使用性质与保单不符的情况：营运货车按非营运货车投保和非营运乘用车从事营业性客运)；是否运载危险品；车辆结构有无改装或加装；是否有车辆标准配置以外的新增设备[详见公安部交通管理部门《机动车登记规定》(公安部令第 164 号)]。

⑥查明事故原因及事故真实性。

a. 查明出险原因。结合车辆的损失状况，对报案人所陈述的出险经过的合理性、可能性进行分析判断，积极索取证明、收集证据；注意驾驶人是否存在醉酒或服用违禁药物后驾驶机动车的情况（特别是节假日午后或夜间发生的严重交通事故）；是否存在超载情况（主要是涉及大货车的追尾或倾覆事故，需要对货物装载情况进行清点）；是否存在故意行为（一般是老旧车型利用保险事故更换部分失灵配件或者已经索赔未修理车辆通过故意事故重复索赔）；对于服务专线提示出险时间接近的案件，须认真核查两起报案中事故车辆的损失部位、损失痕迹、事故现场、修理情况等，确定是否属于重复索赔。

b. 查明事故发生的真实性判定，严防虚假报案。发生碰撞要观察第一碰撞点的痕迹是否符合报案人所称的与碰撞物碰撞后所留痕迹，例如因碰撞物的不同，碰撞点往往会残留一定的灰屑、砖屑、土屑、油漆等；发生运动中碰撞要重点考虑碰撞部位，例如追尾事故因后车在碰撞时紧急制动会导致车头下沉，受损部位往往在保险杠以上更为严重；要对路面痕迹进行仔细观察，保险车辆紧急制动时会在路面留有轮胎摩擦的痕迹，有助于判断车辆发生碰撞前的行驶轨迹。

对存在疑点的案件，应对事故真实性和出险经过进一步调查，可查找当事人和目击者进行调查取证，并作询问笔录。如被保险人未按条款规定协助保险人勘验事故各方车辆、证明事故原因，应在查勘记录中注明。

⑦初步判断保险责任。

a. 对事故是否属于保险责任进行初步判断。应结合承保情况和查勘情况，分别判断事故是否属于交强险或商业机动车保险的保险责任，对是否立案提出建议。对不属于保险责任范围的或存在条款列明的责任免除的、加扣免赔情形的，应收集好相关证据，并在查勘记录中注明。暂时不能对保险责任进行判断的，应在查勘记录中写明理由。

b. 初步判断责任划分情况。交警部门介入事故处理的，依据交警部门的认定；当事人根据《道路交通事故处理程序规定》和当地有关交通事故处理法规自行协商处理交通事故的，应协助事故双方协商确定事故责任，并填写协议书（对当事人自行协商处理的交通事故，如发现责任划分明显与实际情况不符，缩小或扩大责任的，应要求被保险人重新协商或由交警部门出具交通事故认定书）。

⑧拍摄、分拣整理并上传事故现场、受损标的物照片。

a. 对车辆、财产损失的事故现场和损失标的进行拍照。第一现场查勘的，应有反映事故现场全貌的全景照片，反映受损车辆号牌号码，车辆、财产损失部位、损失程度的近景照片；非第一现场查勘的，事故照片应重点反映受损车辆号牌号码，车辆、财产损失部位、损失程度的近景照片。对车辆牌照脱离车体、临时牌照或无牌照的车辆、全损车、火烧车及损失重大的案件，要求对车架号、发动机号清晰拍照。

b. 拍摄相关证件及资料。拍摄内容包括保险车辆的行驶证（客运车辆准运证）、驾驶人的驾驶证（驾驶客运车辆驾驶人准驾证，特种车辆驾驶人操作资格证）、交警责任认定书、自行协商协议书、其他相关证明。查勘员应将此环节相关证件、资料尽可能拍照，照片汇总到车险理赔系统后，有利于核损、核赔环节进行系统审核。

c. 查勘现场照片拍摄的要求。拍摄第一现场的全景照片（能正确反映现场所处的位置）、痕迹照片、物证照片和特写照片；拍摄能反映车牌号码与损失部分的全景照片（为使车牌号码与损失部分在一张照片上反映出来，一般按受损部位一边的45度角对全车进行

拍照）；拍摄能反映车辆局部损失的特写照片；拍摄内容与交通事故查勘笔录的有关记载一致；拍摄内容应当客观、真实、全面地反映被摄对象，不得有艺术夸张；拍摄痕迹时可使用比例尺对高度、长度进行参照拍摄。

d. 查勘照片上传及分拣应该注意：相关证件、资料照片应正确分类并上传至理赔系统，不能混淆上传。

⑨估计事故损失情况。查明受损车辆、货物及其他财产的损失程度，估计事故涉及的各类损失金额，以查勘任务对应的损失标的为单位记录估损金额，同时记录、核定施救情况。

⑩完成查勘记录。

a. 根据查勘内容填写查勘记录，并争取报案人签字确认。查勘员应尽量详细填写查勘记录单，以保证录入理赔系统时查勘资料的完整性。

b. 重大、复杂或有疑点的案件，应在询问有关当事人、证明人后，在“机动车保险车辆事故现场查勘询问笔录”中记录，并由被询问人签字确认。

c. 重大、出险原因较为复杂的赔案应绘制机动车保险车辆事故现场查勘草图，现场草图要反映出事故车方位、道路情况及外界影响因素。

d. 对 VIP 客户案件或小额赔案制定优先处理流程的，应在查勘记录中注明案件处理等级。

⑪施救和清理受损财产。现场查勘员到达事故现场后，如果险情尚未控制，应立即会同保险人与其他相关部门共同研究，确定施救方案，采取合理的措施实施救援，以防损失进一步扩大。

⑫指导报案人进行后续处理。

a. 告知赔偿顺序。

• 发生机动车之间碰撞事故的，应告知客户先通过交强险进行赔偿处理，超过交强险责任限额的部分，由商业车险进行赔偿。

• 未在本公司承保交强险的，应指导客户向交强险承保公司报案，由交强险承保公司对第三者损失先行定损。

• 符合交强险“互碰自赔”处理条件的，应向客户告知互碰处理后续流程。

b. 向报案人提供机动车保险索赔须知和机动车保险索赔申请书。

• 在机动车保险索赔须知中完整勾选被保险人索赔时需要提供的单证，双方确认签字后交被保险人或报案人。

• 指导报案人填写机动车保险索赔申请书，告知报案人交被保险人签名或盖章后，在提交索赔单证时一并向保险人提供。

c. 告知客户后续理赔流程。

• 查勘时不能当场定损的，查勘员应与被保险人或其代理人约定定损的时间、地点；对于事故车辆损失较重，需拆检后方能定损的案件，应安排车辆到拆检定损点集中拆检定损。

• 向客户介绍公司理赔流程，协助客户了解快速、便捷的后续理赔服务。

• 对于明显不属于保险责任或者存在条款列明除外责任的，应耐心向客户解释，向客户说明不属于保险责任的依据，取得客户放弃索赔的证据，如客户放弃索赔的签字或电话录音。

3. 代查勘

车险代查勘属于保险公估的范畴，指的是保险公估人受托于保险人，代理查勘事故车辆案发现场，对事故现场造成车辆、货物损失，进行估损定价，此时的保险公估人扮演的是保险人的角色。代查勘主要用于部分保险公司在出险地无分支机构，为方便理赔工作开展的情况。而对于所承保的车辆在异地出险的情形，出险当地的保险分支机构按派工开展代查勘并提供各种协助的义务。具体程序如下：

①出险地保险公司业务人员(保险公估人)接到外地保险车辆在本地出险的通知以后，应查验保险证或保险单，确认承保的出险车辆后，询问并记录报案日期、报案人、保险单号、保险类别、被保险人、承保公司、出险时间、地点、原因、牌照号码等，同时向报案人出示出险通知书并交代填写事项，督促其按期交回。

②应立即安排现场勘查，并尽快通知承保公司。

③查勘员到达事故现场以后，认真开展现场查勘工作，按照要求填写查勘记录并由代查勘的公司领导签章。

④业务人员应将该案登录代查勘登记簿，并按照规定开具代查勘收据一式两联。一联连同出险通知书、查勘记录、现场照片、草图、询问记录及有关证明材料等发送承保公司，另一联连同出险通知书、查勘记录等材料在代查勘公司留存备查。

此外，如果承保公司同意并委托进行代定损，应按照规定的定损程序处理。处理完毕后，应将全部案件材料移交承保公司，并在代查勘登记簿上注明移交时间。

5.2.3 确定保险责任及立案

1. 确定保险责任

经过整理分析已获取的查勘资料，包括查勘记录及附表、查勘照片、询问笔录，以及驾驶证照片、行驶证照片等，结合保险车辆的查勘信息、承保信息和历史赔案信息，分别判断事故是否属于商业机动车保险和交强险的保险责任。经查勘员核实属于保险责任范围的，应进一步确定被保险人在事故中所承担的责任，有无向第三者追偿问题。同时，还应注意了解保险车辆有无在其他公司重复保险的情况；对重复报案、无效报案、明显不属于保险责任的报案，应按不予立案或拒绝赔偿案件处理。

审定保险责任应注意以下事项：

①在现场查勘 24 小时内，必须对所查勘的案件做出是否立案的决定，并注明责任人。管理部门定期对赔案的处理过程、时限进行监控，对报案登记后超过规定时间未立案的案件，必须进行处理。

②对于属于责任范围的，应进一步确定被保险人对事故承担的责任和有无代位追偿的问题。对于确定无异议，属于保险责任的理赔案件，应立即开展定损和计算赔款工作。

③认为是责任免除范畴应拒赔的案件，要有充分的、有说服力的依据和理由。

④对不属于保险责任的案件，要认真讨论，反复推敲。

⑤对于不符合保险合同的案件，即不在保险有效期内或不属于承保责任的案件，应在出险通知书和机动车辆保险报案、立案登记簿上签注“因××原因不予立案”的字样，并向被保险人作出书面通知和合理的解释。

⑥对于责任界限不明，难以掌握的疑难案件和拒赔后可能引起诉讼的，或经反复研究仍无法定论的理赔案件，应将拒赔案件报告书连同有关材料报上一级公司审定。上级公司

批准后，应填具拒赔通知书送交被保险人，并进行解释说明。

确定保险责任后，还需初步确定事故损失金额，并估算保险损失金额。事故损失金额指事故涉及的全部损失金额，包括保险责任部分损失和非保险责任部分损失；保险损失金额指在事故损失金额基础上简单根据保险条款和保险原则剔除非保险责任部分损失后的金额。

对不属于保险责任的，应对事故现场、车辆、涉及的第三者车辆、财产、人身伤亡情况认真地记录、取证、拍照等，以便作为拒赔材料存档，同时向被保险人递交拒赔通知书。

2. 立案

对在保险有效期内，且属于保险责任的赔案，理赔人员应在现场查勘结束后的规定时间内，依据出险报案表和查勘记录中的有关内容，以及初步确定的事故损失金额和保险损失金额，通过车险业务处理系统进行认真、准确、翔实的立案登记，最后由计算机自动生成立案编号。立案后管理部门可定期对赔案的处理过程、时限进行监控。

立案处理时限：一般来说，简单案件应于查勘结束后 24 小时内立案；复杂案件最晚于接报案后 7 日内，进行立案或注销处理。对报案登记后超过规定时间未立案的案件，管理部门须给予处理；查勘所涉及的单证可在立案同时或之后收集。

审定保险责任一定要以机动车保险条款及其解释为依据，领会条款精神，尊重客观事实，掌握案情的关键。依据保险条款，业务部门对于现场查勘记录及其相关材料应进行初审，按照规定的核赔权限，召集相关人员会议，听取查勘定损人员的详细汇报及其分析意见，研究审定保险责任。对于符合保险合同的案件，即在承保范围内且属于保险责任的理赔案件，业务人员应进行立案登记，统一编号并进行程序化管理。

5.2.4 定损核损

1. 定损

定损即确定事故损失，包括车辆损失、人身伤亡费用、施救费用、残值处理等。在车辆定损时，保险人应会同被保险人和第三者受损方一起核定。定损流程见图 5-4。

通过定损流程图可以看出，定损工作主要内容有：

①查阅出险记录、承保情况、历史出险记录，了解事故损失情况和查勘意见，损失所对应的险别及赔付限额，历史出险记录是否有损失情况类似的案件。

②确定受损机动车和其他财产的损失情况，并对损失项目进行拍照。

③与客户和承修单位协商确定修理方案，包括确定维修项目和换件项目、修理工时费，对需要询价、报价的零部件向报价岗询价、报价。协商一致后签字确认。

④对需要核损的案件提交核损岗核损。

⑤对修复车辆进行复勘和损余回收。

⑥确认施救费用。

定损工作质量是影响保险公司整体效益的重要手段，直接影响客户的满意度，因此针对不同车险事故定损要点不同，具体内容在第六章进行阐述。

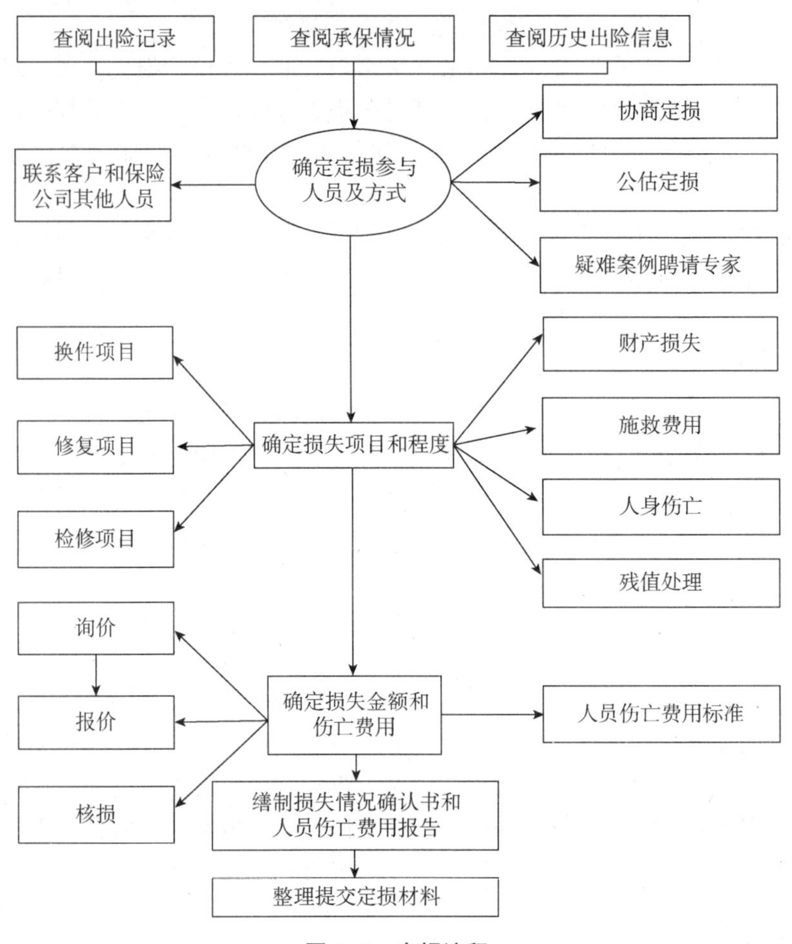

图 5-4　定损流程

2. 核损

核损指核损人员对保险事故中涉及的车辆损失和其他财产损失的定损情况进行复核，目的是提高定损质量，保证定损的准确性、标准性和统一性。

(1)核损工作职能

①检查查勘定损人员是否按查勘定损规范完成现场查勘、定损，查勘定损系统操作是否规范，相关资料是否上传完整。

②通过审核承保情况、报案情况、查勘情况、历史出险记录等信息，审核事故是否属于保险责任，案件是否存在虚假成分。对可疑案件督促查勘员进行现场复勘。

③审核定损结果的合理性、准确性。对不合理、不准确的部分进行核损修改，并要求定损员按核损结果重新核定损失。核损工作流程见图 5-5。

(2)核损主要工作要点

1)保险责任的复核

复核是否属于保险责任，即综合承保、报案、查勘、历史出险记录等环节的信息，判断事故是否属于保险责任，案件是否存在虚假成分。

①根据保单承保险别，审核事故损失是否能对应相应的承保险别，损失金额是否超过了对应险别的最高赔付限额(例如划痕险限额)。

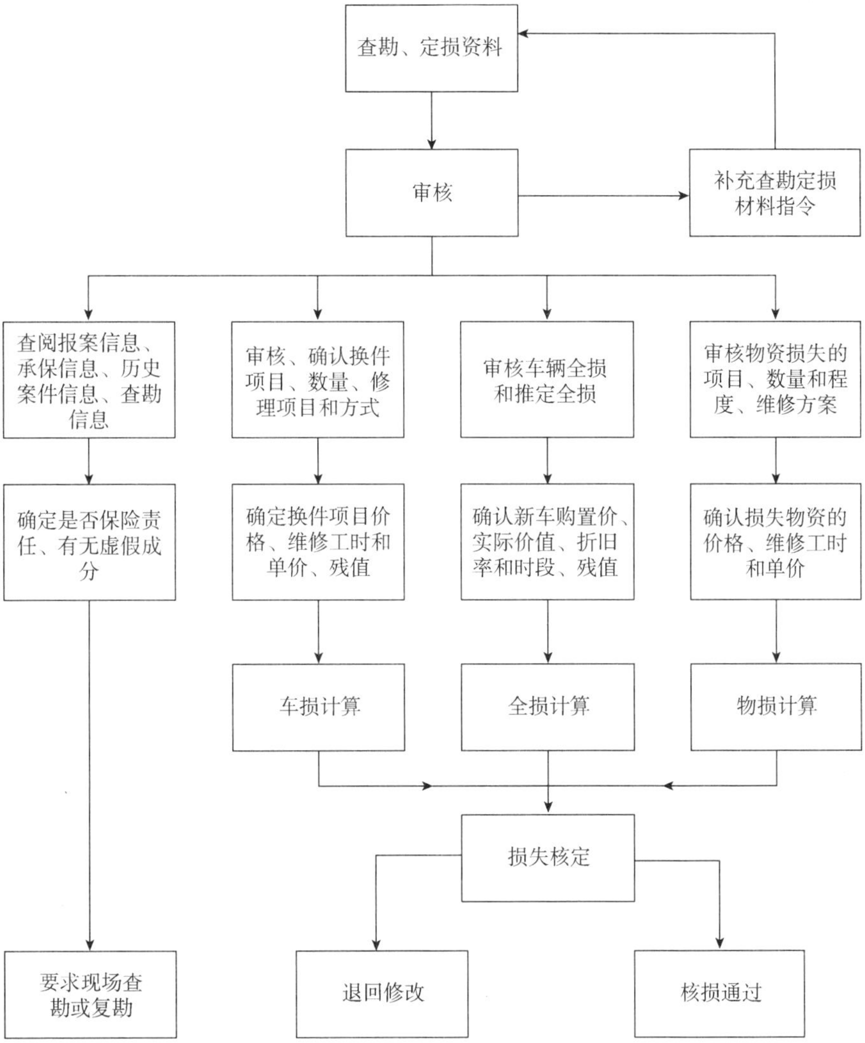

查勘、定损资料

审核

补充查勘定损材料指令

查阅报案信息、承保信息、历史案件信息、查勘信息

审核、确认换件项目、数量、修理项目和方式

审核车辆全损和推定全损

审核物资损失的项目、数量和程度、维修方案

确定是否保险责任、有无虚假成分

确定换件项目价格、维修工时和单价、残值

确认新车购置价、实际价值、折旧率和时段、残值

确认损失物资的价格、维修工时和单价

车损计算

全损计算

物损计算

损失核定

要求现场查勘或复勘

退回修改

核损通过

图 5-5　核损工作流程

②查看保险期限，对临近保险起期或止期的保险事故加强关注，对查勘情况进行重点审核。

③核对被保险人与行驶证车主是否相符，不符的是否已经过户，已经过户的有没有变更被保险人的批单。

④检查驾驶证、行驶证是否有效。

⑤检查事故现场照片是否符合拍摄规范（有无带车牌号的整车照片、拍摄能不能反映事故发生的全貌等），照片日期是否可疑（照片日期在报案时间之前的可能是虚假案件）。

⑥通过事故现场照片、查勘记录分析事故成因，判断是否存在虚假成分。需要现场复勘的，可联系查勘员进行恢复现场复勘。

⑦查阅历史出险信息，检查是否存在重复索赔的情况。

2）车辆定损结果复核

①审查定损员上传的初（估）定损清单及事故照片的完整性。应对定损员上传的初（估）定损清单及事故照片的完整性进行审查，如上传资料不能完整反映事故损失的各项内

容，或照片不能完整反映事故损失部位和事故全貌，应通知定损员补充相关资料。

②换件项目的复核。剔除应予修复的换件项目(修复费用超过更换费用的除外)；剔除非本次事故造成的损失项目；剔除历史信息中已经定损更换但修理时未更换的重复索赔损失项目；剔除可更换零部件的总成件。根据市场零部件的供应状况，对于能更换零配件的，不更换部件；能更换部件的，不更换总成件；剔除保险车辆标准配置外新增加设备的换件项目(加保新增设备损失险除外)；剔除保险责任免除部分的换件项目。如车胎爆裂引起的保险事故中所爆车胎，自燃仅造成电器、线路、供油系统的损失等；剔除超标准用量的油料、辅料、防冻液、冷媒等；如需更换汽车空调系统部件的，冷媒未漏失可回收重复使用处理等。

3)车辆零配件价格的复核

①车辆零配件价格的复核可以参考定损系统配件价格，并在一定范围内上下浮动。已经报价的，以报价金额为准。

②对于保单有特别约定的，按照约定处理，如品牌特约维修价格，国产或进口玻璃价格等。

③残值归被保险人的，对残值作价金额进行复核。

4)维修项目和方式的复核

①应严格区分事故损失和非事故损失的界限，剔除非本次事故产生的修理项目。

②应正确掌握维修工艺流程，剔除不必要的维修、拆装项目。

5)维修工时和单价的复核

①对照事故照片及修理件的数量、损坏程度、剔除超额工时部分。

②以当地的行业维修工时标准为最高上限，参照出险地当时的工时市场单价，剔除超额单价部分。

③其他财产损失的复核。其他财产主要包括第三者非车辆财产和承运的货物。其他财产的核损主要包括损失项目和数量、损失单价，维修方案或造价的核损。

④核损的风险控制。核损人员根据案件的具体情况、理赔规范要求，对有疑点的案件及时发起调查、稽查等风险控制任务请求；监督查勘定损岗规则制度的执行情况。

核损人员通过对案件信息、事故定损照片、定损单及相关资料的审核，及时发现案件风险，核定理赔成本管控效果和处理时效。

5.2.5 赔款理算

赔款理算是保险公司按照法律和保险合同的有关规定，根据检验报告反映的保险事故的实际情况，核定和计算应向被保险人赔付金额的过程。理算工作是保险公司在理赔过程中关键的最后一个环节，保险公司的理赔人员应本着认真、负责的态度做好理算工作，确保一方面切实维护被保险人的合法利益，另一方面也要维护保险公司的利益。理算应遵循实事求是、公平、合法的基本原则。

1. 理算主要工作内容

①审核赔案材料，对保险责任、索赔材料的真实合理性进行初审，对有疑问的材料作退回处理。

②对相关数据录入有误的案件提出修改意见。

③在本环节发现可疑赔案的情况，应提出处理意见后交调查岗审核。

④对资料齐全的赔案进行理算，并保证数据的准确性和完整性。

2. 交强险赔款的理算

(1)交强险承担责任划分

交强险将被保险人在事故中承担的责任分为有责和无责两个级别。如果有责任，不管责任大小，其赔款在死亡伤残、医疗费用、财产损失三个赔偿限额内计算赔偿；如果无责任，其赔款则在无责任死亡伤残、无责任医疗费用、无责任财产损失三个赔偿限额内计算赔偿。而商业车险将被保险人在事故中承担的责任划分为全部责任、主要责任、同等责任、次要责任、无责任五个级别，所以交强险与商业车险的担责划分不同。

(2)交强险赔款计算方法

①基本计算公式：

$$总赔款=\sum 各分项损失赔款=死亡伤残费用赔款+医疗费用赔款+财产损失赔款$$

$$各分项损失赔款=各分项核定损失承担金额$$

式中：死亡伤残费用赔款为死亡伤残费用核定承担金额；医疗费用赔款为医疗费用核定承担金额；财产损失赔款为财产损失核定承担金额。

各分项核定损失承担金额超过交强险各分项赔偿限额的，各分项损失赔款等于交强险各分项赔偿限额。

②当保险事故涉及多个受害人时，计算公式为：

$$总赔款=\sum 各分项损失赔款=死亡伤残费用赔款+医疗费用赔款+财产损失赔款$$

$$各分项损失赔款=\sum 各受害人各分项核定损失承担金额$$

式中：死亡伤残费用赔款为各受害人死亡伤残费用核定承担金额之和；医疗费用赔款为各受害人医疗费用核定承担金额之和；财产损失赔款为各受害人财产损失核定承担金额之和。

各受害人各分项核定损失承担金额之和超过被保险机动车交强险相应分项赔偿限额的，各分项损失赔款等于交强险各分项赔偿限额。

各受害人各分项核定损失承担金额之和超过被保险机动车交强险相应分项赔偿限额的，各受害人在被保险机动车交强险分项赔偿限额内应得到的赔偿为：

$$被保险机动车交强险对某一受害人分项损失的赔偿金额=交强险分项赔偿限额\times[事故中某一受害人的分项核定损失项金额\div(\sum 各受害人分项核定损失承担金额)]$$

③当保险事故涉及多辆肇事机动车时，各被保险机动车的保险人分别在各自的交强险各分项赔偿限额内，对受害人的分项损失计算赔偿。

各方机动车按其适用的交强险分项赔偿限额占总分项赔偿限额的比例，对受害人的各分项损失进行分摊。

$$某分项核定损失承担金额=该分项损失金额\times[适用的交强险该分项赔偿限额\div(\sum 各致害方交强险该分项赔偿限额)]$$

初次计算后，如果有致害方交强险限额未赔足，同时有受害方损失没有得到充分补偿，则对受害方的损失在交强险剩余限额内再次进行分配，在交强险限额内补足。对于待分配的各项损失合计没有超过剩余赔偿限额的，按分配结果赔付各方；超过剩余赔偿限额的，则按每项分配金额占各项分配金额总和的比例乘以剩余赔偿限额分摊；直至受损各方均得到足额赔偿或应赔付方交强险无剩余限额。

④受害人财产损失需施救的，财产损失赔款与施救费累计不超过财产损失赔偿限额。

⑤主车和挂车在连接使用时发生交通事故，主车与挂车的交强险保险人分别在各自的责任限额内承担赔偿责任。若交通管理部门未确定主车、挂车应承担的赔偿责任，主车、挂车的保险人对各受害人的各分项损失平均分摊，并在对应的分项赔偿限额内计算赔偿。主车与挂车由不同被保险人投保的，在连接使用时发生交通事故，按互为第三者的原则处理。

⑥对被保险人依照法院判决或者调解承担的精神损害抚慰金，原则上在其他赔偿项足额赔偿后，在死亡伤残赔偿限额内赔付。

(3)交强险赔款计算实例

1)两辆机动车互碰，两车均有责

双方机动车交强险均在交强险财产损失赔偿限额内，按实际损失承担对方机动车的损害赔偿责任。

案例5-1

A、B两车互碰，各负同等责任。A车损失3500元，B车损失3000元，计算两车交强险赔付结果。

解：根据交强险赔偿标准，A车保险公司在交强险项下赔偿B车损失2000元，B车保险公司在交强险项下赔偿A车损失2000元。

对于A车剩余的1500元损失，按商业车险条款规定，根据责任比例在商业车险项下赔偿。即如A车投保了机动车损失保险、B车投保了第三者责任保险，则在B车的第三者责任保险项下赔偿750元，在A车的机动车损失保险项下赔偿750元。

2)两辆机动车互碰，一方全责、一方无责

机动车的损害赔偿责任，全责方机动车交强险在财产损失赔偿限额内承担无责方机动车的损害赔偿责任。无责方车辆对全责方车辆损失应承担的赔偿金额，由全责方在本方交强险无责任财产损失赔偿限额项下代赔。

案例5-2

A、B两车互碰造成双方车损，A车全责(损失1000元)，B车无责(损失1500元)。设B车适用的交强险无责任赔偿限额为100元，试计算两车交强险赔付结果。

解：A车交强险赔付B车1500元，B车交强险赔付100元。B车对A车损失应承担的100元赔偿金额，由A车保险公司在本方交强险无责任财产损失赔偿限额项下代赔。

3)一方全责，多方无责

所有无责方视为一个整体，在各自交强险无责任财产损失赔偿限额内，对全责方车辆损失按平均分摊的方式承担损害赔偿责任；全责方对各无责方在交强险财产损失赔偿限额内承担损害赔偿责任，无责方之间不互相赔偿。无责方车辆对全责方车辆损失应承担的赔偿金额，由全责方在本方交强险相应无责任财产损失赔偿限额内代赔。

A、B、C三车互碰造成三方车损，A车全责(损失600元)，B车无责(损失600元)，C车无责(损失800元)。设B车、C车适用的交强险无责任赔偿限额为100元，试计算赔付结果。

解：A车交强险赔付B车600元，赔付C车800元。B车、C车交强险分别赔付A车各100元，共赔付200元，由A车保险公司在本方交强险两个无责任财产损失赔偿限额内代赔。

4)多方有责，一方或多方无责

所有无责方视为一个整体，在各自交强险无责任财产损失赔偿限额内，对有责方损失按平均分摊的方式承担损害赔偿责任；有责方对各方车辆损失在交强险财产损失赔偿限额内承担损害赔偿责任，无责方之间不互相赔偿。无责方车辆对有责方车辆损失应承担的赔偿金额，由各有责方在本方交强险无责任财产损失赔偿限额内代赔。

案例5-4

A、B、C、D四车互碰造成各方车损，A车主责(损失1000元)，B车次责(损失600元)，C车无责(损失800元)，D车无责(损失500元)。设C、D两车适用的交强险无责任赔偿限额为100元，试计算赔付结果。

解：C车、D车交强险共应赔付200元，对A车、B车各赔偿(100+100)÷2=100(元)，由A车、B车保险公司在本方交强险无责任财产损失赔偿限额内代赔。A车交强险赔偿金额=B车损核定承担金额+C车损核定承担金额+D车损核定承担金额=(600-100)+800÷2+500÷2=1150(元)，1150元<2000元(财产有责任限额)，所以A车交强险赔付1150元。B车交强险赔偿金额=A车损核定承担金额+C车损核定承担金额+D车损核定承担金额=(1000-100)+800÷2+500÷2=1550(元)，1550元<2000元(财产有责任限额)，所以B车交强险赔付1150元。

5)均投保了交强险的两辆或多辆机动车互碰，涉及车外财产损失

有责方在其适用的交强险财产损失承担相应的损害赔偿责任。赔偿限额内，对各方车辆损失和车外财产损失承担相应的损害赔偿责任。所有无责方视为一个整体，在各自交强险无责任财产损失赔偿限额内，对有责方损失按平均分摊的方式承担损害赔偿责任。无责方之间不互相赔偿，无责方也不对车外财产损失进行赔偿。无责方车辆对有责方车辆损失应承担的赔偿金额，由各有责方在本方交强险无责任财产损失赔偿限额内代赔。

案例5-5

A、B、C三车互碰造成三方车损，A车主责(损失600元)，B车无责(损失500元)，C车次责(损失300元)，车外财产损失400元。计算A车、B车、C车的交强险赔付结果。

解：先计算出无责方对有责方的赔款。B车交强险应赔付A车、C车各100÷2=50元，由A车、C车在各自交强险无责任财产损失赔偿限额内代赔。

有责方再对车外财产、各方车损进行分摊：A 车交强险赔款 = (500+400) ÷2+(300-50) = 700(元)；C 车交强险赔款 = (500+400) ÷2+(600-50) = 1000(元)。

计算有责方交强险和代赔款之和：A 车交强险赔款+代赔款 = 700+50 = 750(元)，C 车交强险赔款+代赔款 = 1000+50 = 1050(元)。

6)均投保了交强险的两辆或多辆机动车发生事故，造成人员伤亡

肇事机动车均有责且使用相同责任限额的，各机动车按平均分摊的方式，在各自交强险分项赔偿限额内计算赔偿。

案例5-6

A、B 两机动车发生交通事故，两车均有事故责任，A、B 车损分别为 2000 元、5000 元，B 车车上人员医疗费用为 7000 元，死亡伤残费用为 6 万元，另造成路产损失 1000 元。计算 A 车交强险初次赔付结果。

解：B 车车上人员死亡伤残费用核定承担金额 = 60000÷(2-1) = 60000(元)。

B 车车上人员医疗费用核定承担金额 = 7000÷(2-1) = 7000(元)。

财产损失核定承担金额 = 1000÷2+5000÷(2-1) = 5500(元)(超过财产损失赔偿限额，按限额赔偿，赔偿金额为 2000 元)。

A 车交强险赔偿金额 = 60000+7000+2000 = 69000(元)。其中：

A 车交强险对 B 车损的赔款 = 2000×[(5000÷(500+5000)] = 1818. 18(元)；

A 车交强险对路产损失的赔款 = 2000×[500÷(500+5000)] = 181. 82(元)。

7)均投保了交强险的两辆或多辆机动车发生事故，造成人员伤亡

肇事机动车中有部分适用无责任赔偿限额的，按各机动车交强险赔偿限额占总赔偿限额的比例，在各自交强险分项赔偿限额内计算赔偿。

案例5-7

A、B、C 三车发生交通事故，造成第三方人员甲受伤，A、B 两车各负 50% 的事故责任，C 车和受害人甲无事故责任，受害人支出医疗费用 4500 元。设适用的交强险医疗费用赔偿限额为 10000 元，交强险无责任医疗费用赔偿限额为 1000 元，计算 A、B、C 三车对受害人甲应承担的赔偿金额。

解：A 车交强险医疗费用赔款 = 4500×[10000÷(10000+10000+1000)] = 2142. 86(元)。B 车交强险医疗费用赔款 = 4500×[10000÷(10000+10000+1000)] = 2142. 86(元)。C 车交强险医疗费用赔款 = 4500×[1000÷(10000+10000+1000)] = 214. 28(元)。

8)一方机动车投保交强险，另一方仅投保商业车险

①对于军队、武警车辆，按照其所投保商业车险条款和特别约定的规定计算赔偿。

②对于与军队、武警车辆碰撞的车辆，在计算其机动车损失保险赔款时，根据损失补偿原则，不扣除对方交强险应赔偿部分。

③两车同时碰撞车外财产或行人，按照事故责任比例，承保交强险的在交强险限额内承担受害人的损失，承保原第三者责任保险的在商业车险限额内按条款规定承担受害人的损失。

9)一方机动车投保交强险，另一方无保险

①原则上认为无保险车辆应该承担相当于交强险的赔偿责任。在计算本方车损赔款时，应当扣除对方相当于交强险的赔偿金额。

②但如果本车损失确实不能得到对方相当于交强险赔偿(如已按交警调解结果履行赔偿责任，或法院判决未要求对方承担相当于交强险的赔偿责任)，可由本方交强险先行代为赔付。

③为准确统计代赔数量和金额，应对代赔款项加注“无保险代赔”标识，代赔部分在另一个交强险限额内列支。

④保险公司代赔后应要求被保险人签具权益转让书，转让追偿的权利。

⑤应注意防范无保险车辆惧怕罚款，已私下向被保险车辆支付赔款，被保险人又向保险公司重复索赔的情况。

10)关于挂靠同一单位的机动车互碰的赔偿方式

对于被保险人(营业性车队、挂靠单位等)为同一人，但投保人(所有人)为不同自然人的机动车互碰，可按互为三者的原则，由各方机动车交强险在其分项赔偿限额内，按实际损失赔偿对方机动车。

需要注意的是，此种处理方式仅适用于投保人在投保时如实向保险人告知了车辆属于挂靠的情况，并且在保险合同中明确体现。如果在保单中体现为投保人完全相同(即不能体现出实际的所有人)，则视互碰的各车为同一被保险人所有，不能在交强险项下进行赔偿。

经交警调解或当事各方协商，由各方机动车承担本方车辆损失。

能够找到事故对方机动车并勘验损失的，对事故对方车辆损失在本方交强险赔偿限额内计算赔偿，超过限额部分在商业车险项下按过错责任比例计算赔偿。

案例5-8

A、B两车互碰，各负同等责任。A车损失3500元，B车损失3200元，交警调解结果为各自修理本方车辆。

分析：在能够勘验双方车辆损失的情况下，A车保险公司在交强险项下赔偿B车损失2000元；B车保险公司在交强险项下赔偿A车损失2000元。对于A车剩余的1500元损失，如A车投保了机动车损失保险、B车投保了第三者责任保险，则可以在B车的第三者责任保险项下赔偿750元，在A车的机动车损失保险项下赔偿750元。

3. 商业车险赔款的理算

(1)全部损失

赔款=(保险金额-被保险人已从第三方获得的赔偿金额)×
(1-事故责任免赔率)×(1-绝对免赔率之和)-绝对免赔额

(2)部分损失

赔款=(实际修复费用-被保险人已从第三方获得的赔偿金额)×
(1-事故责任免赔率)×(1-绝对免赔率之和)-绝对免赔额

在计算时要明确各项责任限额包括的项目。

1)交强险各责任限额内包括的项目

①在死亡伤残赔偿限额和无责任死亡伤残赔偿限额项下，负责赔偿丧葬费、死亡补偿

费、受害人亲属办理丧葬事宜支出的交通费用、残疾赔偿金、残疾辅助器具费、护理费、康复费、交通费、被扶养人生活费、住宿费、误工费，被保险人依照法院判决或者调解承担的精神损害抚慰金。

②在医疗费用赔偿限额和无责任医疗费用赔偿限额项下，负责赔偿医药费、诊疗费、住院费、住院伙食补助费，必要的、合理的后续治疗费、整容费、营养费。

2)第三者责任保险责任限额内包括的项目

第三者责任保险责任限额包括的项目有医疗费、误工费、住院伙食补助费、护理费、残疾者生活补助费、残疾用具费、丧葬费、死亡补偿费、被扶养人生活费、交通费、住宿费和财产直接损失费，以及交通事故施救费。

财产损失赔偿限额下的下列损失和费用交强险不负责赔偿和垫付：

①因受害人故意造成的交通事故的损失；

②被保险人所有的财产及被保险机动车上的财产遭受的损失；

③被保险机动车发生交通事故致使受害人停业、停驶、停电、停水、停气、停产、通信或者网络中断、数据丢失、电压变化等造成的损失；

④受害人财产因市场价格变动造成的贬值、修理后因价值降低造成的损失等其他各种间接损失；

⑤因交通事故产生的仲裁或者诉讼费用，以及其他相关费用。

案例5-9

甲、乙两车碰撞，造成甲、乙车受损，乙车司机死亡。经认定，甲车被保险人承担事故主责。甲车投保了交强险和商业车险(投保了机动车损失保险、第三者责任保险，机动车损失保险保额为100000元，第三者责任保险责任限额为50000元)，乙车只投保了交强险。

经事故勘查后确定事故损失情况及调解赔偿如下：

乙车司机医药费：12000元；

死亡赔偿金：9000×20年=180000(元)；

丧葬费：7000元；

死者随身手机：3000元；

被扶养人生活费：110000元；

事故处理人员误工费：300元；

处理丧葬事宜的交通费：1000元；

精神抚慰金：30000元；

甲车损失：12000元；

乙车损失：25000元。

请分析甲车的保险公司应如何赔偿。

解：1. 交强险部分赔偿

(1)甲车交强险赔款

财产损失赔偿金额=25000+3000=28000(元)，28000元>2000元，财产损失赔偿金额=2000元，其中：

乙车得到的25000÷28000×2000=1786(元)；

司机得到的 3000÷28000×2000=214(元);

医疗费用赔偿金额=12000 元>10000 元,医疗费用赔偿金额=10000 元;

死亡伤残赔偿金额=180000+7000+110000+300+1000+30000=328300(元),328300 元>110000 元,死亡伤残赔偿金额=110000 元;

甲车交强险赔偿总额=2000+10000+110000=122000(元),支付给乙车。

(2)乙车交强险赔款

财产损失赔偿金额=12000 元>2000 元,财产损失赔偿金额=2000 元;

乙车交强险赔偿总额=2000 元,支付给甲车。

2. 甲车商业车险部分赔偿

机动车损失保险部分(包含代位追偿部分):

赔偿金额=(12000-2000)×70%=7000(元);

第三者责任保险部分:

应承担赔偿金额=(实际损失-交强险应赔款额)×事故责任比例=(25000+3000+12000+180000+7000+110000+300+1000-2000-10000-110000)×70%=151410(元),151410 元>50000 元。第三者责任保险赔偿金额=50000 元,商业车险赔偿总额=7000+50000=57000(元)。

所以甲车保险公司赔偿总额=122000+57000=179000(元)。

案例5-10

甲、乙两车,甲车为载货汽车,乙车为小型载客汽车,在道路上发生交通事故,双方负事故的同等责任,致使一名骑自行车的人(丙)受伤,并造成路产管理人(丁)遭受损失。各参与方的损失分别为:甲车车辆损失 3000 元,车上货物损失 5000 元;乙车车辆损失 1 万元,乙车车上人员重伤一名,造成残疾,花费医药费 2 万元,残疾赔偿金 5 万元;丙经抢救无效死亡,医疗费用 3 万元,死亡赔偿金 10 万元,精神损害抚慰金 2 万元;路产损失 5000 元。

甲、乙两车均承保了交强险,财产损失、医疗费用、死亡伤残各赔偿限额分别为 2000 元、10000 元、11 万元;甲、乙两车都投保了商业车险,甲车投保险别分别为机动车损失保险(10 万元)、第三者责任保险(5 万元)、车上货物责任险(2 万元)、不计免赔险;乙车投保险别分别为机动车损失保险(10 万元)、第三者责任保险(5 万元)、机动车车上人员责任险(5000 元×5)、不计免赔险。现分别计算甲、乙两车的交强险、商业车险赔款。

解:1. 交强险赔偿计算

(1)甲车

财产损失赔偿金额=乙车损失金额+路产损失÷2=10000+5000÷2=12500(元),12500 元>2000 元,财产损失赔偿金额=2000 元。乙车得到的赔偿=10000÷(10000+2500)×2000=1600(元);丁得到的赔偿=2500÷(10000+2500)×2000=400(元)。

医疗费用赔偿金额=20000+30000÷2=35000(元),35000 元>10000 元,医疗费用赔偿金额=10000 元,其中:

乙车人员得到的赔偿=20000÷(20000+15000)×10000=5714(元);

丙得到的赔偿=15000÷(20000+15000)×10000=4286(元)。

死亡伤残费用赔偿金额=50000+120000÷2=110000(元)，死亡伤残费用赔偿金额=110000元，其中：

乙车人员得到的赔偿=50000元；

丙得到的赔偿=60000元。

甲车交强险总赔偿金额=2000+10000+110000=122000(元)。

(2)乙车

财产损失赔偿金额：3000+5000+5000÷2=10500(元)，10500元>2000元，财产损失赔偿金额=2000元。甲车得到的赔偿=(3000+5000)÷10500×2000=1524(元)；丁得到的赔偿=2500÷10500×2000=476(元)。

医疗费用赔偿金额：医疗费用核定损失金额=30000÷2=15000(元)，15000元>10000元，医疗费用赔偿金额=10000元；全部支付给丙。

死亡伤残赔偿金额：(100000+20000)÷2=60000(元)，60000元<110000元，死亡伤残赔偿金额=60000元；丙得到的赔偿=60000元。

乙车交强险总赔偿金额=2000+10000+60000=72000(元)。

在本例中，事故各方分项得到的交强险赔偿金额：

甲车得到的财产损失赔偿=1524元，其中：

赔偿车辆=3000÷(3000+5000)×1524=571.50(元)；

赔偿货物=5000÷(3000+5000)×1524=952.50(元)。

乙车得到的：财产损失赔偿=1600元，医疗费用赔偿=5714元，死亡伤残赔偿=50000元。

丙得到的：医疗费用赔偿=4286+10000=14286(元)；

死亡伤残赔偿=60000+60000=120000(元)，全部用于赔偿其死亡赔偿金。

丁得到的路产损失赔偿=400+476=876(元)。

说明：此例中两车都投保了不计免赔险，故不考虑免赔率。精神损害抚慰金不属于责任险的赔偿范围，因此不予计算。

2. 商业车险赔偿计算

(1)甲车

机动车损失保险赔偿金额=(实际修理费用-得到的交强险赔偿金额)×50%=(3000-571.50)×50%=1214.25(元)；

车上货物责任险赔偿金额=(5000-952.50)×50%=2023.75(元)；

第三者责任保险赔偿金额=[(乙车损失-乙车得到的交强险赔偿金额)+(丙的损失-丙得到的交强险赔偿金额)+(丁的损失-丁得到的交强险赔偿金额)]×50%=[(10000+20000+50000-1600-5714-50000)+(5000-876)]×50%=13405(元)。

甲车商业车险总赔偿金额=1214.25+2023.75+13405=16643(元)。

(2)乙车

机动车损失保险赔偿金额=(10000-1600)×50%=4200(元)；

车上人员责任险赔偿金额=(20000+50000-5714-50000)×50%=7143(元)，7143元>5000元；

第三者责任保险赔偿金额=[(甲车损失-甲车得到的交强险赔偿金额)+(丙的损失-丙得到的交强险赔偿金额)+(丁的损失-丁得到的交强险赔偿金额)]×50%=[(3000+5000-571.50-952.50)+(5000-876)]×50%=5300(元)。

乙车商业车险总赔偿金额=4200+7143+5300=16643(元)。

案例5-11

甲、乙、丙三车互碰造成三方车损，甲车主责(损失600元)，驾驶人受伤，医疗费核损金额7200元，乙车无责(损失1000元)，丙车次责(损失1300元)且车外财产损失400元。请根据交强险的相关规定，计算甲、乙、丙三车各自交强险项下的赔款金额。

解：1. 甲车(主责)交强险赔偿计算

财产损失赔偿：赔偿乙车车损500元(1000元由甲、丙分摊，其中交强险不计责任，按实际损失赔偿)；

赔偿丙车车损1250元(丙车损失1300元-乙车对丙车的无责赔付100元÷2=50元)及物损200元(车外物所有有责方均需赔付)；

合计：车物损部分1950元。

2. 乙车(无责)交强险赔款计算

财产损失赔偿：赔偿甲车车损部分50元(无责赔偿100元÷2=50元)、丙车车损部分50元(无责赔偿100元÷2=50元)；

医疗费用赔偿：赔偿甲车驾驶员医疗费1000元(医疗费无责赔偿)；

合计：车物损部分100元，医疗费部分1000元。

3. 丙车(次责)交强险赔偿计算

财产损失赔偿：赔偿甲车车损550元(600元-50元=550元)；

赔偿乙车车损500元(1000元由甲丙分摊，其中交强险不计责任，按实际损失赔偿)；

医疗费用赔偿：赔偿甲车医疗费部分6200元(7200元-1000元=6200元)；

共计：车物损部分1050元，医疗费部分6200元。

5.2.6　核赔

经过赔款理算之后，要根据有关单证编制赔款计算书。首先由相关工作人员制作机动车辆保险赔款计算书和机动车辆保险结案报告书。机动车辆保险赔款计算书各栏要详细录入，项目要齐全，数字要正确，损失计算要分险种、分项目计算并列明计算公式，应注意免赔率要分险种计算。机动车辆保险赔款计算书一式两份，经办人员要盖章、注明编制日期。业务负责人审核无误后，在机动车辆保险赔款计算书上签注意见和日期，送核赔人。

核赔是在授权范围内独立负责理赔质量的人员，按照保险条款及保险公司内部有关规章制度对赔案进行审核的工作。

1. 核赔流程

核赔的主要工作包括审核单证、核定保险责任、审核赔款计算、核定车辆损失及赔款、核定人员伤亡及赔款、核定其他财产损失及赔偿、核定施救费用等(见图5-6)。核赔是对整个赔案处理过程进行控制。核赔对理赔质量的控制体现在：核赔员对赔案的处理过程，一是及时了解保险标的出险原因、损失情况，对于重大案件应参与现场查勘；二是审核、确定保险责任；三是核定损失；四是审核赔款计算。

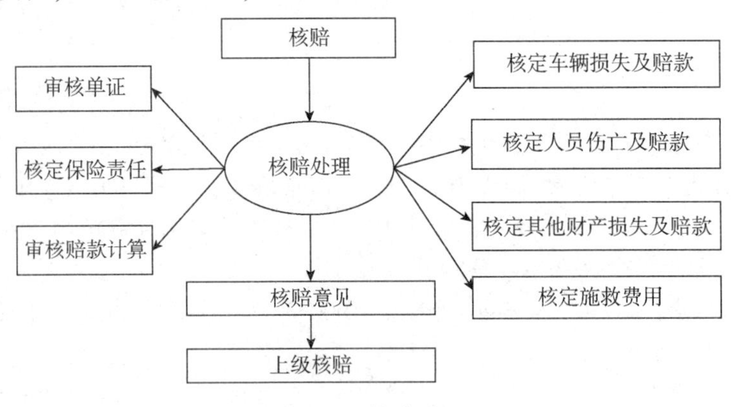

图5-6　核赔流程

2. 核赔的主要内容

①审核单证：审核被保险人按规定提供的单证，经办人员填写赔案的有关单证是否齐全、准确、规范和全面。

②核定保险责任：核定被保险人与索赔人是否相符，驾驶人是否为保险合同约定的驾驶人，出险车辆的厂牌型号、牌照号码、发动机号、车架号与保险单证是否相符，出险原因是否属保险责任，出险时间是否在保险期限内，事故责任划分是否准确合理，赔偿责任是否与承保险别相符等。

③审核赔款计算：核定值是否扣除，免赔率使用是否正确，赔款计算是否准确等。

④核定车辆损失及赔款：核定车辆定损项目、损失程度是否准确、合理，更换零部件是否按规定进行了询问报价，定损项目与报价项目是否一致，换件部分拟赔款金额是否与报价金额相符，残值确定是否合理等。

⑤核定人员伤亡及赔款：根据查勘记录、调查证明和被保险人提供的事故责任认定书、事故调解书和伤残证明，依照国家有关道路交通事故的法律、法规规定和其他有关规定进行审核；核定伤亡人员数、伤残程度是否与调查情况和证明相符；核定人员伤亡费用是否合理，被扶养人口、年龄是否真实，生活费计算是否合理、准确等。

⑥核定其他财产损失及赔款：根据照片和被保险人提供的有关规定，核定施救费用有效单证和金额。

⑦核定施救费用：根据案情和施救费用的有关项目和赔款进行核定。

如果是上级公司对下一级进行核赔，应侧重审核：普通赔案的责任认定和赔款计算的准确性；有争议赔案的旁证材料是否齐全有效；诉讼赔案的证明材料是否有效；保险公司的理由是否成立、充分；拒赔案件是否有充分证据和理由。

结案时机动车辆保险赔款计算书上赔款的金额必须是最终审批金额。在完善各种核赔和审批手续后，方可签发机动车辆保险领取赔款通知书，并通知被保险人。

5.2.7 赔付结案

1. 结案登记

经过一系列的审批程序后，业务人员填发机动车辆保险赔款通知书和赔款收据，并通知被保险人领取机动车辆保险赔款通知书，被保险人在赔款收据上签章，同时会计部门支付赔款。被保险人领取赔款后，业务人员按照赔案编号，输入机动车辆保险赔案结案登记，同时在“机动车辆保险报案、立案登记簿”备注栏中注明赔案编号、赔案日期，作为续保时是否给予无赔款优待的依据。

2. 理赔案卷管理

理赔案卷须按照一案一卷整理、装订、登记、保管。赔款案卷要单证齐全、编排有序、目录清楚、装订整齐、照片与原始材料粘贴整齐并附必要说明。一般的理赔案卷单证可包括机动车辆保险审批表、赔款计算书、结案报告书、出险报案表、报案记录、索赔申请书、事故现场查勘记录、保险财产损失确认书、第三者机动车上人员伤亡费用清单、赔案照片、有关原始单据、保险权益转让书、领取赔款通知书、异地出险联系函及其他有关证明和材料。

5.3 汽车保险事故现场查勘

保险公司承保的车辆出险以后，需要查勘员及时进行现场查勘，并依据查勘结果进行定损。查勘定损人员所采用的现场查勘技术是否科学、合理，是现场查勘工作成功与否的关键，直接关系到事故原因的分析与事故责任的认定。查勘员接到查勘任务后，应迅速做好相关准备，尽快赶赴事故现场，会同被保险人及有关部门进行事故现场的查勘工作。因此现场查勘是理赔中最接近事实真相的工作环节，也是保险公司防范风险和控制风险最关键的环节，有很强的实效性，需不断提高查勘员的现场查勘技能，才能有效地控制风险。

5.3.1 汽车事故现场分类

交通事故现场是指发生交通事故地点上遗留的车辆、树木、人、畜等与事故有关的物体及其痕迹物证所占有的空间。交通事故现场是推断事故过程的依据和分析事故原因的基础。根据现场的完整真实程度，一般可以分为三类。

1. 原始现场

原始现场也称第一现场，是指发生事故后至现场查勘前，在现场的车辆和遗留下来的一切物体、痕迹仍保持着事故发生过程的原始状况没有变动和破坏的现场。这类现场能够反映事故发生的全过程，可以较好地为事故原因的分析与责任鉴定提供依据，所以是取证价值最大、最理想的现场。图 5-7 为某碰撞事故原始现场。

图 5-7　某碰撞事故原始现场

2. 变动现场

变动现场也称移动现场，是指发生事故后至现场勘查前，由于自然或人为的原因，致使事故现场的原始状态的一部分、大部分或全部面貌改变的事故现场。这类现场由于现场物证遭到破坏，不能全面真实反映事故全过程，给勘查工作带来很大的困难。

变动原因通常有以下几种：

①抢救伤者：为抢救伤者而变动了现场的车辆和有关物体的原始位置。

②保护不善：事故现场的痕迹因保护不善，导致被过往的车辆和行人碾踏而变得模糊或消失。

③自然影响：因刮风、下雨、下雪、日晒等自然因素的影响，造成现场的痕迹消失或被破坏。

④执行任务：执行任务的消防、救护、警备、工程救险车或首长、外宾的车辆，在发生事故后因任务需要驶经现场，致使现场发生变化。

⑤交通拥阻：主要交通干道或繁华地段发生交通事故，需及时排除交通堵塞而移动肇事车辆及相关证物，从而导致现场变化。

⑥驾驶人疏忽：车辆发生交通事故后驾驶人没有发觉而驾车驶离现场。

⑦伪造现场：当事人为了逃避责任、毁灭证据或嫁祸于他人，有意或教唆他人改变现场的车辆、物体、痕迹或其他物品的原始状态，或故意布置现场。这类现场事故状态不合常理，不符合事故发生的客观规律。

3. 恢复现场

一般是指事故现场因某种原因撤离后，由于案件需要，根据原现场记录图、照片或查勘记录等资料重新布置恢复的现场。在特殊情况下，根据现场分析，目击人或当事人指认，将变动现场恢复到原始状态，此现场称为原始恢复现场。

5.3.2　汽车事故形态特征

机动车保险事故形态纷繁多样，分类方式也具多样性。汽车事故可按损失表现形式分为碰撞、刮擦、碾压、翻车、坠车、失火、撞固定物、撞静止车辆等；可按损失类型分为纯车损事故、纯人伤事故、含人伤事故等；也可按事故当事方分为单方肇事、双方事故、多方事故。为了使事故查勘员更好地进行定损，应从理赔风险控制视角探寻车辆保险事故的形态和特征，帮助查勘员了解保险事故形态多样性，掌握不同形态事故特征。

1. 汽车事故分类

(1)按事故性质维度分类

车险现场查勘目的重点之一就是查实事实、认定案件性质，它是现场查勘的首要目的。因此，根据案件性质分类，可以将车辆保险事故主要分为三种类型事故或事件：交通事故、意外事件和伪造事实骗取保险金事件。

1)交通事故

我国机动车保险产品的保障范围是交通事故所致的各交通行为当事方的财产损失与人员伤亡损失，所以交通事故是车辆保险事故中最常见、发生频度最高的事故类型。根据《道路交通安全法》第一百一十九条第五款的规定：交通事故是指车辆在道路上因过错或意外造成人身伤亡或者财产损失的事件。因此交通事故一般具备以下三个因素：车辆、人、环境。

①车辆。车辆保险中涉及的车辆特征主要包括合法的上道路行驶资格、安全技术状态的保障、机动车保险制度三方面内容。

a. 在机动车行驶资格方面，在道路上行驶的机动车应取得公安交通管理部门核发的行驶证、号牌，尚未取得的应当取得临时牌照。无论是行驶证、号牌还是临时牌照，都应该随车携带、悬挂。

b. 在机动车安全技术状态方面，我国机动车管理部门依照法律规定，根据车辆用途、载客载货、核载数量、使用年限等不同情况对车辆进行定期安全技术检验。机动车的制动系统等安全装置是否正常、灯光是否工作正常、车辆机械部件是否完好都将对事故发生产生影响。

c. 在机动车保险方面，我国实行交强险制度，除挂车、军警用车及其他特殊类型车辆以外，所有机动车均应投保交强险。上道路行驶的机动车还可以投保机动车损失保险、第三者责任保险，得到更加全面的保险保障。

②人员。车辆保险中涉及的人员特征主要包括合法的驾驶资格技能、主动不安全行为、被动不安全行为三方面内容。

a. 在驾驶人资质、技能方面，机动车驾驶人驾驶机动车应当依法取得机动车驾驶证，机动车驾驶证类型应与驾驶机动车类型相匹配，驾驶证应按期审证、换证。

b. 主动不安全行为是指驾驶人的违法行为，例如机动车驾驶人酒驾、毒驾，不服从交通信号指示行驶、违反装载规定等。

c. 被动不安全行为是指驾驶人的疏忽大意、外界因素对人心理的影响，例如工作和生活对驾驶人心理的影响，以及驾驶人生理原因的影响(如疲劳驾驶、生病、生理期对驾驶人的影响等)。

③环境。车辆事故涉及的环境特征主要包括道路及相关设施特征、交通状态、自然因素等。

a. 道路及相关设施特征指路面材质(土路、沙石、沥青、水泥路)、路面坡度、车道划分状态、道路灯光、交通信号灯布置情况、路牌路标设置等诸多方面。

b. 交通状态指交通流量情况分布、混合交通状态(指实际大型车、小型车、非机动车及行人是否分道通行)。

c. 自然因素指昼夜交替、四季更迭、雨雪气候、季节性台风、地质灾害等诸多方面。

2) 意外事件

除以上介绍的交通事故意外，机动车在使用过程中发生意外事件也是一种事故类型。意外事件在时间上、空间上及发生对象上具有不确定性，因此无法被预见。另外，根据查勘经验来看，当意外事件发生时没有目击者也没有视频监控的情况下(即无人停放期间发生的意外事件)，寻找事故原因、界定事故性质显得非常困难。虽然能通过某一科学方法(如痕迹分析)来确定事故的原因、性质，但非常有局限性。因此，当意外事件与无人在场的情形同时发生时，寻找事故原因、界定事故性质成为该类事故的难点之一。

3) 编造事实骗取保险金事件

这类事件指投保人(或被保险人)不遵守诚实信用原则，通过故意隐瞒事实真相、故意编造事实制造事故的方式，欺骗保险人并骗取保险赔付金。

故意隐瞒事实真相骗保事件往往属于保险软欺诈。这种情况下，事故是真实的，但事故中存在保险合同规定的免责、免赔行为，当事人隐瞒事故事实真相，编造事故经过，骗取保险金。从现场查勘角度来看，其典型表现形式为酒后驾驶或无证驾驶人员通过替换驾驶人或者二次碰撞制造新现场的方式掩盖事实真相，骗取保险赔偿金。这类事件的特征主要有当事人对事故发生前因后果的描述有不合常理之处、车辆受损部位不符合一次碰撞或碰擦的特点等。

故意编造事实制造事故骗保事件则是保险硬欺诈，以故意编造事故，骗取保险金，获得不法之财。从现场查勘角度来看，比较典型的形态有用事故受损车辆摆放现场、用事故受损车辆二次碰撞制造现场、用老旧高档车型或者拼装车故意碰撞制造现场。这类事故的特征主要有：现场残留散落物、痕迹、印迹存在不合常理之处；碰撞痕迹、位置不符；车辆零部件缺少、零部件多次拆装痕迹明显等方面的异常信息；车辆损失部位的零部件价值偏高等。

(2) 按交通工具类型(方式)维度分类

通过事故性质维度分类的方式，可以对车辆事故进行分类统计，根据一般经验，车险事故中涉及频度最高的是小型车辆，其次是大、中型车辆，再有是行人、摩托车及非机动车。结合这一特点，将交通工具类型分为小型车间交通事故、不同类型车辆间交通事故、机动车和行人间交通事故。

1) 小型车间交通事故

小型车的高度相近，因此小型车间事故中的车体接触位置基本处于各车车身四周表面(主要是车头端面、左侧车身面、车尾端面、右侧车身面)，这是小型车间交通事故的相同点。同时，由于小型车相互接触时状态不同，其接触位置在不同表面上，这是小型车间交通事故的差异点。基于上述特点，将小型车间交通事故分为正面碰撞、追尾碰撞、侧面碰撞、刮擦事故。

①正面碰撞。正面碰撞指相向行驶的车辆正前部(含车辆左右两角)碰撞，即沿汽车纵轴线上发生的碰撞(见图 5-8)。在碰撞瞬间，汽车的碰撞部位因碰撞而发生变形损坏，变形经碰撞部位沿汽车纵轴线延伸，损坏形式是挤压受损，受损程度根据汽车零部件材质的不同而不同(金属件发生脱漆、弯曲变形、折曲变形，塑料件发生脱漆、凹陷、破裂)。发生损坏的只是局限碰撞部位，其他大部分仍然是完好的，但不能排除在汽车的变形方向上还有其他部分的损坏(如车门铰链变形损坏、车门与门框之间的挤压变形损坏等波及损失)。

图 5-8 正面碰撞示意图

从总体上看，汽车纵轴线上的损坏程度(变形量)从碰撞部位(车头)向远端(车尾)逐渐降低。此外，车辆的损坏程度(变形量)与对方车辆的质量成正比，即碰撞的相对速度相同时，如果对方车辆的质量大，本车的变形和损坏程度也变大。

②追尾碰撞。追尾碰撞指同车道同方向行驶的车辆，尾随车辆的前部与前车的尾部碰撞。尾随碰撞与正面碰撞的相同点是在方向上都是沿机动车纵轴线发生的碰撞。不同点首先是二者碰撞前速度方向不同。正面碰撞的碰撞速度是两车行驶速度之和，尾随碰撞的碰撞速度则是两车行驶速度之差。因此，碰撞速度的不同决定了尾随碰撞在变形和损坏程度上要比正面碰撞轻微。其次，由于发动机舱部位的加强结构(双纵梁加前防撞梁结构)相对汽车尾部的空腔结构(指轿车)强度增强，车尾部位相对刚性弱，一般情况下，从车辆外形上看，碰撞造成车尾部分的变形和损坏要比车头严重。但实际情况中，驾驶人在避险急刹瞬间，后车车头呈现"制动点头"现象，继而导致后车车头的碰撞部位移至加强结构上部，削弱了后车车头撞击点的刚性，最终导致车头碰撞部位(往往是中网到发动机舱盖及大灯部位)变形损坏情况加重。在其他方面，尾随碰撞的事故特征与正面碰撞相同。

③侧面碰撞。侧面碰撞是指车辆的碰撞接触部分有一方是车辆侧面的碰撞。侧面碰撞包括迎头侧面碰撞、右转侧面碰撞和左转侧面碰撞。一般迎头侧面碰撞较多，而右转时的碰撞较少，其比例为迎头侧面：左转：右转=5：3：1。迎头侧面碰撞是直角侧面碰撞，而在右转和左转碰撞一般是斜碰撞。由于被碰撞车多数是在行驶状态，因而相互碰撞的车辆除受碰撞力的力矩作用外，还受摩擦力矩的作用。

第一，碰撞部位变形情况分析。在撞击变形方面，B 车前部因受 A 车车身侧面碰撞时的反作用力而变形，A 车车身侧面因受 B 车车头撞击而变形。根据力学分析示意图(见图 5-9)，两处变形量的大小主要与距离 d(A 车受力 F_A 作用线距 A 车质心的法向距离)和速度 v_B(B 车行驶碰撞瞬间速度)有关。距离 d 越短，变形量越大；速度 v_B 越大，变形量越大。距离 d 越长，A 车发生回转的力矩越大，发生二次碰撞的概率越高。

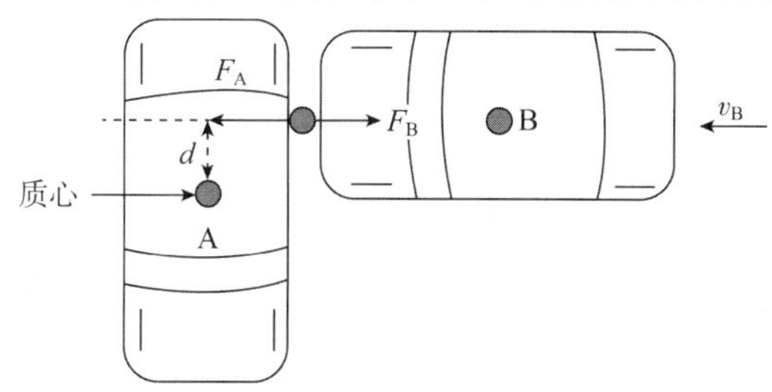

图 5-9 侧面碰撞力学分析示意图

第二，碰撞后运动情况分析。在实际情况中，轿车的质心受发动机布置的影响不在汽车几何中心位置(对发动机前置前驱动的轿车，车辆质心位于车长的前 1/3~2/5 处，即前排座的中间)，在撞击后的运动情况方面，A 车受 F_{A1} 与 F_{A2} 的合力 F_A 作用而产生力矩 M_A

($M_A = F_A \cdot d_1$)，B 车受 F_{B1} 与 F_{B2} 的合力 F_B 作用而产生力矩 M_B($M_B = F_B \cdot d_2$)，因此两车碰撞后会产生相应平面旋转效果。d_1 和 d_2(各车受合力作用线距各车质心的法向距离)越大，那么碰撞时的力矩对各车产生的平面旋转效果越大，见图 5-10。

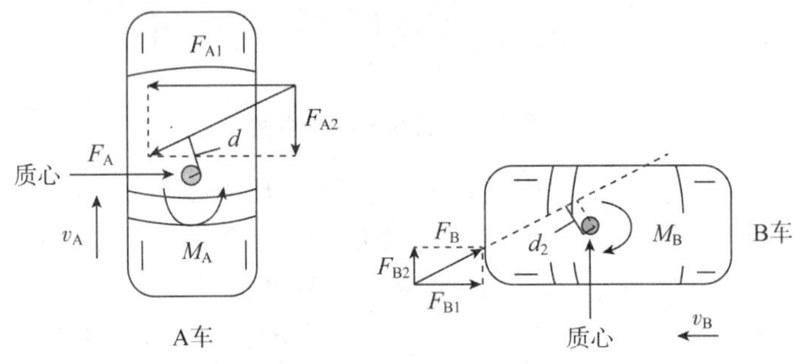

图 5-10　侧面碰撞力矩示意图

通过汽车侧面碰撞的特征分析可知，侧面碰撞除会发生正面碰撞的挤压受损以外，还可能产生车辆的回转、侧滑及车体摩擦造成的擦痕。此外，车辆的平面旋转效果越大，吸收的能量越多，碰撞的变形量越小；反之亦然。

④刮擦事故。汽车间发生刮擦事故主要是相向刮擦和同向刮擦。相向刮擦是相向行驶的车辆在会车时发生的两车侧面刮擦；同向刮擦是同向行驶的车辆在超越前车时发生的两车侧面刮擦。

刮擦事故的本质是两车的接触部位互相产生挤压并伴随在同一方向上产生(往往是平行于行驶路面)相对滑移。

刮擦事故最主要特征是不同形状的表面会形成不同痕迹。当平面与平面刮擦时(例如轿车的保险杠、翼子板、门壳等)，接触部位因刮擦会形成面状的刮擦痕迹，刮擦方向平行于行驶路面的擦痕。

当平面与凸出物刮擦时(通常指轿车车身侧面的车灯、门把手、倒车镜等)，在平面接触部位上因刮擦会形成带状的、刮擦轨迹平行于行驶路面的擦痕，严重的甚至会出现撕扯、撕裂伤口。

无论面状擦痕，还是带状擦痕，都可能因碰撞在接触表面残留对方车身油漆(车灯等塑料件不涂装车漆)，见图 5-11。

图 5-11　刮擦事故

2)不同类型车辆间交通事故

各类车辆主要包括小型机动车、大中型客车、载货汽车、摩托车、助力车、自行车等

车辆。由于不同车辆的外廓尺寸、结构形式、质量等均不相同，一旦发生事故，差异性大。

①小型车与大中型车辆的交通事故。根据车辆的外廓尺寸可知，轿车与大型车底盘高度不同，当轿车对大型车追尾碰撞时，会楔进大型车下方，轿车是否楔进大型车引起不同损坏情况。若追尾楔进大型车，轿车发动机舱盖表面因受大车后部刚性车架棱边剐蹭形成面状刮痕，与棱边两端的棱角接触的舱面将形成深深横印；若轿车的乘员舱(从前挡风玻璃和A柱开始)受到大型车后部刚性棱边和棱角的严重撞击，乘员头部必将受到致命伤害。

另外大型车的质量比轿车质量大很多倍，碰撞中大车的变形相比轿车小得多，且大型车车速低于轿车。所以在与大型车的碰撞中，可以近似地把大型车看成质量无限大的刚体，因此这类事故中小型车的损害程度较大型车严重。

②小型车与两轮车辆的交通事故(此处的两轮车通常指摩托车、电动车、自行车等)。在两轮车辆交通事故中，碰撞角度及碰撞部位对骑乘人碰撞弹出的运动轨迹有很大影响，因此很难根据事故后乘员的躺倒位置来推测事故前的状况。特别是乘员为了躲避碰撞而做过某些动作时，其运动轨迹更为复杂。

对车辆来说，两轮车辆的质量远小于轿车，因此碰撞速度越快，两轮车辆的变形也越严重。对于两轮车辆乘员来说，在碰撞后乘员冲向前方，腹部或腿部将挂碰在车把或其他部件上，上半身急剧向下翻，然后从车前方甩出去。

乘员的致命伤主要来自头部撞击，头部有时是撞在地面，有时是撞在汽车引擎盖或前挡风玻璃上。

因非机动车不需投保交强险，所以在事故中不适用交强险互赔机制。查勘员在两轮车事故中应对两轮车进行甄别，区分机动车与非机动车，具体可参照《电动自行车安全技术规范》和《机动车运行安全技术条件》来确定。

3)机动车和行人间的交通事故

汽车与行人相碰事故发生后行人的运动状态与汽车的外形和尺寸、汽车的速度、行人的身材高矮、行人的速度大小和方向有关；碰撞时汽车与行人接触部位，以及行人的运动状态对撞车后行人弹出的运动轨迹有极大影响，较难通过行人的倒地位置及伤害程度来推测分析事故过程。但由于成人与儿童的重心高度不同，因此碰撞后的过程也有不同。

①成人被撞过程。成人被撞，先是前保险杠撞行人腿部，然后引擎盖的前端撞行人腰部。由于作用在人体上力的位置低于人体重心，所以人体围绕重心发生回转运动被抛上引擎盖，然后在引擎盖上滑动，头部触碰到前挡风玻璃，同时继续回转，重心上升，最后从引擎盖上滑落，见图5-12(a)。

②儿童被撞过程。因为儿童重心低，碰撞时的受力位置高于重心或与重心相同，所以儿童被撞后倒地，见图5-12(b)。

比较两种碰撞可以发现，在撞成人的事故中，汽车与人体发生两次碰撞(第一次是撞击人体腰部以下部位使人围绕重心发生回转，第二次是撞击在引擎盖上滑动的人体)，在撞儿童的事故中，汽车与人体发生一次碰撞(车头撞击人体重心及以上部位)。在碰撞作用于行人的加速度方面，两种形式的碰撞最终都是行人达到了与车辆相同的速度，但前者是分两次达到，而后者是一次达到。前者作用于人体上的碰撞加速度小于后者，因此成人的伤势较儿童轻。在车辆损失方面，撞儿童事故车辆损坏部分集中在车头前部(大灯、中网及保险杠部位)，撞成人事故车辆损坏部分分布在车头前部、发动机盖，以及前挡风玻璃等处。如果汽车采取紧急制动，成人被撞后遭受碾轧的概率较低，儿童被碾轧的可能性更大。

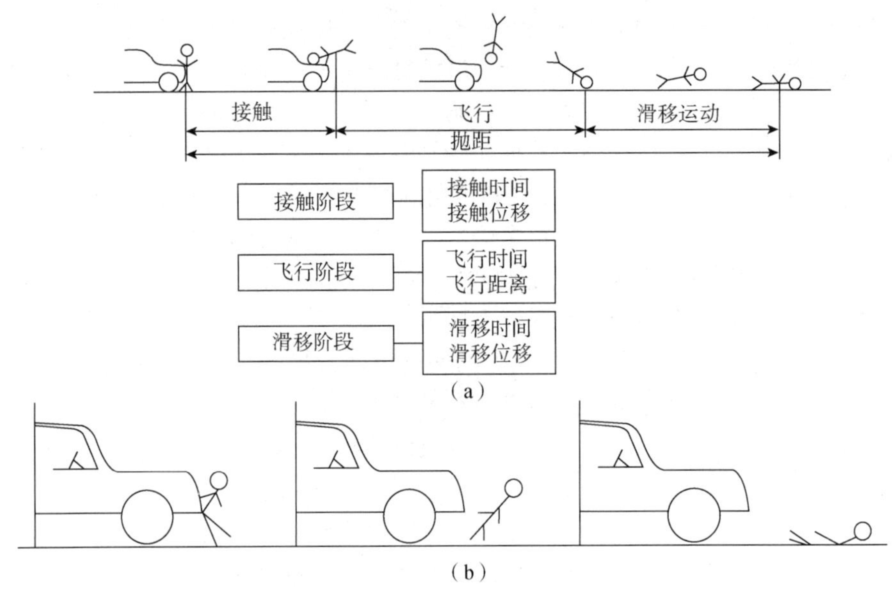

图 5-12　汽车与行人碰撞运动过程

2. 事故现场特征

事故现场是认识、解读事故成因及经过的重要载体。虽然并非所有事故的发生都可以被清晰、完整地记录(受视频摄像头的布置、环境光线或天气状况等因素影响)，但事故后现场遗留信息可帮助还原事故过程。虽然事故现场有现场撞击的散落物、车身上遗留的痕迹等，但在实践中保险公司对其挖掘能力有限，因此，就交通事故现场特征的事故车辆、现场人员以及现场环境三方面进行分析。

(1)事故车辆特征

事故车辆特征可分为基本特征、风险特征、事故特征三类。其中，基本特征和风险特征专门针对保险标的，而事故特征针对所有涉案车辆。

1)基本特征

基本特征是指保险标的固有的，与事故无关的特征。这一特征帮助查勘员核实标的身份，主要指 VIN 码、车辆行驶证和车辆号牌。

①VIN 码。VIN 码就是汽车的身份证号，具有唯一性。机动车的 VIN 码标识在车身固定部位(小型车一般在仪表台左前侧、发动机舱防火上沿、避震座上、右侧 B 柱上、副驾驶座椅侧下方等部位；大中型车一般在车身大梁侧面)。

②机动车行驶证、号牌。机动车行驶证由证夹、主页、副页三部分组成。其中，主页正面是已签注的证芯(含车辆所有人、号牌、识别代号、初次登记日期、发证日期等信息)，背面是机动车相片，并用塑封套塑封；副页是已签注的证芯(含车辆号牌、核定载人数、核定载质量、检验记录等信息)。

机动车号牌是准予机动车在我国境内道路上行驶的法定标志，其号码是机动车登记编号。

2)风险特征

风险特征是保险标的存在显著增大车辆使用风险的情形或状态。这类情形或状态同时

被保险合同界定为免责或免赔事项的条件，主要指标的未按期检验和违章装载。

①按期检验情况。机动车在安全检验时，机动车检验信息通过机动车登记系统打印在行驶证副页证芯的检验记录处。如检验信息格式为“检验有效期至 2022 年 11 月”，表示下一年度的机动车安全技术检验必须在 2022 年 11 月的最后一天前完成，否则该车将认定为未按规定按期检验。

②车辆装载情况。机动车载物应当符合核定的载质量，严禁超载；载物的长、宽、高不得违反法律规定的装载要求，禁止货运机动车载客；载人不得超过核定人数。在实际情况中，超员情况可根据交通事故认定书来确定，但货车超载很难现场认定。因此现场查勘时，需通过间接特征来界定货车是否超载，通常从钢板弹簧、改装货箱结构及货物体积三方面观察超载车辆的特征。

a. 改装钢板弹簧提高车辆的载重能力。原钢板弹簧和经过改装后的钢板弹簧，区别在于原工厂钢板弹簧由各片长短不一的钢片组成，而改装后的钢板弹簧中更换了更长的钢片，并且由长度相等的若干片钢片组成(见图 5-13)。所以对多片相同长度的钢片组成的钢板弹簧需要多加关注。

图 5-13　改装钢板弹簧

b. 改装货箱结构。通常的改装方式是通过加长货箱的长、宽、高来制造出装载空间，实现多装载货物的目的。这种增加的货箱栏板非常隐蔽，最有效的方法就是通过测量和比对来识别有超载嫌疑的车辆，测量从地面开始至车箱最高处的距离，与行驶证副页证芯上签注的外廓尺寸比较。

c. 当货车装载散装货物时(通常是沙石、矿石等原料)，可以通过测量货箱体积计算出货物质量。另外现场车辆发动机温度也是一项重要的风险特征，查勘员可以通过触摸引擎盖感受发动机温度或拍摄温度表值来记录发动机余温(发动机余温不会马上消失)。它有助于查明事故发生到查勘现场的时长，可为识别保险欺诈提供参考。

3) 事故特征

事故特征是肇事车辆事发后在现场呈现的最终状态。它主要包括车辆最终停止运动的位置、车身的姿态、车轮转向姿态、车辆排挡杆位置、车辆损坏的部位与形式、车辆被动安全装置的工作情况、车辆部件上遗留的痕迹等。

车辆最终停止运动的位置、车身姿态、车轮转向姿态有助于分析推测发生事故时车辆的运行轨迹，为认定交通事故责任提供现场证据。

①损坏部位与形式。车辆外部的损坏部位与形式是事故的重要证据，也是查勘员现场核实事故真实性的重要依据。通常车辆因事故损坏的部位主要有车头、车尾、车身侧面、车顶、底盘部件等。车辆损坏的成因主要是撞击、挤压和剐蹭，但伴随接触部件的形状、材质不同，损伤形式也各有不同。现场查勘时可观察车辆损坏形式。损失部位和损失形式可以为判断事故发生过程，进而认定事故性质提供必要的依据。

②车辆遗留痕迹。车辆被动安全装置工作情况和车辆部件上遗留痕迹也是核实事故经过的重要线索。对于配备安全气囊和主动预收紧功能安全带的车辆，在碰撞速度和角度达到临界值时(不同汽车厂家的临界值各不相同)，两者会主动弹出和收紧，实现安全保护功能。车辆部件上遗留的痕迹在逻辑上应该符合事故经过，例如，底盘上残留的泥土和杂草、车身上遗留的人体毛发、乘员舱内遗留的乘员血迹等。

提取和分析痕迹便于核实事故的真实性。本项工作需要专业的第三方部门进行协助鉴定，查勘员的工作重点是发现问题和提请调查或协助。

(2)现场人员特征

现场人员主要指肇事驾驶人和受害人。在现场查勘活动中，查勘员关注现场人员特征的目的是控制风险。因此，驾驶人特征包括驾驶资质、驾驶人受伤情况及驾驶人身高体型等，受害人特征主要是受伤情况。

1)驾驶人特征

在驾驶人方面，驾驶资质关系到驾驶资格和技能；受伤情况关系到驾驶舱内的痕迹比对和后期理赔；身高体型与驾驶座空间距离的匹配情况可核实驾驶人身份，即是否为事发时驾驶人员。

2)受害人特征

对于受伤轻微的事故受害人，查勘员可现场认定损失并进行赔偿调解；但需立即前往医院治疗或者伤情严重的，往往在查勘员赶到事发现场前就被救护车送往医院。

同时机动车车上人员责任险、第三者责任保险和交强险的保额及赔偿范围差异很大，查勘员需注意受害人在事故中的角色，受害人属于车上人员还是车外第三者，对保险责任确定和适用保险险别有重要影响。

(3)现场环境特征

对现场查勘来说，查勘现场环境特征的意义在于寻找事故线索，查明事故原因。通常现场环境特征包括道路(或地面)坡度、路面材质、通行设施布置(信号灯布置、道路划分状态等)、路面的各类散落物(零件碎片、油液、路政设施碎片等)分布、路面残留的痕迹(如轮胎压印、车体与路面挫划印等)和天气情况(雨雪气候、雾霾天气、台风等)。

其中，道路坡度可能与车速有关，通行设施布置可能与事故责任判断有关，路面各类散落物可能与判断事故撞击点位置有关，路面残留轮胎痕迹可能与驾驶人操作有关，天气情况可能成为事故发生的诱因。总之，现场环境特征对探寻事故原因有着重要作用。

5.3.3 现场查勘及责任认定

1. 现场查勘的基本工作内容

现场查勘是车辆保险理赔过程中一个重要环节，为查明出险原因，认定保险责任、损

失范围及立案提供重要依据；直接影响理赔证据获取的及时性、损失范围确定和事故责任划分的准确性，特别是对复杂交通事故的调查取证具有关键作用。

现场查勘的具体工作有准备工作、联系客户、查验标的、现场摄影、绘制现场查勘草图、缮制查勘报告、协助现场施救。

(1)准备工作

现场查勘工作前，查勘员应做好前期准备工作，包括工具器材准备、查抄保单、了解报案信息。

1)工具器材准备

查勘出车前，需携带必备工具、器材，确保器材完好。这是现场查勘工作得以顺利开展的基础条件，具体来说有以下工作：

①查勘车辆车况良好，油箱燃油充足。

②数码相机状态良好，电源充足。相机中无用的历史查勘照片应及时备份并删除，保证相机储存卡容量充足。

③保持工作手机处于待机状态，且电池电量充足。

④携带索赔申请书等各类理赔制式单证、文具、卷尺等。

2)查抄保单

掌握出险标的承保情况，可方便进行事故查勘，提高工作效率。核对保险期限，确认报案案件是否在保险期内。对出险时间接近保险起止日期的，要重点核查出险真实时间，防止脱保车辆“先出险，后投保”欺诈事件发生。

①承保险别。查明承保险别能帮助查勘员确定现场查勘的工作重心，加强相应损失的勘查和关键信息的核实。常见险别的查勘工作重点如下：

a. 车辆使用条件是各保险公司制定的特性化承保政策(如指定行驶区域、指定驾驶人等)。存在这种情况的，查勘员应重点查实承保约定条件，避免扩大风险。

b. 承保机动车损失保险的应重点核实标的车的损失程度。在现场尽可能对外观损失拍照取证，能够打开发动机舱盖、行李箱盖等部件初步查明损失情况。

c. 承保第三者责任保险的应重点核实是否涉及第三者损害赔偿。因客户报案信息可能存在偏差，所以不可被客户报案信息误导而忽略现场重要信息。

d. 承保机动车车上人员责任险的应查明事故中伤者的乘坐位置情况，从而比对伤者实际座位与承保的座位是否匹配。

②损失险保额与责任险限额。查勘现场前查明承保险别的保额或限额可提高现场损失程度认定的效率。当初步确认损失超过保额或限额时，需告知客户赔款计算以保额或限额为限。

③历史报案记录。历史报案记录可以反映客户以往的出险情况，查勘时应重点关注与本次事故时间接近的历史报案。查勘员应主动询问客户历次出险情况和修复情况，避免在定损阶段对过往事故中未修复部分重复定损。

3)了解报案信息

报案信息是事故发生后客户第一时间向保险公司告知的事故详情信息。查勘员通过了解报案信息可以预先掌握保险事故发生的第一手情况，进而在现场查勘中核实报案信息。一般报案中包含的信息有出险时间、地点、事故处理部门(是否报警)、事故类型(单方或多方事故）、报案人、驾驶人、是否有人员伤亡等。

（2）联系客户

查勘员在工作时间内应服从本公司接报案岗位的调度，对有勘验现场要求的案件，查勘员应及时到达查勘现场，其中联系客户是查勘员接受查勘任务后的首要工作。联系客户可以是三方通话：即报案人呼入的，由接报案坐席接听的，同时再接通查勘员的三方同时接听的通话。查勘员在三方通话中应大概了解事故现场情况，明确告知自己现在所在位置和大约多长时间能到达现场。这种联系由报案人、接报案坐席、查勘员三方参与，保险公司能在受理报案的同时给予报案人查勘事故现场的具体承诺，可以做到受理报案和约定查勘的一站式服务，所以高效且客户感受好。另外也可以是非三方通话：保险公司在技术上不支持或查勘员电话占线的情况下，坐席先行受理报案并进行短信派工，查勘员接受查勘任务后再联系报案人。在非三方通话的情况下，查勘员应在接受查勘任务后及时与报案人联系，约定查勘。

无论何种联系方式，查勘员对派工任务如认为不妥或有特殊原因不能受理，应与坐席方沟通，在未经改派之前，查勘员不得消极怠慢、拒绝执行派工。

（3）查验标的

查验标的主要包括标的车辆识别和驾驶人识别。

1）标的车辆识别

①核实出险车辆的车牌号、发动机号、VIN码，特别注意VIN码是否与保单相符，进而确认出险车辆是否为承保标的，并拍照记录VIN码。

②VIN码（或发动机号）中个别位数不符可能是由于承保录单错误造成的；车牌号不符可能是车辆转籍、过户等行为致使车辆退牌后上新牌所致；保单信息上车牌号信息显示空白的情形可能是新车在承保时还未上牌；团车客户的车牌号、发动机号、VIN码不符可能是承保时将不同车辆的信息录混所致。发生以上异常情况的，应现场拍照取证，必要时向报案人（或被保险人）做问询笔录并由当事人签名确认。

③对不熟悉或者不常见的车型，需核对保单记录与出险车辆的“厂牌型号”是否一致，车辆厂牌型号信息在车身上的车辆铭牌中可查询到（小型车辆的铭牌位置一般在B柱下端、发动机舱的防火墙上端、避震罩上；大型车辆的铭牌位置一般在乘员舱内、大梁侧面）。若不一致，现场应做好详细的证据资料记录和现场问询笔录，同时由当事人签名确认并形成查勘书面材料，逐级上报。

④勘验车体上各种痕迹产生的原因。在事故中的痕迹通常是成对的，即造型体和承受体。查勘中发现痕迹为承受体的，应当同时勘验、寻找和确认相应的造型体。因此，勘验车体上各种痕迹产生原因的本质就是找寻事故痕迹的造型体和承受体的过程。因碰撞痕迹是成对出现的，可通过勘验车体上各种痕迹的长度、宽度、凹陷深度、颜色、痕迹上下边缘距离地面的高度（采用卷尺测量）等（见图5-14），找寻与之匹配的其他车辆（或物体）上的痕迹，继而确定承受体和造型体，最终确定事故原因。当车辆与人发生交通事故时，要特别注意

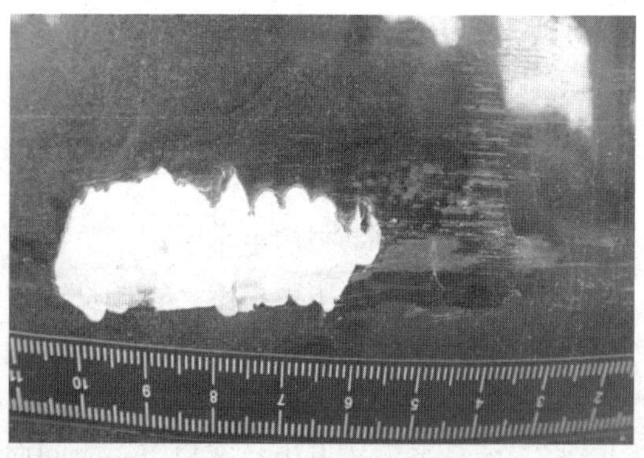

图5-14　车辆痕迹测量

勘验车体上的纤维、毛发、血迹、类人体组织、漆片等附着物，可以拍照取证，留待专业医疗查勘员作为分析人员伤情的依据。

⑤若承保标的为货车的，需要特别关注装载及改装情况。根据现场货物特征预估装载质量，与行驶证副证标称核定载质量比对，核实是否超载；查看钢板弹簧是否有加长、加片改装，核实是否有超载嫌疑；测量车箱长度尺寸，与行驶证副证标准尺寸比对，核实是否私自加长货箱；测量地面至装载货物顶端高度，结合道路交通法规定判断是否超高装载；目测车辆装载货物宽度是否超出车箱宽度，判断是否超宽装载。

⑥核实出险车辆的行驶证信息(号牌、VIN 码、外观照片等信息)与出险车辆是否一致，是否正常年审，并做好拍照记录，异常情况应取证留存。

2)驾驶人识别

①根据报案信息提供的驾驶人姓名核实现场驾驶人身份信息，进而初步认定出险驾驶人。到达道路交通事故现场时，应通过询问笔录方式固定车内人员的位置；因抢救等原因当事人不在现场的，应及时询问救援人员或目击证人，为确认驾驶人收集证据。证据可通过笔录、录音等方式固定。现场应要求驾驶人出示驾驶证，核对驾驶证姓名与报案信息是否相符，核对驾驶证上肖像照与当事人相貌是否相符。

②根据驾驶人体貌特征(主要是身高)判断驾驶座位调整的空间是否合适，从而排除酒后、无证驾驶等情况下调换驾驶人的风险。必要时可以要求当事人坐入驾驶座，观察膝盖是否顶住仪表台下沿，脚部与油门踏板之间的距离是否相适应，刹车踏板是否能踩到底等。若出现异常情况，现场拍照取证，做好详细的证据资料记录和现场问询笔录，并由当事人签名确认形成查勘书面材料。

③在现场查勘过程中，进入标的车厢内用鼻闻是否有酒精气味；在与驾驶人沟通过程中注意驾驶人神志、讲话吐字是否清晰，近距离接触驾驶人，关注是否能闻到酒精气味。

④条件允许的情况下，应在现场及时对人体损伤情况进行查看并照相固定证据。检查人体是否有以下损伤特征：

a. 头、面部有无与风窗玻璃碰撞形成的损伤。

b. 面部、颈部有无气囊弹击形成的损伤。

c. 肩部、胸腹部有无使用安全带形成的勒痕。

d. 胸腹部有无与方向盘碰撞形成的损伤。

e. 手、前臂有无握持方向盘形成的损伤。

f. 膝部、腿部有无与仪表台等车辆部件撞击形成的损伤。

g. 踝部及足部有无与油门、制动、离合器等踏板碰撞形成的损伤。

⑤仔细观察车厢内部痕迹，勘验要点包括：

a. 人体或物体与车厢内部件的撞击痕迹、擦划痕迹等。

b. 风窗玻璃损坏情况，有无血迹、毛发、纤维等附着物质。

c. 方向盘有无变形。

d. 安全带及其附件有无锁死或损坏。

e. 驾驶人座位及其周边部件有无损坏。

f. 气囊上有无擦划痕迹、附着物质。

g. 驾驶人座位及其周边(方向盘、车门、仪表盘、转向灯开关、大灯开关、变速杆、车内后视镜、车钥匙、驻车制动手柄、驾驶人座椅调节装置等部位)有无擦划痕迹及附着物、散落物。

h. 乘员座位及其周边有无擦划痕迹及附着物、散落物。

i. 调取行驶记录仪或卫星定位装置中的信息(如肇事车辆中配置该类设备)。

g. 查看车辆挡位状态。

通过上述勘验，核实人体损伤与车厢内痕迹是否匹配，排除酒后、无证驾驶调换驾驶人等风险。

⑥通过以上方法核实发现疑点的，应对驾驶人做询问笔录，内容应包括以下要点：

a. 出发地、途经地、目的地及出行目的。

b. 事故发生前的用餐情况、车辆获得方式情况。

c. 驾驶人与车辆所有人或被保险人的关系及相应的个人基本信息。

d. 事故发生时采取的具体措施。

e. 陈述中与已经查实的证据不符的内容。

f. 对事故的总体态度。

g. 对事故成因的自我认知表述。

对单方事故、偏远地区事故、夜间凌晨事故，需要加强对驾驶人询问和调查。

⑦核实驾驶人的驾驶证是否在有效期内，准驾车型与驾驶车辆是否相符，并做好拍照记录，异常情况应取证留存。

(4)现场摄影

现场摄影是采用专门照相方法，客观、全面、清晰地反映交通事故现场相关信息。它是一种迅速记录现场易消失、易变的痕迹与证据的现场记录方式，为分析交通事故现场的情况、事故原因、事故责任和事故损失提供有利证据。

1)现场摄影分类

①方位摄影。方位摄影的目的是表现事故现场所处的地理位置。方位摄影拍摄的对象是以事故车辆为前景的整个事故现场及其周边的场景。为表明事故现场所处的地点，照片应反映出事故现场的地形、地物、地貌、路况、肇事车辆和其他物体的实际情况及相互关系。为确切表明事故现场的方位，应同时拍摄到参照物，如作为测量基准的物体、路标、里程碑、标志牌等，见图5-15。

图5-15 方位摄影

②概览摄影。概览摄影是以事故现场中心为拍摄主题表现事故后果的现场。概览摄影的取景范围为交通事故现场的车物，其拍摄对象包括事故车辆、倒卧尸体、路面痕迹等与事故相关的物体。概览摄影要从不同角度表明现场车物之间的位置关系，见图5-16。

图 5-16 概览摄影

③中心摄影。中心摄影是以现场各主要部分作为画面主题的摄影。中心摄影的拍摄对象主要是整体的车辆、尸体、车轮印迹等。中心摄影要从不同位置拍摄同一物体，以完整反映物体的情态，见图 5-17。

图 5-17 中心摄影

④细目摄影。细目摄影的目的是表现物体局部状况，它的拍摄对象主要是那些不能在概览摄影和中心摄影上看清楚的物体细节，如车辆的接触痕迹、人体伤痕等(见图 5-18)。细目摄影时，为了在照片上能分辨出拍摄对象的大小，有时最好将有刻度的不干胶标尺放在拍摄对象一侧，并同时摄入图像。视角应当覆盖整个痕迹；一张照片无法覆盖的，可以分段拍摄。

图 5-18 细目摄影

2)一般要求

①数码相机的日期顺序调整为年、月、日，相机日期与拍摄日期一致。严禁人为调整相机日期。

②拍照时，应在相机有效聚焦后拍摄；应选用合适的拍摄模式(微距、夜景、强制闪光等)进行拍摄；根据需要选用合适角度拍摄。

③拍摄照片时应保证相机保持水平，尽量避免立式拍摄，严禁使用相机倾斜拍摄。

④正确的拍摄姿势应是：左手拇指竖起、食指自然弯曲平放稳持相机左下端，右手紧握相机右侧，双脚与肩同宽。严禁单手拍摄。

⑤夜间应根据拍摄距离的远近选择借助相机闪光灯和查勘车车灯等外部光源拍摄，避免逆光拍摄。

⑥拍摄证件等含文字信息(如号牌、行驶证等)照片的，应借助自然光或辅助灯光。

⑦现场拍摄顺序应遵循先远后近、先外后内、先全貌后局部的顺序进行，避免相同内容照片重复拍摄。

⑧在拍摄现场应注意安全，防止发生次生交通事故。

3)现场环境照相

①现场环境照相运用方位摄影、概览摄影方式拍摄。

②拍摄交通事故现场环境、现场位置和现场概貌。

③拍摄交通事故现场周围的地形、道路走向、交通标志和现场所处位置。

④拍摄交通事故现场有关车辆、尸体、物体的位置、状态。

⑤现场呈块状的，应采用回转连续拍摄法，相邻画幅照片之间应保持相同的参照物联系，从而达到反映现场方位的目的。

⑥现场呈带状的，应采用直线连续拍摄法，相邻画幅照片之间应保持相同的参照物联系，从而达到反映现场方位的目的。

⑦现场环境如带有路牌或地址门牌的，应含带拍摄。

⑧夜间现场由于环境光线限制无法正常拍摄的，可选择日间另行拍摄(复勘现场拍摄)。

4)验车及验损照相

验车及验损照相运用中心摄影、细目摄影方式拍摄交通事故车辆的整车及损坏部位、号牌、铭牌、行驶证等。拍摄事故车照片的具体内容和顺序是：

①整车外观照片。整车外观照片是指以事故车辆为对象采用中心摄影方式，与事故车车身成45度角方向拍摄一张整车照片(见图5-19)，照片需清晰反映号牌、碰撞接触部位、损坏集中部位情况。

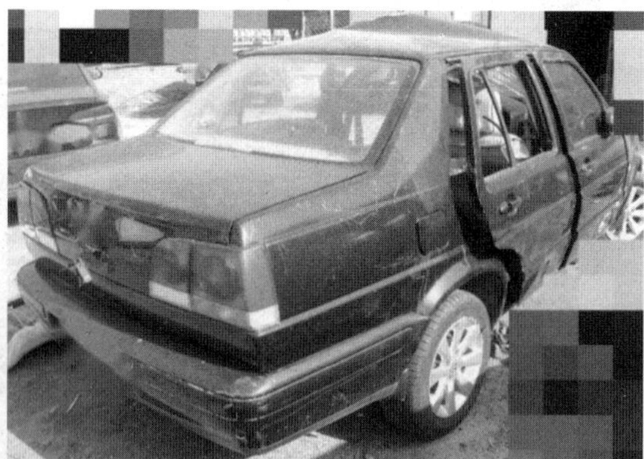

图5-19 整车外观照片

②验车照片。验车照片是以标的车身上的 VIN 码为对象，采用细目拍摄方式拍摄一张照片，照片能够清晰、完整反映 17 位 VIN 码(VIN 码的具体位置详见本书 5.3.2 章节内容)。在拍摄表面反光时，应调整相机镜头主光轴线与被摄平面至一定角度，确保拍摄照片清晰(见图 5-20)。

图 5-20　车辆 VIN 码

③碰撞部位照片。碰撞部位照片是以碰撞部位(碰撞部位是成对的)为对象采用细目摄影方式拍摄一组照片(见图 5-21)。照片需清晰反映标的接触部位和被碰撞车(物)接触部位痕迹的形状、大小、深浅、附着物颜色，痕迹在车体(或物体)上的具体位置，相互(碰撞)接触部位对比情况。确保及时提取碰撞痕迹，为核定事故真实性提供证据材料。

图 5-21　车辆碰撞

④零部件损坏照片。拍摄零部件损坏照片时，首先要拍摄受损零部件所属部位照片，再以事故车辆零部件的损坏部位为对象采用细目摄影方式拍摄一组照片。照片需清晰反映零部件的损坏特征(如断口形状、变形形状、裂口裂痕形状)，一张照片无法完整呈现的可以从目标整体到局部放大分段拍摄。

拍摄损坏部位照片旨在及时确定车辆损坏零部件及其损坏特征，为核定事故损失提供证据材料。

对于事故中完好的高价值零部件(氙气大灯等)，需采用细目拍摄方式拍摄零件的标签信息(见图 5-22)，防止后续环节因施救不当或维修欺诈遭人为损坏、调换。

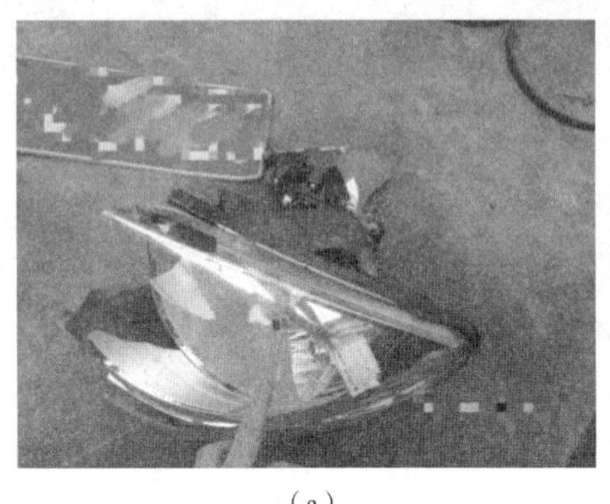

(a)

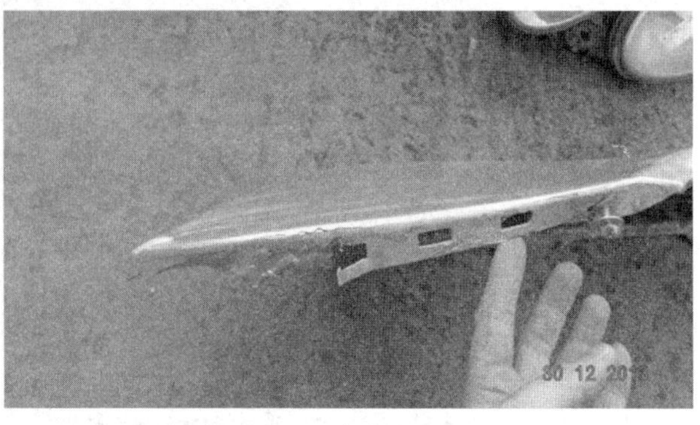

(b)

图 5-22　零部件损坏照片

(a)损坏大灯；(b)损坏大灯和翼子板

⑤车辆改装情况照相。以涉及明显增加风险程度的车辆改装项目为对象，采用中心摄影和细目摄影方式拍摄一组取证照片(见图 5-23)。

根据实际情况，拍摄的对象包括但不限于以下内容：钢板弹簧片数；车厢长、宽、高尺寸；轮胎的尺寸；行驶证副页的车辆技术参数(荷载质量和车身外廓尺寸)。

⑥车辆装载货物情况照相。对于货运车辆，以车辆装载货物及其相关信息为对象采用中心摄影和细目摄影方式拍摄一组取证照片。拍摄的对象可能但不限于以下内容：货物外观、货物运单、货品清单、单件货物外包装信息。

⑦车辆行驶证照片。以标的(或三者车)行驶证为对象，采用细目摄影方式拍摄行驶证照片，分别是行驶证主页正面、行驶证副页。副页一面年检章签满的，需要拍摄反面，避免遗漏拍摄。货车需拍摄行驶证上的车辆登记照片。

图 5-23　车辆钢板弹簧照片

5)痕迹照相

痕迹照相运用中心摄影、细目摄影方式拍摄物体表面痕迹、路面痕迹、人体衣着痕迹及现场遗留物等。

①车物损痕迹照相。在拍摄物体(车、物)表面痕迹时，照片应反映痕迹在物体上的具

体位置，痕迹的形状、大小、深浅、附着物颜色，造型体与承受体的比对情况。

②路面痕迹照相。在拍摄路面痕迹时，照片应反映痕迹在路面上的特定位置和起止距离，痕迹形态、深浅和附着物颜色，路面痕迹的造型体及其与痕迹的相互位置。

③人体附着痕迹照相。在拍摄人体附着痕迹时，照片应反映痕迹附着在人体、衣着上的具体位置，附着在人体、衣着表面上痕迹的形状大小、附着物颜色。

④散落物痕迹照相。在拍摄散落物(如地面散落物、车内散落物等)痕迹时，照片应反映遗留物在现场的原始位置，遗留物的形状、体积特征，并充分反映物品的质地。需要反映物品立体形状的，拍摄不得少于两个侧面。

6)人体照相

人体照相是指运用中心摄影、细目摄影方式拍摄人体的损伤痕迹。

①人体损伤痕迹的具体位置。

②人体损伤痕迹的形状、大小、特征，显现创伤程度。拍摄人体损伤痕迹和创口，应放置比例标尺。

③在不影响对伤员救护的前提下，尽可能拍摄损伤痕迹的原始状况。

(5)绘制现场查勘草图

现场查勘草图是根据现场查勘程序，在出险现场边绘制边标注，当场完成的出险现场示意图。它是现场查勘的主要记录资料，是正式的现场查勘图绘制的依据。由于现场查勘草图在查勘现场绘制，绘制时间较短，对草图的要求可以不工整，但内容必须完整，尺寸数字要准确，物体的位置、形状、尺寸、距离的大小应基本成比例。

1)现场查勘草图的基本内容

现场查勘草图实际上是保险车辆事故发生地点和周围环境的小范围地形图，所表现的基本内容包括：能够表明事故现场的地点与方位，现场的地形地貌和交通条件；表明各种交通元素，以及与事故有关的遗留痕迹和散落物的位置；表明各种事物的状态；根据痕迹表明事故的过程、车辆及人畜的动态。

2)现场查勘草图的绘制过程

根据出险情况，选用适当比例进行草图的总体构思。绘制前，应首先对出险现场进行总体观察，对车辆、人、物品、痕迹、道路状况、地形地貌、建筑设施等要有总的轮廓。根据图纸大小和对现场的感性认识，选用合适比例，进行图面构思。

按照近似比例画出道路边缘线和中心线，确定道路走向，在图的右上方绘制指北标志，标注道路中心线与指北线的夹角(见图5-24)。

用同一近似比例绘制出险车辆，再以出险车辆为中心绘制各有关图例。有关图例的绘制按照规定执行。

根据现场具体条件，选择基准点和定位法，为现场出险的车辆和主要物品、痕迹定位，标注尺寸，必要时加注文字说明。

根据需要绘制立体图、剖面图和局部放大图。

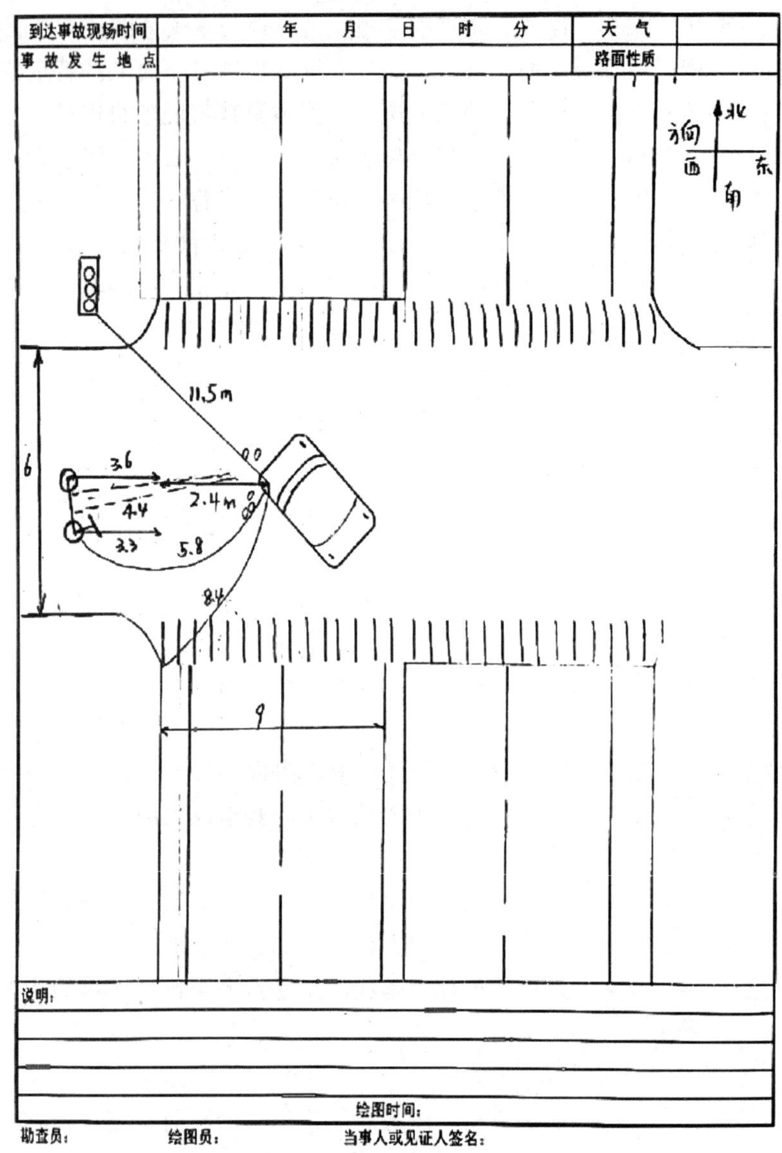

图 5-24 某交通事故的现场查勘图

(6)缮制查勘报告

查勘报告是现场查勘的书面记录材料，报告应完整、客观记录事故经过，反映现场查勘情况。

1)基本内容

①事故发生的时间、地点、天气情况。

②事故车辆的车牌号、厂牌车型、碰撞部位、损坏情况。

③肇事驾驶人的姓名、性别、年龄、驾驶证期限情况与准驾车型。

④事发经过，初步分析事发原因。

⑤伤亡人员的受伤部位，受伤情况。

⑥绘制事故现场简图，表现事故现场道路位置走向，交通设施分布，有关车辆、人员、物体、痕迹的位置，以及其相互关系。

2)疑点信息

①标的车的号牌、VIN码、厂牌车型与保单不符。

②无法寻找匹配的承受体和造型体，即碰撞痕迹不符的情形。

③碰撞部位高度不符的情形。

④确认存在违章装载或具有违章装载嫌疑。

⑤行驶证信息与车辆不符或未按期年检。

⑥实际驾驶人与报案信息驾驶人不一致的情形。

⑦驾驶人体貌特征与驾驶座空间有较大出入。

⑧驾驶人身体受伤情况与车内痕迹有较大出入。

⑨车厢内或驾驶人身边有酒精气味的。

⑩询问驾驶人过程中，驾驶人举止行为异常，陈述内容存在严重不符合逻辑之处。

⑪驾驶人的驾驶证过期或准驾车型不符。

(7)协助现场施救

施救是指保险事故发生后被保险人或其雇用人员为减少事故损失或防止损失扩大而采取适当措施对涉事财产进行保护、抢救的行为。因为施救行为有助于减少事故损失、防止损失扩大，继而减少和控制保险金赔付，所以查勘员应积极参与现场施救，并向客户说明施救费用的赔付原则。

1)施救原则

①必要性原则：即若不进行施救则会对涉事财产造成更大的损害。例如发生轻微的单方车损事故，车辆能正常移动，车辆灯光、转向、制动功能完好，则没有拖车的必要，故不符合必要性原则，不必给予施救。若车辆失去正常行驶能力或车辆可以行驶，但存在安全隐患、损失扩大的，则为了将车辆送达维修场所、确保安全及防止扩损，必须给予施救。

②时效性原则：即立即对涉事财产施救可使其免遭更大的损害。这一原则往往适用于鲜活产品的存放与转运、水淹车的施救等特殊情况。

③可靠性原则：即在涉事车辆功能状况不明时应采取积极施救或主张实施施救，否则，继续使用车辆可能因未及时施救而导致未知损失的继续扩大。此原则通常应用于现场无法判断车辆是否具备正常行驶功能的情况。例如，现场未发现车辆散热器漏液迹象，但散热器风扇工作有异响或叶面部分损坏，因此无法评估发动机散热机构的工作效果，此时应采取积极的施救措施对事故车进行拖车施救。

④就近原则：即将事故车辆施救至距事发地点较近的维修场所。

2)施救方法

常见的施救方法有驱动轮离地拖曳、吊车吊装，以及装载运输(四轮抬起)。

①驱动轮离地拖曳：即仅驱动轮离地、从动轮着地的拖曳方式，是车辆失去行驶能力后采取的施救方法，主要目的是将车辆拖曳至修理场所。采用驱动轮离地拖曳方法施救必须确保事故车从动车桥功能完好，车轮可自由转动。

②吊车吊装：此方法主要是车辆倾覆或坠落后需采取的施救方法，目的是将车辆吊搬至装载施救车上。吊装作业的吊装绳带应采用宽大帆布带捆绑被施救车辆的车架(车身)或强度较大的承力部件，尽量减少被施救车辆的损失扩大。

③装载运输：即整车置于施救车上的运输方式，主要针对车辆失去行驶能力后采取的

方法，目的是将车辆运输至修理场所。因为装载运输是将车辆置于施救车辆的平板之上，所以装载运输可以满足任何损坏形式的事故车辆运输施救的需要。

3）施救费用认定

①施救费用的赔偿是基于被保险人投保的险别确定，在赔偿范围内的财产对应的施救费应予赔偿，反之则不予赔偿。

②保险车辆出险后，雇用吊车和其他车辆进行抢救的费用，以及将出险车辆拖运到修理厂的运输费用，按当地物价部门颁布的收费标准确定。

③保险车辆的施救费用最高赔偿限额在车辆损失金额以外单独计算，且最高以机动车损失保险保额为限。

④第三者车辆及财产施救费用与第三者损失金额合并计算，两者之和最高赔偿金额以第三者责任保险限额为限。

⑤承保车上货物责任险案件的货物施救费用与承保车辆上货物的损失费用合并计算，两者之和最高以车上货物责任险限额为限。

4）其他注意事项

①被保险人经专业消防单位进行灭火施救的，发生的施救费用保险公司不予赔偿。

②在抢救过程中，因抢救而损坏他人的财产，应由被保险人承担赔偿责任的，可酌情予以赔偿，但在抢救时，抢救人员个人物品丢失不予赔偿。

③抢救车辆在拖运受损保险车辆途中发生意外事故造成的损失和费用支出，如果该抢救车辆是被保险人自己或他人义务派来抢救的，应予补偿；如果该抢救车辆是有偿的，则不予赔偿。

④保险车辆出险后，被保险人赶赴肇事现场处理所支出的费用，保险公司不予负责。

⑤保险公司只对保险车辆的救护费用负责。保险车辆发生保险事故后，涉及两车以上的，应按责分摊施救费用。受损保险车辆与其所装货物（或其拖带其他保险公司承保的挂车）同时被施救，其救货（或救护其他保险公司承保的挂车）的费用应予剔除。如果它们之间的施救费用分不清楚，则应按保险车辆与货物（其他保险公司承保的挂车）的价值进行比例分摊赔偿。

⑥在处理具有社会影响力或政府、媒体及舆论关注的重大事故时，保险公司应配合事故处理的相关单位积极开展施救，适当放宽施救费用赔偿尺度，尽到保险公司的企业社会责任。

2. 常见事故形态及责任认定

从保险理赔角度，责任认定是现场查勘的重要工作，对于责任型保险理赔有主导作用。以第三者责任保险为例，若承保第三者责任保险的车辆一方在事故中承担事故赔偿责任，受害方因事故造成的一切损害依法应当由致害方车辆驾驶人或管理人承担相应赔偿责任，同时承保保险公司应依据保险合同规定补偿被保险人因承担赔偿责任而导致的经济损失。同样，当保险车辆在事故中无须承担赔偿责任时，驾驶人或管理人就无须承担赔偿责任，其承保公司就不需承担保险金给付责任。

（1）交通事故责任划分

交通事故责任认定是确定损害赔偿和保险理赔的基础，交通事故责任认定遵循过错原则，即因违反规定发生交通事故的，依据机动车驾驶人违法行为与事故的因果关系认定交通事故责任。常见违法形式汇总见表 5-1。

表 5-1 常见违法形式汇总

序号	违法形式	图例
1	在正常行驶过程中，后车（A 车）追尾前车（B 车）的，A 车负全责	
2	在变更车道时，未让正在该车道内行驶的车（A 车）先行的车（B 车）负全责	
3	在通过没有交通信号灯控制或交警指挥的交叉路口时，一定要注意前方有没有让行标志，未让交通标志、交通标志线规定优先通过的车先行的车（A 车）负全责	
4	让右方道路来车是行车原则之一，在通过没有交通信号灯控制或交警指挥的交叉路口时，在交通标志、标志线未规定有限通过的路口，未让右方道路的来车（B 车）先行的车（A 车）负全责	
5	在通过没有交通信号灯控制或交警指挥的交叉路口时，相对方向行驶的左转弯车（B 车）未让直行车（A 车）先行的，B 车负全责	

续表

序号	违法形式	图例
6	在通过没有交通信号灯控制或交警指挥的交叉路口时，相对方向行驶的右转弯车（B 车）未让左转弯车（A 车）的，B 车负全责。即右转弯车在转弯时不仅要避让对面左转弯来车，还需要避让人行道上正常通过马路的行人	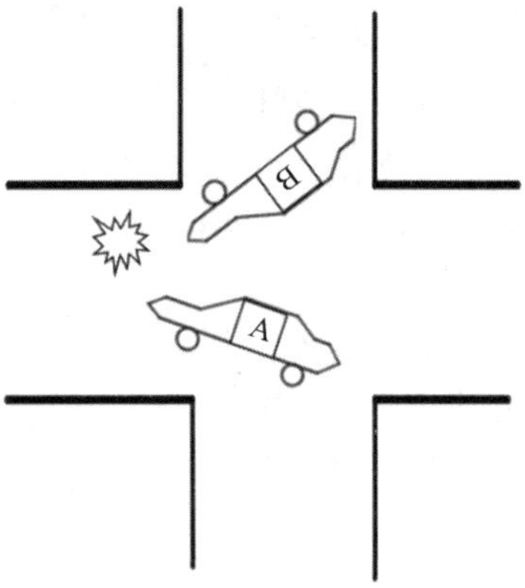
7	超越前方正在正常行驶掉头的（A 车），B 车负全责	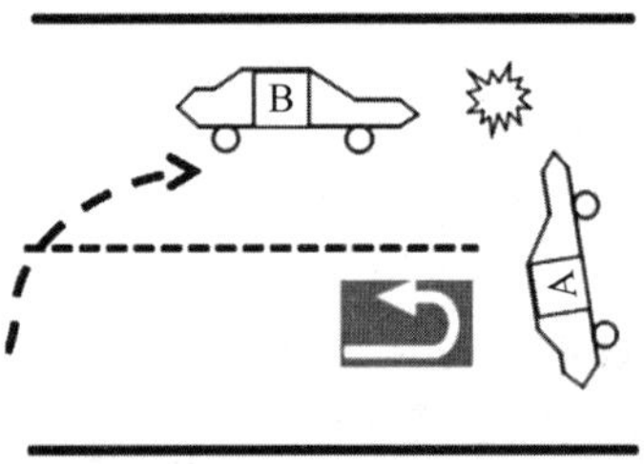
8	行经交叉路口、窄桥、弯道、陡坡时超越前车（A 车）的车（B 车）负全责	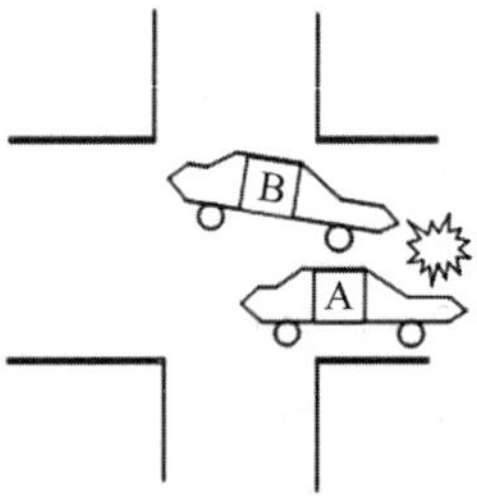
9	在没有中心线或者同一方向只有一条机动车的道路上，从前车（B 车）右侧超越的车（A 车）负全责	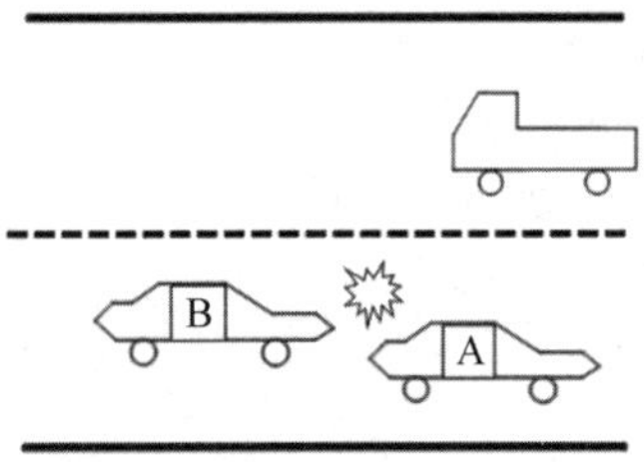
10	在没有禁止掉头标志、标线的地方，未让正常行驶的车（B 车）先行的车（A 车）负全责	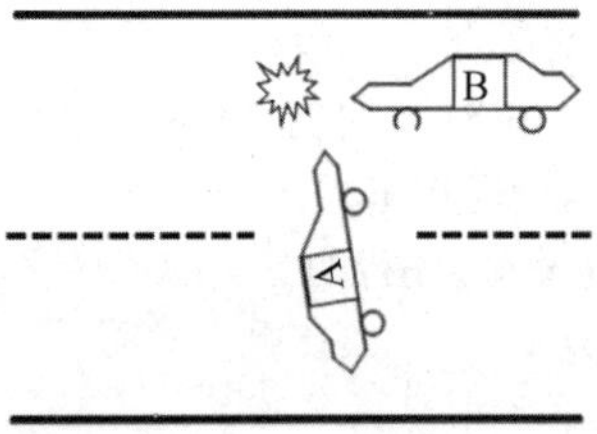

续表

序号	违法形式	图例
11	在有禁止掉头标志、标线的地方，以及在人行横道、桥梁、陡坡、隧道掉头导致事故的车（B车）负全责	正常行驶 A 人行横道 B B车调头
12	倒车时与正常行驶的车（B车）发生剐蹭的车（A车）负全责	B A
13	违反规定在专用车道内行驶的车（A车）发生交通事故时负全责	A 公交专用
14	未按照交通警察指挥通行的车（A车）发生交通事故时负全责	交通警察 A
15	驶入禁行区发生交通事故的车（A车）负全责	A

续表

序号	违法形式	图例
16	在机动车道上违法停车造成交通事故的车(B车)负全责；如果遇到紧急情况需要在行驶道路上停车时，一定要打开双闪，并在后方摆放三角警示牌	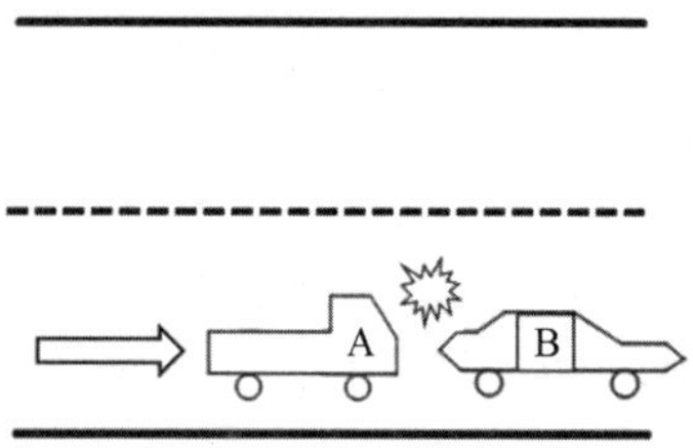
17	违反装载规定，货物超长、超宽、超高部分造成交通事故的车(A车)负全责	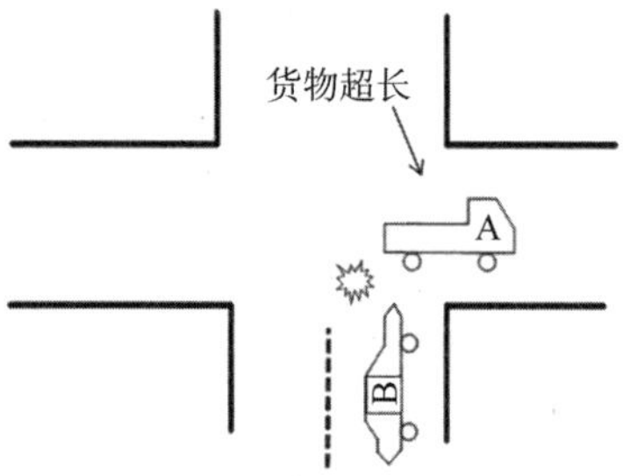
18	装载的货物在遗散、飘落过程中导致交通事故的车(A车)负全责	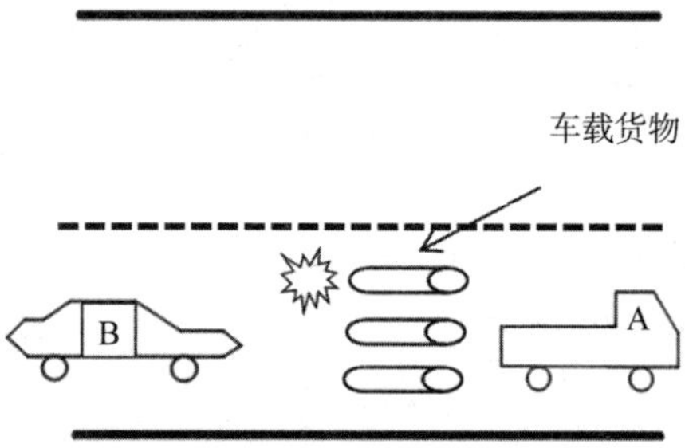
19	违反导向标志指示行驶的车(B车)在发生交通事故时负全责	

(2)赔偿责任认定

保险理赔应根据赔偿责任计算赔款。交通事故认定遵循第三者责任强制保险制度与过错原则相结合的方式进行。首先，交通事故各方损失的赔偿责任应先行在各方第三者责任强制保险限额范围内由保险公司赔偿；对于超出交强险赔偿限额部分，一般情况下遵循过错原则在商业车险范围内赔偿。

1) 过错原则

机动车与机动车之间发生交通事故，一方有过错的，过错方承担赔偿责任；多方有过错的，按过错大小比例承担赔偿责任。在此原则下，赔偿责任的认定原则等同于事故责任认定原则。

2) 过错推定原则

机动车与非机动车或行人发生交通事故，在没有证据认定机动车驾驶人存在违法行为或过失的情况下，可以通过判明非机动车驾驶人或行人是否存在过错，从而推测机动车驾驶人应当承担的赔偿责任。

3) 无过错原则

在机动车与非机动车或行人发生交通事故时，即使机动车驾驶人无过错，不需承担事故责任，也仍需对非机动车或行人承担不超过10%的赔偿责任，即无过错也要承担赔偿责任。在此原则下，我国法律倾向于保护弱势一方。

另外，如果交通事故的损失是由非机动车驾驶人、行人故意碰撞机动车造成的，机动车一方不承担赔偿责任。

3. 特殊事故现场查勘

(1) 盗抢事故现场查勘

1) 现场查勘

进行盗抢事故现场查勘时，应对当事人进行询问并做好询问笔录，进行现场拍照并检查现场有无盗抢痕迹，有无遗留作案工具。注意调查报案人所言有无自相矛盾之处，如停车场周围环境、当时的天气等。

2) 外围调查

在现场查勘中，现场要走访、调查有关人员，调查车辆停放、保管、被盗抢的情况，做好询问笔录。应特别注意了解车辆被盗前的使用及停放情况。对车辆在停车场被盗的，要求取证停车记录及停车场看车人员的有关书面材料，特别注意停车场收费情况，要求被保险人提供停车收费凭证。如该地点有人看管收费，应向保安、管理人员或物业了解情况，要求其出具相关证明，并写明收费看管情况(由被保险人协助办理)，了解车辆丢失后追偿的可能性。

如果发现案件中存在某些疑点、牵涉经济纠纷、非法营运等行为，应作进一步调查，向有关个人或单位负责人了解情况，取得可靠证据，必要时可以通过公安部门进一步了解案件性质。

3) 制作询问笔录注意事项

①问清驾驶人与被保险人关系，车辆为何由驾驶人使用。

②询问并记录保险车辆丢失或被抢的详细经过，对案件发生有何线索可向公安机关或保险公司提供。

③询问并记录是否存在营运行为或经济纠纷，以及这两种情况是否与此车被盗抢有直接联系。

④问清该车手续是否齐全。

⑤问清丢车地点是否有人看管收费，有无收费票据。

⑥问清车况如何，是否进行过修理。

4) 对被保险人的财务状况进行调查

这是防止被保险人因财务状况恶化或利用价差进行保险诈骗。

5) 调查车钥匙及修车情况

调查被盗抢车辆近期维修情况、被盗车辆的钥匙配备情况，对钥匙进行鉴定，判断是否曾经配过。

6) 调查车辆购置情况

调查被盗抢车辆的购置、入户上牌及过户等情况，如被盗抢车辆发生转让，应请被保险人及时提供有关转让证明。

7) 了解车辆档案

到公安车辆管理部门，核实档案记载的车牌号、车型、生产及上牌时间、车架及发动机号码等资料，核对被盗抢车辆是否已经挂失、封存档案。

8) 调查报警情况

走访接报案公安部门的值勤民警，了解、记录接报案的详细情况。

9) 调查案件侦破情况

调查人员应经常与公安机关刑侦部门联系，积极协助破案。在保险车辆被盗抢后，应及时了解被盗抢车辆的侦破情况。

10) 应特别注意下列情况

①行驶证上车主与被保险人、使用人不一致。

②单位车辆按私人投保或私人车辆按单位投保。

③从环境、时间来看似乎没有发生盗抢的可能。

④发生事故日期与起保日期或保险终止日期相近，投保金额异常高。

⑤报称车辆所有证件一起被盗抢。

⑥交上来的车钥匙有配过痕迹或钥匙不齐。

⑦当事人反对某种调查。

⑧当事人行动反常，表现特别冷淡。

⑨当事人的叙述与已知的事实不符，或证词相互矛盾。

(2) 火灾事故现场查勘

火灾事故现场查勘的核心工作是分析车辆起火原因，判断是碰撞事故引起燃烧还是车辆自燃引起燃烧，是动态状态下起火还是静态状态下起火；检查车辆燃烧痕迹，判断燃烧起火点及火源。

1) 火灾事故形态

①动态起火。

a. 碰撞起火一般指碰撞造成供给系(汽油管路等)汽油外溢并遇明火引燃的火灾事故。首先，碰撞多集中在发动机舱燃油管路、燃油箱等部位，致使燃油因碰撞而外溢；其次，碰撞中由金属件摩擦火星或电器线路损坏漏电等因素引致明火。

查勘重点主要是查明碰撞部位与起火的相关性。碰撞部位应集中在燃油油路、电器线路等部位；汽车金属零部件表层应有碰撞留下的凹陷痕和金属质擦划带状、片状痕迹。

b. 动态发生车辆自燃主要由电器、线路、漏油、机动车运转摩擦、车内物品等原因造成。因为自燃事故一般不发生碰撞，所以车身(壳)无碰撞损伤痕迹，但呈现过火后的痕迹，塑料、玻璃等零部件因过火而融化灭失。

根据自燃的原因不同，动态自燃现场的特征有所不同。因漏油导致的自燃，在车辆行

驶路径上应遗留漏洒油料；因电器、线路问题导致的自燃，严重过火区域多集中在集电盒或仪表台位置；因车内物品原因导致自燃的，严重过火区域多集中于乘员舱内。需要补充的是，机动车运转摩擦起火的情形多见于重载货运车辆轮胎与地面长时间摩擦或在下坡过程长时间制动，由于摩擦导致温度升高直至轮胎橡胶件着火燃烧。

查勘重点是，第一时间赶赴现场寻找事故发生目击者，查明最先起火的区域并根据最先起火区域寻找起火源；如车辆部分过火的，可根据过火范围寻找起火源，着火路径一般由起火源呈放射状向四周围扩散；在车辆行经路线上查看有无遗洒油液。

②静态起火。静态起火是车辆停放中因外部或车辆自身因素导致的车辆着火燃烧。常见的起火原因有电器电路故障、车厢内存有可燃物品、存在外来火源或可燃物等。

2) 车辆火灾损失现场查勘基本要求

①明确车辆火灾的起火点。

②查看车辆周围是否存在易燃物品。

③勘验火源与易燃物品的接触渠道中是否有足够的空气可供燃烧。

④确定是否是自燃、自燃部位、周围及车辆上是否有爆炸物。

⑤记录天气情况，是否为雷雨天气，是否发生雷击，雷击是否对车辆造成损坏。

⑥对情况不明、原因不清、有疑问的车辆火灾事故可请消防部门参与鉴定。

因此，在接到报案人报案称发生碰撞造成车辆发生火灾时，重点查勘以下内容：

碰撞物—车辆被碰位置—碰撞程度—碰撞散落物—燃烧痕迹相符性—车辆是否有挪动痕迹—车辆未烧完部分的新旧对比—车辆从某地到出险地的行驶路线—车辆是否有刹车痕迹—刹车距离等。应详细了解情况和全部过程，认真分析，不要漏掉任何细节。

仔细观察：观察被询问人对过程的叙述；观察被询问人的谈话语气；观察被询问人的面部表情和姿态；观察询问时被询问人是否躲躲闪闪、含糊其辞；观察驾驶人是否受伤，衣物是否有燃烧痕迹等。仔细查勘车辆的起火点位置、火灾的蔓延方向、与天气关联情况等。此外，还要查清起火车辆的保险合同期限、保险金额、商业往来，以及车主与他人是否有矛盾等。

3) 询问笔录

走访、调查现场有关人员，就其当时看到的情况做好询问笔录，并对笔录签名，留下联系电话。应特别注意了解车辆着火时驾驶人从车内出来时的言谈举止。同时，应留意：

①驾驶人与被保险人关系，车辆为何由驾驶人使用。

②出行目的，行径路线(动态起火)。

③车辆停放原因，停放时间(静态起火)。

④保险车辆起火的详细经过，发现起火时驾驶人采取了哪些应对措施。

⑤近来该车技术状况和使用情况如何，是否进行过修理，最近一次在哪里维修的。

4) 重点访问内容

①车辆碰撞或翻车的具体情节及造成起火的原因(碰撞起火)。

②车辆起火和燃烧的具体情节及后果(非碰撞起火)。

③车辆起火后驾驶人采取了哪些扑救措施。

④车辆着火时灭火及抢救的具体情况。

5) 痕迹、物体勘查

①通过车体燃烧过火痕迹寻找车辆上的起火源。

②以车辆为中心向双方车辆驶来方向的路面寻查制动拖印、挫划印痕，测量其始点至停车位的距离及各种印痕的形态(动态起火)。

③根据车辆行径路线，查看路面散落物、油液(动态起火)。

④根据车辆停放位置，查看地面遗留物品、物质(静态起火)。

6)异常情况

查勘中发现以下异常情况应深入调查，必要时需在事发24小时内聘请专业火灾鉴定机构或公安消防部门进行火灾原因认定。

①起火点数量。

②起火部位在一个不寻常的地方。

③火势突然而且过分猛烈。

④似乎没有合理的起火原因。

⑤与起保日期或保险终止日期接近。

⑥车辆上应有物品已不在。

⑦车上物品、配件被移下，有被搜寻或拆装证据。

⑧当事人反对某种调查。

⑨当事人行动反常，表现特别冷淡。

⑩当事人的叙述与已知的事实不符，或证词相互矛盾。

7)若发现案件中存在某些疑点，牵涉故意行为或人为纵火情况，应作进一步调查

①到车辆管理所核对车辆档案，查实档案记载的车型、牌照、制造年份、发动机号、VIN码等与被保险人所述是否一致；查询车辆转让记录、检验记录。

②对被保险人的单位性质、财务状况、经营情况进行调查，防止被保险人因出现经营不善等情况而进行保险欺诈。

③到公安消防部门调查火灾原因，将其与自己通过查勘、访问、观察、提取、检验、清点等方法分析得出的火灾原因进行比较，发现疑问要及时沟通，提出自己的观点，并做好笔录。

④对燃烧车辆的购买情况进行调查，将购车发票复印留存；到当地较大的车行了解被烧车型的新车购置价，取得新车购置价证明。通过对保险金额、购买价和市场价的对比，分析被保险人有无利用价差进行欺诈的可能。

⑤到火烧车辆进行维修保养的汽修厂进行有关情况调查，查明最后一次修车与燃烧事故在时空上有无关联；询问车辆实际车况。

⑥调阅投保档案，查看验车照片，向验车人了解投保验车时车辆实际状况。

(3)水淹事故现场查勘

1)水淹事故形态

①静态进水。车辆在停放过程中被暴雨或洪水侵入甚至淹没属于静态水淹损失。发生静态进水，一般客户未第一时间知晓，故水淹时间较长，可能造成内饰、电气、电路、发动机等部位水淹受损。具体来说，静态进水会造成内饰和空气滤芯浸水、排气管和发动机泡水生锈、汽车电器短路、汽车电脑芯片损坏等损失。在此情况下，若强行起动发动机可造成发动机内部机械部件损坏。

②动态进水。车辆在行驶中进水或被水淹没属于动态水淹损失。发生动态进水，一般客户可及时报案、施救，所以水淹时间较静态进水短。动态进水事故中，积水吸入燃烧

室，气缸内压力急剧上升，迫使发动机熄火，发生连杆弯曲变形等损坏。在这种情况下，除了静态进水可能造成的全部损失，还有可能导致发动机的直接损坏。

2）快速响应

①查勘员接到客户报案后第一时间告知客户不要再次起动发动机。

②立即赶赴现场查勘，查勘员到达现场应告知客户进行拖车施救，到修理厂后必须立即通知保险公司定损。

3）确定保险责任

认定“水淹车”案件的保险责任，实质上是确定标的水淹原因。

①若是暴雨、洪水等自然灾害造成的（如停放中的被水淹和涉水行驶中的被水淹），必要情况下需要提供相关证明（气象部门或新闻媒体等）。在实际操作中，大规模自然灾害事故往往属大灾事故，涉及面广，故不需逐案提供气象证明，而只需以出险时间、地域和气象报道作为识别事故原因的依据。对于有物业管理的地下停车库积水倒灌造成水淹损失的，查勘员必须告知客户，保险公司保留向物业追偿的权利，需客户提供关于停车缴费的发票、停车卡等证据材料。

②人为操作失误或不可预见的意外事件导致的水淹（坠河）事故（如驶离路基坠河、在冰面上行驶时坠入冰窟等），必须做好调查笔录，请驾驶人详细说明车辆出险及救援经过。以人为操作失误为表象，隐瞒蓄意制造事故骗取保险金的情形需查勘员深入调查。对于在夜间出险或驾驶人言谈举止异常的，查勘员应该做现场笔录并上报。

③若人为故意涉水行驶导致水淹事故（户外越野），存在扩大车辆使用风险的行为，必须做好详细的调查笔录，并要求客户签名确认。

4）水淹车查勘重点工作

①确定水淹高度。查明整车的外观和车厢内部的水淹、浸水情况（大灯、地板、座椅、内饰等），用标尺对水渍或浸水部位高度进行测量。根据水淹高度估计可能损坏的电器部件。

②一般情况下，对水淹位置达到仪表台中线的，不做拆解定损，尽量协谈推定全损；如水质呈腐蚀性的，推定全损条件可适当降低。

③询问客户水淹及浸泡时间，并督促尽快施救拆解。

5）指导水淹车现场施救

大部分水淹车都需要施救，不恰当的施救方法会造成保险车辆扩大损失，所以正确的施救方法至关重要。查勘员要在第一时间内告知客户相关的注意事项，因为大部分客户在出险后往往只想尽快将车辆施救出来，而忽略了不恰当的施救会造成不必要的损失。

①迅速安排施救，力争较短时间内将车辆施救至维修地点。对处于地下停车库、低洼地带、排水不畅路段的车辆，应迅速拖离现场，避免由于水位升高、积水倒灌造成损失扩大。

②车辆拖出水域后，应及时拆下电瓶的负极线，使车辆处于断电状态。

③严禁用软牵引方式牵引。

④牵引自动挡车辆时，若未将驱动轮抬离地面拖行，可能会造成变速箱内部的损坏。建议使用装载或架起驱动轮的方式施救。全时四驱车辆必须采取装载方式施救。

⑤由于车载电器具有高价值、易损坏的特性，有条件的可采取现场拆解施救。保险公司可安排合作修理厂的电工参与现场施救，对电脑模块、车载导航、车载影音系统及

其他价值较高的电器部件进行现场拆卸并进行预处理，再将受损车辆拖至修理厂做后续处理。

5.4 索赔实务

汽车保险理赔是从保险公司角度而言的，而索赔是从被保险人角度而言的。当出现保险事故时，被保险人可就自己的事故损失向保险人提出索赔请求，这是被保险人的权利。因此被保险人可根据以下程序进行车险索赔。

5.4.1 车险索赔流程

被保险机动车出险后被保险人向保险公司索赔时应按如下程序进行：出险通知—配合—查勘—提出索赔—领取赔款—权益转让。

1. 出险通知

汽车出险后，被保险人应及时通知保险公司，否则，造成损失无法确定或扩大的部分，保险公司将不予赔偿。报案有上门、电话、微信、App 等方式，其中电话报案快捷方便，使用最多。可接受报案的部门有理赔部门、客服中心等。报案时需说明的内容包括保单号码、被保险人姓名、车型、牌照号码、出险时间、出险地点、出险原因、事故类型、受损情况、报案人姓名、联系电话、驾驶人姓名等，如涉及第三者，还需说明第三方车辆的车型、牌照号码等信息。

2. 配合查勘

接案后，保险公司会派人到现场查勘，并通过拍照、记录等手段来掌握第一手材料。这些材料是判断事故是否属于保险责任和计算、确定赔偿金额的重要依据。如果上述材料不准确，则会给判断事故是否属于保险责任和计算、确定赔偿金额造成困难，因此，被保险人应积极协助查勘。

3. 提出索赔

被保险人向保险公司索赔时，应填写索赔申请书，同时应根据索赔须知的要求，向保险公司提供与确认事故的性质、原因、损失程度等有关的证明和资料作为索赔证据。

4. 领取赔款

当保险公司确定赔偿金额后，会通知被保险人领取赔款。被保险人应提供身份证明(原件)。找他人代领的，需被保险人签署领取赔款授权书和代领人身份证明(原件)。

5. 出具权益转让书

事故由第三方引起的，保险公司可先向被保险人赔偿，但被保险人需将向第三方索赔的权利转让给保险公司，再由保险公司向第三方追偿。

5.4.2 车险索赔注意事项

1. 车险索赔所需单证

根据事故不同，涉及的险种不同，车险索赔所需资料也有所差别，因此车主在进行索赔时，要提供保险公司要求的材料清单(见表 5-2)。

表 5-2 保险公司车险索赔时车主需要提供的材料清单

车损需提供：1、2、3、5(或6)、7	物损需提供：1、3、5、7、8、9
人伤需提供：1、3、5、7、10	残疾需提供：1、3、5、7、10、11、12
死亡需提供：1、3、5、7、12、13	盗抢需提供：1、3、7、15、16、17
营运车、特种车还需提供：4	外地代查还需提供：19
法院调解、判决或仲裁委员会仲裁的还需提供：14	特殊事故还需提供：18、21
火灾、自燃及自然灾害的还需提供：20	
单证列表	
1. 索赔申请书	
2. 车辆损失情况确认书、维修发票、维修明细清单、施救费发票	
3. 驾驶证正副本、行驶证正副本、身体条件证明回执	
4. 从业资格证或特种车操作证(营运车、特种车)	
5. 交通事故认定书(或证明)、交通事故损害赔偿调解书、交通事故经济赔偿凭证	
6. 单方事故出险地派出所证明	
7. 被保险人身份证或营业执照	
8. 财产损失确认书、购置或修复受损财产费用发票，或工程预决算，以及评估报告	
9. 公路设施、路面、树木等损失明细及赔偿凭证	
10. 县级以上医院的门诊病历、住院病历、诊断证明、转院证明、医疗费用清单、交通费、参加处理人员的住宿费、后续治疗证明、伤者及护理人员工资和纳税证明	
11. 交通事故评残证明、残疾用具证明	
12. 被扶养人户籍证明、丧失劳动能力证明、家庭关系证明	
13. 交通事故死亡的法医鉴定书或医学证明书、户口注销证明、火化证明	
14. 法院调解书或判决书、仲裁委员会仲裁书、付款收据	
15. 保单正本、保险发票、保卡	
16. 机动车来历凭证、机动车登记证书、附加税完税证明或免税证明	
17. 车管所注销证明、县级以上公安机关立案证明及未侦破证明、登报声明、全套车钥匙、权益转让书	
18. 非交警所辖公路、场院、码头、仓库的保险事故由派出所或法院出具的调解书、判决书	
19. 代查勘材料	
20. 消防部门出具的火灾鉴定报告、气象部门出具的暴雨证明、暴风证明等	
21. 其他证明材料	

2. 被保险人的索赔权益

(1)有及时获得赔偿的权益

保险公司进行查勘后，应将审查结果及时通知被保险人。若认为有关证明和资料不完整，则应通知被保险人及时补充。如保险公司认定事故属于保险责任，则被保险人有权获得及时赔偿。如事故不属于保险责任，则保险公司应以书面形式通知拒赔。赔款获取的时间根据《保险法》第二十三条规定，应在保险公司与被保险人达成赔偿协议后十日内支付；若超过十日，则保险公司除支付赔款外，还应赔偿被保险人因未及时获得赔款而受到的损失。

(2)有及时获得相关费用赔偿的权益

在确定事故损失过程中，被保险人不可避免地会产生一些开支。例如，为取得有关证明和资料而支出的鉴定费，在牵扯第三者事故中发生的诉讼费、仲裁费、律师费等，根据《保险法》第六十四条、六十六条规定，应由保险公司承担。

(3)有对保险公司赔偿提出异议的权益

被保险人如果认为保险公司的赔偿决定与自己的预期不相符，有权对其提出异议，要求保险公司予以解释，必要时可以向仲裁机关或向人民法院起诉来保护自己的合法权益。

(4)有获取保险公司代位追偿超过其支付赔款的多余部分的权益

保险公司代位追偿的金额以其向被保险人支付赔款的金额为限，如果保险公司代位追偿的金额大于其支付的赔款，则超过部分应还给被保险人，保险公司不能自留。

(5)可就自己实际损失与保险公司赔偿的差额部分向第三方继续请求赔偿的权益

如果被保险人因事故的损失大于保险公司的赔款，即使向保险公司转让了代位追偿权，并不影响被保险人就保险公司赔偿不足部分向第三方继续请求赔偿的权利。

3. 被保险人索赔需要注意的具体事项

在索赔阶段，以下错误做法被保险人应避免，否则会造成索赔受阻。

(1)未经保险公司认可不要擅自修复受损车辆

实践中，一些被保险人为避免耽误车辆使用，往往先将车送修，然后再向保险公司索赔，其实这是一种错误的做法，会给索赔带来麻烦。根据车险条款的规定，车辆出险后，被保险人应会同保险公司检验车辆，协商确定修理项目、方式和费用；否则，保险公司有权重新核定或拒绝赔偿。

(2)被保险人不要对第三者自行承诺赔偿金额

按照车险条款规定，事故牵扯第三者的，保险公司将按有关规定在责任限额内核定赔偿金额。未经保险公司书面同意，被保险人自行承诺的赔偿金额，保险公司有权重新核定。

(3)被保险人不要在保险公司赔偿前放弃向第三者索赔的权利

在保险公司支付赔款前，向第三者请求赔偿的权利属于被保险人，此时被保险人有权放弃向第三者请求赔偿的权利，但这也意味着放弃了向保险公司索赔的权利。当保险公司向被保险人支付赔款后，被保险人未经保险公司同意，放弃对第三者请求赔偿权利的行为无效。

(4)被保险人索赔时应实事求是

若有隐瞒事实、伪造单证、制造假案等行为发生，则被保险人除了有可能因此受到法律制裁，还有可能遭到保险公司拒赔。

4. 保险人拒绝被保险人索赔的常见情况

虽然买了汽车保险，但下面情况下的索赔，可能会遭到保险公司的拒绝。

(1)车辆未按期检测

保险合同只对合格车辆生效，对于未按期检测的车辆，保险公司视为不合格，该情况

下发生的事故，保险公司当然拒赔。

(2)车辆无牌照

车辆出险时必须具备公安交通管理部门核发的有效行驶证及号牌，否则保险公司将拒绝赔偿事故损失。

(3)车辆在收费停车场或营业性修理厂出险

保险公司认为收费停车场或营业性修理厂对车辆负有保管责任，在保管期间因保管人管理不善造成车辆损毁、丢失的，保管人应承担相应责任，故保险公司不会赔偿事故损失。

(4)驾驶证未按期审核

驾驶人逾期没有年审，驾驶机动车便属违法行为，保险公司可以根据保险合同拒绝理赔。

(5)酒后肇事

饮酒开车会降低驾驶人的应急反应能力，增加出事故的概率，因此交通安全的相关法规严令禁止饮酒开车。违法行为产生的事故损失，保险公司拒绝赔付。

(6)被保险人、车辆驾驶人及其家庭成员受害

根据第三者责任保险的责任免除规定，被保险人、被保险车辆的驾驶人不属于第三者，当他们成为事故受害者时，不能获得保险公司的赔偿。

(7)车轮单独损坏

如果被保险车辆仅车轮单独损坏(包括轮胎、轮辋、轮毂罩)，而其他部位未发生损坏，保险公司认为此损失极易产生道德风险，故在条款中规定不予赔偿。

(8)牵引没保险的车撞车不赔

如果因为开车牵引一辆没有投保第三者责任保险的车辆上路，与其他车辆碰撞并负全责，保险公司不会对此做任何赔偿。

(9)非被保险人允许的驾驶人使用保险车辆肇事

保险条款规定，驾驶人使用保险车辆必须征得被保险人的允许，否则，造成的车辆损失，保险公司不予赔偿。

(10)利用保险车辆从事违法活动

利用保险车辆从事违法活动不利于社会安定，不符合保险稳定社会生产和社会生活的宗旨，造成的车辆损失保险公司不予赔偿。

5.5 汽车保险理赔服务模式

5.5.1 传统理赔服务模式

1. 含义

传统理赔服务模式是指保险标的在发生交通事故，向保险公司报案后，客户需要等查勘员到达现场进行现场查勘，并进行理赔的整个过程。整个流程包括接到标的客户报案、调度、查勘、定损、核价、核损、单证收集、理算、核赔、结案归档等环节。

2. 存在问题

传统理赔服务模式需要在报案后等待查勘员到达现场，涉及人员多、沟通反复多、耗

时费力、环节连贯性差、等待时间长，从而形成了“理赔慢”“理赔烦”“理赔难”的行业痛点问题，并需要投入大量人力进行服务。具体来说有以下几点：

①保险公司要在各地都配置足够多的现场查勘员和查勘车辆，导致运营费用高、查勘成本高。查勘成本包括人力成本、车辆成本，以及异地代查勘成本，异地代查勘成本在查勘成本中占比最高。

②出险客户要等待查勘员，服务感受不好，查勘时效慢。现场查勘方式下，查勘员抵达现场的时间较长，城区平均在 30~60 分钟，郊区 2 小时以内，这远远满足不了客户的需求。

③查勘员与修理厂勾结骗保已是行业痼疾。

因此，伴随着“互联网+”时代的到来，保险新技术也发展迅猛，解决了车险“理赔慢”“理赔烦”“理赔难”的保险业痛点问题，将互联网技术应用在特定理赔场景，有效提高了理赔效率。

5.5.2 基于互联网的线上理赔服务模式

1. 含义

线上理赔服务模式也称自主理赔(车损电话支配)，是指被保险人在车辆发生事故后，从报案到支付全流程线上理赔的服务形式。这一全流程、全自助、触点极简、一站式理赔服务，为确保整个自助流程秒速流转、实现极简服务，在后台理赔系统采用了自动识别客户信息、自动审核定损、自动理算、超级网银自动支付确保等多项互联网新技术，有效地解决了客户理赔周期长、赔付慢、提交资料烦琐的痛点。

2. 适用场景

线上理赔服务模式必须满足以下条件：纯车案件、责任明确、单纯损失万元以下、白天事故、车辆能正常行驶。

3. 模式依据的新技术要求

智能手机、5G 网络、手机 App、视频技术、人工智能、图像识别等迅速发展，为线上理赔提供了良好发展空间。

①良好的视频技术实现实时通话、视频录制、压缩流量、清晰展现视频/照片等功能；

②中国手机网民规模大，国内 5G 移动网络普及，移动网络的流量费用大幅下降，用户接受视频交互；

③微信、支付宝及各类 App 普及，客户可通过手机自助完成车险理赔。

4. 理赔流程

①客户通过电话、微信、App 报案。

②保险公司接到报案并核实后，发送短信链接，客户点击进入后根据步骤引导的提示上传现场照片和相关证件，后台理赔员看到损失照片后，会及时告知客户后续的处理方式，不论是小额单方事故还是事故责任无争议的双方事故，客户可直接将事故车辆开到 4S 店或修理厂维修。与此同时，理赔员在客户维修途中完成车辆定损，并在客户到店后与 4S 店或修理厂沟通确认报价。

③如三方对定损项目和定损金额无疑问，理赔员可直接将理赔款支付到账，省去中间一系列烦琐的环节。

5. 线上理赔服务模式的优点和存在问题

(1) 优点

1) 提高客户服务感受

通过线上方式第一时间介入事故现场处理，避免客户现场等待；线上一站式完成理赔流程，实现快速结案赔付，提高客户满意度；实现案件全流程零接触快速索赔，缩短客户现场等待时长与案件处理周期。

2) 快速自助理赔，缓解城市交通拥堵

随着城市化发展和车辆保有量的不断攀升，城市道路越来越拥堵，汽车出行规模与使用频率快速增长。在引起拥堵的诸多原因之中，交通事故尤其是高峰时段的交通事故是主要因素之一。客户通过线上理赔平台自助理赔，实现快速完成车险查勘、定损，能有效疏导上百个拥堵点的交通，明显减轻路面压力，大幅提升市区各条干道的通行能力。同时，通过大幅缩短客户的理赔时间，有效节省社会时间成本，提升客户对保险服务的满意度，推动保险行业的服务供给升级。

3) 内部风控管理

应用线上通道完成“线上工具+线下调查+科技应用”联动的创新模式，推进查定分离、大案视频监控，实现风险前置管控，避免线下暗箱操作，斩断内外勾结等不当的利益链。

4) 降低运营成本

线上案件无需路途时长，人员产能较线下处理大幅提高，同时减少车辆使用频率，降低运营费用。

(2) 存在问题

1) 可能诱发新风险

首先，面临客户诈骗风险。小额简易案件基本不用现场查勘，而是根据客户上传的车损照片在后台进行查勘定损，可能会出现欺诈。对于这类道德风险有些定损员可以识别并避免，但总有一部分会侥幸成功。例如，某些车身划痕线理赔案件中，客户在拍摄车身划痕照片时，会从不同角度拍摄同一车损部位，伪装成多条划痕来获取更多保险赔偿。对于一些明显的重复照片定损员可以识别，但由于定损员每天会同时处理多个案件，可能就会疏忽而造成理赔。再如，有些客户在首次出险获得理赔后，过段时间会再次拿之前拍摄的车损照片，伪装成新的事故进行索赔。

2) 非现场引发客户不满

对于线上理赔的方式，无论是电话沟通还是视频沟通，客服或理赔员语气稍有不好，都易让客户不满。很多年纪较大的客户会因为心理惯性，认为理赔就应该是现场查勘，或由查勘员现场查勘更让人放心，因此他们更愿意多等待一段时间也不愿进行线上理赔。

3) 双方事故存在信任问题

虽然线上理赔的便捷性受到好评，但在多方事故中还会存在信任问题。通常在双方事故中会涉及第三者车辆出险，这时就会存在几个问题：一是第三者车辆面对的不是自己的保险公司，理赔员在电话了解完双方受损情况后，第三者车辆得到的信息只有标的车及标的车保险公司理赔员的联系方式，这种非现场无保障的理赔方式会让他们存在疑虑，若第三者车辆的车主不信任这种方式就会难以实施；二是虽然双方事故损失程度较小适合走线上理赔通道，但还可能存在双方纠纷，这种情况下还需要理赔员进行电话调解，给双方解释理赔规则，线上理赔能不能顺利进行也是基于双方车主对理赔员的信任程度。这种多方事故存在的信任问题也是线上理赔员在理赔过程中需解决的一大难题。

综上所述，保险公司要从技术水平、风险防控、企业人员监管等多方面提升线上理赔效果。

思考与习题

1. 简述汽车保险理赔的概念和原则。
2. 简述汽车保险理赔的特点。
3. 简述汽车保险理赔的流程。
4. 简述汽车事故现场查勘的目的和原则。
5. 简述汽车索赔遭拒的原因。
6. 简述线上理赔的优点和存在问题。

7. 甲车投保交强险、足额机动车损失保险、第三者责任保险50万元，乙车投保交强险、足额机动车损失保险、第三者责任保险100万元，丙车投保交强险、足额机动车损失保险、第三者责任保险100万元，三车互撞，责任与事故损失如下：

甲车50%责任，车损4000元，车上2人受伤，医疗费用12000元，死亡伤残费用240000元；乙车30%责任，车损6000元，车上1人死亡，医疗费用10000元，死亡伤残费用220000元；丙车20%责任，车损8000元，车上1人死亡，医疗费用11000元，死亡伤残费用260000元。若不考虑商业车险的免赔率，计算甲车承保的保险公司应该赔付多少元。

8. 某高速公路上，甲、乙两车不慎发生严重碰撞事故，造成甲、乙两车受损，乙车驾驶人死亡。经认定，甲车承担事故全部责任，交警部门未明确划定事故赔偿比例。

甲车投保情况：①交强险。②商业车险情况：投保了机动车损失保险(保险金额100000元)、第三者责任保险(责任限额1000000元)。负事故全部责任时，免赔率为20%。

乙车投保情况：只投保了交强险。

事故损失情况及赔偿：①乙车司机医疗费：65000元；②死亡赔偿金：11000元×20年=220000元；③丧葬费：13000元；④死者随身手机：3000元；⑤被扶养人生活费110000元；⑥事故处理人员误工费：800元；⑦处理丧事交通费：1000元；⑧甲车损失：12000元；⑨乙车损失：35000元。

有责时交强险责任限额：财产损失责任限额2000元，医疗费用责任限额18000元，死亡伤残责任限额180000元。

无责时交强险责任限额：财产损失100元，医疗费用1800元，死亡伤残18000元。

请回答：甲、乙两车分别从各自的保险公司获得多少赔偿？

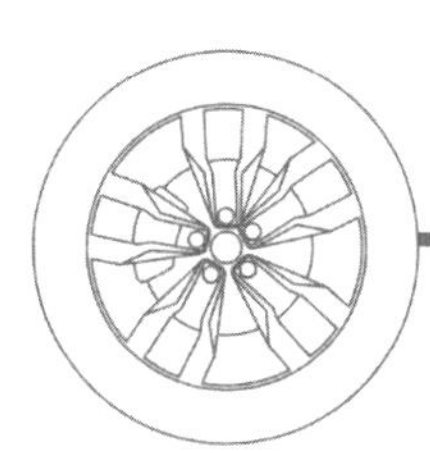

6 汽车事故损失的确定

学习目标

本章主要讲述了汽车事故损失确定的相关知识，包括汽车损失类型、汽车碰撞、水淹、火灾、盗抢等定损主要内容；对新能源汽车事故损失进行了重点说明，对财产损失、人伤损失、残值确定等进行了阐述。要求学生掌握定损的基本原则和步骤，各部件的换修原则。

6.1 汽车定损概述

6.1.1 汽车定损的含义

在保险事故发生后，需要认定保险车辆或第三者车辆、人员、财务等损失的大小和补偿范围。因此汽车事故定损是根据汽车构造原理，通过科学、系统的专业化检查、测试与勘测手段，对汽车碰撞与事故现场进行综合分析，运用车辆估损资料与维修数据，对车辆碰撞修复进行科学系统的估损定价的过程。汽车事故定损是保险公司保险售后服务的重要环节，定损结果是否准确不但影响保险公司的整体效益，也是对理赔员专业水平的重要考核，代表保险公司的整体服务水平，直接影响保险公司的客户满意度和忠诚度。

6.1.2 汽车定损的原则

事故车辆经现场查勘后，已明确属于保险责任而需要修理时，保险公司应对事故车辆的修复费用进行准确、合理的定损。事故车辆以修复为主，当涉及是否需要更换零配件时，既要考虑保险公司的经济效益，也要考虑事故车辆修复后能恢复到事故发生前的技术性能，这样可有效维护保险公司信誉，促进保险业务的发展。因此汽车事故定损的主要原则有：

①树立服务观念，坚持实事求是，不吝赔、不滥赔。

②坚持“以修为主”基本原则，按照承保险别、范围进行定损，并合理选择定损类型。

③依据汽车构造与原理知识、汽车碰撞损坏机理、汽车维修方法和理论对事故车辆受

损情况进行正确分析，根据具体的修理工艺和流程确定定损方案。

④对事故车辆的修理范围仅局限于本次事故所造成的损失；对于能修理的零部件，尽量修复，不随意更换；对于能通过局部修复恢复性能的，不扩大到整体修理(主要针对车身喷漆处理)；对于能更换个别零部件即可恢复性能的不能更换总成。

⑤定损方案应兼顾公司利益和客户的合理要求，优先考虑在尽量短的时间内用较经济的方法修复事故车辆。

⑥按汽车维修安全、美观、耐久、经济的要求，合理确定零部件换修标准，并根据与当地维修企业约定的工时费标准、零部件价格方案、配件供应方式等准确计算事故车辆维修的零件费用和工时费。

⑦正确区分事故损失和汽车功能机件正常磨损，剔除事故车辆在存放、有偿施救等过程中产生的扩大损失。

⑧合理、准确地确定损余物资的处理方式和金额，及时与被保险人协商确定施救方法和施救费用。

6.1.3　汽车定损的类型

事故车辆定损根据损失的修复费用与被保险车辆或第三者车辆实际价值关系进行分类，主要分为部分损失、全损和推定全损三种。

1. 部分损失(修复)

部分损失是指保险公司通过维修的方式将事故车辆的质量和性能恢复到事故发生前状态的定损类型，也是最常见的事故车辆定损类型。在部分定损时应注意以下几点：

①定损上限一般不超过被保险车辆或第三者车辆实际价值的 80%(不同保险公司在比例界定上不同，会有一定区别)；被保险车辆的施救费用以保险金额为上限，如果修复费用加上施救费用达到或超过被保险车辆实际价值的 80%，则考虑采用全损或者推定全损的类型进行定损。

②当被保险车辆未足额投保时，定损金额应按比例进行赔付，即：

定损金额=损失金额×(保险金额÷新车购置价)

③如有免赔情况应如实告知被保险人，避免定损金额与赔付不一致时与被保险人之间产生矛盾，进而影响保险公司声誉。

2. 全损

全损也叫全部损失，是指被保险车辆或第三者车辆发生保险事故后已经全车损毁，完全没有修复可能，或事故车辆损失严重，维修成本已远远超过事故车辆的保险金额或实际价值时保险公司采用的定损类型。同时，被保险车辆或第三者车辆受损后达到国家机动车辆报废标准的，也可以按全损类型进行定损。全部定损应注意以下几点：

①定损基本采用“新赔新、旧赔旧”的方式，即以新车购置价扣减使用年限的折旧金额后作为定损额。因此在具体定损中要注意不同的车型、不同使用性质保单约定的折旧率区别，一般在事故车辆的抄单上会显示事故车辆折旧后的实际价值。

②全损车辆的残值处置方式一般是要求被保险人将被保险车辆或第三者车辆送交机动车辆管理部门指定的机动车辆回收厂家处理，根据事故车辆情况，一般残值金额在数百元至数千元不等。保险公司可通过查验报废汽车回收证明和机动车注销证明书进行核实。

③如果全损车辆仍有处理价值，应委托有资质的专业拍卖公司进行公开拍卖处理，在

拍卖前车险理赔部门应做好残值的询价工作。

3. 推定全损

推定全损是指被保险车辆或第三者车辆发生保险事故，其修复费用预计达到或超过出险时被保险车辆或第三者车辆实际价值的80%时，保险公司按照被保险车辆或第三者车辆全部损失的规定进行定损、赔偿。

由于汽车零部件的配件价格不断上调，汽车零整比(整车所有的装车配件的价格总和和整车指导销售价格的比值)也随之增长，在具体理赔定损时，有的受损车辆的损坏程度并不大，但其维修报价已经达到或超过其实际价值的80%，因此在具体实施中推定全损的定损类型也在增加。在定损过程中，保险公司考虑到被保险车辆或第三者车辆推定全损后，尚能收回残值并通过专业拍卖机构作残值拍卖，因此推定全损类型要比修复在经济性上具有更大的优势。所以可按维修费用加残值金额是否超出事故车辆的实际价值为判断是否推定全损的参考依据。大多数保险公司在处理事故车辆损失大案时，只要维修报价达到或接近事故车辆或第三者车辆的60%时，就会将事故车辆或第三者车辆的残值进行市场询价，比较车辆修复和推定全损两种定损方案，依据其定损类型的经济性来择优处理。在进行推定全损定损时要注意以下几点：

①根据当前汽车零整比较高的现实情况，如果事故车辆或第三者车辆损失较重，经与维修单位初步沟通，维修报价已经达到实际价值的60%的案件，应告知维修单位不对事故车辆进行拆解，并及时上报公司大案管理人员或上级公司，通过残值询价进行维修方案比对，如推定全损、处理残值的方案优于维修方案，应及时与被保险人沟通，就定损类型达成一致，对事故车辆或第三者车辆予以保全，防止对车辆拆解后零部件散失等情况导致残值贬值。因此考虑到推定全损的时效性和特殊性，具体案件处理流程见图6-1。

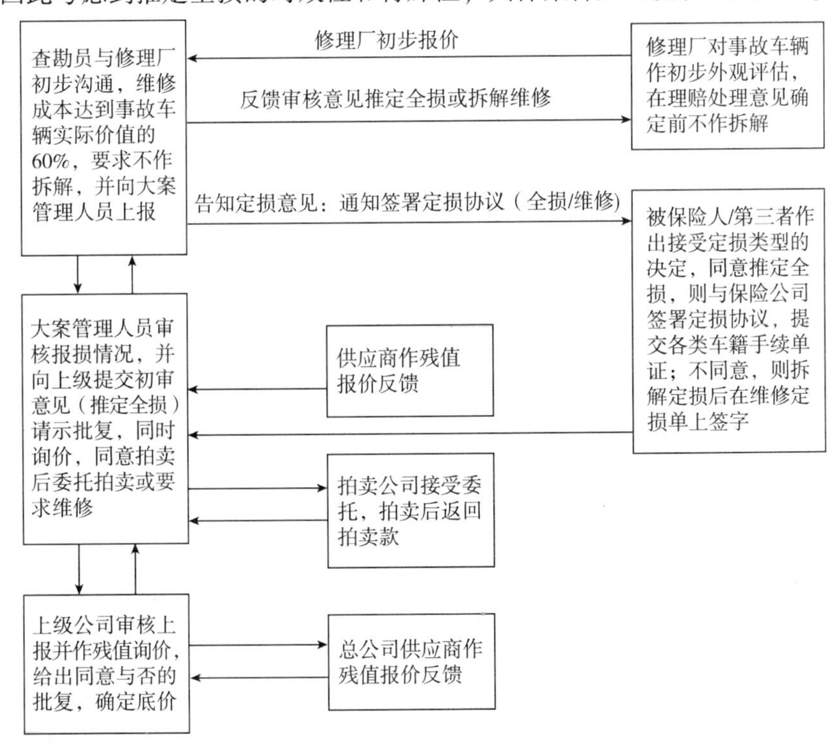

图6-1　推定全损案件处理流程

②通常，推定全损、拍卖残值的处理方式要比修复车辆方案来得经济，但保险公司要建立一套残值处理的规范模式，有效保证在具体执行过程中合理合法，防止理赔人员或残值处置人员与一些不诚信供应商达成“默契”，暗箱操作，损害公司利益，造成不必要损失。

③如果投保时按新车购置价(包含购置附加税的购车价)确定保险金额，在推定全损处理时一般不再另外加上购置附加税费用。

④当遇到突发的台风、暴雨、泥石流等大面积自然灾害发生车损案件时，应及时与有资质、有实力的拍卖商联系，并通过行业协会协调相关保险公司，组织集中性的残值拍卖会处理受损车辆。一般回收的残值金额都在被保险车辆实际价值的50%以上。

⑤部分二手车贩与保险公司内部人员、维修企业工作人员相互勾结，在保险公司与被保险人签订定损协议前，与被保险人联系买断事故车辆，并请物价评估部门评估车辆损失向保险公司进行高额索赔，获取不正当利益。因此保险公司除了加强企业员工教育管理，还应建立快捷定损处理模式对推定全损车辆案件进行有效监管和决策。

⑥残值拍卖款项应及时入账并冲抵赔款，或由残值买受人根据转让协议将买车款打入被保险人或第三者车主的银行账户。

⑦为保证推定全损车辆的顺利处置，防止车辆被买断或遭恶意拆检，产生拆解费用争议及配件丢失等不必要的额外费用和损失，应选择合作拍卖公司的保全场地或与分支机构有紧密合作关系、信誉良好的修理单位将经审核确定推定全损的车辆妥善保管起来，做好保全工作。

6.1.4 汽车定损的程序

汽车定损基本程序一般包括：

①了解案情，及时定损。保险公司一般应指派两名定损员一起参与车辆定损。

②鉴定与登记工作。定损时，根据现场勘察记录，认真检查受损车辆，查清本次事故直接造成的损伤部位，并由此判断和确定因肇事部位的撞击、震动可能间接引起其他部位的损伤。最后确定损失部位、损失项目、损失程度，并对损坏的零部件由表及里进行逐项登记，进行修复与更换的分类。

③协商确定修理方案。与客户协商修理项目和换件项目。修理项目需列明各项目工时费用，换件项目通过询价报价程序确定零件价格。

④报价审核。对更换的零部件属于本级公司询价、报价范围的，要将换件项目清单交报价员进行审核，报价员应根据标准价或参考价核定所更换的配件价格；对于估损金额超过本级处理权限的，应及时报上级公司协助定损。

⑤定损员接到核准的报价单后，再与被保险人和第三者车损方协商修理、换件项目和费用。协商一致后，定损员与被保险人共同签订汽车保险车辆损失情况确认书。

⑥对损失金额较大、双方协商难以定损的，或受损车辆技术要求高、难以确定损失的，可聘请专家或委托第三方鉴定机构进行定损。

⑦受损车辆原则上应一次定损，无法一次完成定损的，应尽快明确待查项目，主动跟进车辆维修进程。定损完毕后，由被保险人自选修理厂或到保险人推荐的修理厂进行修理。

⑧受损车辆修复后，保险人可根据被保险人的委托直接与修理厂结算修理费用，明确区分被保险人自己负担的部分费用，并在汽车保险车辆损失情况确认书上注明，由被保险人、保险人和修理厂签字认可。

6.1.5　汽车定损的注意事项

①注意区分本次事故损失和非本次事故损失。应准确认定本次事故责任导致的车辆损失，对属于本次事故造成损失给予赔偿；而对于查验损坏部件有明显不合理油污、锈迹、原有划伤或凹陷、历史案件中已赔付但未修复的项目等均不在赔偿范围内。

②车辆正常使用损耗与事故损失的界限。保险公司只承担保险责任所致事故的损失，而对于车辆在正常使用中出现的部件锈蚀、老化、龟裂等不在赔偿范围。

③对确定为事故损失的部位应遵循以修复为主的原则。如果被保险人或第三者不认可保险公司配件修复定损方案(车辆修复后可以达到安全技术标准)而要求更换配件，对超出部分的费用应由其自行承担，并在定损单中注明。

④因保险事故损坏的被保险车辆，应当尽快修复，避免因车辆长期搁置而造成损失进一步扩大。

⑤协商确定修理项目。修理前被保险人应当会同保险人对车辆进行检验，协商确定修理项目、方式和费用。对未协商确定的保险人可以重新核定。在重新核定时，应对照现场查勘记录，逐项核对修理费，剔除扩大修理的费用或其他不合理的项目和费用。如因被保险人自行修理而造成保险公司无法对事故车辆进行损失核定的，保险公司有权拒绝赔偿无法确定部分的损失。

⑥换件残值应合理作价，如被保险人接受，可在定损金额中扣除；如被保险人不愿意接受，保险人拥有处理权。

⑦对事故车辆损失原因、损失程度进行鉴定所支付的必要的、合理费用可列入赔偿范围。

⑧对事故车辆进行解体后，如发现尚有本次事故损失的部位没有定损的，经定损员核实后，可追加修理项目和费用。

⑨定损员应及时掌握最新的零配件价格，了解车辆修理工艺和技术，结合修理厂的维修资质，合理定价。

6.2　汽车定损实务

6.2.1　汽车碰撞事故定损

要准确对事故车辆进行评估，就要准确诊断其碰撞受损情况，即确切评估出车辆受损的严重程度、波及范围及受损部件，制定具体的维修工艺和维修方案。如果事故车辆没经过准确诊断，有可能在修理过程中发现新的损伤，造成修理工艺及方案发生改变，从而造成修理成本的改变。一般来说，汽车评估人员对碰撞部位直接造成的零部件损伤都能作出诊断，但是这些损伤对于与其相关联零部件的影响，以及发生在碰撞部位附近的损伤常常会被疏忽。因此，对于较大的碰撞损伤，只通过目测鉴定是不够的，还必须借助相应的工具及仪器设备来鉴定。

1. 碰撞损伤鉴定评估前注意事项

①在查勘碰撞受损的汽车前，先要查看汽车上是否有破碎玻璃棱边，以及是否有锋利的刀状和锯齿状金属边角，对危险部位做安全警示或进行处理。

②如闻到有汽油泄漏气味，切勿使用明火和开关电器设备。对于较大事故，为保证汽车安全可考虑切断蓄电池电源。

③如果有机油或齿轮油泄漏，应注意滑倒等风险。

④在检验电器设备状态时，注意不要造成新的设备和零部件损伤。如：在车门变形的情况下，检验电动车窗玻璃升降功能时，切勿盲目升降车窗玻璃，以免造成车窗玻璃的损坏。

⑤应在光线良好的场所进行碰撞诊断，如果损伤涉及底盘件或需在车身下进行细致检查时，务必使用汽车升降机，以保护评估人员的安全。

2. 汽车碰撞损伤基本鉴定步骤

①了解车身结构类型。

②以目测确定碰撞部位。

③以目测确定碰撞的方向及碰撞力大小，并检查可能造成的损伤。

④确定损伤是否限制在车身范围内，是否还包含功能部件或零配件(如车轮、悬架、发动机及附件等)。

⑤沿碰撞路线系统检查部件的损伤，一直检查到没有任何损伤痕迹的位置。例如，立柱的损伤可以通过检查门的配合状况来确定。

⑥测量汽车的主要零部件，通过比较维修手册上车身尺寸图的标定尺寸和实际尺寸来检查车身是否产生变形量。

⑦用适当的工具或仪器检查悬架和整个车身的损伤情况。

一般而言，汽车碰撞损伤基本鉴定按图 6-2 所示的步骤进行。

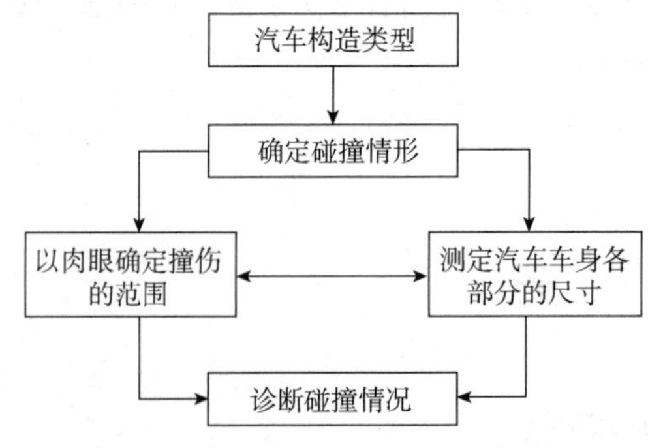

图 6-2　汽车碰撞损伤基本鉴定步骤

3. 车身定损

车身是汽车的基本骨架、最大部件。承载式车身要承载发动机、变速器等几乎所有汽车零部件，同时还要承受颠簸、撞击、翻滚等外力冲击，并保护驾乘人员的安全，其车身结构见图 6-3。在汽车事故维修中，车身的维修和零部件更换占据事故维修的很大比例，因此掌握车身的损伤形式和维修工艺、维修方法对汽车的维修定损是非常重要的，一般定

损员可以根据图 6-4 的程序进行车身定损。

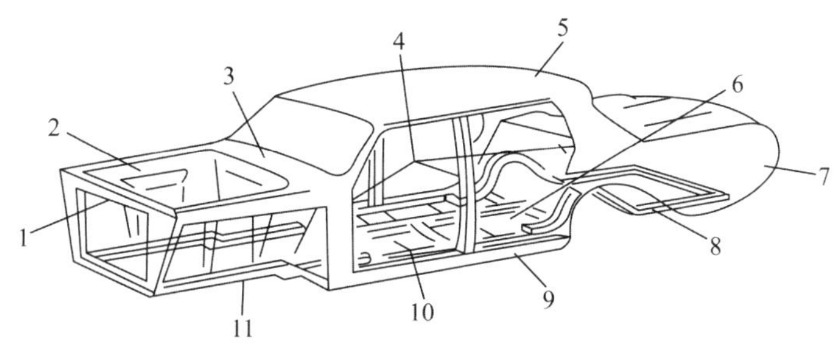

1—散热器托架；2—车轮罩板；3—前围板；4—车门立柱(A、B、C 柱)；5—顶盖；6—地板；7—后顶盖侧板；8—后梁部分；9—车门槛板；10—底梁；11—前梁部分

图 6-3　承载式车身结构

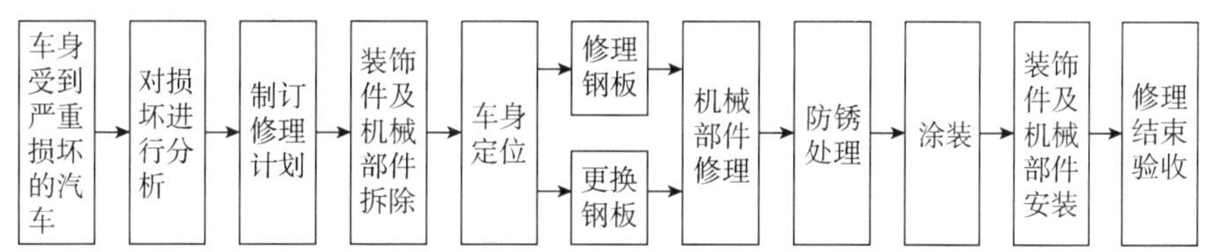

图 6-4　车身定损的基本程序

(1) 车身损失类型

1) 侧向弯曲(摆动变形)

侧向弯曲一般是汽车受到侧面碰撞后所产生的变形，出现在汽车的一侧前部或后部，表现为车体头部或尾部沿着受力方向偏斜，特征是某侧纵梁的内部和另一侧纵梁的外部出现褶皱凸痕。

2) 下垂变形

下垂变形是指由前方或后方的正面撞击造成的车架某一段(某一侧)比正常位置低的状态。

3) 挤压变形(折叠变形)

挤压变形表现为车身的尺寸短于原厂的标准数据。折叠变形可出现于车身的各个部位，表现为皱痕或严重的扭曲变形。

4) 错位变形(菱形变形)

错位变形是指汽车的一侧移到了后面或前面，车架结构由矩形变成了菱形。这种变形主要是由于车身一角受到碰撞产生，它影响整个车架，损伤往往比较严重，对承载式车身而言，可能会出于修理成本的考虑而导致报废。

5) 扭曲变形

扭曲变形的特征是汽车的一角高于正常状态，相对的一角可能低于正常状态；它造成车架或承载式车身的损伤比较严重。出现这种损伤通常是由于汽车以较快的速度撞向路沿或隔离墩。

(2) 碰撞对不同车身结构的影响

汽车车身既要承受行驶中的振动，还要能在碰撞时给乘员提供安全。因此汽车车身设计要求在碰撞时能最大限度地吸收能量，以减少对乘员的伤害。乘用车碰撞时，前部、后部形成吸收能量的结构，使中部形成一个相对安全的区域。假如汽车以 48 km/h 的速度碰撞坚固障碍物，发动机室的长度会被压缩 30%~40%，但乘员室的长度仅被压缩 1%~2%。

非承载式车身被碰撞后，可能是车架损伤，也可能是车身损伤，或车架车身都损伤。车架车身都损伤时可通过更换车架来实现车轮定位及主要总成定位；然而承载式车身被碰撞后通常会造成车身结构件的损伤。一般来说，非承载式车身的修理只需满足形状要求，而承载式车身的修理既要满足形状要求，又要满足车轮定位及主要总成定位的要求。所以碰撞对不同车身结构的汽车的影响不同，从而造成修理工艺和方法的不同，最终造成修理费用的差距。

承载式车身能够很好地吸收碰撞时产生的能量。受到撞击时，车身由于吸收撞击能量而变形，使撞击能量大部分被车身吸收，在受到碰撞时，车身能按照设计要求形成折曲，这样传到车身的振动波在传送时就被大大减小，即来自前方的碰撞应力被前部车身吸收，来自后方的碰撞应力被后部车身吸收，来自前侧方的碰撞应力被前翼子板及前部纵梁吸收，来自中部的碰撞应力被边梁、立柱和车门吸收，来自后侧方的碰撞应力被后翼子板和后部纵梁吸收。

1）前端碰撞

前端碰撞会导致汽车前端致损，碰撞力取决于汽车质量、速度、碰撞范围和碰撞源。碰撞较轻时，保险杠会被向后推，前纵梁及内轮壳、前翼子板、前横梁及散热器框架会变形。如果碰撞加重，前翼子板会弯曲变形并移位触到车门，发动机舱盖铰链会向上弯曲并移位触到前围盖板，前纵梁变形加剧造成副梁的变形。如果碰撞程度更剧烈，前立柱将会产生变形，车门开关困难，甚至造成车门变形。如果前面的碰撞从侧向而来，由于前横梁的作用，前纵梁就会产生相应的变形。前端碰撞通常会带来前部灯具及护栅破碎、冷凝器、散热器及发动机附件损伤、车轮移位等损伤（见图 6-5）。

图 6-5　汽车前端碰撞损伤

2）后端碰撞

汽车因后端正面碰撞造成损伤时，主要是被动碰撞所致。碰撞主要取决于撞击物的质量、速度，被碰撞的部位、角度和范围。如果碰撞较轻，通常后保险杠、行李箱后围板、行李箱底板可能压缩弯曲变形。如果碰撞较重，后挡风玻璃两侧的立柱（C 柱）下部前移，C 柱上端与车顶接合处会产生折曲，后门开关困难，后挡风玻璃与 C 柱分离甚至破碎。碰撞严重时会造成前后门之间的立柱（B 柱）下端前移，在车顶 B 柱处产生凹陷变形。后端碰撞通常伴随着车辆后部灯具等的破碎（见图 6-6）。

图 6-6 汽车后端碰撞损伤

3）侧面碰撞

在确定汽车侧面碰撞时，分析其结构尤为重要。一般来说，对于严重的碰撞，车门前挡风玻璃两侧的立柱（A 柱）、B 柱、C 柱，以及车身地板都会变形。当汽车遭受的侧向力较大时，惯性作用会使另一侧车身变形。当前后翼子板中部遭受严重碰撞时，还会造成前后悬架的损伤。前翼子板中后部遭受严重碰撞时，还会造成转向系统中横拉杆、转向机齿轮齿条的损伤（见图 6-7）。

图 6-7 汽车侧面碰撞损伤

4）底部碰撞

底部碰撞通常由路面凹凸不平、路面上有异物等造成，车身底部与路面或异物发生碰撞，致使汽车底部零部件、车身底板损伤。常见损伤部位有前横梁、发动机下护板、发动机油底壳、变速器油底壳、悬架下托臂、副梁及后桥、车身底板等。

5）顶部碰撞

汽车单独的顶部受损多为空中坠落物所致，以顶部面板及骨架变形为主。汽车倾覆是造成顶部受损的常见现象，受损时常伴随着车身立柱、翼子板和车门的变形、车窗的破碎。

（3）车身碰撞损伤的测量

1）目测

大多数情况下，碰撞部位能显示结构变形或断裂迹象。在进行肉眼检查时，可后退几步，对汽车进行总体观察。从碰撞位置估计受撞范围大小及方向，并判断碰撞是如何扩散的。先从总体上查看汽车上是否有扭转、弯曲变形，再看整个汽车，设法确定损伤位置及所有损伤是否都是由同一事故所引起。

碰撞力沿车身扩散，并使许多部位变形。碰撞力具有穿过车身坚固部位最终抵达并损坏薄弱部件、扩散并深入车身部件内的特性。因此为了查找汽车损伤，必须沿碰撞力扩散的路径查找车身薄弱部位。沿碰撞力扩散方向逐处检查，确认是否有损伤和损伤程度。具体可从以下几方面进行识别：

①钣金件截面变形。车身碰撞所造成的钣金件截面变形与钣金件本身设计的结构变形不一样，钣金件本身设计的结构变形处表面油漆完好无损，而碰撞所造成的钣金件截面变形处油漆起皮、开裂。车身设计时，要使碰撞产生的能量能按既定路径传递到指定地方吸收。

②零部件支架断裂、脱落和遗失。发动机支架、变速器支架、发动机各附件支架是碰撞应力的吸收处，各支架在设计时均有保护重要零部件免受损伤的功能。在碰撞事故中常有各支架断裂、脱落和遗失的现象出现。

③检查车身各部位的间隙和配合。车门是以铰链形式装在车身立柱上的，立柱变形会造成车门与车门、车门与立柱间隙不均匀，可通过简单地开关车门查看车门锁与锁扣的配合，从锁与锁扣的配合判断车门是否下沉，进而判断立柱是否变形，从查看铰链的灵活程度判断立柱与铰链处是否有变形。

在汽车发生前端碰撞事故中，通过检查后车门与后翼子板、门槛、车顶侧板之间的间隙，并作左右对比来判断碰撞应力扩散范围。

④检查汽车本身的惯性损伤。汽车碰撞时，一些质量较大的部件在惯性力作用下会出现固定件及其周围部件和钢板的移位、断裂等情况，应进行检查。对于承载式车身还需查看车身与发动机、底盘的结合部是否有变形。

⑤检查来自乘员及行李的损伤。由于惯性力的作用，乘员和行李在碰撞中会引起车身二次损伤，损伤程度因乘员位置和碰撞力度而异，较常见的是转向盘、仪表工作台、转向柱护板和座椅等损坏。行李碰撞会造成行李箱中部分设备(如 CD 机、音频功率放大器等)损伤。

2)利用仪器设备对车身变形测量

①车身尺寸测量基准。生产厂家在维修手册或其他类似售后服务信息资料中给出车身尺寸图，标明各种车型的测量点和规范尺寸，因此在测量事故车辆的受损情况时，须根据车型使用相应厂家和车型的车身尺寸图，参照图中的数据，对受损车辆的测量尺寸与正确尺寸进行比较。

在车身尺寸图中，测量值往往是以对角线测量法为基准。测量结果和测量公差是根据损坏部位的检查结果来确定的。通常情况下，车身加工尺寸允许的配合公差为：承载式车身允许±3mm 之内，车架式车身允许在±5mm 之内。所有的车身尺寸手册中都标有三个主要尺寸基准：水平基准面、中心面(线)和零平面。

a. 水平基准面：水平基准面是与车底平行且距车底一定距离的一个平面，它既是汽车制造厂测量和标注车身所有高度尺寸的基准面，也是修理时测量汽车的基准面。

b. 中心面(线)：中心面(线)是一个假想中心平面，它将汽车分成乘员侧和驾驶员侧相等的两半。对称汽车的所有宽度尺寸都是从中心线测量的，即从基准中线到右侧的某点距离与到左侧相同点的距离完全相等，它垂直于水平基准面。

c. 零平面：汽车车身分为前部、中部和后部三部分，交接的两个面垂直于水平基准

面，有的车以前部、中部交接的面为零平面或零线，以此为准，标注前后各点与零线相距的尺寸。通过水平基准面、中心面(线)及零平面的尺寸标注，就可以把车身每个点的坐标尺寸都标出来。某车车身尺寸见图 6-8。

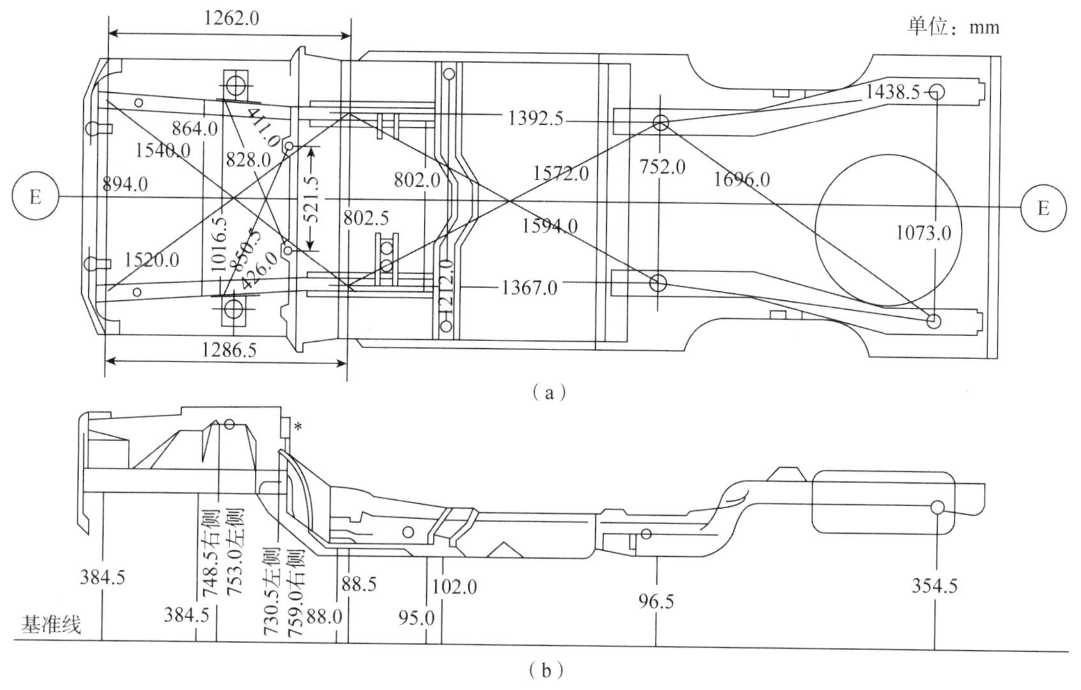

图 6-8　某车车身尺寸

对于承载式结构，每一段都应采用比较两根对角线长度的方法来检查其方正状况，对长度和宽度也应作比较。在检查结构的正直性时，应把中间车身段作为基础。所有的尺寸和形状数据都应相对于中间段来量取。应首先测量中间段，如果中间段不方正，就移到车上未受损伤的一端找出位置正确的三个基准点。注意，要对车身进行准确的测量，必须从至少三个已知正确的尺寸开始测量，这样做的目的是要测量车身的方正情况。如果汽车不对称，那么为了测量正确，就要参阅尺寸图表来进行测量。

②车身尺寸测量系统。鉴于测量的重要性，为了提供快速且精确的测量手段，车辆设备厂家已经开发出许多种设备并投入市场，虽然车身修理车间的测量设备可能有许多种形式，但大部分可以归纳为三种基本系统。

a. 量规测量系统。量规测量系统主要包括轨道式量规、自定心量规、麦弗逊式中心量规，它们既可以单独使用，也可以互相配合使用。其中，轨道式量规多用来测量对角线尺寸；中心量规用来检验部件是否错位。轨道式量规一次只能测得一个尺寸，记录下每一个尺寸，并从另外的两个辅助控制点进行交叉检验，其中至少一个为对角线测定。

利用轨道式量规测量的最佳位置是悬架和主要机械总成件安装支承点及车身板件的焊点(因为它们对于部件的对中非常关键)，而且因在修理工作中这些轨道测量值必须被测量和记录多次，方便进行对比(见图 6-9)。

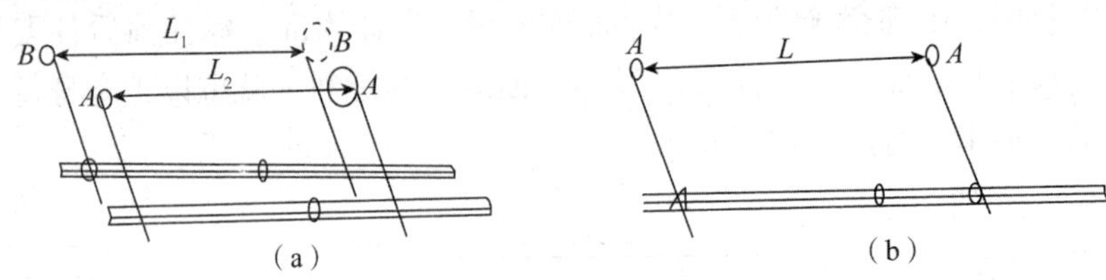

图 6-9　轨道式量规测圆孔中心距

大多数测量点都是车辆结构上现有的孔或者螺栓的位置，尺寸是中心距，参考点孔直径往往比轨道式量规的针端大。为了保证测量精度，可以使用轨道式量规进行边对边(定位孔边缘到另一定位孔边缘)的测量，因为轨道式量规的刻度大都是公制的，配合使用既有公制刻度又有英制刻度的钢尺(钢尺需要做精度校检并加工)会使测量工作快捷得多(图 6-10)。

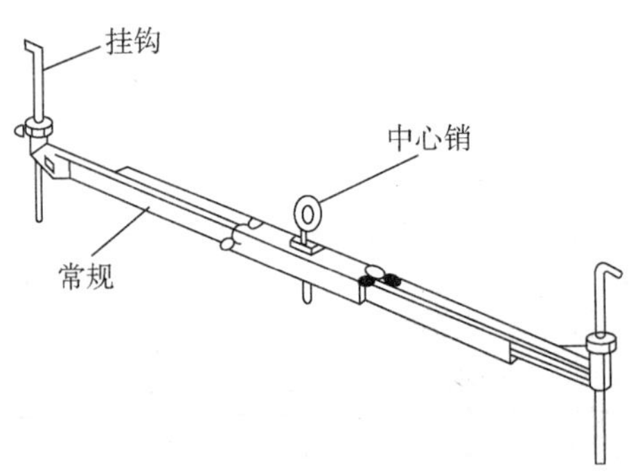

图 6-10　自定心量规

b. 激光式测量设备。激光器需要瞄准测量靶，即测量标尺。测量靶可以悬挂在车身上，也可以固定在车身上。有些测量设备甚至用车身件为测量靶。激光测量设备的激光发射部位和发射方式无关紧要。值得注意的是，用激光式测量设备进行测量是以水平基准面为基准，还是以中心线为基准。

测量读数是通过观察打到测量靶上的激光束获得的。有些测量靶是透明的，激光可以穿透过去，因此多个透明靶可使用同一激光源。分光镜能把一束激光束反射到几个靶上。借助透明靶和分光镜，往往可以用同一个激光源同时测量多个车身尺寸。有些激光测量设备最多用三个激光器来定出车身任何部位——行李箱、前围、车门框、门铰链、支柱和顶板轮廓线等的长、宽、高三维坐标。这种测量设备，只用一个激光器，借助卷尺和杆尺，也能进行测量。

c. 超声波电脑测量设备。超声波电脑测量设备是利用超声波的发射原理来感应车身数据的电子测量系统。它的主要部件和作用如下：

测量电脑：测量电脑是装有各车型车身标准数据的数据库，同时可以根据新车出厂以后对数据库进行更新。在测量的过程中，电脑可以根据数据库里的车型数据自动测算出测量值与标准值之间的差值，为技师提供各个测量点拉伸矢量图。

测量横梁：系统采用轻质的模压铝合金接收梁，它安放在汽车的底部，用来接收数据并通过信号电缆将接收到的数据传递给超声波的主机。

测量连接头：用来根据车身不同测量位置的形状和性质进行连接的附件。

测量连接杆：主要作用是平衡车身底部的高度，确定高度的测量基准。

发射器：发射器通过连接头和连接杆与被测车辆连接，超声波由发射器发出，声波被测量横梁上的接收器接收，再通过数据线传递给测量电脑，测量电脑将即时数据与标准数据作出比较，从而得出车辆测量位置的偏差。

(4)车身零部件定损分析

在保证汽车修理质量的前提下，“用最小的维修成本完成汽车受损部位的修复工作”是定损事故汽车的基本原则。但我国地域广阔，各地经济发展不平衡，因此各地的工时费标准相差很大。在工时费较低的甲地可以修复的某个具体零部件，拿到了工时费较高的乙地可能就没有必要修复了。因此，在损失评估中，确定受损零件修与换的标准是一个难题。下面以承载式车身为例说明常见碰撞损伤后的定损。

1)结构钣金件的定损

凡属于不通过破坏性切割作业就无法将相关结构件从车体上取下来的，都属于结构钣金件。如发动机舱的前焊接件、左右纵梁、前挡板、副车架，车身下底板的前、中、后三块钣金件，汽车后部的底板、悬架支撑，左右侧边梁的 A 柱、B 柱、C 柱、上下边梁等。

一般来说，如果承载式车身结构钣金件发生的只是弯曲变形，则只需维修；假如发生了折曲变形，就需视情况维修或更换了。

当决定更换结构钣金件时，应完全遵照制造厂的建议。当需要切制或分制钣金件时，必须遵守厂方的工艺要求；一些制造厂不允许反复分制结构钣金件，另一些制造厂规定只有在遵循厂定工艺时，才同意分割。所有制造厂家都强调以下地方的钣金件不能切割或分割：不要割断可能降低乘客安全性的区域；不要割断降低汽车性能的区域；不要割断影响关键尺寸的区域。

多数汽车修理企业没有做到完全按照制造厂工艺要求来更换车身结构件。所以应该采用“弯曲变形就修，折曲变形就可以换”的基本原则，而不是“必须更换”，以避免产生更大的车身损伤。

同时对于高强度钢，在任何条件下都不能用加热法来矫正(一般是指保险杠支架、A 柱、B 柱、车门防撞梁等)。

2)非结构钣金件的定损

非结构钣金件也称覆盖钣金件，承载式车身的覆盖钣金件通常包括可拆卸的前翼子板、车门、发动机舱盖、行李箱盖，以及不可拆卸的后翼子板、车顶等。

①发动机舱盖及附件。轿车的发动机舱盖绝大多数采用冷轧钢板冲压而成，少数高档轿车采用铝板冲压而成。冷轧钢板在遭受撞击后常见的损伤有变形、破损，铁质发动机舱盖是否需要更换主要依据变形的冷作硬化程度和基本几何形状。冷作硬化程度较少、几何形状程度较好的发动机舱盖常采用钣金修理法修复，反之则更换。

发动机舱盖遭受碰撞变形、破损后应以更换为主。发动机舱盖铰链碰撞后会变形，以更换为主。发动机舱盖撑杆有铁质撑杆和液压撑杆两种，铁质撑杆基本上可矫正修复，液压撑杆撞击变形后以更换为主。发动机舱盖拉索在轻度碰撞后一般不会损坏，碰撞严重会造成折断，应更换。

②行李箱盖。行李箱盖一般由两个冲压成型的冷轧钢板经翻边制成。判断它是否碰撞损伤变形，应看是否要将两层分开修理。如不需分开，则不应考虑更换；若需分开整形修理，应首先考虑工时费、辅料费之和与其价值的关系；如果工时费加辅料费接近或超过其价值，则不应考虑修理；反之，应考虑修复。行李箱工具盒在碰撞中时常破损，评估时不

要遗漏。后轮罩内饰、左侧内饰板、右侧内饰板等在碰撞中一般不会损坏。其他情况处理同车门。

③前翼子板。前翼子板损伤程度没有达到必须将其从车上拆下来才能修复的程度，如整体形状还在，只是中间局部凹陷，一般不考虑更换。损伤程度达到必须将其从车上拆下来才能修复，且前翼子板的整形修复的工时费达到或接近材料价格，应考虑更换；如果前翼子板每米长度超过3个折曲、破裂变形，或已无基准形状，应考虑更换；如果每米长度不足3个折曲、破裂变形，且基准形状还在，应考虑整形修复；如果修复工时费明显小于更换费用，应考虑以修理为主。

前翼子板附件有饰条、砾石板等。饰条损伤后以更换为主，即使未被撞击，整形翼子板拆卸饰条后就必须更换；砾石板因价格较低，撞击破损后更换即可。

④车门。如果门框产生塑性变形，一般无法修复，应考虑更换。车门面板的变形换修一般根据变形的深度、面积和是否有锐角褶皱变形来判断。如果车门变形面积虽然有30%~50%，但变形状态比较平缓，没有锐角褶皱出现，则可钣金修复；如果有深于20mm的褶皱，且长度大于150mm，就考虑更换。车门面板如果有非点状破损的情况出现，也考虑更换；许多车的车门面板是作为单独零件供应的，损坏后可单独更换，不必更换总成。其他同前翼子板。

车门防擦饰条碰撞变形后应更换；门锁及锁芯在严重撞击后产生损坏，以更换为主。玻璃升降机、玻璃导轨、玻璃托架等碰撞变形后都要更换。

⑤后搁板及饰件。碰撞后基本上能整形修复，严重时应更换。后搁板面板用毛毡制成，一般不用更换。后墙盖板也很少破损，如果损坏以更换为主。高位制动灯的损坏按前照灯方法处理。

⑥后围及铭牌。后围按处理发动机罩的方法进行。铭牌损伤后以更换为主。

⑦不可拆卸件。碰撞损伤中最常见的不可拆卸件就是后翼子板，更换时需将其从车身上切割下来，由于大多数汽车维修厂在切割和焊接上满足不了工艺要求，可能造成车身结构新的修理损伤，因此后翼子板只要有修理的可能都采取修理的方法修复。

⑧后视镜。后视镜镜体破损以更换为主。对于镜片的破损，有些高档轿车的镜片可单独供应，可以通过更换镜片修复。

3）塑料件的定损

当前各汽车制造厂为降低车身自重、节省燃油，车身各种零部件越来越多地使用了各种塑料，特别是在车身前端，包括保险杠、格栅、挡泥板、防碎石板、仪表工作台、仪表板等。因此掌握塑料件的更换与修理变得更加重要。许多损坏的塑料件都可修复而用不着更换，特别是不必从车上拆下零件进行修复，如划痕、擦伤、撕裂、刺穿等。此外，由于某些零件不一定有现货供应，修理往往可迅速进行，从而缩短修理工期。因此塑料件定损时，对于燃油箱及要求严格的安全结构件，必须考虑更换；整体破碎的塑料件，以更换为主；价值较低、更换方便的塑料零件，以更换为主；应力集中部位破碎的塑料件，以更换为主；尺寸较大的基础零件出现划痕、撕裂、擦伤或穿孔时，以修理为主；因表面无漆面不能用粘结法修理且表面光洁度要求较高的塑料件，一般应考虑更换。

因此车身在发生碰撞时塑料部件在定损中要按以下要求进行定损：

①前、后保险杠及附件。保险杠主要由塑料制成，起装饰和初步吸收碰撞能量的作用。对于由热塑性塑料制成、价格昂贵、表面烤漆的保险杠，如破损不多，可焊接；如破

损较重，只能更换。保险杠饰条破损后以更换为主。保险杠使用内衬常为泡沫制成，一般可重复使用。对于铁质保险杠骨架，轻度碰撞常采用钣金修复，价值较低的、中度以上的碰撞常采用更换的方法修复。铝合金的保险杠骨架修复难度较大，中度以上的碰撞多以更换为主。保险杠支架多为铁质，一般价格较低，轻度碰撞常用钣金修复，中度以上碰撞多为更换。保险杠灯多为转向信号灯和雾灯，表面破损后更换；价格较高的雾灯，如只损坏少数支撑部位，常用焊接和粘结修理的方法修复。

②前护栅及附件。前护栅及附件由饰条、铭牌等组成，破损后以更换为主。

4）玻璃制品定损

汽车上的玻璃制品主要包括前后风窗、车窗、大窗、后视镜、灯具等。对于汽车上述部件发生碰撞，定损按以下要求进行：

①风窗和天窗玻璃。风窗玻璃因撞击而损坏时基本以更换为主，天窗玻璃破碎时需要更换。

②汽车前照灯、尾灯、角灯。汽车灯具的表面多由聚碳酸酯（PC）或玻璃制成，因此对其定损如下：调节螺钉损坏需更换，并重新校光；表面由玻璃制成的，破损后如有玻璃灯片供应，可考虑玻璃灯片；若为整体式的结构，破碎后只能更换；若只是有划痕，通过抛光去除划痕；对于氙气前照灯，更换前照灯时需要注意氙气发生器无须更换；价格昂贵的前照灯，只是支撑部位局部破损的，采取塑料焊接法修复。

③尾灯。尾灯的损坏按照前照灯的方法处理。

5）车身内外装饰的定损

①仪表板及中央操纵饰件。仪表板因正面或侧面撞击常造成整体变形、皱折和固定爪破损。整体变形在弹性限度内，待骨架矫正后重新装回即可。皱折影响美观，对美观要求较高的新车或高级车应更换。因仪表板价格较贵，老旧车型更换意义不大。少数固定爪破损常以焊修为主，多数固定爪破损以更换为主。

左右出风口常在侧面撞击时破碎，右出风口也常因二次碰撞被前排乘客右手支承时压坏。

左右饰框常在侧面碰撞时破损，严重的正面碰撞也会造成支爪断裂，均以更换为主。杂物箱常因二次碰撞被前排乘客膝盖撞破，一般以更换为主。

严重的碰撞会造成车身底板变形，车身底板变形后会造成过道罩破裂，以更换为主。

②前座椅及附件、安全带。座椅及附件因撞击造成的损伤常为骨架、导轨变形和棘轮、齿轮根切等。骨架、导轨变形常可以矫正，棘轮、齿轮根切通常必须更换棘轮、齿轮机构，许多车型因购买不到棘轮、齿轮机构常需更换座椅总成。

大多数安全带在中度以下碰撞后还能使用，但必须严格检验。前部严重碰撞的安全带，收紧器处会变形，从安全角度考虑，建议更换。中高档轿车上安装有安全带自动收紧装置，收紧器上拉力传感器感应到严重的正面撞击后，电控自动收紧装置会点火，引爆收紧装置，从而达到快速收紧安全带的作用，但安全带自动收紧装置必须更换。

③A 柱及饰件、前围、暖风系统、集雨栅等。A 柱因碰撞产生的损伤多以整形修复为主。由于 A 柱为结构钢，当产生折弯变形时，以更换外片、整形整体为主要修复方式。A 柱有上下内饰板，破损后一般以更换为主。

前围多为结构件，整修与更换按结构件的整修与更换原则执行，A 柱内饰板因撞击破损，以更换为主。较严重的碰撞常会造成暖风机壳体、进气罩的破碎，以更换为主；暖风散热器、鼓风机一般在碰撞中不会损坏。集雨栅为塑料件，通常价格较低，因撞击常造成破损，以更换为主。

④侧车身、B 柱及饰件、门槛及饰件等。B 柱的整修与更换同 A 柱。车身侧面内饰的破损以更换为主。一般碰撞造成的变形以整形修复为主。只要边梁需要整形，边梁保护膜就要更换。

6) 车身地板的定损

车身地板因撞击常造成变形，常以整形方式修复，对于无法修复的，建议考虑更换车身总成。

7) 顶及内外饰件的定损

严重的碰撞或倾覆会造成车顶损坏，原则上只要能修复，便不予更换。内饰的修复同车门内饰。落水槽饰条为铝合金外表烤漆，损伤后一般应予更换。

8) 车身涂装修复

①汽车的喷漆。在对汽车车身进行钣金修复之后，要对相应部位进行喷漆工作，具体工作包括以下几方面：

a. 车体处理。在涂装之前，需要先对车体进行处理，清除被涂物表面上的所有污物，包括脱脂、除锈、磷化和钝化处理等。

b. 基层喷涂。正式喷涂前，需进行基层喷涂，包括底漆、中间涂料、面漆、抗石击涂料、密封涂料和腻子等。

c. 汽车面漆的调色。汽车色彩一般要用亮度、色调和色度三个要素来确定。亮度(黑白度)即颜色的明暗程度；色调即肉眼能看到的颜色，如红、绿、蓝及它们之间的配比色；色度即颜色对比度，包括强度、浓度、饱和度、灰度等。

光源和视觉会影响面漆的色彩，所以调配面漆应充分考虑这些因素。配色时首先要确定汽车制造厂的漆码原色，使修补的配色与原厂的配色尽量相同或接近。调配汽车面漆时，应首先准确识别涂料颜色；其次是正确地选择色料；再次是调配色彩的小样，并与标准色卡进行颜色对比，直到相同；最后添加辅助添加剂。

d. 喷涂面漆。面漆调配完毕后，利用专用的喷漆设备将其喷涂到车身，并经烘干即可。

e. 后期处理。涂装之后的车身，需要用专门的处理材料修饰喷完后出现的漆膜表面缺陷和提高防锈能力，包括增光、抛光和保护材料。辅助材料用以消除涂层表面的缺陷，提高平整度，同时也为了防止噪声、振动、热量的产生与传播，方法包括打磨、擦净、遮蔽、密封和采用防声绝热材料等。

②汽车漆面的修补。

a. 漆面处理的范围。主要包括漆面失光处理、漆面划痕处理、全车烤漆等。

b. 漆面划痕的鉴定。汽车漆面在某些情况下会发生破坏。例如，强氧化物与车漆相互作用，在漆面上形成氧化层，导致失光；漆面被损伤，变得凹凸不平，造成光线漫射，外观很差；因硬物刮擦，漆面产生浅划痕，未伤及底漆，仅涉及清漆和部分色漆；硬物伤及底漆的深划痕，严重时达到钣金层。

c. 漆面浅划痕的处理。洗车，清除车身外壳表面的污物、泥土等；开蜡，使用专用的开蜡水，去除漆面上的蜡质层；研磨漆面并抛光，按漆面质量、厚度、硬度、耐磨性等特性选择合适的抛光剂；漆面还原和增艳，抛光作业虽然能够消除漆面上的浅划痕，但还会

余留一些发丝划痕、旋印等，这需要用漆面还原作业来消除；漆面保护，在漆面上涂施保护剂完成漆面保护工作，漆面保护剂应根据具体应用场合选用蜡质和釉质保护剂。

d. 漆面的深划痕处理。漆面的深划痕指深达底漆层的划痕。深划痕不但影响汽车外观，还容易对漆面造成腐蚀，损坏金属层。因此，漆面的深划痕处理程序包括：第一步，清洗和除油。第二步，除锈。第三步，去除两侧旧漆。第四步，将深划痕周边砂光砂薄。第五步，在对划痕进行表面处理后，如金属基材未外露，底漆层附着良好，可在原底漆层上直接喷涂封闭底漆或中涂漆；如金属基材已外露，就应刮腻子，再喷涂封闭底漆或中涂漆。

e. 漆面失光的处理。对于自然氧化不严重或由浅划痕而造成的漆面失光，一般使用抛光研磨的方法处理。自然氧化严重或透镜效应造成的漆面失光，一般应重新涂装翻新。

4. 发动机定损

发动机机械结构复杂、价格高，在汽车发生一般事故时，大多不会使发动机受到损伤。只有比较严重的碰撞、发动机进水、发动机托底时，才可能导致其损坏，因此应根据碰撞力度的差异，综合考虑各部件的功用、材质和事故损伤特征制定合理的定损方案。

(1) 发动机及附件碰撞损坏认定及修复

1) 发动机附件

发动机附件因撞击产生的破损和变形以更换为主。油底壳轻度变形一般无须修理，放油螺塞处碰伤至中度以上的变形以更换为主。发动机支架及胶垫因撞击产生的变形、破损以更换为主。进气系统因撞击产生的破损和变形以更换为主。排气系统中最常见的撞击损伤形式为发动机移位造成排气管变形。由于排气管长期在高温下工作，氧化严重，通常无法整修。消声器吊耳因变形超过弹性极限而破损，这也是常见的损坏现象，应更换。

2) 散热器及附件

散热器的修或换与汽车的档次相关。由于中低档车的散热器价格较低，中度以上损伤一般可更换；高档车的价格较贵，中度以下损伤常可用亚弧焊修复。但水室破损后，一般需更换，而水室在遭受撞击后最易破损。水管破损应更换。水泵带轮变形后通常以更换为主。风扇护罩轻度变形一般以整形矫正为主，严重变形需更换。主动风扇与从动风扇的损坏常为叶片破碎，由于扇叶做成了不可拆卸式，破碎后需要更换总成。风扇传动带在碰撞后一般不会损坏，因正常使用也会磨损，拆下后如果更换，应确定是否为碰撞所致。

3) 散热器框架

根据“弯曲变形整修，折曲变形更换”的基本维修原则，考虑到散热器框架形状复杂，轻度变形时可以钣金修复，中度以上的变形往往不易修复，只能更换。

4) 铸造基础件

发动机缸体大多使用球墨铸铁或铝合金铸造，受到冲击载荷时，常会造成固定支脚的断裂，因此一般情况下对于缸体可以通过焊接进行修复。但不论球墨铸铁或铝合金焊接都会带来变形。这种变形用肉眼看不出来，但由于焊接周围对尺寸要求较高，如在发动机气缸壁附近发生断裂，用焊接的方法修复焊接部通常是不可行的，应进行更换。

(2) 发动机托底

1) 发动机托底的形成原因

①性能较差的汽车通过坑洼路段时可能会因颠簸而使位于较低部位的油底壳与路面相接触，从而导致发动机托底。

②汽车行驶在坑洼程度并不严重的路段，由于速度偏高，遇到坑洼时上下颠簸，也可能引起发动机托底。

③汽车行驶在路面状况良好的路段，未察觉前车坠落的石块，有可能导致发动机托底。

④汽车不慎驶入路坡等处时，被石头垫起，造成托底。

2)发动机托底后的损坏范围

①直接损失。发动机托底后，会造成油底壳凹陷；如果程度较重，还可能使壳体破损，导致润滑油泄漏；如果程度严重，甚至会导致油底壳里面的机件变形、损坏，无法工作。

②间接损失。发动机托底以后，如果驾驶人没有及时熄火，油底壳内的机油将会大量泄漏，导致机油泵无油可泵，使发动机的曲轴轴瓦、连杆轴瓦得不到机油的充分润滑和冷却，轴瓦很快从干磨到烧蚀，然后与曲轴、活塞抱死。另外，由于机油压力的降低，发动机的凸轮轴、活塞和气缸缸筒也会因缺油而磨损。

③发动机托底导致损伤，其常规赔偿范围一般只限于油底壳的维修或更换费用、油底壳密封垫的更换费用、发动机润滑油的补充费用、机油泵的维修或更换费用。

(3)发动机进水后的损坏分析

现代汽车的发动机一般都采用往复活塞式内燃机，一个工作循环包括四个行程。

①进气行程：进气门开启，排气门关闭，活塞由上往下运动，产生真空吸力，燃油和空气形成的可燃混合气被吸入气缸，活塞位于下止点附近时，进气行程基本结束。

②压缩行程：进气门关闭，排气门关闭，活塞由下往上运动，将密闭气缸内的可燃混合气进行压缩，压缩进入气缸的混合气，使其压力和温度均提高，做好点火燃烧的准备，当活塞位于上止点附近时，压缩行程基本结束。

③做功行程：当混合气被点燃(汽油发动机)或压燃(柴油发动机)以后，做功行程开始，进气门关闭，排气门关闭，活塞由上往下运动，可燃混合气燃烧后体积急剧膨胀，迫使活塞向下运动，从而带动曲轴转动，输出动力。

④排气行程：进气门关闭，排气门开启，活塞由下向上运动，将燃烧后的废气排出气缸，当活塞到达上止点附近时，排气行程结束，进气门打开，排气门关闭，发动机的工作进入下一个循环。

当汽车发动机进水，在发动机的压缩行程，活塞在上行压缩时，压缩的不再只是混合气，还有进入缸体内的水，由于水不可被压缩，势必导致发动机的损坏，轻则连杆弯曲、折断，重则曲轴弯曲，缸壁破损、发动机彻底报废等。

另外，由于发动机的结构不同、转速高低不同、车速快慢不等、发动机进气管口安装位置不一、吸入水量多少不一样等，发动机进水造成的损坏程度也就有所不同。例如，柴油发动机压缩比大，发动机在压缩行程结束时气缸压力要比汽油发动机高，进水后所造成的危害也要比汽油发动机大得多。此外，如果因进水导致发动机自然熄火，机件经清洗后可以继续使用，但有个别的汽车经过一段时间的使用后，因进水导致的连杆轻微弯曲也会造成连杆折断而捣坏缸体。

(4)非保险责任的发动机损坏

在汽车使用过程中，由于发动机保养不当，可能会造成发动机机油减少、油道堵塞和连杆螺栓松动等现象。在运转过程中，连杆轴瓦就会烧蚀、磨损，增大了连杆瓦座间的冲

击力，最后将连杆螺栓冲断或造成螺母脱落，瓦盖与连杆脱开，当活塞下行时，连杆冲向缸体，造成捣缸。此时查勘定损人员必须能够准确通过发动机损坏的发动机零件及油底壳中的残留物等判定这属于非保险责任。

同时要能够区别发动机在捣缸与托底时对油底壳的损伤不同。捣缸时连杆瓦座和瓦盖脱开的瞬间，向下的冲击作用会将瓦盖击向油底壳，将油底壳打漏造成机油泄漏，油底壳破损处向外翻起，而托底事故破损处为内凹。因此在遇到此类问题时，要通过仔细分析，找出损坏原因，确定是否属于保险责任，同时也可以有力地说服客户。

5. 底盘定损

汽车底盘由传动系、行驶系、转向系和制动系四部分组成，起到支承、安装汽车发动机及其各部件、总成，接受发动机的动力，保证正常行驶等作用。因此在事故中准确地对其部件定损至关重要。

(1) 变速器的定损

1) 变速器发生托底事故或碰撞事故，造成变速器壳体的损坏

因变速器壳体为球墨铸铁或镁铝合金铸造，如果损坏表现为非受力部位的裂缝，也不涉及壳体上的油道，可考虑焊接处理，同时全部解体清洗，更换修理包、机油、滤网等零部件。

变速器发生安装支架螺孔等受力部位的破裂或壳体破损较大的损失，手动变速箱可更换壳体；自动变速器如无壳体更换，可与维修站及被保险人协商，委托有变速器再制造资质的专业变速器维修单位作壳体更换修复。

如在碰撞事故中自动变速器的阀板总成遭受碰撞受损，就需更换变速器的阀板总成。阀板总成属于变速器运作要求极高的部件，一旦出现损坏，只能进行更换。如果变扭器表面变形、内部硬件损坏严重，则需要更换总成。

2) 自动变速器因水淹造成内部进水损坏

①自动变速器进水后的检查定损。

a. 车辆进水后没有继续行驶，3 天内对变速箱进行专业处理的不用解体维修。

b. 变速箱在进水后再次或持续运转，或变速箱超 3 天没处理的，需要解体维修。

c. 自动变速器进水后可造成以下状况：变速器油会部分或全部呈乳红色或乳白色；液力变矩器会将含水的机油吸入变矩器内，从而增加清洗难度及成本；变速箱因摩擦系数不足造成摩擦材料烧毁、脱落；金属零件大部分会锈蚀损坏；变速器因润滑系数不足造成行星齿轮零件烧毁；阀体及电磁阀生锈，造成滑阀卡滞，严重时导致车辆离合器或制动器系统烧毁；变速箱电脑短路或腐蚀。

②自动变速器进水检查方法。放油检查自动变速器油质；拆油底壳检查进水痕迹；检查自动变速器进气孔的进水痕迹。

③变速器控制模块的水淹处理。变速器控制模块遭受水泡时间超过 48 小时，会使电脑线路板出现腐蚀报废。因此，发现自动变速器控制模块有遭水淹的痕迹，应及时处理，防止损坏。一般是将拆卸下的控制模块外壳拆开，将模块清洁去水后浸于酒精容器中进一步除去水分(5 分钟内)；再用干燥的压缩空气或电吹风机(可调 40℃)将模块外壳及模块线路板吹干；在控制模块插脚上喷除锈剂 WD-40，或抹上医用凡士林进行防腐处理。

④水淹自动变速器的处理。

a. 自动变速箱静态进水 3 天内可发动汽车的：应及时采取机器循环换油处理，拆下油

底壳或放油螺栓放出油水，同时拆开变速箱的进出油管接头，用风枪吹出外置散热器内的油水。装好散热器油管、油底壳或放油螺栓并加注新油。接上变速箱进出散热油管与换油机，发动车辆，新油不断加入变速箱，混水油不断被循环出来（换油量在原有基础上多 1~2 倍），整个变速箱换油率达 95%以上。换完油后建议客户多进行高速行驶并定期回厂检查油质，油温长时间较高，有助于油内水气的蒸发，油质更加清洁。该办法可以将变速箱因进水潜在的故障率降到最低。

b. 进水时间 3 天内无法发动汽车的：应将变速箱拆送至专业自动变速箱再制造厂进行彻底解体清洗，更换相关变速箱修理包、滤网及油品等，此方案可最大限度减少损失。

c. 进水时间超过 3 天以上的：应将变速箱送至专业自动变速箱再制造厂进行彻底解体清洗，更换相关变速箱修理包、变扭器修理包、摩擦片修包、活塞修包、电磁阀及内置电脑元件等，此方案可防止变速箱报废。

(2)传动轴的定损

①传动轴一般均为 1.5~3.0mm 的钢板卷压后焊接制成，同时为长轴类旋转运动部件，如果发生弯曲变形或挤压溃缩，不进行钣金修复，而是作更换处理。如轴上某处有小凹陷，未产生径向偏心的，进行动平衡测试后，符合条件的继续使用。

②内球笼一般为伸缩型球笼式万向节，本身有一定的轴向移动量。有的车型内侧万向节为不带过伸限制固定件的三销架或等速万向节设计，内侧万向节带一个外花键，用卡环与变速驱动桥实现互锁。有时外花键一起被拔出，可检查三销架、滚柱等零部件是否有损伤。如无明显损伤，应将内球笼清洗后安装好，新加润滑脂并更换新的防尘套后装车试车，如无异响和明显径向间隙即可继续使用。如滚柱或筒形壳有损伤应予更换。

③定损时需注意观察内外球笼上的防尘套是否完好。如果是使用中发生的防尘套破损，则防尘套上的油迹比较陈旧，积尘比较厚；如果是刚破损，则油迹新鲜，积尘少。

④判断传动轴是否弯曲变形，可将半轴夹在车床上，用千分表抵在半轴中部测量，如半轴的径向摆动差超过 2mm，应进行冷压矫正或更换半轴。

⑤定损时应查看传动轴的损伤情况和零部件的供应情况，准确确认更换或维修的项目。一般情况下，传动轴既有总成更换，也有单个零部件或组件可供更换。定损员在查询汽车生产厂家的电子配件目录（EPC）后确定定损项目。

(3)车轮损坏的定损处理

事故中车轮常见的损坏有碎裂（铝合金的）、变形、擦伤。铝合金车轮在发生较严重的碰撞时，碎裂的情况较多，需作更换处理。

如果车轮发生轻度变形，定损时可根据车轮材质确定处理方式。如钢制车轮的韧性较大，轻度变形时可以进行冷压矫正并做动平衡检查恢复使用；铝合金车轮的延展性较差，矫正范围有限，可委托铝合金零件专业维修单位帮助做检查鉴定，如可以修复就修复，如超出修复范围则予更换。

车轮的价格与尺寸、材质、辐板的样式都有关联，故定损时应核实事故车辆出厂时的标准配置，包括材质、尺寸、辐板样式等。除了被保险人投保时有说明，并在合同中对改装部件有约定，否则应按车辆出厂时的标准配置进行车轮定损。该信息可以通过汽车生产厂家的电子配件目录输入车辆 VIN 码进行查询。

需要注意的是，有的公司采用的机动车损失保险条款中把轮胎单独损失（包括钢圈）列为责任免除范围，故在查勘时，如果遇到事故车辆的损失仅为轮胎（包括钢圈）的，就应该注意

在现场就对被保险人或当事驾驶人作询问笔录，固定证据，以免后续处理赔案时被动。

如果车轮仅有外表擦伤的痕迹，可以与被保险人、维修厂协商，将车轮送到铝合金车轮的专业维修单位修复，合理控制修理成本。如在轮辐上有较深的擦伤，则需鉴定后判断。

(4)前悬挂零件损失认定

①悬架上的拉杆、转向节、横向稳定杆等零部件一旦变形，均不得采用矫正的方式来修复，基本采用更换的方式定损。

②对承载式车身的车型来讲，四轮定位数据正确测定的前提是车身基准尺寸矫正到位。当四轮定位仪检测出车轮定位数据超出标准时，应首先核实变形的车身在事故前的变形尺寸及经过上架矫正后的车身尺寸数据。同时，在做四轮定位时应消除拉杆胶套的磨损、球头销磨损、固定螺栓的扭矩不一等因素，若此时检测四轮定位数据时，还是超出标准，应优先考虑用调整方式调整，如麦弗逊悬架的转向节与减震器支柱结合处偏心螺栓、导向拉杆的偏心固定螺栓调整。

③判断减震器是否因事故受损，可检查其是否弯曲变形、是否有新鲜的漏油痕迹等。

④电控主动悬挂由气泵、储压罐、阀块等部件组成，如碰撞受损，一般均作更换处理。需要注意这些零件的供应方式，避免小损失换大件。

⑤导向拉杆的外形为异形零件，变形与否肉眼观察不是很直观。可以采用新旧对比、好坏对比的方式来比较，方便定损。

⑥减震器、拉杆等零件的供应方式各家汽车生产厂家有所不同，有的是总成件，有的可以分解单个供应，故定损是要区分总成还是单件。

(5)后桥及悬架

①后桥及后悬架。后悬架按前悬架方法处理，后桥按副梁方法处理。

②后部地板、后纵梁及附件。后纵梁损坏时按前纵梁方法处理，其他同车身底板处理方法相似。备胎盖在严重的追尾碰撞中会破损，以更换为主。

(6)转向系损失认定

①转向横拉杆变形或折断，一般都有单件可换，应以更换单件为主。

②转向机壳体破裂，应予更换转向机。

③方向盘受到驾驶员的前压，导致变形，如果变形的程度不大，可委托专修定位冷压矫正，若变形程度较大，应考虑更换。

④转向管柱有不同的吸能保护装置，有的可以重复使用(如桑塔纳)，有的则设计成一次性使用，一旦发生吸能部位溃缩变形，就应更换转向管柱。定损时应根据车型转向管柱的设计来考虑是否需要更换转向管柱。

⑤转向机油散热管一般安装在前部散热器位置，发生正面碰撞的更换可能性较大。助力油泵一般可单换皮带盘，注意合理定损；助力油储油壶和油管如有破损，应予更换。

⑥商用车的转向机安装在车架大梁上，常见的损伤是转向轴(蜗杆轴)弯曲变形。通常情况下，商用车的转向机可单换蜗轮蜗杆等零部件，定损时应根据受损情况选装更换单个零件。

(7)制动系统损失认定

①液压制动系统的ABS机组如有损坏，按更换处理，但须查看汽车生产厂家的电子配件目录，弄清控制模块与ABS泵是否单独供货，如单独供货，应根据损失分别更换。

②制动软管、轮速传感器受损均应更换。如制动底板变形不大，可整形修复，否则应

更换。

③真空助力泵、制动总泵、制动液油壶一旦受损，均应考虑更换。

④制动盘碎裂应更换。制动片为易损件，在定损时应查看制动片是因事故损坏还是正常的磨损损耗，如果是日常使用导致制动片耗损，就不应列入定损范围。

⑤储气筒变形、铁质或铜质制动气管凹瘪应予更换。

⑥驻车制动器控制系统及操纵系统如有受损，考虑其系统构成有多个单件组件，应查询汽车生产厂家电子配件目录后予以准确定损。

6. 电气设备定损

(1)蓄电池

蓄电池的损坏多以壳体四个侧面的破裂为主，应更换。

(2)发电机

发电机常见撞击损伤为带轮、散热叶轮变形，壳体破损，转子轴弯曲变形等。带轮变形应更换。散热叶轮变形可矫正。壳体破损、转子轴弯曲以更换发电机总成为主。

(3)刮水器系统

因撞击损坏的刮水器片、刮水器臂、刮水器电动机等主要以更换为主。而固定支架、联动杆等，中度以下的变形损伤以整形修复为主，严重变形需更换。刮水器喷水壶只在较严重的碰撞中才会损坏，损坏后以更换为主。刮水器喷水电动机、喷水管和喷水嘴被撞坏的情况较少，若撞坏则以更换为主。

(4)冷凝器及制冷系统

空调冷凝器采用铝合金制成，中低档车的冷凝器一般价格较低，中度以上损伤一般更换；高档车的冷凝器价格较贵，中度以下损伤常可采用亚弧焊修复。因碰撞变形的储液罐以更换为主。如果系统在碰撞中以开口状态暴露于潮湿的空气中时间较长，则应更换干燥器，否则会造成空调系统工作时的“冰堵”。压缩机因碰撞造成的损壳体破裂一般更换壳体，带轮、离合器变形一般也更换。空调管为铝管的，价格较低的空调管折弯、断裂时一般更换；价格较高的空调管折弯、断裂时一般采取根去折弯、断裂处，再接一节用氩弧焊接方法修复。空调管为胶管的，破损后一般更换。

空调蒸发箱大多由热塑性塑料制成，局部破损可用塑料焊修复，严重破损一般需更换，决定更换时一定要考虑有无壳体单独更换。蒸发器换与修基本同冷凝器。膨胀阀因碰撞损坏的可能性极小。

(5)电气设备保护装置

有些电器件在遭受碰撞后，外观虽无损伤，却显示“坏了”，其实这有可能是假象。

如果电路过载或短路就会出现大电流，导致导线发热、绝缘损伤，有可能酿成火灾。因此，电路中必须设置保护装置。熔断器、熔丝链、大限流熔断器和断路器都是过电流保护装置，它们可单独使用，也可配合使用。碰撞会造成系统过载，相关保护装置会因过载而工作。出现断路，导致相关电器装置无法工作。此时只需更换相关的熔断器、熔丝链、大限流熔断器和断路器等，无须更换相连的电器件。

7. 汽车维修工时定额标准

在车辆定损中，事故车辆的维修工时费用一般占总定损金额的30%~50%，且随着我国经济的快速发展，人力成本上涨，工时金额在定损总金额中占比还将不断上升。因此合理确定车辆维修工时费用成为衡量车辆定损员技术水平的标准之一。

在实际定损工作中，车辆碰撞部位的变形和损坏程度千差万别，要做到对事故车辆定损估价准确、合理，就要求查勘定损人员不但要精通汽车结构和维修技术，还要具有丰富的定损实践经验，了解事故车辆修复的整个工艺过程，掌握汽车零件的检验技术及修复方法，同时熟悉维修工时定额及单价，掌握工时成本的组成，并合理确定。

近年来，随着信息技术的飞速发展，各家保险公司均开发、应用了车辆理赔系统。理赔系统中标准化的配件、工时信息极大帮助了定损员开展定损工作。其中，在保险事故车辆修复工时费用的确定方面，各家保险公司大多是按作业类型分类确定工时费用，它所涉及的作业类型主要包括钣金修复、喷漆、拆装、机电维修等。其中，钣金修复、拆装、喷漆费用占总定损工时费用的比例往往超过80%，因此在事故车辆定损过程中对钣金修复、更换、喷漆等工时费用的确定十分重要。

(1)事故车辆维修作业项目的确定

1)确定拆装项目

有些零部件或总成本身并没有损伤，但由于其结构的原因，维修人员在更换、修复、检验其他部件时，需要拆下该零部件或总成，并在完成相关作业后再重新装回。因此拆装项目的确定需要定损员熟悉汽车结构和修理工艺，对于部分车型拆装项目确定有疑问时，可查阅汽车维修手册和零部件目录。

2)确定更换项目

①结构上无法修复的零部件。某些结构件，由于所用原材料的因素，发生碰撞后，造成破损无法维修，只能更换。例如，汽车灯具的严重损毁和汽车玻璃的破碎等脆性材料的结构件大都无法修复。

②工艺上不可修复后再使用的零部件。某些结构件，由于工艺设计具有不可修复后再使用的特点，因此这些零部件一旦被损坏或开启就无法再用，例如胶贴的风窗玻璃饰条、胶贴的门饰条、翼子板饰条等。

③安全上不允许修理的零部件。出于安全考虑，汽车上的某些零部件一旦发生故障或造成损坏，就不允许修复后再用。如：行驶系统的车桥、悬架；转向系统的所有零部件，如转向横拉杆的弯曲变形等；制动系统的所有零部件；安全气囊的传感器。

④无修复价值的零件。出于经济学角度考虑，存在着一些基本没有修复价值的零部件，即修复价值接近或超过原价值的零部件。

3)确定待查项目

在具体事故车辆定损实践中，经常会遇到事故发生后从车上拆下来的零件，用肉眼和经验一时无法判断是否受损、是否达到需要更换的程度，甚至在车辆未修复前，个别单独的零件用仪器都无法检测，因此这些零件在定损中常被列为“待查项目”，例如转向节、悬架臂和副梁等。但是这些“待查项目”在完成车辆修理作业后，大部分变成了更换项目。因此需要减少“待查项目”，可通过认真检验车上可能受损零部件、对相关部件做记号、全程参与“待查项目”的调试与确定等工作，最大限度减少“待查项目”带来的道德风险。

4)确定修理项目

根据机动车保险条款和汽车损失评估实践，受损的汽车零部件修理以修复为主。因此只要是在工艺、安全上允许的且具有修复价值的零部件应尽量以修复为主，而不更换。

(2)汽车维修工时费的确定

事故车辆的维修费用，主要由零部件价格和工时费组成。对于不同地区的同一款车，虽然因各地采用的维修方法不同，工时标准可能略有差异，但总体差异不大；差异较大的是各地的工时费标准。

1)更换、拆装工时

在事故车辆的修理中，通常将更换、拆装作为同类工时处理。确定汽车碰撞损失的更换、拆装项目工时标准时，可先查阅汽车生产厂家的工时定额，再根据当地的工时单价计算相应的工时费。如果无法查到汽车生产厂家的工时定额，可以查阅汽车维修主管部门制定的工时定额标准。部分进口原装乘用车可查阅《Mitchell 碰撞估价指南》来确定各项目换件和拆装所需工时。

2)修理零件工时费

零件修理工时与更换工时的确定非常复杂，主要原因有以下几点：

①零件价格差异的影响。通常来说，零件价格决定着零件修理工时的上限。同样一个名称的零件，在不同品牌、车型的汽车上相差巨大，从而带来工时差距。

②修理工艺差异的影响。修理工艺不同，导致汽车修理工时产生巨大差异。例如汽车碰撞后导致车门轻微凹陷，如果修理厂无拉拔设备，车门矫正须先拆下车门内饰板，而采用拉拔设备则没有拆卸内饰板作业量，此时会带来矫正工时的差异。

③地域差异的影响。同样一个零件在不同地域存在价格差别，同时维修工人技术水平不同，对于零件修与不修也带来工时差别，这就造成了零件修理工时定额的制定相当困难。定损员应当根据自己的理论知识和实践经验，结合评估基准点的实际情况与当地的汽车维修工时定额与收费标准来较准确合理地确定修理工时。

3)辅助工时费的确定

在事故车辆的修理作业中，除了包括更换零部件工时、拆装工时、修理工时，还包括辅助作业工时(如诊断、放置、除锈、调整、检查等)，虽然每项工时都不大，但对于较大的碰撞事故，各作业项累计后的工时通常是不能忽视的。同时也要注意在将各类工时累加时，若各损失项目在修理中有重叠作业，必须将劳动时间适度核减。

4)单位工时费

各地规定的单位工时费不尽相同，有的地区统一规定了单位工时费标准，有的地区则采用“企业自报，主管部门批准，公示收费标准，允许实际下浮”的方法。但是，无论采用什么方法，汽车维修企业面对保险公司时，一般都可以进行价格谈判。

5)几种重要修复方式工时费确定方法

①钣金修复。车辆发生碰撞(倾覆)后，车身部分可能产生变形，钣金修复主要是对事故车辆车身部分损坏的修复。因碰撞(倾覆)后车体变形具有不确定性，修复难易程度及修复工作量千差万别。目前，通常的做法是按其变形损坏面积和修复的难易程度分为轻度损坏、中度损坏和重度损坏三种情况。在损坏程度划分方面一般可掌握以下原则：

a. 轻微损坏：一般情况下，车辆部件受损面积在 15%以下，有弯曲、凹陷变形，且无锐角折曲变形。车身受力部位钣金件有轻度裂痕，骨架一般不需矫正，变形部位的凹陷程度一般在 4cm 以下。

b. 中度损坏：受损车辆部件面积占整车面积的 15%~45%；有明显的弯曲、凹陷、破裂变形，部分骨架变形需矫正，变形部位的凹陷程度一般在 6cm 以下。

c. 重度损坏：碰撞或倾覆受损面积占整车面积的 45%以上，弯曲、凹陷、破裂变形严重、骨架严重变形并伴有明显弯折死角，变形部位的凹陷程度一般在 6cm 以上。

在确定车体部分钣金工时费用时，除考虑损坏程度划分外，还要综合考虑事故车辆的类型、作业的部位、维修难度等，并参照当地工时标准确定修复工时费用。

②更换拆装。事故车辆修理中更换项目与拆装项目的工时绝大多数相似，有时甚至是相同的，因此通常将更换与拆装作为同一工时处理。确定汽车碰撞损失的更换、拆装项目工时标准时，可以先查阅汽车生产厂家有无相应的工时定额，也可根据当地的工时定额或与修理厂的维修协议等计算相应的工时费。

③喷漆工时。油漆工时费一般包括漆料和其他辅料的价格，也包括辅助作业在内的各项操作项目的价格，如调漆、喷漆区域周边的防护作业、实施喷漆、烘烤等。调漆、试喷等准备作业工作量与喷漆面积并非成正比，且汽车修理喷漆收费的标准全国各地也不尽相同，有按平方米计费的，有按件计费的，但在日常定损过程中均有按大面积喷漆工时费用折扣的方式开展定损的要求。一般可参考以下计算方式：

a. 按件计价。单件作业按标准价格计算，2 件按标准价格的 95%计算，3 件按标准价格的 90%计算，3~5 件按标准价格的 80%计算，5 件以上按全车喷漆价格除以 13(单指 5 件以上件数)进行计算。例如：单件作业标准价格为 A 元，整车喷漆价格为 B 元，4~5 件数定义为 C 件，6 件及以上件数定义为 D 件，按件计算喷漆工时价格标准见表 6-1 所示。

表 6-1 按件计算喷漆工时价格标准

喷漆件数	1 件	2 件	3 件	4~5 件	6 件及以上
喷漆工时费	A	A×2×0. 95	A×3×0. 9	A×C×0. 8	B÷13×D

b. 按喷漆面积计价。在具体计价时，不足 $1m^2$ 按 $1m^2$ 计价，第 $2m^2$ 按 $0.95m^2$ 计算，第 $3m^2$ 按 $0.9m^2$ 计算，第 $4m^2$ 按 $0.85m^2$ 计算，第 $5m^2$ 按 $0.8m^2$ 计算，第 $6m^2$ 按 $0.7m^2$ 计算，第 $7m^2$ 按 $0.6m^2$ 计算，第 $8m^2$ 以上每平方米按 $0.5m^2$ 计算。例如某车需喷漆约 $10m^2$，计算结果为：

$$喷漆面积=1+0.95+0.9+0.85+0.8+0.7+0.6+0.5+0.5+0.5=7.3(m^2)$$

在实际工作中，保险公司与修理厂往往会对全车喷漆价格进行约定。事故车辆如需大面积喷漆，其核定的喷漆价格应不超过双方协议的全车喷漆价格。

6.2.2 汽车火灾事故定损

1. 汽车火灾的含义及类型

汽车火灾是指汽车本身以外的火源引起的、在时间或空间上失去控制的燃烧(即有热、有光、有火焰的剧烈的氧化反应)所造成的灾害。

汽车火灾类型按照起火原因可以分为自燃、引燃、碰撞起火、雷击和爆炸五种类型。

(1)自燃

自燃是指在没有外界火源的情况下，由本车电器、线路、供油、机械系统等车辆自身故障或所载货物起火引起燃烧。汽车自燃的可能原因有以下几种：

1)供油系统

严重的汽车自燃一般都是燃油系统出现问题，燃油泄漏是引发汽车自燃最主要的因素。漏油点大多集中在管件接头处、油管与车身易摩擦处、油管固定部位与非固定部位的接合处等薄弱地方。当泄露的燃油遇到点火系产生的高压电火花、蓄电池外部短路时产生的高温电弧、排气管排出的高温废气或喷出的积炭火星等，就会造成火灾。

2)电器系统

①高压漏电。发动机工作时，点火线圈自身温度很高，有可能使高压线绝缘老化、龟裂，导致高压漏电。另外，高压线脱落引起跳火也是高压漏电的一种常见形式。高压漏电是对准某一特定部件持续进行的，必然引发漏电处的温度升高，遭遇油泥等可燃物就会引发火灾。

②低压短路。低压线路老化、过载或磨损搭铁漏电也会引发汽车自燃事故。由于搭铁处会产生大量的热能，如果与易燃物接触，就会起火。

如加装高档音响、增加通信设备、加装电动门窗、添加空调等私自改装导致个别线路用电负荷加大，未对整车线路布置进行分析及功率复核，也会引起火灾。

③接触电阻过大。电路接点不牢或触点式开关接触电阻过大等，会使局部电阻加大，长时间大电流通电发热引起可燃材料起火。蓄电池火线与起动机的连接螺钉松动极易发生发动机火灾。

④点火顺序错乱。点火提前角过早过晚或者点火顺序错乱会造成汽车加速无力，如急剧加油则会出现回火、放炮现象，有时会造成汽车火灾。

⑤加大熔丝容量。在汽车电路维修中，随意加大熔丝容量，如用铜线代替熔丝，由于熔丝无法断开，电路短路引发火灾。

3)机械系统

汽车的相关部件因汽车超载而处于过度疲劳和过热状态，一旦超过疲劳极限，就有可能发生自燃。例如制动系统工作时，制动蹄片上的摩擦片与制动鼓或制动盘之间的摩擦产生大量热量，如果汽车超载行驶，频繁的制动会使产生的热量更多，聚集的热量就会将黄甘油或制动油点燃。另外，长时间高强度的制动，也会造成制动鼓过热，制动鼓随之又将热量传导到附近可燃物(轮胎)，增加了自燃的可能性。

4)其他

排气管上的三元催化转化器温度很高，且安装位置较低，如果车停在秸秆等易燃物附近，可能会引燃可燃物。

如果驾驶人夏季将汽车长时间地停放在太阳下曝晒，车内习惯性放置在前挡风玻璃下的一次性打火机、香水等晒爆后就会引燃车内的饰品。

(2)引燃

引燃是指汽车被其自身以外的火源引发的燃烧。建筑物起火引燃、周边可燃物起火引燃、其他车辆起火引燃、被人为纵火烧毁等，都属于汽车被引燃的范畴。

(3)碰撞起火

当汽车发生追尾或迎面撞击时，由于基本不具备起火的条件，一般情况下不会起火。只有当撞击后易燃物(如汽油)泄漏且与火源接触时，才会导致起火。如果一辆发动机前置的汽车发生了较为严重的正面碰撞，散热器的后移有可能使油管破裂，由于此时发动机尚处于运转状态，一旦高压线因脱落或漏电引起跳火，发生火灾的可能性就很大。

当汽车因碰撞或其他原因导致翻滚倾覆时，极易发生油箱泄漏事件，一旦遇上电火花或摩擦产生的火花，就会引起火灾和爆炸。

(4)雷击

在雷雨天气里，露天停放的汽车有可能遭遇雷击。由于雷击的电压非常高，放电时的电流非常大，完全可以在流动着雨水的车体与地面之间构成回路，从而将汽车上的某些电

气设备击穿(如车用电脑)，严重者可能会引起汽车起火。

(5)爆炸

车内违规搭载的爆炸物品(如雷管、炸药、鞭炮)极易引发爆炸及火灾。

2. 车辆火灾事故定损

根据车辆燃烧的具体程度，车辆火灾事故的损失分为部分损失和全部损失。根据车辆主要着火位置，着重分析车厢内、油箱、发动机舱、车辆轮胎等重点部位的损失。

(1)损失程度判定

1)部分损失。

①汽车起火燃烧及时扑灭损失确定。如果汽车的起火燃烧被及时扑灭，损失范围只局限在过火部分的车体油漆、相关的导线及非金属管路、过火部分的汽车内饰等。针对上述损失参照相关部件的价格，并考虑相应的工时费，即可确定损失金额。

②汽车燃烧中途扑灭损失确定。如果汽车的起火燃烧持续了一段时间之后被扑灭，虽未对整车造成毁灭性的破坏，但也可能造成比较严重的损失。此时车身的外壳、汽车轮胎、导线线束、管路、汽车内饰、仪器仪表、塑料制品、外露件的美化装饰等可能都会损毁，定损时要考虑更换相关零件的价格、工时费用。

如果汽车起火燃烧程度严重，车身的外壳、汽车轮胎、导线线束、相关管路、汽车内饰、仪器仪表、塑料制品、外露件的美化装饰等被完全烧毁。部分零部件，如控制电脑、传感器、铝合金铸造件等被烧化，失去任何使用价值，甚至一些铸铁、铝合金材料，如发动机、变速器、离合器、车架、悬架、车轮轮毂、前桥、后桥等，在长时间的高温烘烤作用下，会因金属件退火、应力变化而失去应有的机械特性，无法继续使用。针对上述损失情况，根据查勘结果和实际情况，更换相关损坏零配件。

2)全部损失

车辆发生大面积燃烧，车辆全部过火，且所有能燃烧的零部件基本烧成灰烬，部分金属部件高温变形、熔化，车辆已无修复价值，此时以车辆全损根据条款约定与客户协商赔付方案。

(2)重点损失部位确认

车辆发生火灾主要燃烧的部位一般有驾驶室(燃物多)、发动机部位(线路和油路多、高温)、轮胎部位、油箱部位等。

1)驾驶室

驾驶室一般因易燃液体(如汽油、香蕉水、火机等)或驾驶台等部位线路老化起火。着火后驾驶室燃烧程度较均匀，内部可燃物基本全部炭化，高温后车体变色、变形严重。易燃液体被点燃后起燃方式为爆燃，造成车上玻璃大面积脱落或破碎，玻璃内侧附有大量烟尘，车门严重变形，甚至出现较大裂缝，状态均匀，有的驾驶舱位地面局部烧损严重，座位部位烧损严重，局部弹簧烧损严重且失去弹力。不同的着火原因，被烧车辆在细节有明显的差别。若因易燃液体导致，火灾后从玻璃内附烟尘、驾驶室地面残留物内，可提取出液体，通过相应检测设备确定其成分。

若驾驶室线路老化燃烧，车厢内可燃物燃烧缓慢，表现为挡风玻璃被慢火烧熔变形。若抢救及时，会发现车内多为局部燃烧且燃烧痕迹明显。

2)发动机部位

火灾从机舱内蓄电池、空气滤清器、缸体部位、配电盒等易燃部位燃烧，通常情况下燃烧程度仅限于局部，燃烧不完全或仅烧一部分。但有时由于风力、风向、燃烧时间、抢救措施不力等因素，汽车燃烧严重且造成除可燃物被烧损外，部分金属附件表面由于高温留有火烧痕迹或熔化现象。

3)轮胎部位

车辆长时间在山路、连续下行弯道等处行驶时，有可能因为摩擦生热或制动片部分过热导致轮胎局部受热炭化，引发局部着火，载重货车更甚。一般情况不会出现轮胎全部烧毁或烧蚀甚至将金属轮毂烧熔的情况，大多数为局部燃烧，出现一面重一面轻的过火特征。若无其他部位燃烧，此时只需更换轮胎，检修轮毂、轮辋等即可。

4)油箱部位

乘用车油箱多位于后座椅之下，大货车油箱在车身左右两侧。汽车输油管路一般具有弹性但容易老化，一经猛烈撞击容易损毁、爆裂漏出燃油；油箱也可能因老化而出现慢渗漏，裂痕在意外撞击时加深，若此时燃油接触到排气管、三元催化器、刹车盘等高热部件等容易酿成火灾。此时，油箱有可能因高温而引发内部压力加大，自油箱口有喷射式火焰喷出，油箱甚至会因火烧高温、内部急剧膨胀发生爆炸，将油箱盖炸飞。另外，较高级车辆多采用特殊塑料油箱，一旦遇高温即熔化，燃油外泄，局部表现为较严重的过火特征。

以上四个主要着火点的部位，在确定损失时，要根据实际情况，逐一登记损失部位和损失零部件，对已经变形的非金属配件要考虑更换。

6.2.3 汽车水淹事故定损

1. 水淹车事故损坏形式

水淹车事故损失根据水淹的形式可以分为静态水淹车损事故和动态水淹车损事故。

(1)静态水淹车损事故

静态水淹车损事故是指车辆在停放时被暴雨或洪水侵入甚至淹没，即车辆始终未起动情况下的水淹状态。比较常见的静态水淹车损事故一般由特大暴雨和洪灾导致停放车辆被淹。该事故的特点是发动机未起动，发动机内部损失较小。

静态条件下，如车内浸水，会造成内饰、电器、空滤器、排气管等部位受损。因水淹高度的不同，发动机气缸内也可能会进水，及时排水、清洗一般不会造成发动机内部损坏；电喷发动机车辆也可能因短路造成无法点火，如强行起动发动机，极有可能导致严重损坏甚至报废。

(2)动态水淹车损事故

动态水淹车损事故是车辆在行驶时发动机气缸因吸入水而熄火，或在强行涉水未果、发动机熄火后被水淹没。车辆在动态条件下进水，除了会造成静态进水遇到的损失，还会由于发动机仍在运转，吸入的水无法压缩，导致连杆和曲轴弯曲、断裂，甚至造成缸体损坏。

2. 影响水淹事故损失的因素

水淹车的损失受车辆水质、水淹时间、水淹高度和汽车配置等多种因素影响。

(1)水质

水质是确定汽车损失程度的重要参数。水分为淡水和海水。淡水多为雨水或泥水，对车辆损伤相对小一些；由城市下水道倒灌形成的浊水含有油、酸性物质与其他异物，对车辆损伤各不相同。城市污水、海水含有碱性物质，对车辆损伤影响较大。在进行损伤评估时应结合现场查勘的情况，确定水淹区域的水质，这对损失确定具有一定的参考价值。

(2)水淹时间

水淹时间是评价水淹损失程度的重要参数，水淹时间长短对车辆损失的影响很大。在进行现场查勘时，首先要确定水淹时间。水淹时间一般以小时为单位计量，分为6级，每一级所对应的损失程度差异较大，在具体的损失评估时要进行定性和定量分析，见表6-2。

表6-2 水淹时间分类

水淹级别	水淹时间/h	水淹级别	水淹时间/h
1	$t \leq 1h$	4	$12h < t \leq 24h$
2	$1h < t \leq 4h$	5	$24h < t \leq 48h$
3	$4h < t \leq 12h$	6	$t > 48h$

(3)水淹高度

不同的水淹高度对车辆造成的损失差异巨大。水淹高度通常以汽车上某个重要的具体位置为参数。一般可将水淹高度分为6级，见表6-3。

表6-3 不同水淹高度可能造成的损失

水淹高度	特征	可能造成的损失	损失率
1级	水淹高度在制动盘和制动毂下沿以上、车身地板以下，乘员舱未进水	制动盘和制动毂的损坏形式主要是生锈，生锈的程度主要取决于水淹时间的长短及水质。通常情况下，无论制动盘和制动毂的生锈程度如何，所采取的补救措施主要是四轮的保养	约0.1%
2级	水淹高度在车身地板以上，乘员舱进水，而水面在驾驶人座椅垫以下	四轮轴承进水；全车悬架下部连接处因进水而生锈；配有ABS的汽车轮速传感器磁通量传感失准；地板进水后，如果车身地板防腐层和油漆层本身有损伤就会造成锈蚀	0.50%~2.5%
3级	乘员舱进水，水淹高度在驾驶人座椅垫面以上、仪表工作台以下	座椅、部分内饰潮湿和污染；真皮座椅、真皮内饰损伤严重；若水淹时间超过24h还会造成桃木内饰板分层开裂；车门电动机进水；变速器、主减速器及差速器可能进水，部分控制模块、起动机、中高档车行李舱中CD换片机、音响被水淹	1.5%~5.0%
4级	乘员舱进水，水淹高度在仪表工作台中部	发动机进水；仪表板中部音响控制设备、CD机、空调控制面板受损；蓄电池放电、进水；大部分座椅及内饰被水淹；音响的喇叭全损；各种继电器、熔丝盒可能进水；所有控制模块被水淹	3.0%~15.0%
5级	乘员舱进水，水淹高度在仪表工作台面以上、顶篷以下	全部电器装置被水泡；发动机严重进水；离合器、变速器、后桥也可能进水；绝大部分内饰被泡；车架大部分被泡	10.0%~30.0%
6级	水淹高度超过车顶，汽车被淹没顶部	汽车所有零部件都受到损失	25.0%~60.0%

(4)汽车配置

对汽车的水淹事故定损时，要对被淹汽车的配置进行认真详细的记录，特别注意电子器件，如 ABS、ASR、SRS、AT、CVT、CCS、CD、GPS 和 TEMS 等。对水灾可能造成的受损部件，一定要做到心中有数。另外，要对真皮座椅、高档音响、车载 DVD 和影视设备等配置是否为原车配置进行确认，如果不是原车配置，应核实车主是否投保了“新增设备险”。区分受损配置是否属于“保险标的”，造成理赔结果悬殊。

3. 水淹车辆损失确定要点

由于水质及水淹时间对车辆影响大，因此对水淹车的处理时效性要求高。处理水淹事故时要做到快速清洗、快速干燥、快速诊断、快速定损、快速修理。受损车辆进厂后，定损员应督促修理厂尽快拆检，根据水淹高度对有可能损失的部件进行拆检，不能让车辆处于停厂待修状态。

(1)迅速拆检电器元件

电器元件主要包括电脑板及电控元件、密封性不可拆卸的电气元器件、可拆解的电机、线束及插头、汽车照明装置、音响及其他电器元件等。电器元件一般修复工艺为：清洗外表面—擦干(吹干)—无水酒精擦拭—干燥—检测线路。要根据水淹高度确定可能损失的电器部件，进行分类拆检，确定损失程度，最后确定是否更换配件。

1)电脑板及电控元件

电脑板一般在壳体内部，难以进水，其主要受损特征是污渍和受潮。外层污渍清洗后，应拆卸外盖，高压空气风吹干线路板水渍，防止印刷电路发生氧化腐蚀。电脑板用无水酒精来擦拭，然后晾干或用风扇吹干，否则电脑板上的元件可能会锈蚀，影响使用。经过如此处理，很多电器是没有问题的。经检查确认进水，但没有出现氧化、腐蚀和发霉现象，并且做过清洗、烘干、防腐防锈处理(无短路、腐蚀、烧蚀痕迹)的各类电脑板、控制模块要进行装车测试。测试时不能工作或工作情况不正常的部件需使用电脑故障检测仪检测故障码，并对故障码进行清除，故障码清除不了或清除后继续出现故障的需进一步检查确定损失情况。

如进水致使集成线路板出现毛病，或因浸泡时间较长，拆检后发现电脑板有氧化、生锈、发霉等现象的需要更换。

2)密封性不可拆卸的电气元器件

密封性不可拆卸的电气元器件，如雨刷电机、喷水电机、玻璃升降电机、后视镜电机、鼓风机电机、隐藏式大灯电机等，一旦进水并经鉴定损坏，做更换处理。

3)可拆解的电机

车辆上各类电机进水后，需对可拆解的电机采取拆解—清洗—烘干—润滑—装配的流程进行处理，如起动机、压缩机、发电机、步进电机、风扇电机、座位调节电机、门锁电机、ABS 电机、油泵电机等。

4)线束及插头

线束本身一般不会有问题。线束插头分为普通镀铜插头和镀银插头等多种材质，轻微的氧化可使用无水酒精、专用清洗剂(WD-40 等)清洗、刷子刷，再用高压空气风吹干，并进行防腐处理。因浸泡时间过长，锈蚀较严重的可考虑更换。

5)安全气囊

可采用风干方式处理，一般不会有损失。在对气囊进行风干、电脑板和显示灯恢复后，车辆能自行检测气囊是否恢复正常。气囊损失鉴定可放在最后试车阶段。

6)汽车照明装置

灯具进水后，如果仅仅是灯壳内壁附着水，通过清洗、吹干处理后，能将灯壳内壁的水清理干净，可不予更换。灯罩内壁、反光罩等确实无法清洗干净，可考虑更换。

标准封闭式、卤钨封闭式灯具进水后，灯芯部分一般无影响，插接点会出现锈蚀，可采用清洁方式处理；半封闭式、无封闭式灯具进水后内部会产生污渍，插接点出现锈蚀后，一般需要更换。

(2)拆检、清洁内饰及座椅

内饰件要及时清洗、通风晾干，也可以放在烤房里烘干，但要防止太阳直接照射导致内饰件老化，皮质颜色变淡。

①用纱布或柔软的抹布以含有3%中性洗涤剂的水溶液浸湿后轻轻擦洗塑料、乙烯树脂、皮革、纤维织物和毛织物等零部件，并用清水把洗涤剂擦拭干净。

②针对车内装饰件，用地毯洗涤剂清洗地毯，烘干。用不褪色的干净纱布和除斑剂轻轻擦磨油迹。用真空吸尘器或刷子清洁座椅；用3%~5%中性洗涤剂的水溶液清洗棉织物和皮革制品并及时风干。

③不可使用汽油、清漆稀释剂、四氯化碳、石脑油、松节油、涂料稀释剂、挥发油、指甲膏清洗剂、丙酮等来清洗汽车。

④被水浸泡过的车辆，如没彻底烘干，易霉变，气味会非常难闻。烘干时，特别要注意细节部位，如座椅内部、隔音层等。因此，不仅要对内饰进行检查清洗，还要进行全面消毒，以免滋生细菌。

评估以上损失，要考虑相应的拆解、清洗费用，包括清洁剂和消毒剂的费用。

(3)拆检机械部件

1)发动机

打开空气滤清器壳检查滤芯是否进水，如进水需拍摄滤芯及空气格底座内的水渍，滤芯进水表明可能水已进入燃烧室，若是静态进水，评估时要考虑清洗费和机油费用；未进水也需拍摄空滤壳内的情况，防止追加配件及机油等辅料，造成无据可查。

①判断发动机是否进水。

a. 可通过检查机油尺上润滑油的颜色、液面高度和附着物。

b. 打开油底壳或缸盖查看机油是否有异常。

c. 使用辅助工具(工业内窥镜)进行观察，查看曲柄连杆机构、缸壁等是否有锈蚀痕迹，确认气缸内是否进水。

d. 检查火花塞是否有水渍来确定是否进水。

②评估发动机损失时的注意事项。若确认发动机已经进水，则要将发动机进行分解。在评估发动机损失时要注意：若车辆是静态进水，一般机体组织(包括缸体、缸盖、缸套、油底壳等)、活塞连杆组(包括活塞、活塞环、连杆等)、气门组(包括气门、气门导管、气门座)及气门传动组等机械件和起动系统不会有大的损失，定损时考虑清洗、拆检即可；汽油发动机的燃油供给系、冷却系等只需进行除锈去污处理；汽油喷射系统的电子器件因

受潮使绝缘功能降低，容易发生短路，需进行烘干；水灾中点火系各电器相关元件绝缘电阻下降、漏电或短路，容易导致点火系失效，评估时要认真检查，确定损失。

2）变速器

首先应判定变速器是否进水。放出变速箱油查看其颜色，红色为正常，黑色属磨损造成（非保险责任），白色浑浊说明进水。

变速器内有齿轮油，进水后一般难以锈蚀，大多数情况会污染油液，需要进行分解、清洗、添加油液、装配等工序。但自动变速器的电子部分会受损，定损时需要对此部分电子器件进行清洗检查，损坏就需要更换。

3）传动、制动系统

传动、制动系统因有油液，一般结构件不容易锈蚀或损坏，浸水后只需拆装、清洗、更换油液、保养即可。水位超过制动油泵的车辆，需更换制动液。

4）外观部件和悬挂部件

悬挂连接位置的泥沙和污物需清洗并重新润滑。轴承方面容易生锈的部位需优先处理，对所有轴承进行必要的保养处理。同时要对排气管进行检查，以免进水后水中的杂质堵塞三元催化器和损坏氧传感器。

4. 水淹车事故涉及定损项目及损失估算方法

由于水淹车辆维修具有特殊性，定损采取“快拆快定”方式，每项更换配件须由理赔人员逐项签字认可，以减少损失，尤其大面积水淹事故发生时，定损员每天要处理比平时多几倍的车辆，在出具正式定损单之前，对评估出的损失还要加强定损复核工作。

（1）水淹车辆可能涉及的定损项目

水淹车辆可能涉及的定损项目包括：更换配件费用；拆解、清洗费用；油料及辅料费用（不包括美容费用）；重新装配费用。

水淹车辆的损坏配件建议回收处理，更换的电器、灯具、电动座椅、音响等元件，须在第一次看车时就贴好标签，定损完毕后回收登记。

（2）水淹车事故评估工作的复核和事后追偿

1）换件项目的准确合理性

剔除应予修复的换件项目（修复费用超过更换费用的除外）；剔除非本次事故的换件项目；剔除历史信息中已经定损更换但修理时未更换的重复索赔损失项目；剔除可更换零部件的总成件；根据市场零部件的供应状况，对于能更换零配件的，不更换部件；能更换部件的，不更换总成件；剔除保险车辆标准配置外新增加设备的换件项目（有附加险的除外）；剔除保险责任免除部分的换件项目，如一些保险条款约定发动机进水后导致的发动机损坏；剔除超标准用量的油料、辅料、防冻液、冷媒（制冷剂）等。

2）维修项目和维修工时的准确合理性

应严格区分事故损失和非事故损失的界限，剔除非本次事故产生的修理项目；应正确掌握维修工艺流程，剔除不必要的维修、拆装项目；对照事故车辆照片及修理件的数量、损坏程度，剔除超额工时部分；工时费单价的审核应以当地修理行业的平均价格为基础，并适当考虑修理厂的资质，剔除超额单价部分。

3）做好追偿与旧件回收工作

对于涉及需要向第三方追偿的事故，应注意收集相关停车证据和收费证据。对损失重

大的水淹事故车辆，应组织人员检验收回旧件，对修理后的车辆及时进行验车，减少企业损失。

(3)水淹事故损失估算法

一般来说，单个水淹事故车辆的定损、施救、拆装、清洗、晾晒、维修都比较容易，而暴雨和洪水往往造成大面积水灾，其涉及损失车辆数量众多，短期大量集中定损的需求与定损员相对较少的矛盾突出，定损过程中难以掌握质量与速度的平衡。保险公司结合历史定损处理经验和定损数据，参考损失等级估算的方法，检验定损结果的适合性，并快速定损。

1)损失等级估算法

损失等级估算法可大体估算出车辆的损失情况，但不能用作精准的车辆定损。该方法适合大面积快速处理的情况，但需要提前测算出不同品牌和不同新车购置价车辆之间的区别，设置不同的车型系数。

损失等级估算法具体步骤：依据水淹高度和水淹时间，估计损失等级，综合考虑车型系数，再根据损失等级对应的损失率与事故发生时的新车购置价的乘积，评估定损结果。损失等级的确定主要以水淹高度为主、水淹时间为辅。

因为水淹车辆维修工作的时效性很强，所以损失等级估算法是应对大面积水灾，迅速处理水淹车辆，快速服务客户，承担社会责任的较好方法。

2)协商处理法

对于非大面积水淹事故车辆，可以不采用损失等级估算法，与客户协商采取更灵活的快速处理方式进行定损。一般情况包括：一是水淹车辆无法施救；二是水淹车辆的施救费用达到或超过保险事故发生时车辆的实际价值；三是水淹车辆修理费用达到或超过保险事故发生时车辆的实际价值；四是水淹车辆修理费用与施救费用之和达到或者超过保险事故发生时车辆的实际价值；五是水淹至仪表台以上的车辆；六是没顶车辆。

6.2.4　汽车盗抢事故定损

根据2020年9月19日实施的《关于实施车险综合改革的指导意见》，机动车损失保险在原来保险责任基础上，增加机动车全车盗抢、玻璃单独破碎、自燃、发动机涉水、不计免赔率、指定修理厂、无法找到第三方特约七个方面的保险责任。因此汽车在投保机动车损失保险后，因全车被盗窃、抢劫、抢夺造成的车辆损失，在被盗窃、抢劫、抢夺期间受到损坏或车上零部件、附属设备丢失需要修复的合理费用，以及车辆被盗窃、抢劫、抢夺造成的合理费用支出，保险公司在保险金额内负责赔偿。

1. 全车损失

被保险机动车被盗窃、抢劫、抢夺后，经出险地县级以上公安刑侦部门立案证明，满60天未查明下落的全车损失，以及因被盗窃、抢劫、抢夺受到损坏造成的直接损失，且不属于免除保险人责任的范围，保险人依照保险合同的约定负责赔偿。

$$\text{赔款} = \text{保险金额} - \text{绝对免赔额}$$

在保险金额内计算赔偿，但不得超过保险事故发生时被保险机动车的实际价值。

投保时被保险机动车的实际价值由投保人与保险人根据投保时的新车购置价减去折旧金额后的价格协商确定或其他市场公允价值协商确定。

折旧金额可根据保险合同列明的参考折旧系数表确定。

保险事故发生时的新车购置价根据保险事故发生时保险合同签订地同类型新车的市场销售价格(含车辆购置税)确定，无同类型新车市场销售价格的，由被保险人与保险人协商确定。

折旧金额=保险事故发生时的新车购置价×被保险机动车已使用月数×月折旧率

2. 部分损失

被保险机动车全车被盗窃、抢劫、抢夺后被找回的，在保险金额内按实际修复费用计算赔偿，但不得超过保险事故发生时被保险机动车的实际价值。

赔款=实际修复费用-绝对免赔额

6.2.5 新能源汽车事故定损

新能源汽车是指主要采用非常规车载燃料作为动力来源，综合车辆的动力输出和驱动方面的先进技术，从而形成的一种特殊类型的汽车。依据能源结构的不同，当下新能源汽车主要分为混合动力、纯电动、燃料电池、燃气、氢动力及其他能源类汽车。结合《新能源汽车产业发展规划》(2021—2035年)和《中国保险行业协会新能源汽车商业保险专属条款(试行)》，新能源汽车在市场上利用率会越来越高。目前市场上大多数新能源汽车为混合动力与纯电动类型，电动汽车基本结构见图6-11。

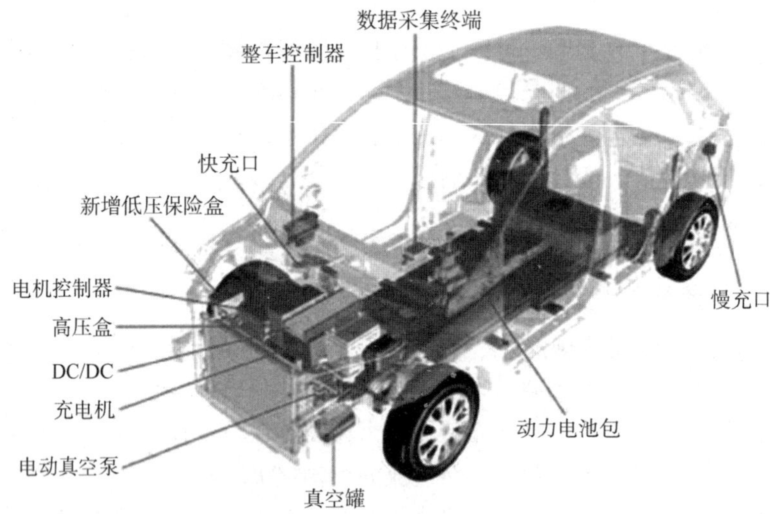

图6-11 电动汽车基本结构

1. 新能源汽车事故的主要特点

(1)高压部件损伤概率高

新能源汽车有大量的高压部件，高压部件配件价格昂贵且修复成本较高。目前，大部分新能源汽车高压部件在车辆上布置不合理，例如电机控制器置于车辆左前照灯后方(见图6-12)，事故中非常容易受损。损伤发生后，无论损伤轻重，新能源汽车高压配件厂家不提供单独可供更换的零件，只能更换总成，导致维修成本大幅增加。此外，很多新能源汽车充电插口位于车辆的前格栅，大大增加了由于碰撞等造成损坏的风险。

图 6-12 电机控制器置于左前照灯后方

(2)动力蓄电池占全车价格比重高且易损伤

动力蓄电池作为电动汽车最重要的部件，其动力蓄电池价格占全车的比重也是最高的。以荣威电动汽车为例(见图6-13)，平均占总车价格的30%以上。所以电池的定损尤为重要，一旦出现事故损伤，赔偿额度大。同时大部分新能源汽车动力电池布置于车辆底盘部分，一旦车辆遭到托底事故，动力蓄电池的损伤可能性较大，损失较大。

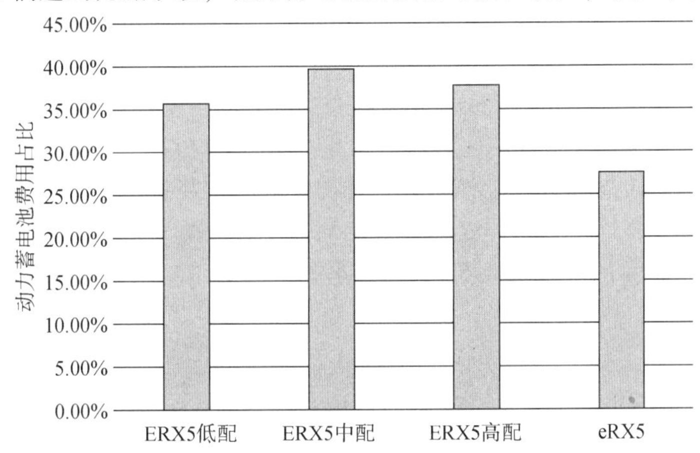

图 6-13 荣威电动汽车动力蓄电池包费用占比

(3)高压部件进行高度集成化

当前新能源汽车的发展趋势是将主要的高压部件进行高度集成化，将主要的高压部件，如电机控制器、直流-直流转换器、高压配电单元等部件集成在一个总成内，车辆一旦发生碰撞，高压部件受到损伤，会大幅增加赔付成本。

(4)配件不单独提供

大量的新能源汽车高压配件主要以总成的方式供货，但是车辆在事故中往往受损的主要为插口、支架等部位。充电口支架不能单独提供，需要和快充线束一起更换，因此费用有较大的增加。

(5)安全问题

少数新能源汽车发生碰撞事故后，车辆存在漏电风险。因此，在给新能源汽车定损时更要注意安全。个别品牌新能源汽车的快充充电口在不充电的状态下，依然存在高压电。有的新能源汽车充电口在前中网处，位于防撞梁的前部，发生碰撞事故时极易出现漏电的情况，从而造成车辆受损和人员伤害。

此外，新能源汽车的电池寿命也是一个需要关注的问题。电池的寿命主要受到充电次数、充电方式、使用环境等因素的影响。随着使用时间的增加，电池的容量会逐渐降低，影响车辆的续航能力。因此，在新能源汽车的保险查勘定损中，需要对车辆的电池进行检查，以确定其容量是否正常，从而对车辆的实际价值进行评估。

除了电池寿命，新能源汽车还存在着一些与安全相关的风险点，其中最主要的是电池的安全性。由于新能源汽车的电池储存着大量能量，在发生事故时，电池有可能受到损坏，导致发生火灾等安全事故。因此，在新能源汽车的保险查勘定损中，需要对车辆的电池进行安全检查，以确保电池的完好性，并及时排除安全隐患。

综上所述，新能源汽车在保险查勘定损中需要注意的风险点包括电动机、电池、电控系统等方面。对于新能源汽车的查勘定损工作，需要进行全方位、多角度的检查，以保证车辆的安全性和价值的准确评估。

2. 新能源汽车出险案件定损要求

①新能源汽车出险案件，在动力电池、高压部件损失不明或动力电池漏液、起火冒烟情况下，应远离车辆，等待专业救援机构救援。救援拖车需使用平板拖车，切勿使用钳式拖车。

②在查勘过程中，如遇起火冒烟等特殊情况，请勿靠近，立即协助拨打 119 火警电话，非动力电池包起火如进行现场施救，必须使用干粉灭火器和水基灭火器，切勿使用泡沫灭火器。

③新能源汽车出险案件现场查勘时，应注意核实车辆动力电池包是否受损、是否漏液，高压部件是否受损。对于新能源汽车水淹事故、动力电池包受损、漏液，或高压部件受损等存在漏电风险的案件，在第一现场时非必要不要直接接触车辆，待专业施救公司人员确认无漏电风险后再展开查勘工作。必要时需穿戴防护装备，使用试电笔/万用表检查车辆损坏部位附近位置裸露金属部位(如轮毂)是否带电，确保安全后进行查勘。同时，建议保险公司组建新能源车查勘专业队伍并配置必要防护装备。

因此，电动汽车查勘除了携带以往必备的查勘资料及工具，还需携带以下设备：高压警示牌、绝缘手套、皮手套、试电笔、万用表、兆欧表、绝缘鞋、绝缘工作服等具体设备及用途见表 6-4。

表 6-4　电动汽车现场查勘设备及用途

序号	名称	用途
1	高压警示牌	对新能源汽车进行查勘操作前须在车辆旁摆放高压警示牌，提示非操作人员远离事故车辆，注意高压危险
2	绝缘手套	绝缘手套必须符合 GB/T 17622—2008《带电作业用绝缘手套》的要求，防护电压在 1000V 以上，可防止触电伤害
3	皮手套	配合绝缘手套使用，防止割裂
4	试电笔	检测部件外壳是否带电，方便携带、易操作
5	万用表	测量直流电压(DCV)、交流电压(ACV)、直流电流(DCA)、交流电流(ACA)、电阻、电容等参数
6	兆欧表	测量绝缘电阻值
7	绝缘鞋	须符合 GB 12011—2009《足部防护电绝缘鞋》的要求，可防止事故撞击后漏液导电
8	绝缘工作服	用于水淹车辆、较严重事故车辆查勘，使用前需检查工作服有无损伤

续表

序号	名称	用途
9	绝缘胶带	耐压 1000V 以上，维修切断开关拆卸后密封接口用
10	常用绝缘工具	需要选择其中部分工具，如常用拆装 12V 蓄电池正负极桩头 10 号扳手

④在查勘过程中，应提示承修单位/客户对水淹事故、涉及动力电池包损伤事故车辆，将动力电池与车身进行分离并遮蔽，单独存放于室外场地。事故车辆动力电池与其他车辆或物品应保持安全距离，并设立警示标志，避免发生意外。

⑤充电桩发生保险事故的，应注意核实充电桩的地址位置信息、型号、编码等是否与保单承保信息一致。

⑥新能源汽车火灾案件，应重点查看并拍摄充电口是否烧损。充电过程需要鉴定是车辆自身原因还是充电桩原因造成起火。

⑦涉及新能源车辆的定损，首先应判断是否漏电。其次要判断是否涉及高压部件损伤。对于不涉及高压部件损伤的车辆可参照一般燃油车定损步骤操作；对于涉及高压部件损伤车辆，要根据新能源车辆高压部件损伤特点，结合事故形式开展定损工作。高压部件包括动力电池包、充电口、高压线束、高压控制部件及执行元件(电机控制器、车载充电机、直流-直流转换器、高压分配单元/高压配电箱、驱动电机、高压空调泵、PTC 加热器)等。

⑧针对外部电网故障损失险，要准确核定电网故障损失类型，由相关部门出具相关故障成因等材料。

⑨自用电桩责任保险，发生事故后要结合承保电桩地址位置信息、型号、编码等核定承保标的，涉及火灾事故要提供消防部门火灾证明等，保险公司根据证明材料认定保险责任。

⑩新能源汽车出险案件对定损员技术水平要求高，需要结合必要的专业知识方可开展工作，否则易出现保险欺诈等。

案例 6-1

2019 年年初，司机王某驾驶某电动汽车避让行人时撞到护栏，致使标的车辆左前受损，见图 6-14。历经两个多月的维修要结束时，维修站发现加速踏板信号错误，见图 6-15；车辆仪表高压系统故障，电脑检测为 MCU(电机控制单元)存在故障码“P060D1C”，见表 6-5。维修技师表示事故撞击力度较大，MCU 受到强烈的震动而损坏，需要更换。MCU 安装在逆变器总成内部，不单独提供，而且逆变器外壳并未发现物理损伤，备件金额高达 2.6 万元之多，随即案件转交片区专业电动汽车定损员处理。

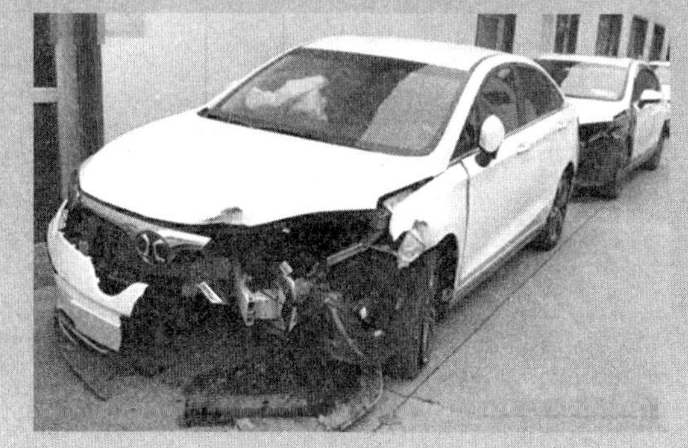

图 6-14 受损车辆

图 6-15 仪表盘报警

表 6-5　车辆故障信息

编号	故障名称	DTC	维修提示
1	与电机控制器通讯丢失	U011087	1. 断开蓄电池的连接一分钟后，检测OBD终端电阻阻值是否为60Ω±5Ω，若异常则检查各控制器电阻匹配、控制器端接插件和线束； 2. 分别测量CAN_H和CAN_L两路信号，排查信号对电源、对地等短路情况； 3. 测量各控制器端的CAN_H或CAN_L是否能够正常导通； 4. 更换MCU控制器
2	EPS故障	P063509	1. 检查线束与VCU、EPS接触端子是否到位； 2. 更换EPS控制器
3	档位故障	P078001	1. 检查线束； 2. 更换换挡机构； 3. 更换VCU
4	加速踏板信号超幅错误	P060D1C	1. 检查线束； 2. 更换加速踏板； 3. 更换VCU
5	加速踏板信号校验错误	P060D64	1. 检查线束； 2. 更换加速踏板； 3. 更换VCU
6	低压供电电压低	U300316	为蓄电池补电或更换蓄电池
7	低压供电电压高	U300317	为蓄电池补电或更换蓄电池
8	DCDC故障	P0A9409	参见DCDC维修方式
10	制动助力系统故障	C002100	检查有无助力，真空泵保险是否熔断。如无助力尝试更换真空泵保险、VCU或真空泵，检查低压保险盒及线束

专业定损员随即对事故车辆进行检测：

(1)定损员首先读取了车辆故障信息码，发现车辆加速踏板显示故障，随即对其进行下一步检测。

(2)定损员又对线束进行检测，检测结果显示并无短路、断路现象，线束完好。

(3)对控制单元进行检测：发现控制单元插头内部被人为故意损坏，见图 6-16，立即对其拍照取证，而后将插针复位，安装，显示故障消除，见图 6-17。经过专业定损员检测，清除故障，并发现是维修厂人员故意损坏车辆来赚取高额的维修费用。

图 6-16　插头内部插针被故意掰弯

图 6-17　故障清除后仪表盘显示正常

3. 新能源汽车部分高压部件定损

(1)动力电池包定损

1)确定车辆故障码信息

在条件允许的情况下，读取并打印车辆故障检测报告，或者截屏拍照，确定车辆故障码发生时间、行驶公里数等信息，部分故障信息见表6-6。

表6-6 动力蓄电池损伤部分故障信息

故障码	屏显信息	可能故障
P1A611A(腾势)	整车绝缘严重过低	动力蓄电池系统绝缘失效
P31B2(江淮IEV5)	整车高压系统与整车低压接地之间绝缘值非常低	动力蓄电池； 整车高压线束； 电池管理单元
P315D(江淮IEV5)	整车高压系统与低压接地之间的绝缘值较低	动力蓄电池； 整车高压线束； 电池管理单元
POAOD(启辰晨风)	高压系统互锁	锂离子电池控制器
P3196(启辰晨风)	通信错误	电源分配模块； 锂离子电池控制器； CAN通信线路
P1AC000(比亚迪PHEV)	气囊ECU碰撞报警	电池管理单元接收到气囊ECU发送的碰撞信号

2)动力蓄电池包定损

对动力蓄电池包的损伤进行详细检查，根据动力蓄电池包损伤程度并参考车辆维修手册，三方协商制定维修方案。动力蓄电池包碰撞损伤一般可分为三种类型：箱体轻微划痕或仅造成绝缘涂层破损、箱体轻微凹陷、箱体严重凹陷及破裂。

①箱体轻微划痕：动力蓄电池包箱体轻微划痕或涂层轻微受损，在目测金属箱体没有变形、气密性检测正常的情况下，可判断内部的模组及其他部件未受影响。建议对箱体涂层做修复处理。

②箱体轻微凹陷：仅造成动力蓄电池包箱体轻度变形的情况下，须对动力蓄电池包进行气密性、绝缘值及相关故障检测。经检测，如果动力蓄电池包的气密性、绝缘值及各项参数均正常，可判断电池模组及其他部件未受损伤。建议对动力蓄电池包箱体进行修复或更换。

③箱体严重凹陷及破裂：如果动力蓄电池包箱体出现严重凹陷或破裂，多数情况下会影响到电池模组，还可能影响动力蓄电池包的气密性及绝缘值。定损时，需首先检查绝缘值是否正常。在确保安全的前提下，对动力蓄电池包开箱检修，视箱体损伤程度进行修复或更换，建议对受损模组及其他部件进行更换。

如果动力蓄电池包内部模组损伤数量较多，综合考量维修成本及更换费用等因素，可采取更换动力蓄电池包总成的方法处理。

(2)充电口定损

充电口分为快充口和慢充口两种，见图6-18。充电口总成由插接件、线束和支架组成，大部分安置在车辆前中网和行李舱盖上，由于位置特点在碰撞事故中很容易损坏，因此成为定损环节关注的重点部件。

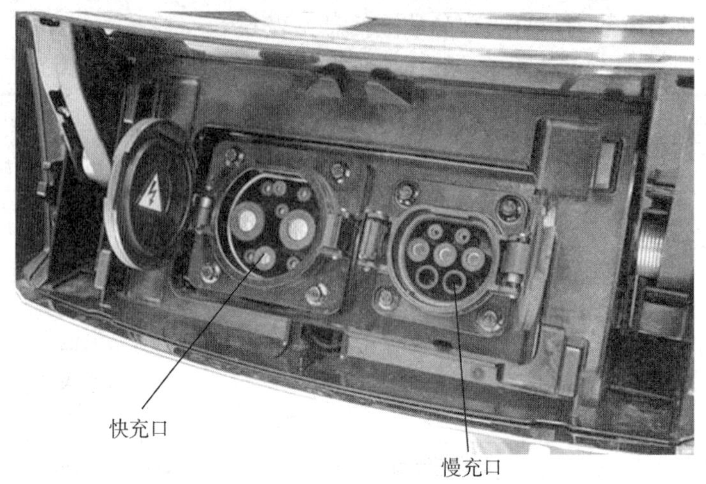

图 6-18　电动汽车充电孔

1）充电口及线束检查处理方式

①如果充电口座损伤或破裂，建议单独更换充电口座。

②如果高压线束受到挤压发生破皮、断裂，可予以更换。

2）检查充电口支架

充电口支架通常使用塑料和金属两种材质。对于塑料材质的支架，一般予以更换；对于金属材质的支架，可根据损坏情况采取修复或更换。

3）检查故障码记录

碰撞事故如果导致充电口损坏及线束断路或短路，车辆会报出相应的故障码，定损时应注意采集相关数据。充电口损伤故障码信息见表 6-7。

表 6-7　充电口损伤故障码信息

故障码	屏显内容	可能故障
U1008（启辰晨风）	快速充电器通信 （缺失信息、不稳定）	线束和接头； 快速充电器； 快速充电接口
B29A0（启辰晨风）	常规充电接口接合错误 （信号卡在高位、信号无效）	线束和接头； 常规充电接口； 慢速充电接口
P1B09（荣威 ERX5）	快速充电器负极温度传感器	电路对地短路
P1B09（荣威 ERX5）	快速充电器负极温度传感器	电路对电源短路或开路
P1B0A（荣威 ERX5）	快速充电口正极温度传感器	电路对地短路
P1B0A（荣威 ERX5）	快速充电口正极温度传感器	电路对电源短路或开路

（3）高压控制部件碰撞损伤

1）外壳检查及处理方法

①外壳破裂变形。外壳材质大部分为铝合金，上下盖板材质为铝合金或者钢板件，如事故仅造成外壳轻微损伤，例如，局部断爪、铝壳轻微破裂，内部无其他损伤，建议采取局部铝焊修复处理。

②线束插接件变形、破损断裂。线束插接件外壳大多为塑料材质，如外壳出现轻微破裂或断爪，建议采取塑焊修复处理；如有插接件外壳配件供应，可予以更换。

③内部元件/电路板变形、破裂。内部元件和电路板损伤时，如有配件供应，可更换内部元件；综合考虑维修成本等因素，也可更换高压控制部件总成。

2)检查故障码记录

碰撞事故造成高压控制部件损伤，通常会出现车辆无法行驶、充电功能失效、仪表故障灯点亮等现象，车辆会报出相应的故障码，定损时应注意采集相关数据。

综上，电动汽车高压部件定损检查(部分)见表6-8。

表6-8 电动汽车高压部件定损检查(部分)

序号	部件名称	部件损伤状态图示	定损检测内容
1	充电口	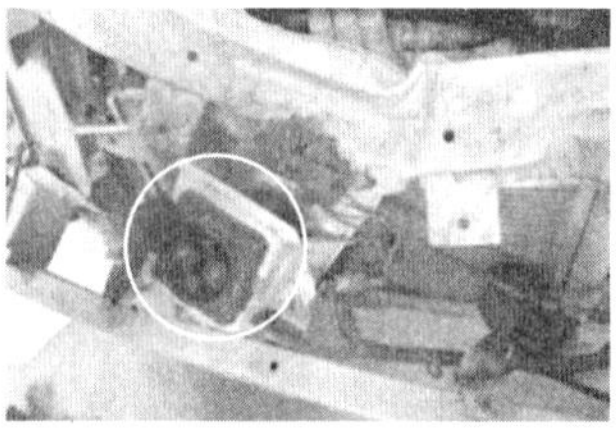	外观是否损伤； 线束端子/插接件是否破裂、破皮、断裂； 充电口支架是否变形、褶皱、破裂
2	电机控制器		外壳是否损伤； 固定支架是否变形破裂； 线束和插接件是否破裂、破皮、撕裂
3	车载充电机	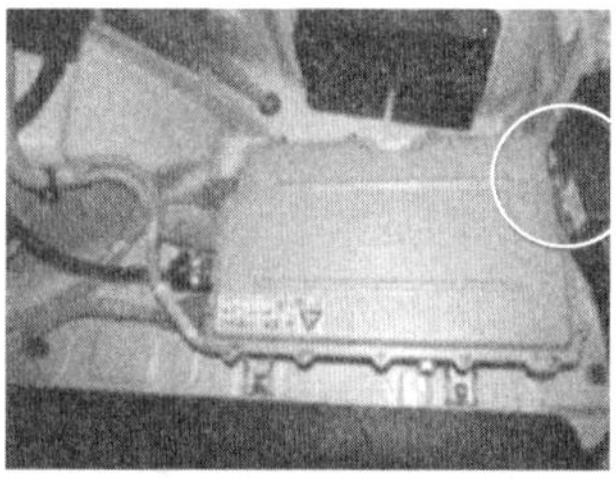	外壳是否损伤； 固定支架是否变形破裂； 线束和插接件是否破裂、破皮、撕裂
4	直流-直流转换器		外壳是否损伤； 固定支架是否变形破裂； 线束和插接件是否破裂、破皮、断裂
5	高压分配单元	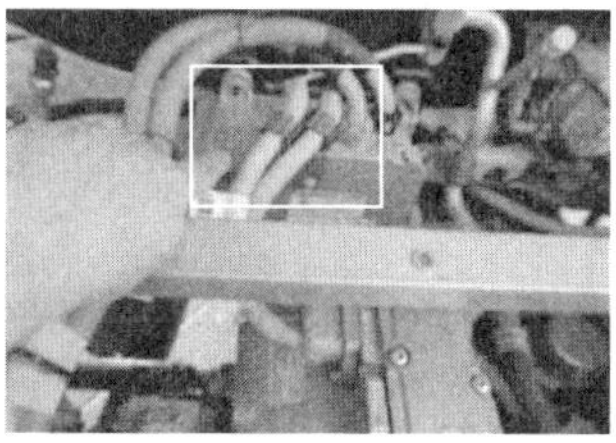	外壳是否损伤； 固定支架是否变形破裂； 线束和插接件是否破裂、破皮、断裂

续表

序号	部件名称	部件损伤状态图示	定损检测内容
6	驱动电机		外壳是否损伤； 固定支架和悬置是否变形破裂； 线束和插接件是否破裂、破皮、撕裂

6.3 财产损失与人身伤亡费用赔偿的确定

6.3.1 财产损失的确定

保险事故除了能导致车辆的损失，还有可能导致第三者财产损失和车上承运货物的损失，从而构成第三者责任保险、车上货物责任险的赔偿责任。

第三者财产损失包括第三者车辆所载货物、道路、道路安全设施、房屋建筑、电力和水利设施、道旁树木花卉、道旁农田庄稼等。无论是第三者车上货物，还是被保险车辆的车上货物，种类繁多，不胜枚举。可见，车辆事故中造成的非车辆财产损失涉及范围较大，所以对其定损的标准、技术和掌握尺度比机动车要难得多。但总体来说，保险人应按事故现场直接造成的现有财产的实际损毁，依据保险合同的规定予以赔偿。确定时可与被保险人协商，协商不成可申请仲裁或诉讼。但间接损失、第三者无理索要及处罚性质的赔偿不予负责。因此保险人的实际定损费用与被保险人实际赔付第三者的费用或车上货物的实际损失额度往往有差距，这就需要定损员做好对被保险人解释说服的工作。

1. 定损原则

第三者财产和车上货物的评估应坚持损失修复原则，即以修复为主。根据损失项目、数量、维修项目、维修工时和工程造价，确定维修方案。对于损失较大或定损技术要求较高的事故，可委托专业人员确定维修方案。无法修复和无修复价值的财产可采取更换法处理。更换时应注意品名、数批，超造日期、主要功能等。对于能更换零配件的，不更换部件；能更换部件的，不更换总成件。

2. 定损方法

(1)确定物损数量

交通事故中常见的财产损失有普通公路路产、高速公路路产、供电通信设施、城市与道路绿化等。

相关财产的品名和数量可参照当地物价部门列明的常见品名和配套数量。受损财物的数量确定还必须注意其计算方法的科学性、合理性。

(2)损失金额的确定

①简单财产损失应与被保险人一起根据财产价值和损失程度确定损失金额，必要时请生产厂家鉴定。

②当受损财产技术性强、定损价格较高，较难掌握赔偿标准时，可聘请技术监督部门

或专业维修部门鉴定，严禁盲目定价。

③对于出险时市场已不销售的财产，可以客户原始购置发票数额为依据，客户不能提供发票的，可根据原产品的主要功能和特性，按照当前市场上同类型产品推算确定。

④根据车险条款规定，损失残值应协商折归被保险人，并由被保险人进行处理。

⑤定损金额以发生事故时保险财产的实际价值为限。

(3)常见第三者财产损失的定损方法

①市政和道路交通设施。如广告牌、电灯杆、防护栏、隔离桩、绿化树等，在定损时按损坏物的制作费用及当地市政、路政、交管部门的赔偿标准核定；但应注意该类财产损失特点，即市政部门和道路维护部门对肇事者索要的赔偿往往有处罚性质和间接损失。因此，在定损核损过程中，理赔人员应区分第三者索赔中哪些属于直接损失，哪些属于间接费用，哪些属于罚款性质。

②房屋建筑。首先了解房屋结构、材料、损失状况，然后确定维修方案，最后请当地多家建筑施工单位对损坏部分和维修方案进行预算招标，确定最低修复费用。

③道旁农田庄稼。在青苗期按青苗费用加上一定的补贴即可，成熟期的庄稼可按当地同类农作物平均产量测算损失。

④家禽、牲畜。家禽、牲畜受伤以治疗为主，受伤后失去使用价值或死亡的，凭畜牧部门证明或协商折价赔偿。

(4)车上货物的定损方法

车上货物的损失应根据不同的物品分别确定。对一些精密仪器、家电、高档物品等，应核实具体的数量、规格、生产厂，可向市场或生产厂了解物品价格；对易变质、易腐烂的物品(如食品、水果类等)，在征得保险公司有关领导同意后，应尽快现场变价处理。另外，对于车上货物，还应取得运单、装箱单、发票，核对装载货物情况，防止虚报损失。同时应注意，根据机动车保险条款，定损员只需对损坏的货物进行数量清点，并分类确定其受损程度，而对诈骗、盗窃、丢失、走失、哄抢等造成的货物损失不负责赔偿。

(5)施救费用的确定

施救费用是指当保险标的遇保险责任范围内的灾害事故时，被保险人或其代理人、雇用人员等为防止损失的扩大，采取措施抢救保险标的而支出的必要、合理的费用。必要、合理的费用是指施救行为支出的费用是直接的、必要的，并符合国家有关政策规定。财产需要施救的，应记录被施救财产的名称、数量、重量、价值、施救方式、施救路程。被施救财产已经施救的，应在查勘记录中记录已发生的施救费用。保险标的与其他财产一同施救的，应向被保险人说明施救费的分摊原则并在查勘记录中注明。

6.3.2 人身伤亡费用赔偿的确定

在车险理赔案件中，除车辆损失、其他财产损失赔偿外，大量的是人员伤亡赔偿。保险公司理赔人员在核定理赔案件中的人员伤亡费用时，与被保险人很容易产生矛盾和纠纷，这也是保险理赔中比较复杂、难度较大的一项工作内容。交强险、第三者责任保险、机动车车上人员责任保险等险种涉及的人员伤亡费用，理赔人员应按照有关道路交通事故处理的法律、法规规定，以及保险合同的约定赔偿，赔偿项目包括医疗费、误工费、护理费、交通费、住宿费、住院伙食补助费、必要的营养费、残疾赔偿金、残疾辅助器具费、被扶养人生活费、后续治疗费、丧葬费、死亡赔偿金、精神损害抚慰金等。

1. 因就医治疗支出的各项费用及因误工减少的收入

(1)医疗费

医疗费根据医疗机构出具的医药费、住院费等收款凭证，结合病历和诊断证明等相关证据确定。赔偿义务人对治疗的必要性和合理性有异议的，应当承担相应的举证责任。医疗费的赔偿数额，按照一审法庭辩论终结前实际发生的数额确定。器官功能恢复训练所必要的康复费、适当的整容费，以及其他后续治疗费，以待实际发生后另行确定。但根据医疗证明或鉴定结论确定必然发生的费用，可与已发生的医疗费一并赔偿。

(2)误工费

误工费根据受害人的误工时间和收入状况确定。误工时间根据受害人接受治疗的医疗机构出具的证明确定。受害人因伤致残持续误工的，误工时间可以计算至定残日前一天。受害人有固定收入的，误工费按照实际减少的收入计算。受害人无固定收入的，按照其最近三年的平均收入计算；受害人不能举证证明其最近三年的平均收入状况的，可以参照受诉法院所在地相同或者相近行业上一年度职工的平均工资计算。

(3)护理费

护理费根据护理人员的收入状况和护理人数、护理期限确定。

护理人员没有收入或者应雇用护工的，参照当地从事同等级别护理的劳务报酬标准计算。护理人员原则上为一人，但医疗机构或者鉴定机构有明确意见的，可以参照确定护理人员人数。

护理期限应计算至受害人恢复生活自理能力时。受害人因残疾不能恢复生活自理能力的，可以根据其年龄、健康状况等因素确定合理的护理期限，但最长不超过 20 年。受害人定残后的护理，应根据其护理依赖程度并结合配制残疾辅助器具的情况确定护理级别。

超过确定护理期限，赔偿权利人向人民法院起诉请偿义务人继续给付护理费的，法院应予受理。赔偿权利人确需继续护理的，人民法院应当判令赔偿义务人继续给付相关费用 5~10 年。

(4)交通费

交通费根据受害人及其必要的陪护人员因就医或者转院治疗实际发生的费用计算。交通费应当以正式票据为凭；有关凭据应当与就医地点、时间、人数、次数相符合。

(5)住宿费

住宿费指受害人确有必要到外地治疗，因客观原因不能住院，受害人本人及其陪护人员实际发生的住宿费用，其合理部分应予赔偿。住宿费凭住宿发票计算赔款。

(6)住院伙食补助费

住院伙食补助费可参照当地国家机关一般工作人员的出差伙食补助标准确定。

(7)营养费

营养费根据受害人伤残情况参照医疗机构的意见确定。

2. 受害人因伤致残的相关费用

(1)残疾赔偿金

残疾赔偿金根据受害人丧失劳动能力程度或者伤残等级，按照受诉法院所在地上一年度城镇居民人均可支配收入或者农村居民人均纯收入标准，自定残之日起按 20 年计算。

但60周岁以上的，年龄每增加一岁减少一年；75周岁以上的，按5年计算。

受害人因伤致残但实际收入没有减少，或者伤残等级较轻但造成职业妨害、严重影响其劳动就业的，可对残疾赔偿金作相应调整。

赔偿权利人举证证明其住所地或者经常居住地城镇居民人均可支配收入或者农村居民人均纯收入高于受诉法院所在地标准的，残疾赔偿金可以按照其住所地或者经常居住地的标准计算。

超过确定的残疾赔偿金给付年限，赔偿权利人向人民法院起诉请求继续给付残疾赔偿金的，人民法院应予受理。赔偿权利人确实没有劳动能力和生活来源的，人民法院应当判令赔偿义务人继续给付相关费用5~10年。

(2)残疾辅助器具费

当受害人治疗后的生活需要依靠残疾辅助器具时，残疾辅助器具费需按普通适用器具合理费用标准计算。伤情有特殊需要的，可以参照辅助器具配置机构的意见来确定合理的费用标准。辅助器具的更换周期和赔偿期限也参照辅助器具配制机构的意见确定。

(3)被扶养人生活费

被扶养人生活费根据扶养人丧失劳动能力程度，按照受诉法院所在地上一年度城镇居民人均消费性支出和农村居民人均年生活消费支出标准计算。

被扶养人是指受害人依法应当承担扶养义务的未成年人或者丧失劳动能力又无其他生活来源的成年近亲属。被扶养人还有其他扶养人的，赔偿义务人只赔偿受害人依法应当负担的部分。被扶养人有数人的，年赔偿总额累计不超过上一年度城镇居民人均消费性支出额或者农村居民人均年生活消费支出额。

被扶养人生活费的计算主要按以下标准进行计算：未成年人的，计算至18周岁；无劳动能力又无其他生活来源的，计算20年；60周岁以上的，年龄每增加1岁减少1年；75周岁以上的，按5年计算。

赔偿权利人举证证明其住所地或者经常居住地城镇居民人均可支配收入或者农村居民人均纯收入高于受诉法院所在地标准的，被扶养人生活费可以按照其住所地或者经常居住地的相关标准计算。

(4)后续治疗费

后续治疗费可待实际发生后予以赔偿。但根据医疗证明或鉴定结论确定必然发生的费用，可与已经发生的医疗费一并赔偿。

3. 受害人死亡的相关费用

(1)丧葬费

丧葬费按受诉法院所在地上一年度职工月平均工资标准，以6个月总额计算。

(2)死亡赔偿金

死亡赔偿金按受诉法院所在地上一年度城镇居民人均可支配收入或者农村居民人均纯收入标准，按20年计算。但60周岁以上的，年龄每增加1岁减少1年；75周岁以上的，按5年计算。赔偿权利人举证证明其住所地或者经常居住地城镇居民人均可支配收入或者农村居民人均纯收入高于受诉法院所在地标准的，死亡赔偿金可以按照其住所地或者经常居住地的相关标准计算。

4. 精神损害抚慰金

受害人或者死者近亲属遭受精神损害，赔偿权利人向人民法院请求赔偿精神损害抚慰金的，适用《最高人民法院关于确定民事侵权精神损害赔偿责任若干问题的解释》予以确定，原则上应当一次性给付。

交强险在死亡伤残责任限额内，最后赔付精神损害抚慰金。第三者责任保险不负责赔偿精神损害抚慰金。

5. 人身损害赔偿费用计算标准

各地因交通事故导致的人身损害赔偿，均有相关的赔偿标准，而且这个标准每年还要修订一次。

6. 受伤人员伤残评定

(1)评定依据

交通事故中受伤人员的伤残鉴定依据国家质量监督检验检疫总局发布的《道路交通事故受伤人员伤残评定》进行评定。

(2)《道路交通事故受伤人员伤残评定》的伤残等级划分

①伤残是指因道路交通事故损伤所致的人体残疾，包括精神的、生理功能的和解剖结构的异常及其导致的生活、工作和社会活动能力不同程度的丧失。

②伤残等级划分根据道路交通事故受伤人员的伤残状况，将受伤人员伤残程度划分为十级，从第 I 级(100%)到第 X 级(10%)，每级相差 10%。每级对伤残状况都做了详细规定。

7. 道路交通事故受伤人员临床诊疗指南

为了规范道路交通事故受伤人员医疗救治诊疗行为，提高救治成功率，降低道路交通事故伤害死亡率和伤残率，提高有限医疗资源和保险资源利用率，根据《机动车交通事故责任强制保险条例》第三十二条规定，原卫生部委托中国医师协会、中保协、中华医学会组织制定了《道路交通事故受伤人员临床诊疗指南》。

《道路交通事故受伤人员临床诊疗指南》明确了道路交通事故中受伤人员的诊疗原则、方法和内容；规范了医疗机构对道路交通事故受伤人员进行诊疗的行为；适用于评价对道路交通事故受伤人员以及其他原因造成的受伤人员实施的诊疗内容的必要性和合理性。

《道路交通事故受伤人员临床诊疗指南》从颅脑创伤、眼部创伤、耳鼻喉及颌面口腔创伤、胸部创伤、腹部及泌尿生殖系统创伤、四肢骨与关节创伤、脊柱与脊髓创伤、其他特殊类型创伤、早期并发症等九个方面对伤情指明了主要诊断依据、基本治疗原则、相关检查的提示，并对部分伤情的常见并发症与后遗症给予指明。

《道路交通事故受伤人员临床诊疗指南》规定，在对道路交通事故受伤人员进行临床诊疗的过程中，各项临床检查、治疗，包括用药和使用医用材料，以及病房和病床等标准在当地基本医疗保险规定的范围内选择。这对调解人伤理赔的纠纷提供了有效依据。

6.4 施救费用和残值的确定

6.4.1 施救费用确定

1. 施救费用的确定

(1)火灾时使用非专业消防单位设备费用及设备损失

被保险人使用他人(非专业消防单位)的消防设备施救被保险车辆所消耗的费用及设备损失可以赔偿。

(2)车辆失去行驶能力，吊车费用、拖运到修理厂的运输费用

被保险车辆出险后，雇用吊车和其他车辆进行施救的费用，以及将被保险车辆拖运到就近合适的修理厂的运输费用，在当地物价部门颁布的收费标准内进行赔偿。

(3)保险人只对被保险车辆的施救保护费用负责

被保险车辆发生保险事故后，涉及两车以上应按责分摊施救费用。被保险车辆与其所装货物(或其拖带其他保险公司承保的挂车)同时被施救，其施救货物(或施救其他保险公司承保的挂车)的费用应予剔除。如果它们之间的施救费用分不清楚，则应按被保险车辆与货物(其他保险公司承保的挂车)的实际价值进行比例分摊赔偿。

2. 注意事项

①施救时，施救人员个人物品的丢失，不予赔偿。

②受雇的抢救车辆因施救不当，造成损失扩大部分，不予赔偿。

③被保险人奔赴肇事现场处理所支出的费用，不予赔偿。

④施救财产中含有保险合同未保险的财产，应按保险合同保险财产的实际价值占施救财产的实际价值比例分摊施救费用。

⑤事故进口车或特种车辆需移送外地修理的，移送费不属施救费用(属于修理费的一部分)，经保险人同意后，可以适当负责，并在定损单上注明送修地点和金额。护送车辆者的工资和差旅费，不予负责。

⑥停车费、保管费、扣车费及各种罚款，不予赔偿。

⑦机动车损失保险施救费用是一项单独的保额，但第三者责任保险的施救费用不是一个单独的责任限额。第三者责任保险的施救费用与第三者损失金额相加不得超过第三者责任保险的责任限额。

⑧施救费用应根据事故责任、相对应公司险种的有关规定扣减相应的免赔率。

⑨重大或特殊案件的施救费用应委托专业施救单位出具相关施救方案及费用计算清单。

⑩因抢救而损坏他人的财产应由被保险人赔偿的，应予赔偿。施救过程中发生意外事故造成的损失和费用支出，如果该施救车辆是被保险人自己或他人义务派来抢救的，应予赔偿；如果该施救车辆是有偿服务的，则不予赔偿。

3. 常见不合理的施救表现

①倾覆车辆在吊装中未合理固定，造成二次倾覆。

②吊车起吊中未对车身保护，致车身大面积损伤。

③对拖移车辆未进行检查及施以保护措施，造成车辆制动、传动系统等机械损坏。

④轮胎缺气或转向失灵硬拖硬磨造成轮胎损坏。

⑤分解施救中拆卸不当，造成零部件损坏或丢失。

6.4.2 残值确定

1. 残值的含义

损余物资残值是指机动车保险项下的保险标的或第三者车辆或非车辆财产的全部或部分遭受损失且保险公司已经按合同规定予以赔偿，赔偿后的损失物仍有一定的价值。因此机动车保险的损余物资主要包括更换后仍具一定价值的车辆部件、成套销售的零配件的未使用部分、推定全损车辆的未损坏部分、承保的本车车上货物及第三者的财产等。

残值处理是指保险公司根据保险合同履行了赔偿并取得受损标的的所有权后，对尚存一部分经济价值的受损标的进行处理。残值确定合理，可有效降低车险赔付率，提高企业经济效益。

2. 残值处理原则

①残值处理原则上折价给修理厂并告知客户结算时扣除残值；客户要求自行处理的，残值折价部分由客户与修理厂结算。

②各保险公司均有车辆部件残值作价规则，一般按更换新件价格的一定比例确定。

③对于部分部件，要根据部件的重量和材质，结合市场废品收购价格确定，例如铁钢圈、铝合金圈、车架等。

④对于组合零部件的可用部分，可按可用件价格的30%~60%确定残值。

3. 损余物资的残值处理

按照保险合同规定，损余物资的处理需经双方协商，合理确定其残值。残值确定后，一般采取折归被保险人并冲减损失金额的方式。当残值折归被保险人并扣减损失金额的处理方式与被保险人协商不成时，需将残值物品全部收回。

思考与习题

1. 简述汽车定损原则和类型。
2. 简述推定全损案件处理流程。
3. 简述汽车定损注意事项。
4. 简述事故车辆碰撞定损前的注意事项。
5. 简述碰撞定损的基本步骤。
6. 简述事故车辆车身修复基本流程。
7. 简述事故车辆发动机碰撞定损。
8. 简述事故车辆发动机托底定损范围。
9. 简述事故车辆维修项目确定原则。
10. 简述火灾、水淹、盗抢车辆定损的主要内容。
11. 分析新能源汽车定损的要求。
12. 简述财产损失类型及定损内容。

13. 一保户报案称其投保的大众途观轿车行驶时不慎撞击路边大树，现场和车辆损失图片见图6-19。

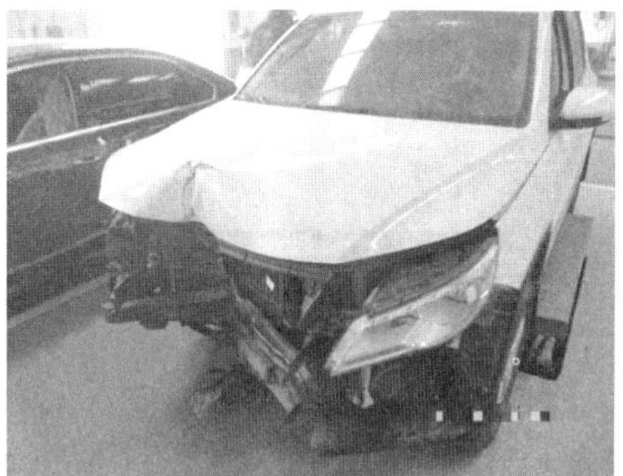
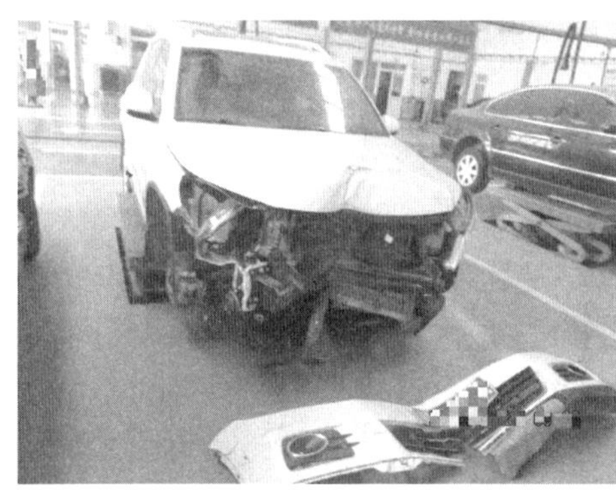
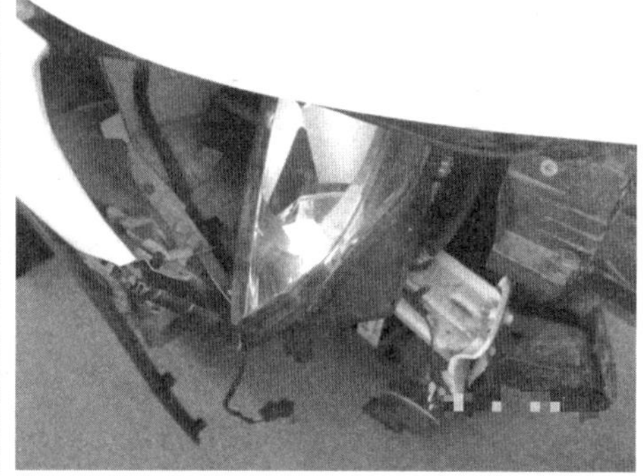

图6-19 车辆现场及车损照片

问：

(1)该车的维修方案是什么？

(2)该车需要更换的零部件有哪些？

(3)该车的拆装项目有哪些？

(4)该车的涂装项目有哪些？

(5)该车需要哪些工时费用？

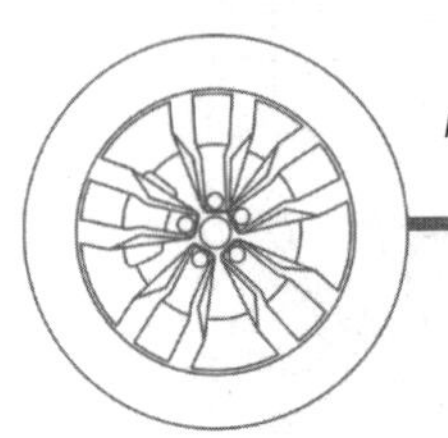

7 汽车保险相关法律法规

学习目标

本章主要讲述汽车保险实务中相关的一些法律法规，要求学生熟悉《保险法》的相关规定、《机动车交通事故责任强制保险条例》对交强险赔偿与垫付的规定、《道路交通安全法》及其实施条例对车辆登记和通行规定等的要求、《道路交通事故处理程序》对交通事故简易处理和交通事故认定书内容及事故损害赔偿调解等的规定、《最高人民法院关于审理人身损害赔偿案件适用法律若干问题的解释》对赔偿项目和赔偿标准的规定。

了解《机动车驾驶证申领和使用规定》《拖拉机驾驶证申领和使用规定》《机动车维修管理规定》《机动车强制报废标准规定》《道路交通事故受伤人员伤残评定》分别对驾驶证、汽车维修质量、汽车报废年限及检测次数、人员伤残等级分类等内容的规定。

7.1 保险相关法律法规

由于保险行为自身的射幸性及保险事故发生的偶然性决定了保险运作过程充满利益纠葛和道德风险，必须有相关的法律法规来规范保险行为，因此世界各国都纷纷出台法律法规予以监管。而今汽车保险已成为我国财产保险中的第一大险种。同时，汽车保险标的价值的重要性以及保险事故的特殊性也决定了汽车保险立法定规的重要性。国家相继出台了《保险法》《道路交通安全法》《中华人民共和国道路交通安全法实施条例》《机动车交通事故责任强制保险条例》等法律法规，汽车保险法律法规体系已初步形成。

7.1.1 《保险法》

1. 修订与施行

《保险法》于1995年6月30日第八届全国人民代表大会常务委员会第十四次会议通过后，于1995年10月1日起施行，后进行了多次修订。根据2002年10月28日第九届全国人民代表大会常务委员会第三十次会议《关于修改〈中华人民共和国保险法〉的规定》第一

次修正。2009 年 2 月 28 日第十一届全国人民代表大会常务委员会第七次会议修订。根据 2014 年 8 月 31 日第十二届全国人民代表大会常务委员会第十次会议《关于修改〈中华人民共和国保险法〉等五部法律的决定》第二次修正。根据 2015 年 4 月 24 日第十二届全国人民代表大会常务委员会第十四次会议《关于修改〈中华人民共和国计量法〉等五部法律的决定》第三次修正。

2. 主要内容

《保险法》分八章一百八十五条。八章分别为总则、保险合同、保险公司、保险经营规则、保险代理人和保险经纪人、保险业监督管理、法律责任、附则。《保险法》是规范保险法律关系的根本法律，也是汽车保险法律体系的核心内容。

(1) 总则

本部分规定了商业保险含义、法律适用地域、经营单位、监管机构等内容。《保险法》主要约束的是商业保险。第二条规定，保险是指投保人根据合同约定，向保险人支付保险费，保险人对于合同约定的可能发生的事故因其发生所造成的财产损失承担赔偿保险金责任，或者当被保险人死亡、伤残、疾病或者达到合同约定的年龄、期限等条件时承担给付保险金责任的商业保险行为。

法律适用地域为中华人民共和国境内。经营商业保险业务的单位必须是依照《保险法》设立的保险公司以及法律、行政法规规定的其他保险组织。对保险业实施监督管理的监管机构为国务院保险监督管理机构，即保险监督管理委员会及其设在各地的派出机构。

(2) 保险合同

本部分规定了保险合同的一般规定及人身保险合同和财产保险合同的分别规定。

①一般规定。规定了保险合同含义、合同成立与生效、合同内容、合同解除、合同解释原则、保险人与投保人违反如实告知义务的后果、保险人与投保人各自的义务、再保险等内容。

保险合同是投保人与保险人约定保险权利义务关系的协议。

合同成立的条件：投保人提出保险要求，经保险人同意承保，并就合同条款达成协议。

合同生效的条件：依法成立的保险合同，自成立时生效；另外，投保人和保险人可以对合同的效力约定附加条件或者附加期限。

合同内容应当包括：保险人名称和住所；投保人、被保险人名称和住所，以及人身保险的受益人的名称和住所；保险标的；保险责任和责任免除；保险期间和保险责任开始时间；保险金额；保险费以及支付办法；保险金赔偿或者给付办法；违约责任和争议处理；订立合同的年、月、日；投保人和保险人就与保险有关的其他事项做出的约定。

合同解除规定：除本法另有规定或者保险合同另有约定外，保险合同成立后，投保人可以解除保险合同，保险人不得解除保险合同。

合同解释原则：对保险人与投保人、被保险人或者受益人有争议的保险合同条款，应当按照通常理解予以解释；对合同条款有两种以上解释的，人民法院或者仲裁机构应当做出有利于被保险人和受益人的解释。

保险人违反如实告知义务的后果是，未作提示或者明确说明的责任免除条款不产生效力。投保人违反如实告知义务的后果是，保险人有权解除保险合同，并对合同解除前发生的保险事故，不承担赔偿或者给付保险金的责任。如果投保人故意未如实告知，不退还保险费，而因重大过失未如实告知的，可退还保险费。

保险人的义务：收到被保险人或者受益人的赔偿或者给付保险金的请求后，应当及时作出核定；情形复杂的，应当在三十日内作出核定，但合同另有约定的除外。保险人应当将核定结果通知被保险人或者受益人；对属于保险责任的，在与被保险人或者受益人达成赔偿或者给付保险金的协议后十日内，履行赔偿或者给付保险金义务。保险合同对赔偿或者给付保险金的期限有约定的，保险人应当按照约定履行赔偿或者给付保险金义务。保险人未及时履行前款规定义务的，除支付保险金外，应当赔偿被保险人或者受益人因此受到的损失。

投保人的义务：当保险事故发生后及时通知保险人；向保险人提供与确认保险事故的性质、原因、损失程度等有关的证明和资料。

再保险是指保险人将其承担的保险业务，以分保形式部分转移给其他保险人。再保险接收人不得向原保险的投保人要求支付保险费。原保险的被保险人或者受益人不得向再保险接收人提出赔偿或者给付保险金的请求。再保险分出人不得以再保险接收人未履行再保险责任为由，拒绝履行或者迟延履行其原保险责任。

②人身保险合同。规定了人身保险合同含义、受益人权利、自杀条款等内容。

人身保险合同是以人的寿命和身体为保险标的的保险合同。

人身保险的受益人由被保险人或者投保人指定。投保人指定受益人时须经被保险人同意。可以指定一人或者数人为受益人。受益人为数人的，被保险人或者投保人可以确定受益顺序和受益份额；未确定受益份额的，受益人按照相等份额享有受益权。

以死亡为给付保险金条件的合同，自成立之日起两年内被保险人自杀的，保险人不承担给付保险金的责任；超过两年的，保险人可以按照合同给付保险金。

③财产保险合同。规定了财产保险合同含义、被保险人义务、超额保险与不足额保险、重复保险、代位原则等内容。

财产保险合同是以财产及其有关利益为保险标的的合同。

被保险人义务：应当遵守国家有关消防、安全、生产操作、劳动保护等方面的规定，维护保险标的的安全；在合同有效期内，保险标的危险程度增加的，被保险人应当及时通知保险人；保险事故发生时，被保险人有责任尽力采取必要的措施，防止或者减少损失。

对超额保险规定：超过保险价值的部分无效。对不足额保险规定：除合同另有约定外，保险人按照保险金额与保险价值的比例承担赔偿责任。

重复保险的投保人应当将重复保险的有关情况通知各保险人。除合同另有约定外，各保险人按照其保险金额与保险金额总和的比例承担赔偿责任。

物上代位的规定：保险人已支付了全部保险赔偿金额，并且保险赔偿金额等于保险价值的，受损保险标的的全部权利归于保险人；保险赔偿金额低于保险价值的，保险人按照保险金额与保险价值的比例取得受损保险标的的部分权利。

权利代位的规定：因第三者对保险标的的损害而造成保险事故的，保险人自向被保险人赔偿保险金之日起，在赔偿金额范围内代位行使被保险人对第三者请求赔偿的权利。

(3)保险公司

本部分规定了保险公司设立条件、营业执照领取等内容。

设立保险公司，应当具备的条件包括：

①主要股东具有持续盈利能力，信誉良好，最近三年内无重大违法违规记录，净资产

不低于人民币二亿元。

②有符合本法和《中华人民共和国公司法》规定的章程。

③有符合本法规定的注册资本。

④有具备任职专业知识和业务工作经验的董事、监事和高级管理人员。

⑤有健全的组织机构和管理制度。

⑥有符合要求的营业场所和与经营业务有关的其他设施。

⑦法律、行政法规和国务院保险监督管理机构规定的其他条件。

经批准设立的保险公司及其分支机构，凭经营保险业务许可证向工商行政管理机关办理登记，领取营业执照。

(4)保险经营规则

本部分规定了保险公司业务范围、资金运用、保险公司员工行为规范等内容。

同一保险人不得同时兼营财产保险业务和人身保险业务。财产保险业务包括财产损失保险、责任保险、信用保险等保险业务；人身保险业务包括人寿保险、健康保险、意外伤害保险等保险业务。但是，经营财产保险业务的保险公司经保险监督管理机构核定，可以经营短期健康保险业务和意外伤害保险业务。

保险公司的资金运用必须稳健，遵循安全性原则。保险公司的资金运用限于下列形式：银行存款；买卖债券、股票、证券投资基金份额等有价证券；投资不动产；国务院规定的其他资金运用形式。

保险公司及其工作人员在保险业务活动中不得有下列行为：欺骗投保人、被保险人或者受益人；对投保人隐瞒与保险合同有关的重要情况；阻碍投保人履行本法规定的如实告知义务，或者诱导其不履行本法规定的如实告知义务；给予或者承诺给予投保人、被保险人、受益人保险合同约定以外的保险费回扣或者其他利益；拒不依法履行保险合同约定的赔偿或者给付保险金义务；故意编造未曾发生的保险事故、虚构保险合同或者故意夸大已经发生的保险事故的损失程度进行虚假理赔，骗取保险金或者牟取其他不正当利益；挪用、截留、侵占保险费；委托未取得合法资格的机构从事保险销售活动；利用开展保险业务为其他机构或者个人牟取不正当利益；利用保险代理人、保险经纪人或者保险评估机构，从事以虚构保险中介业务或者编造退保等方式套取费用等违法活动；以捏造、散布虚假事实等方式损害竞争对手的商业信誉，或者以其他不正当竞争行为扰乱保险市场秩序；泄露在业务活动中知悉的投保人、被保险人的商业秘密；违反法律、行政法规和国务院保险监督管理机构规定的其他行为。

(5)保险代理人和保险经纪人

本部分规定了保险代理人和保险经纪人的相关内容。

保险代理人是根据保险人的委托，向保险人收取佣金，并在保险人授权的范围内代为办理保险业务的机构或者个人。保险代理机构包括专门从事保险代理业务的保险专业代理机构和兼营保险代理业务的保险兼业代理机构。保险代理人根据保险人的授权代办保险业务的行为，由保险人承担责任。保险代理人为保险人代为办理保险业务，有超越代理权限行为，投保人有理由相信其有代理权，并已订立保险合同的，保险人应当承担保险责任；但是保险人可以依法追究越权的保险代理人的责任。

保险经纪人是基于投保人的利益，为投保人与保险人订立保险合同提供中介服务，并依法收取佣金的机构。因保险经纪人在办理保险业务中的过错，给投保人、被保险人造成损失的，由保险经纪人承担赔偿责任。

(6)保险业监督管理

本部分规定了条款与费率的监管及对保险公司监管的方法等内容。

有关保险条款与费率的监管规定：关系社会公众利益的保险险种、依法实行强制保险的险种和新开发的人寿保险险种等的保险条款和保险费率，应当报保险监督管理机构审批；其他保险险种的保险条款和保险费率，应当报保险监督管理机构备案。

对保险公司监管的方法如下：

①保险公司未依照本法规定提取或者结转各项责任准备金，或者未依照本法规定办理再保险，或者严重违反本法关于资金运用的规定的，由保险监督管理机构责令限期改正，并可以责令调整负责人和有关管理人员。

②保险监督管理机构依照本法规定作出限期改正的决定后，保险公司逾期未改正的，国务院保险监督管理机构可以决定选派保险专业人员和指定该保险公司的有关人员组成整顿组，对公司进行整顿。

③在保险公司偿付能力严重不足，或违反本法规定，损害社会公共利益，可能严重危及或者已经严重危及公司的偿付能力的情形下，国务院保险监督管理机构可以对其实行接管。

④被整顿、被接管的保险公司有《中华人民共和国企业破产法》第二条规定情形的，国务院保险监督管理机构可以依法向人民法院申请对该保险公司进行重整或者破产清算。

(7)法律责任

本部分规定了对保险公司、保险中介等存在违法行为的具体处理规定。

(8)附则

本部分规定了保险公司应加入保险行业协会及海上保险、农业保险的适用法律等内容。

保险行业协会是保险业的自律性组织，是社会团体法人。保险公司应当加入保险行业协会。保险代理人、保险经纪人、保险公估机构可以加入保险行业协会。海上保险适用《中华人民共和国海商法》的有关规定；《中华人民共和国海商法》未作规定的，适用本法的有关规定。农业保险由法律、行政法规另行规定。

7.1.2 《机动车交通事故责任强制保险条例》

1. 施行时间

《机动车交通事故责任强制保险条例》自 2006 年 7 月 1 日起在全国范围内施行。国务院分别于 2012 年 3 月 30 日、2012 年 12 月 17 日、2019 年 3 月 2 日对《机动车交通事故责任强制保险条例》进行了修订。2020 年 9 月 10 日，根据《机动车交通事故责任强制保险条例》的有关规定，在广泛征求意见的基础上，银保监会会同公安部、卫生健康委、农业农村部确定了交强险责任限额的调整方案，会同公安部确定了交强险费率浮动系数的调整方案。

2. 主要内容

《机动车交通事故责任强制保险条例》分五章四十六条。五章分别为总则、投保、赔偿、罚则、附则。

(1)总则

本部分规定了投保对象、交强险含义、监管机构等内容。

在中华人民共和国境内道路上行驶的机动车的所有人或者管理人，应当依照《道路交通安全法》的规定投保交强险。国务院保险监督管理机构依法对保险公司的交强险业务实施监督管理。公安机关交通管理部门、农业(农业机械)主管部门应当依法对机动车参加交强险的情况实施监督检查。对未参加交强险的机动车，机动车管理部门不得予以登记，机动车安全技术检验机构不得予以检验。

(2)投保

本部分规定了交强险费率浮动、投保公司、投保告知、投保交费、保险标志、合同解除、合同变更、短期投保等内容。

交强险实行统一的保险条款和基础保险费率。被保险机动车没有发生道路交通安全违法行为和道路交通事故的，保险公司应当在下一年度降低其保险费率。在此后的年度内，被保险机动车仍然没有发生道路交通安全违法行为和道路交通事故的，保险公司应当继续降低其保险费率，直至最低标准。被保险机动车发生道路交通安全违法行为或者道路交通事故的，保险公司应当在下一年度提高其保险费率。多次发生道路交通安全违法行为、道路交通事故，或者发生重大道路交通事故的，保险公司应当加大提高其保险费率的幅度。在道路交通事故中被保险人没有过错的，不提高其保险费率。降低或者提高保险费率的标准，由国务院保险监督管理机构与国务院公安部门制定。

投保人在投保时应当选择具备从事交强险业务资格的保险公司，被选择的保险公司不得拒绝或者拖延承保。

投保人投保时，应当向保险公司如实告知重要事项。重要事项包括机动车的种类、厂牌型号、识别代码、牌照号码、使用性质，机动车所有人或者管理人的姓名(名称)、性别、年龄、住所、身份证或者驾驶证号码(组织机构代码)，续保前该机动车发生事故的情况以及国务院保险监督管理机构规定的其他事项。

签订交强险合同时，投保人应当一次支付全部保险费。

保险公司不得解除交强险合同，但是投保人对重要事项未履行如实告知义务的除外。投保人对重要事项未履行如实告知义务，保险公司解除合同前，应当书面通知投保人，投保人应当自收到通知之日起5日内履行如实告知义务；投保人在上述期限内履行如实告知义务的，保险公司不得解除合同。

投保人不得解除交强险合同，但有下列情形之一的除外：①被保险机动车被依法注销登记的；②被保险机动车办理停驶的；③被保险机动车经公安机关证实丢失的。

合同解除时，保险公司可以收取自保险责任开始之日起至合同解除之日止的保险费，剩余部分的保险费退还投保人。

被保险机动车所有权转移的，应当办理交强险合同变更手续。

有下列情形之一的，投保人可以投保短期交强险：①境外机动车临时入境的；②机动车临时上道路行驶的；③机动车距规定的报废期限不足1年的；④国务院保险监督管理机构规定的其他情形。

(3)赔偿

本部分规定了赔偿范围、垫付抢救费用情形、责任限额种类、赔偿时效等内容。

被保险机动车发生道路交通事故造成本车人员、被保险人以外的受害人人身伤亡、财产损失的，由保险公司依法在交强险责任限额范围内予以赔偿。

有下列情形之一的，保险公司在交强险责任限额范围内垫付抢救费用，并有权向致害人追偿：①驾驶人未取得驾驶资格或者醉酒的；②被保险机动车被盗抢期间肇事的；③被保险人故意制造道路交通事故的。

交强险在全国范围内实行统一的责任限额。责任限额分为死亡伤残赔偿限额、医疗费用赔偿限额、财产损失赔偿限额以及被保险人在道路交通事故中无责任的赔偿限额。

被保险机动车发生道路交通事故，被保险人或者受害人通知保险公司的，保险公司应当立即给予答复，告知被保险人或者受害人具体的赔偿程序等有关事项。被保险机动车发生道路交通事故的，由被保险人向保险公司申请赔偿保险金。保险公司应当自收到赔偿申请之日起 1 日内，书面告知被保险人需要向保险公司提供的与赔偿有关的证明和资料。保险公司应当自收到被保险人提供的证明和资料之日起 5 日内，对是否属于保险责任作出核定，并将结果通知被保险人；对不属于保险责任的，应当书面说明理由；对属于保险责任的，在与被保险人达成赔偿保险金的协议后 10 日内，赔偿保险金。

（4）罚则

本部分规定了保险公司违规、车辆所有人或管理人违规、保险标志使用违规的罚则等内容。

保险公司违反本条例规定，有下列行为之一的，由国务院保险监督管理机构责令改正，处 5 万元以上 30 万元以下罚款；情节严重的，可以限制业务范围、责令停止接受新业务或者吊销经营保险业务许可证：①拒绝或者拖延承保交强险的；②未按照统一的保险条款和基础保险费率从事交强险业务的；③未将交强险业务和其他保险业务分开管理，单独核算的；④强制投保人订立商业保险合同的；⑤违反规定解除交强险合同的；⑥拒不履行约定的赔偿保险金义务的；⑦未按照规定及时支付或者垫付抢救费用的。

机动车所有人、管理人未按照规定投保交强险的，由公安机关交通管理部门扣留机动车，通知机动车所有人、管理人依照规定投保，处依照规定投保最低责任限额应缴纳的保险费的 2 倍罚款。

上道路行驶的机动车未放置保险标志的，公安机关交通管理部门应当扣留机动车，通知当事人提供保险标志或者补办相应手续，可以处警告或者 20 元以上 200 元以下罚款。当事人提供保险标志或者补办相应手续的，应当及时退还机动车。伪造、变造或者使用伪造、变造的保险标志，或者使用其他机动车的保险标志，由公安机关交通管理部门予以收缴，扣留该机动车，处 200 元以上 2000 元以下罚款；构成犯罪的，依法追究刑事责任。

（5）附则

本部分规定了挂车不投保交强险问题、非道路交通事故的处理、特殊车辆交强险事项等内容。

挂车不投保交强险。发生道路交通事故造成人身伤亡、财产损失的，由牵引车投保的保险公司在交强险责任限额范围内予以赔偿；不足的部分，由牵引车方和挂车方依照法律规定承担赔偿责任。

机动车在道路以外的地方通行时发生事故，造成人身伤亡、财产损失的赔偿，比照适用本条例。

中国人民解放军和中国人民武装警察部队在编机动车参加交强险的办法，由中国人民解放军和中国人民武装警察部队另行规定。

7.2 车辆管理相关法律法规

7.2.1 《道路交通安全法》

2003 年 10 月 28 日第十届全国人民代表大会常务委员会第五次会议通过，根据 2007 年 12 月 29 日第十届全国人民代表大会常务委员会第三十一次会议《关于修改〈中华人民共和国道路交通安全法〉的决定》第一次修正，根据 2011 年 4 月 22 日第十一届全国人民代表大会常务委员会第二十次会议《关于修改〈中华人民共和国道路交通安全法〉的决定》第二次修正，根据 2021 年 4 月 29 日第十三届全国人民代表大会常务委员会第二十八次会议《关于修改〈中华人民共和国道路交通安全法〉等八部法律的决定》第三次修正。

《道路交通安全法》共八章一百二十四条，分为总则、车辆和驾驶人(包括机动车、非机动车和机动车驾驶人)、道路通行条件、道路通行规定(包括一般规定、机动车通行规定、非机动车通行规定、行人和乘车人通行规定、高速公路的特别规定)、交通事故处理、执法监督、法律责任、附则八部分。

1. 总则

本部分规定了法律制定、适用对象、交通安全管理部门等内容。

为了维护道路交通秩序，预防和减少交通事故，保护人身安全，保护公民、法人和其他组织的财产安全及其他合法权益，提高通行效率，制定本法。法律适用对象为中华人民共和国境内的车辆驾驶人、行人、乘车人以及与道路交通活动有关的单位和个人。

国务院公安部门负责全国道路交通安全管理工作。县级以上地方各级人民政府公安机关交通管理部门负责本行政区域内的道路交通安全管理工作。

2. 车辆和驾驶人

本部分规定了对车辆管理和对驾驶人管理的内容。

(1)机动车、非机动车

本部分规定了机动车上道路行驶条件、需要办理登记的特殊情形、定期进行安全技术检验、报废情况、典型禁止行为、强制保险制度、非机动车的登记规定等内容。

机动车上道路行驶的条件：首先，经公安机关交通管理部门登记后，机动车方可上道路行驶。尚未登记的机动车，需要临时上道路行驶的，应当取得临时通行牌证。其次，驾驶机动车上道路行驶，应当悬挂机动车号牌，放置检验合格标志、保险标志，并随车携带机动车行驶证。机动车号牌应当按照规定悬挂并保持清晰、完整，不得故意遮挡、污损。

机动车需要办理登记的特殊情形有 4 类：①机动车所有权发生转移的；②机动车登记内容变更的；③机动车用作抵押的；④机动车报废的。

对登记后上道路行驶的机动车，应当依照法律、行政法规的规定，根据车辆用途、载客载货数量、使用年限等不同情况，定期进行安全技术检验。对提供机动车行驶证和交强险单的，机动车安全技术检验机构应当予以检验，任何单位不得附加其他条件。对符合机动车国家安全技术标准的，公安机关交通管理部门应当发给检验合格标志。机动车的安全技术检验实行社会化，任何单位不得要求机动车到指定的场所进行检验。

国家实行机动车强制报废制度，根据机动车的安全技术状况和不同用途，规定不同的报废标准。应当报废的机动车必须及时办理注销登记。达到报废标准的机动车不得上道路，报废的大型客、货车及其他营运车辆应当在公安机关交通管理部门的监督下解体。

任何单位或者个人不得有下列行为：拼装机动车或者擅自改变机动车已登记的结构、构造或者特征；改变机动车型号、发动机号、车架号或者 VIN 码；伪造、变造或者使用伪造、变造的机动车登记证书、号牌、行驶证、检验合格标志、保险标志；使用其他机动车的登记证书、号牌、行驶证、检验合格标志、保险标志。

国家实行机动车第三者责任强制保险制度，设立道路交通事故社会救助基金。

非机动车登记规定：依法应当登记的非机动车，经公安机关交通管理部门登记后，方可上道路行驶。依法应当登记的非机动车种类，由省、自治区、直辖市人民政府根据当地实际情况规定。非机动车的外形尺寸、质量、制动器、车铃和夜间反光装置，应当符合非机动车安全技术标准。

(2)机动车驾驶人

本部分规定了驾驶机动车的资格、驾驶人义务、违规处罚等内容。

驾驶机动车应当依法取得机动车驾驶证。驾驶人应当按照驾驶证载明的准驾车型驾驶机动车；驾驶机动车时，应当随身携带机动车驾驶证。驾驶证必须依照法律、行政法规规定进行定期审验。

驾驶人驾驶机动车上道路行驶前，应当对机动车的安全技术性能进行认真检查；不得驾驶安全设施不全或者机件不符合技术标准等具有安全隐患的机动车。机动车驾驶人应当安全驾驶、文明驾驶。饮酒、服用国家管制的精神药品或者麻醉药品，或者患有妨碍安全驾驶机动车的疾病，或者过度疲劳影响安全驾驶的，不得驾驶机动车。

对机动车驾驶人违反道路交通安全法律、法规的行为，除依法给予行政处罚外，实行累积记分制度。公安机关交通管理部门对累积记分达到规定分值的机动车驾驶人，扣留机动车驾驶证，对其进行道路交通安全法律、法规教育，重新考试；考试合格的，发还其机动车驾驶证。

3. 道路通行条件

本部分规定了道路交通信号、特殊情况下的通行等内容。

全国实行统一的道路交通信号。交通信号包括交通信号灯、交通标志、交通标线和交通警察的指挥。

特殊情况下的通行包括：铁路与道路平面交叉的道口，应当设置警示灯、警示标志或者安全防护设施。道路出现坍塌、坑槽、水毁、隆起等损毁或者交通信号灯、交通标志、交通标线等交通设施损毁、灭失的，道路、交通设施的养护部门或者管理部门应当设置警示标志并及时修复。学校、幼儿园、医院、养老院门前的道路没有行人过街设施的，应当施画人行横道线，设置提示标志。

4. 道路通行规定

本部分对道路通行及机动车、非机动车、行人和乘车人、高速公路通行等分别作出了规定。

①一般规定。规定了道路划分等内容。根据道路条件和通行需要，道路划分为机动车道、非机动车道和人行道的，机动车、非机动车、行人实行分道通行。没有划分机动车道、非机动车道和人行道的，机动车在道路中间通行，非机动车和行人在道路两侧通行。

②机动车通行规定。规定了车辆行驶速度、安全距离、载物与载客等内容。

机动车上道路行驶，不得超过限速标志标明的最高时速。在没有限速标志的路段，应当保持安全车速。夜间行驶或者在容易发生危险的路段行驶，以及遇有沙尘、冰雹、雨、雪、雾、结冰等气象条件时，应当降低行驶速度。同车道行驶的机动车，后车应当与前车保持足以采取紧急制动措施的安全距离。机动车遇有前方车辆停车排队等候或者缓慢行驶时，不得借道超车或者占用对面车道，不得穿插等候的车辆。

在车道减少的路段、路口，或者在没有交通信号灯、交通标志、交通标线或者交通警察指挥的交叉路口遇到停车排队等候或者缓慢行驶时，机动车应当依次交替通行。

机动车通过铁路道口时，应当按照交通信号或者管理人员的指挥通行；没有交通信号或者管理人员的，应当减速或者停车，在确认安全后通过。机动车行经人行横道时，应当减速行驶；遇行人正在通过人行横道，应当停车让行。机动车行经没有交通信号的道路时，遇行人横过道路，应当避让。

机动车载物应当符合核定的载质量，严禁超载；载物的长、宽、高不得违反装载要求，不得遗洒、飘散载运物。机动车运载超限的不可解体的物品，影响交通安全的，应当按照公安机关交通管理部门指定的时间、路线、速度行驶，悬挂明显标志。在公路上运载超限的不可解体的物品，应当依照公路法的规定执行。机动车载运爆炸物品、易燃易爆化学物品以及剧毒、放射性等危险物品，应当经公安机关批准后，按指定的时间、路线、速度行驶，悬挂警示标志并采取必要的安全措施。

机动车载人不得超过核定的人数，客运机动车不得违反规定载货。禁止货运机动车载客。在允许拖拉机通行的道路上，拖拉机可以从事货运，但是不得用于载人。

③非机动车通行规定。规定了电动自行车的行驶时速等内容。非机动车应当在非机动车道内行驶；在没有非机动车道的道路上，应当靠车行道的右侧行驶。残疾人机动轮椅车、电动自行车在非机动车道内行驶时，最高时速不得超过15km。非机动车应当在规定地点停放。未设停放地点的，非机动车停放不得妨碍其他车辆和行人通行。驾驭畜力车，应当使用驯服的牲畜；驾驭畜力车横过道路时，驾驭人应当下车牵引牲畜；驾驭人离开车辆时，应当拴系牲畜。

④行人和乘车人通行规定。规定了行人的允许与禁止行为、乘车人的禁止行为等内容。行人应当在人行道内行走，没有人行道的靠路边行走。行人不得跨越、倚坐道路隔离设施，不得扒车、强行拦车或者实施妨碍道路交通安全的其他行为。

乘车人不得携带易燃易爆等危险物品，不得向车外抛洒物品，不得有影响驾驶人安全驾驶的行为。学龄前儿童以及不能辨认或者不能控制自己行为的精神疾病患者、智力障碍者在道路上通行，应当由其监护人、监护人委托的人或者对其负有管理、保护职责的人带领。盲人在道路上通行，应当使用盲杖或者采取其他导盲手段，车辆应当避让盲人。

⑤高速公路的特别规定。规定了车辆的行驶速度等内容。行人、非机动车、拖拉机、轮式专用机械车。铰接式客车、全挂拖斗车以及其他设计最高车速低于70km/h的机动车，不得进入高速公路。高速公路限速标志标明的最高车速不得超过120km/h。

5. 交通事故处理

本部分规定了事故后驾驶人义务、事故的自行协商处理、事故的认定，事故损害赔偿的争议处理、抢救费用的支付与垫付、责任的确定等内容。

发生交通事故后，车辆驾驶人应当立即停车，保护现场；造成人身伤亡的，车辆驾驶人应当立即抢救受伤人员，并迅速报告执勤的交通警察或者公安机关交通管理部门。因抢救受伤人员变动现场的，应当标明位置。乘车人、过往车辆驾驶人、过往行人应当予以协助。

在道路上发生交通事故，未造成人身伤亡，当事人对事实和成因无争议的，可以即行撤离现场，恢复交通，自行协商处理损害赔偿事宜；不即行撤离现场的，应当迅速报告执勤的交通警察或者公安机关交通管理部门。在道路上发生交通事故，仅造成轻微财产损失，并且基本事实清楚的，当事人应当先撤离现场再进行协商处理。

公安机关交通管理部门应当对交通事故现场进行勘验、检查，收集证据；并根据交通事故现场勘验、检查、调查情况和有关的检验、鉴定结论，及时制作交通事故认定书，作为处理交通事故的证据。交通事故认定书应当载明交通事故的基本事实、成因和当事人的责任。

对交通事故损害赔偿的争议，当事人可以请求公安机关交通管理部门调解，也可以直接向人民法院提起民事诉讼。经公安机关交通管理部门调解，当事人未达成协议或者调解书生效后不履行的，当事人可以向人民法院提起民事诉讼。

对交通事故中受伤人员的抢救费用，如果肇事车辆参加机动车第三者责任强制保险，则由保险公司在责任限额范围内支付抢救费用；抢救费用超过责任限额的，未参加机动车第三者责任强制保险或者肇事后逃逸的，由道路交通事故社会救助基金先行垫付部分或者全部抢救费用，道路交通事故社会救助基金管理机构有权向交通事故责任人追偿。

机动车发生交通事故造成人身伤亡、财产损失的，由保险公司在机动车第三者责任强制保险责任限额范围内予以赔偿；不足的部分，按照下列规定承担赔偿责任：机动车之间发生交通事故的，由有过错一方承担赔偿责任；双方都有过错的，按照各自过错的比例分担责任。机动车与非机动车驾驶人、行人之间发生交通事故，非机动车驾驶人、行人没有过错的，由机动车一方承担赔偿责任；有证据证明非机动车驾驶人、行人有过错的，根据过错程度适当减轻机动车一方的赔偿责任；机动车一方没有过错的，承担不超过10%的赔偿责任。交通事故的损失是非机动车驾驶人、行人故意碰撞机动车造成的，机动车一方不承担赔偿责任。

6. 其他部分

执法监督部分规定了公安机关交通管理部门的执法行为和具体监督等内容。

法律责任部分规定了驾驶人违规的处罚、车辆违规处理等内容。对道路交通安全违法行为的处罚包括警告、罚款、暂扣或者吊销机动车驾驶证、拘留。

驾驶人有饮酒行为的处罚规定：饮酒后驾驶机动车的，处暂扣六个月机动车驾驶证，并处一千元以上二千元以下罚款。因饮酒后驾驶机动车被处罚，再次饮酒后驾驶机动车的，处十日以下拘留，并处一千元以上二千元以下罚款，吊销机动车驾驶证。醉酒驾驶机动车的，由公安机关交通管理部门约束至酒醒，吊销机动车驾驶证，依法追究刑事责任；五年内不得重新取得机动车驾驶证。饮酒后驾驶营运机动车的，处十五日拘留，并处五千元罚款，吊销机动车驾驶证，五年内不得重新取得机动车驾驶证。醉酒驾驶营运机动车的，由公安机关交通管理部门约束至酒醒，吊销机动车驾驶证，依法追究刑事责任；十年内不得重新取得机动车驾驶证，重新取得机动车驾驶证后，不得驾驶营运机动车。饮酒后或者醉酒驾驶机动车发生重大交通事故，构成犯罪的，依法追究刑事责任，并由公安机关交通管理部门吊销机动车驾驶证，终生不得重新取得机动车驾驶证。

附则部分规定了术语的含义、军队车辆、武警车辆、拖拉机的管理等内容。

7.2.2 《中华人民共和国道路交通安全法实施条例》

《中华人民共和国道路交通安全法实施条例》是国务院根据《道路交通安全法》制定的，于2004年4月28日国务院第49次常务会议通过，2004年4月30日公布，自2004年5月1日起施行。根据2017年10月7日《国务院关于修改部分行政法规的决定》第一次修订。

《中华人民共和国道路交通安全法实施条例》共八章一百一十五条。八章分别为总则、车辆和驾驶人(包括两节：机动车、机动车驾驶人)、道路通行条件、道路通行规定(包括五节：一般规定、机动车通行规定、非机动车通行规定、行人和乘车人通行规定、高速公路的特别规定)、交通事故处理、执法监督、法律责任、附则。此处只对条例比《道路交通安全法》规定细化的内容进行说明。

1. 机动车

本部分规定了机动车登记种类及相关事项、汽车强制报废制度、行驶记录仪配备、车辆安全技术检验等内容。

国家对机动车实行登记制度。机动车的登记，分为注册登记、变更登记、转移登记、抵押登记和注销登记。已注册登记的机动车有下列情形之一的，机动车所有人应当向登记该机动车的公安机关交通管理部门申请变更登记：①改变机动车车身颜色的；②更换发动机的；③更换车身或者车架的；④因质量有问题，制造厂更换整车的；⑤营运机动车改为非营运机动车或者非营运机动车改为营运机动车的；⑥机动车所有人的住所迁出或者迁入公安机关交通管理部门管辖区域的。

已注册登记的机动车达到国家规定的强制报废标准的，公安机关交通管理部门应当在报废期满的2个月前通知机动车所有人办理注销登记。机动车所有人应当在报废期满前将机动车交售给机动车回收企业，由机动车回收企业将报废的机动车登记证书、号牌、行驶证交公安机关交通管理部门注销。机动车所有人逾期不办理注销登记的，公安机关交通管理部门应当公告该机动车登记证书、号牌、行驶证作废。因机动车灭失申请注销登记的，机动车所有人应当向公安机关交通管理部门提交本人身份证明，交回机动车登记证书。

用于公路营运的载客汽车、重型载货汽车、半挂牵引车应当安装、使用符合国家标准的行驶记录仪。交通警察可以对机动车行驶速度、连续驾驶时间以及其他行驶状态信息进行检查。安装行驶记录仪可以分步实施，实施步骤由国务院机动车产品主管部门会同有关部门规定。

机动车应当从注册登记之日起，按照下列期限进行安全技术检验：①营运载客汽车五年以内每年检验一次；超过五年的，每六个月检验一次；②载货汽车和大型、中型非营运载客汽车十年以内每年检验一次；超过十年的，每六个月检验一次；③小型、微型非营运载客汽车六年以内每两年检验一次；超过六年的，每年检验一次，超过十五年的，每六个月检验一次；④摩托车四年以内每两年检验一次；超过四年的，每年检验一次；⑤拖拉机和其他机动车每年检验一次。

2. 机动车驾驶人

本部分规定了机动车驾驶证的有效期、驾驶人在实习期内不能驾车的情形等内容。

机动车驾驶证的有效期为六年。机动车驾驶人在机动车驾驶证的六年有效期内，每个记分周期均未达到12分的，换发十年有效期的机动车驾驶证；在机动车驾驶证的十年有效期内，每个记分周期均未达到12分的，换发长期有效的机动车驾驶证。换发机动车驾驶证时，公安机关交通管理部门应当对机动车驾驶证进行审验。

机动车驾驶人初次申领机动车驾驶证后的 12 个月为实习期。在实习期内驾驶机动车的，应当在车身后部粘贴或者悬挂统一式样的实习标志。

机动车驾驶人在实习期内不得驾驶公共汽车、营运客车或者执行任务的警车、消防车、救护车、工程救险车以及载有爆炸物品、易燃易爆化学物品、剧毒或者放射性等危险物品的机动车；驾驶的机动车不得牵引挂车。

机动车驾驶证丢失、损毁，机动车驾驶人申请补发的，应当向公安机关交通管理部门提交本人身份证明和申请材料。公安机关交通管理部门经与机动车驾驶证档案核实后，在收到申请之日起三日内补发。机动车驾驶人在机动车驾驶证丢失、损毁、超过有效期或者被依法扣留、暂扣期间以及记分达到 12 分的，不得驾驶机动车。

3. 机动车通行规定

本部分规定了机动车载物、载人、牵引挂车、牵引故障机动车以及漫水路段安全行驶等内容。

(1)机动车载物规定

机动车载物不得超过机动车行驶证上核定的载质量，装载长度、宽度不得超出车厢，并应当遵守下列规定：①重型、中型载货汽车，半挂车载物，高度从地面起不得超过 4m，载运集装箱的车辆不得超过 4.2m；②其他载货的机动车载物，高度从地面起不得超过 2.5m；③摩托车载物，高度从地面起不得超过 1.5m，长度不得超出车身 0.2m。两轮摩托车载物宽度左右各不得超出车把 0.15m；三轮摩托车载物宽度不得超过车身。载客汽车除车身外部的行李架和内置的行李箱外，不得载货。载客汽车行李架载货，从车顶起高度不得超过 0.5m，从地面起高度不得超过 4m。

(2)机动车载人规定

机动车载人应当遵守下列规定：①公路载客汽车不得超过核定的载客人数，但按照规定免票的儿童除外，在载客人数已满的情况下，按照规定免票的儿童不得超过核定载客人数的 10%；②载货汽车车厢不得载客。在城市道路上，货运机动车在留有安全位置的情况下，车厢内可以附载临时作业人员 1 人至 5 人；载物高度超过车厢栏板时，货物上不得载人；③摩托车后座不得乘坐未满 12 周岁的未成年人，轻便摩托车不得载人。

(3)机动车牵引挂车规定

机动车牵引挂车应当符合下列规定：①载货汽车、半挂牵引车、拖拉机只允许牵引 1 辆挂车。挂车的灯光信号、制动、连接、安全防护等装置应当符合国家标准；②小型载客汽车只允许牵引旅居挂车或者总质量 700kg 以下的挂车。挂车不得载人；③载货汽车所牵引挂车的载质量不得超过载货汽车本身的载质量。大型、中型载客汽车，低速载货汽车，三轮汽车以及其他机动车不得牵引挂车。

(4)牵引故障机动车规定

牵引故障机动车应当遵守下列规定：①被牵引的机动车除驾驶人外不得载人，不得拖带挂车；②被牵引的机动车宽度不得大于牵引机动车的宽度；③使用软连接牵引装置时，牵引车与被牵引车之间的距离应当大于 4m 小于 10m；④对制动失效的被牵引车，应当使用硬连接牵引装置牵引；⑤牵引车和被牵引车均应当开启危险报警闪光灯。汽车吊车和轮式专用机械车不得牵引车辆。摩托车不得牵引车辆或者被其他车辆牵引。转向或者照明、信号装置失效的故障机动车，应当使用专用清障车拖曳。

机动车行经漫水路或者漫水桥时，应当停车察明水情，确认安全后，低速通过。

4. 附则

本部分规定了拖拉机的管理等内容。

农业(农业机械)主管部门应当定期向公安机关交通管理部门提供拖拉机登记、安全技术检验以及拖拉机驾驶证发放的资料、数据。公安机关交通管理部门对拖拉机驾驶人作出暂扣、吊销驾驶证处罚或者记分处理的，应当定期将处罚决定书和记分情况通报有关的农业(农业机械)主管部门。吊销驾驶证的，还应当将驾驶证送交有关的农业(农业机械)主管部门。

7.2.3 《民法典》侵权责任编

2020年5月28日，第十三届全国人民代表大会第三次会议表决通过了《民法典》，自2021年1月1日起施行。婚姻法、继承法、民法通则、收养法、担保法、合同法、物权法、侵权责任法、民法总则同时废止。《民法典》被称为“社会生活的百科全书”，是新中国第一部以法典命名的法律，在法律体系中居于基础性地位，也是市场经济的基本法。

《民法典》共七编一千二百六十条，各编依次为总则、物权、合同、人格权、婚姻家庭、继承、侵权责任，以及附则。通篇贯穿以人民为中心的发展思想，着眼满足人民对美好生活的需要，对公民的人身权、财产权、人格权等作出明确翔实的规定，并规定侵权责任，明确权利受到削弱、减损、侵害时的请求权和救济权等，体现了对人民权利的充分保障，被誉为“新时代人民权利的宣言书”。在此只对第七编侵权责任的第五章机动车交通事故责任部分进行说明。

因租赁、借用等情形机动车所有人、管理人与使用人不是同一人时，发生交通事故造成损害，属于该机动车一方责任的，由机动车使用人承担赔偿责任；机动车所有人、管理人对损害的发生有过错的，承担相应的赔偿责任。

当事人之间已经以买卖或者其他方式转让并交付机动车但是未办理登记，发生交通事故造成损害，属于该机动车一方责任的，由受让人承担赔偿责任。

以挂靠形式从事道路运输经营活动的机动车，发生交通事故造成损害，属于该机动车一方责任的，由挂靠人和被挂靠人承担连带责任。

未经允许驾驶他人机动车，发生交通事故造成损害，属于该机动车一方责任的，由机动车使用人承担赔偿责任；机动车所有人、管理人对损害的发生有过错的，承担相应的赔偿责任，但是本章另有规定的除外。

机动车发生交通事故造成损害，属于该机动车一方责任的，先由承保机动车强制保险的保险人在强制保险责任限额范围内予以赔偿；不足部分，由承保机动车商业保险的保险人按照保险合同的约定予以赔偿；仍然不足或者没有投保机动车商业保险的，由侵权人赔偿。

以买卖或者其他方式转让拼装或者已经达到报废标准的机动车，发生交通事故造成损害的，由转让人和受让人承担连带责任。

盗窃、抢劫或者抢夺的机动车发生交通事故造成损害的，由盗窃人、抢劫人或者抢夺人承担赔偿责任。盗窃人、抢劫人或者抢夺人与机动车使用人不是同一人，发生交通事故造成损害，属于该机动车一方责任的，由盗窃人、抢劫人或者抢夺人与机动车使用人承担连带责任。保险人在机动车强制保险责任限额范围内垫付抢救费用的，有权向交通事故责任人追偿。

机动车驾驶人发生交通事故后逃逸，该机动车参加强制保险的，由保险人在机动车强制保险责任限额范围内予以赔偿；机动车下落不明、该机动车未参加强制保险或者抢救费用超过机动车强制保险责任限额，需要支付被侵权人人身伤亡的抢救、丧葬等费用的，由道路交通事故社会救助基金垫付。道路交通事故社会救助基金垫付后，其管理机构有权向交通事故责任人追偿。

非营运机动车发生交通事故造成无偿搭乘人损害，属于该机动车一方责任的，应当减轻其赔偿责任，但是机动车使用人有故意或者重大过失的除外。

7.2.4 《最高人民法院关于审理道路交通事故损害赔偿案件适用法律若干问题的解释》

《最高人民法院关于审理道路交通事故损害赔偿案件适用法律若干问题的解释》是2012年9月最高法院通过的规范性文件。该解释已于2020年12月23日随《最高人民法院关于修改〈最高人民法院关于在民事审判工作中适用《中华人民共和国工会法》若干问题的解释〉等二十七件民事类司法解释的决定》由最高人民法院审判委员会第1823次会议通过，自2021年1月1日起施行。此解释主要根据《民法典》《道路交通安全法》《保险法》《中华人民共和国民事诉讼法》等法律的规定，结合审判实践制定。

《最高人民法院关于审理道路交通事故损害赔偿案件适用法律若干问题的解释》分为主体责任、赔偿范围、责任承担、程序、范围五个部分共二十六条。

1. 主体责任

机动车发生交通事故造成损害，机动车所有人或者管理人有下列情形之一，人民法院应当认定其对损害的发生有过错，并适用《民法典》第一千二百零九条的规定确定其相应的赔偿责任：①知道或者应当知道机动车存在缺陷，且该缺陷是交通事故发生原因之一的；②知道或者应当知道驾驶人无驾驶资格或者未取得相应驾驶资格的；③知道或者应当知道驾驶人因饮酒、服用国家管制的精神药品或者麻醉药品，或者患有妨碍安全驾驶机动车的疾病等依法不能驾驶机动车的；④其他应当认定机动车所有人或者管理人有过错的。

被多次转让但是未办理登记的机动车发生交通事故造成损害，属于该机动车一方责任，当事人请求由最后一次转让并交付的受让人承担赔偿责任的，人民法院应予支持。

套牌机动车发生交通事故造成损害，属于该机动车一方责任，当事人请求由套牌机动车的所有人或者管理人承担赔偿责任的，人民法院应予支持；被套牌机动车所有人或者管理人同意套牌的，应当与套牌机动车的所有人或者管理人承担连带责任。

拼装车、已达到报废标准的机动车或者依法禁止行驶的其他机动车被多次转让，并发生交通事故造成损害，当事人请求由所有的转让人和受让人承担连带责任的，人民法院应予支持。

接受机动车驾驶培训的人员，在培训活动中驾驶机动车发生交通事故造成损害，属于该机动车一方责任，当事人请求驾驶培训单位承担赔偿责任的，人民法院应予支持。

机动车试乘过程中发生交通事故造成试乘人损害，当事人请求提供试乘服务者承担赔偿责任的，人民法院应予支持。试乘人有过错的，应当减轻提供试乘服务者的赔偿责任。

因道路管理维护缺陷导致机动车发生交通事故造成损害，当事人请求道路管理者承担相应赔偿责任的，人民法院应予支持。但道路管理者能够证明已经依照法律、法规、规章

的规定，或者按照国家标准、行业标准、地方标准的要求尽到安全防护、警示等管理维护义务的除外。依法不得进入高速公路的车辆、行人，进入高速公路发生交通事故造成自身损害，当事人请求高速公路管理者承担赔偿责任的，适用《民法典》第一千二百四十三条的规定。

未按照法律、法规、规章或者国家标准、行业标准、地方标准的强制性规定设计、施工，致使道路存在缺陷并造成交通事故，当事人请求建设单位与施工单位承担相应赔偿责任的，人民法院应予支持。

机动车存在产品缺陷导致交通事故造成损害，当事人请求生产者或者销售者依照民法典第七编第四章的规定承担赔偿责任的，人民法院应予支持。

多辆机动车发生交通事故造成第三人损害，当事人请求多个侵权人承担赔偿责任的，人民法院应当区分不同情况，依照《民法典》第一千一百七十条、第一千一百七十一条、第一千一百七十二条的规定，确定侵权人承担连带责任或者按份责任。

2. 赔偿范围

本部分规定了人身伤亡和财产损失的主要概念。因道路交通事故造成下列财产损失，当事人请求侵权人赔偿的，人民法院应予支持：①维修被损坏车辆所支出的费用、车辆所载物品的损失、车辆施救费用；②因车辆灭失或者无法修复，为购买交通事故发生时与被损坏车辆价值相当的车辆重置费用；③依法从事货物运输、旅客运输等经营性活动的车辆，因无法从事相应经营活动所产生的合理停运损失；④非经营性车辆因无法继续使用，所产生的通常替代性交通工具的合理费用。

3. 责任承担

同时投保交强险和第三者责任保险的机动车发生交通事故造成损害，当事人同时起诉侵权人和保险公司的，人民法院应当依照《民法典》第一千二百一十三条的规定，确定赔偿责任。被侵权人或者其近亲属请求承保交强险的保险公司优先赔偿精神损害的，人民法院应予支持。

投保人允许的驾驶人驾驶机动车致使投保人遭受损害，当事人请求承保交强险的保险公司在责任限额范围内予以赔偿的，人民法院应予支持，但投保人为本车上人员的除外。

有下列情形之一导致第三人人身损害，当事人请求保险公司在交强险责任限额范围内予以赔偿，人民法院应予支持：①驾驶人未取得驾驶资格或者未取得相应驾驶资格的；②醉酒、服用国家管制的精神药品或者麻醉药品后驾驶机动车发生交通事故的；③驾驶人故意制造交通事故的。

保险公司在赔偿范围内向侵权人主张追偿权的，人民法院应予支持。追偿权的诉讼时效期间自保险公司实际赔偿之日起计算。

未依法投保交强险的机动车发生交通事故造成损害，当事人请求投保义务人在交强险责任限额范围内予以赔偿的，人民法院应予支持。投保义务人和侵权人不是同一人，当事人请求投保义务人和侵权人在交强险责任限额范围内承担相应责任的，人民法院应予支持。

具有从事交强险业务资格的保险公司违法拒绝承保、拖延承保或者违法解除交强险合同，投保义务人在向第三人承担赔偿责任后，请求该保险公司在交强险责任限额范围内承担相应赔偿责任的，人民法院应予支持。

多辆机动车发生交通事故造成第三人损害，损失超出各机动车交强险责任限额之和的，由各保险公司在各自责任限额范围内承担赔偿责任；损失未超出各机动车交强险责任限额之和，当事人请求由各保险公司按照其责任限额与责任限额之和的比例承担赔偿责任的，人民法院应予支持。依法分别投保交强险的牵引车和挂车连接使用时发生交通事故造成第三人损害，当事人请求由各保险公司在各自的责任限额范围内平均赔偿的，人民法院应予支持。多辆机动车发生交通事故造成第三人损害，其中部分机动车未投保交强险，当事人请求先由已承保交强险的保险公司在责任限额范围内予以赔偿的，人民法院应予支持。保险公司就超出其应承担的部分向未投保交强险的投保义务人或者侵权人行使追偿权的，人民法院应予支持。

同一交通事故的多个被侵权人同时起诉的，人民法院应当按照各被侵权人的损失比例确定交强险的赔偿数额。

机动车所有权在交强险合同有效期内发生变动，保险公司在交通事故发生后，以该机动车未办理交强险合同变更手续为由主张免除赔偿责任的，人民法院不予支持。

机动车在交强险合同有效期内发生改装、使用性质改变等导致危险程度增加的情形，发生交通事故后，当事人请求保险公司在责任限额范围内予以赔偿的，人民法院应予支持。前款情形下，保险公司另行起诉请求投保义务人按照重新核定后的保险费标准补足当期保险费的，人民法院应予支持。

当事人主张交强险人身伤亡保险金请求权转让或者设定担保的行为无效的，人民法院应予支持。

4. 程序

人民法院审理道路交通事故损害赔偿案件，应当将承保交强险的保险公司列为共同被告，但该保险公司已经在交强险责任限额范围内予以赔偿且当事人无异议的除外。人民法院审理道路交通事故损害赔偿案件，当事人请求将承保第三者责任保险的保险公司列为共同被告的，人民法院应予准许。

被侵权人因道路交通事故死亡，无近亲属或者近亲属不明，未经法律授权的机关或者有关组织向人民法院起诉主张死亡赔偿金的，人民法院不予受理。侵权人以已向未经法律授权的机关或者有关组织支付死亡赔偿金为理由，请求保险公司在交强险责任限额范围内予以赔偿的，人民法院不予支持。被侵权人因道路交通事故死亡，无近亲属或者近亲属不明，支付被侵权人医疗费、丧葬费等合理费用的单位或者个人，请求保险公司在交强险责任限额范围内予以赔偿的，人民法院应予支持。

公安机关交通管理部门制作的交通事故认定书，人民法院应依法审查并确认其相应的证明力，但有相反证据推翻的除外。

7.2.5 《道路交通事故处理程序规定》

《道路交通事故处理程序规定》自 2009 年 1 月 1 日起施行，于 2017 年 7 月 22 日修订，修订版自 2018 年 5 月 1 日起施行。

《道路交通事故处理程序规定》共十二章一百一十四条。十二章分别为总则、管辖、报警和受案、自行协商、简易程序、调查(包一般规定，现场处置和调查，交通肇事逃逸查缉，检验、鉴定)、认定与复核(包括道路交通事故认定、复核)、处罚执行、损害赔偿调解、涉外道路交通事故处理、执法监督、附则。部分内容简介如下：

1. 总则

本部分规定了法规制定目的、处理交通事故的原则、道路交通事故的分类和处理道路交通事故的交警应具备资格等内容。

为了规范道路交通事故处理程序，保障公安机关交通管理部门依法履行职责，保护道路交通事故当事人的合法权益，根据《道路交通安全法》及其实施条例等有关法律、行政法规，制定《道路交通事故处理程序规定》。

处理道路交通事故，应当遵循合法、公正、公开、便民、效率的原则，尊重和保障人权，保护公民的人格尊严。

道路交通事故分为财产损失事故、伤人事故和死亡事故。财产损失事故是指造成财产损失，尚未造成人员伤亡的道路交通事故。伤人事故是指造成人员受伤，尚未造成人员死亡的道路交通事故。死亡事故是指造成人员死亡的道路交通事故。

交通警察经过培训并考试合格，可以处理适用简易程序的道路交通事故。处理伤人事故，应当由具有道路交通事故处理初级以上资格的交通警察主办。处理死亡事故，应当由具有道路交通事故处理中级以上资格的交通警察主办。

2. 报警和受案

本部分规定了道路交通事故当事人应当报警的情形和现场未报警而事后又报警处理的情形等内容。

发生死亡事故、伤人事故的，或者发生财产损失事故且有下列情形之一的当事人应当保护现场并立即报警：①驾驶人无有效机动车驾驶证或者驾驶的机动车与驾驶证载明的准驾车型不符的；②驾驶人有饮酒、服用国家管制的精神药品或者麻醉药员嫌疑的；③驾驶人有从事校车业务或者旅客运输，严重超过额定乘员载客，或者严重超过规定时速行驶嫌疑的；④机动车无号牌或者使用伪造、变造的号牌的；⑤当事人不能自行移动车辆的；⑥一方当事人离开现场的；⑦有证据证明事故是由一方故意造成的。

发生道路交通事故后当事人未报警，在事故现场撤除后，当事人又报警请求公安机关交通管理部门处理的，公安机关交通管理部门应当按照本规定第十六条规定的记录内容予以记录，并在三日内作出是否接受案件的决定。经核查道路交通事故事实存在的，公安机关交通管理部门应当受理，制作受案登记表；经核查无法证明道路交通事故事实存在，或者不属于公安机关交通管理部门管辖的，应当书面告知当事人，并说明理由。

3. 自行协商

本部分规定了自行协商的适用等内容。

机动车与机动车、机动车与非机动车发生财产损失事故，当事人应当在确保安全的原则下，采取现场拍照或者标划事故车辆现场位置等方式固定证据后，立即撤离现场，将车辆移至不妨碍交通的地点，再协商处理损害赔偿事宜。非机动车与非机动车或者行人发生财产损失事故，当事人应当先撤离现场，再协商处理损害赔偿事宜。

当事人自行协商达成协议的，制作道路交通事故自行协商协议书，并共同签名。道路交通事故自行协商协议书应当载明事故发生的时间、地点、天气、当事人姓名、驾驶证号或者身份证号、联系方式、机动车种类和号牌号码、保险公司、保险凭证号，事故形态、碰撞部位、当事人的责任等内容。

当事人自行协商达成协议的，可以按照下列方式履行道路交通事故损害赔偿：①当事人自行赔偿；②到投保的保险公司或者道路交通事故保险理赔服务场所办理损害赔偿事宜。当事人自行协商达成协议后未履行的，可以申请人民调解委员会调解或者向人民法院提起民事诉讼。

4. 简易程序

本部分规定了简易程序的适用等内容。

公安机关交通管理部门可以适用简易程序处理以下道路交通事故，但有交通肇事、危险驾驶犯罪嫌疑的除外：①财产损失事故；②受伤当事人伤势轻微，各方当事人一致同意适用简易程序处理的伤人事故。适用简易程序的，可以由一名交通警察处理。

5. 调查

本部分规定了道路交通事故调查的交警数量、非道路交通事故的处理、抢救费用垫付等内容。

除简易程序外，公安机关交通管理部门对道路交通事故进行调查时，交通警察不得少于二人。公安机关交通管理部门经过现场调查认为不属于其管辖的，应当书面通知当事人并将案件移送有关部门，或者告知当事人处理途径。

投保交强险的车辆发生道路交通事故，因抢救受伤人员需要保险公司支付抢救费用的，公安机关交通管理部门应当书面通知保险公司。抢救受伤人员需要道路交通事故社会救助基金垫付费用的，公安机关交通管理部门应当书面通知道路交通事故社会救助基金管理机构。

6. 认定与复核

本部分规定了道路交通事故责任判定依据和道路交通事故认定书等内容。

公安机关交通管理部门应当根据当事人的行为对发生道路交通事故所起的作用以及过错的严重程度，确定当事人的责任。

①因一方当事人的过错导致道路交通事故的，承担全部责任。

②因两方或者两方以上当事人的过错发生道路交通事故的，根据其行为对事故发生的作用以及过错的严重程度，分别承担主要责任、同等责任和次要责任。

③各方均无导致道路交通事故的过错，属于交通意外事故的，各方均无责任；一方当事人故意造成道路交通事故的，他方无责任。

公安机关交通管理部门应当制作道路交通事故认定书。道路交通事故认定书应当载明以下内容：①道路交通事故当事人、车辆、道路和交通环境等基本情况；②道路交通事故发生经过；③道路交通事故证据及事故形成原因分析；④当事人导致道路交通事故的过错及责任或者意外原因；⑤作出道路交通事故认定的公安机关交通管理部门名称和日期。道路交通事故认定书应当由交通警察签名或者盖章，加盖公安机关交通管理部门道路交通事故处理专用章，分别送达当事人，并告知申请复核、调解和提起民事诉讼的权利、期限。

7. 损害赔偿调解

本部分规定了损害赔偿调解日期和程序等内容。

公安机关交通管理部门应当按照下列规定日期开始调解，并于10日内制作道路交通事故损害赔偿调解书或者道路交通事故损害赔偿调解终结书：

①造成人员死亡的，从规定的办理丧葬事宜时间结束之日起；②造成人员受伤的，从

治疗终结之日起；③因伤致残的，从定残之日起；④造成财产损失的，从确定损失之日起。

交通警察调解道路交通事故损害赔偿，按照下列程序实施：①告知各方当事人权利、义务；②听取各方当事人的请求及理由；③根据道路交通事故认定书认定的事实以及《道路交通安全法》第七十六条的规定，确定当事人承担的损害赔偿责任；④计算损害赔偿的数额，确定各方当事人承担的比例，人身损害赔偿的标准按照《民法典》《最高人民法院关于审理人身损害赔偿案件适用法律若干问题的解释》《最高人民法院关于审理道路交通事故损害赔偿案件适用法律若干问题的解释》等有关规定执行，财产损失的修复费用、折价赔偿费用按照实际价值或者评估机构的评估结论计算；⑤确定赔偿履行方式及期限。

8. 附则

本部分规定了道路交通事故处理资格等级管理规定、车辆发生非道路交通事故的处理、法律文书式样等内容。

道路交通事故处理资格等级管理规定由公安部另行制定，资格证书式样全国统一。

车辆在道路以外通行时发生的事故，公安机关交通管理部门接到报案的，参照本规定处理。本规定所需要的法律文书式样，由公安部制定。公安部没有制定式样，执法工作中需要的其他法律文书，省级公安机关可以制定式样。当事人自行协商处理损害赔偿事宜的，可以自行制作协议书，但应当符合本规定中关于协议书内容的规定。

7.2.6 《机动车驾驶证申领和使用规定》

《机动车驾驶证申领和使用规定》是为了规范机动车驾驶证申领和使用，保障道路交通安全，保护公民、法人和其他组织的合法权益，根据《道路交通安全法》及其实施条例、《中华人民共和国行政许可法》制定的规定。2004 年 4 月 30 日，公安部部长办公会议通过《机动车驾驶证申领和使用规定》，自 2004 年 5 月 1 日起施行。2009 年 11 月 21 日，公安部部长办公会议通过《公安部关于修改〈机动车驾驶证申领和使用规定〉的决定》，自 2010 年 4 月 1 日起施行。2012 年 8 月 21 日，公安部部长办公会议通过修订后的《机动车驾驶证申领和使用规定》，自 2013 年 1 月 1 日起施行，第五章第四节自发布之日起施行。2021 年 12 月 4 日，公安部第 8 次部务会议审议通过修订后的《机动车驾驶证申领和使用规定》，自 2022 年 4 月 1 日起施行。

《机动车驾驶证申领和使用规定》分七章一百一十一条。七章分别为总则，机动车驾驶证申请(包括机动车驾驶证、申请)，机动车驾驶人考试(包括考试内容和合格标准、考试要求、考试监督管理)，发证、换证、补证，机动车驾驶人管理(包括审验、监督管理、校车驾驶人管理)，法律责任，附则。

1. 总则

本部分规定了实施部门、驾驶证业务管理等内容。

车辆管理所办理机动车驾驶证业务。公安机关交通管理部门应当在互联网上发布信息，便于群众查阅办理机动车驾驶证的有关规定，查询驾驶证使用状态、交通违法及记分等情况，下载、使用有关表格。车辆管理所应当使用全国统一的计算机管理系统办理机动车驾驶证业务、核发机动车驾驶证。计算机管理系统的数据库标准和软件全国统一。

2. 机动车驾驶证申请

本部分规定了驾驶证相关事项及其申请的内容。

(1)机动车驾驶证

机动车驾驶人准予驾驶的车型顺序依次分为大型客车、重型牵引挂车、城市公交车、中型客车、大型货车、小型汽车、小型自动挡汽车、低速载货汽车、三轮汽车、残疾人专用小型自动挡载客汽车、轻型牵引挂车、普通三轮摩托车、普通二轮摩托车、轻便摩托车、轮式专行机械车、无轨电车和有轨电车(见表 7-1)。

机动车驾驶证内容：①机动车驾驶人信息：姓名、性别、出生日期、国籍、住址、身份证明号码(机动车驾驶证号码)、照片；②车辆管理所签注内容：初次领证日期、准驾车型代号、有效期限、核发机关印章、档案编号。

表 7-1　准驾车型及代号

<table>
<tr><th>准驾车型</th><th>代号</th><th>准驾的车辆</th><th>准予驾驶的其他准驾车型</th></tr>
<tr><td>大型客车</td><td>A1</td><td>大型载客汽车</td><td>A3、B1、B2、C1、C2、C3、C4、M</td></tr>
<tr><td>重型牵引挂车</td><td>A2</td><td>总质量大于 4500kg 的汽车列车</td><td>B1、B2、C1、C2、C3、C4、C6、M</td></tr>
<tr><td>城市公交车</td><td>A3</td><td>核载 10 人以上的城市公共汽车</td><td>C1、C2、C3、C4</td></tr>
<tr><td>中型客车</td><td>B1</td><td>中型载客汽车(含核载 10 人以上、19 人以下的城市公共汽车)</td><td rowspan="2">C1、C2、C3、C4、M</td></tr>
<tr><td>大型货车</td><td>B2</td><td>重型、中型载货汽车；重型、中型专项作业车</td></tr>
<tr><td>小型汽车</td><td>C1</td><td>小型、微型载客汽车以及轻型、微型载货汽车；轻型、微型专项作业车</td><td>C2、C3、C4</td></tr>
<tr><td>小型自动挡汽车</td><td>C2</td><td>小型、微型自动挡载客汽车以及轻型、微型自动挡载货汽车；轻型、微型自动挡专项作业车；上肢残疾人专用小型自动挡载客汽车</td><td></td></tr>
<tr><td>低速载货汽车</td><td>C3</td><td>低速载货汽车</td><td>C4</td></tr>
<tr><td>三轮汽车</td><td>C4</td><td>三轮汽车</td><td></td></tr>
<tr><td>残疾人专用小型自动挡载客汽车</td><td>C5</td><td>残疾人专用小型、微型自动挡载客汽车(允许上肢、右下肢或双下肢残疾人驾驶)</td><td></td></tr>
<tr><td>轻型牵引挂车</td><td>C6</td><td>总质量小于(不包含等于)4500kg 的汽车列车</td><td></td></tr>
<tr><td>普通三轮摩托车</td><td>D</td><td>发动机排量大于 50mL 或者最大设计车速大于 50km/h 的三轮摩托车</td><td>E、F</td></tr>
<tr><td>普通二轮摩托车</td><td>E</td><td>发动机排量大于 50mL 或者最大设计车速大于 50km/h 的二轮摩托车</td><td>F</td></tr>
</table>

续表

准驾车型	代号	准驾的车辆	准予驾驶的其他准驾车型
轻便摩托车	F	发动机排量小于等于50mL，最大设计车速小于等于50km/h的摩托车	
轮式专用机械车	M	轮式专用机械车	
无轨电车	N	无轨电车	
有轨电车	P	有轨电车	

(2)申请

申请机动车驾驶证的人，应当符合规定的年龄条件和身体条件。

初次申领机动车驾驶证的，可以申请准驾车型为城市公交车、大型货车、小型汽车、小型自动挡汽车、低速载货汽车、三轮汽车、残疾人专用小型自动挡载客汽车、普通三轮摩托车、普通二轮摩托车、轻便摩托车、轮式自行机械车、无轨电车、有轨电车的机动车驾驶证。

3. 机动车驾驶人考试

本部分规定了考试内容和合格标准、考试要求、考试监督管理等内容。

(1)考试内容和合格标准

机动车驾驶人考试内容分为道路交通安全法律、法规和相关知识考试科目(简称科目一)、场地驾驶技能考试科目(简称科目二)、道路驾驶技能和安全文明驾驶常识考试科目(简称科目三)。

(2)考试要求

车辆管理所应当按照预约的考场和时间安排考试。申请人科目一考试合格后，可以预约科目二或者科目三道路驾驶技能考试。有条件的地方，申请人可以同时预约科目二、科目三道路驾驶技能考试，预约成功后可以连续进行考试。科目二、科目三道路驾驶技能考试均合格后，申请人可以当日参加科目三安全文明驾驶常识考试。

每个科目考试一次，考试不合格的，可以补考一次。不参加补考或者补考仍不合格的，本次考试终止，申请人应当重新预约考试，但科目二、科目三考试应当在十日后预约。科目三安全文明驾驶常识考试不合格的，已通过的道路驾驶技能考试成绩有效。在学习驾驶证明有效期内，科目二和科目三道路驾驶技能考试预约考试的次数不得超过五次。第五次考试仍不合格的，已考试合格的其他科目成绩作废。

(3)考试监督管理

车辆管理所应当对考试过程进行全程录音、录像。

公安机关交通管理部门应当建立业务监督管理中心对机动车驾驶人考试和机动车驾驶证业务办理情况进行监督管理。车辆管理所应当对驾驶培训机构教练员、教练车、训练场地等情况进行备案。

4. 发证、换证、补证

本部分规定了驾驶证发证、换证、补证的相关事项等内容。

申请人考试合格后，应接受不少于半小时的交通安全文明驾驶常识和交通事故案例警示教育，并参加领证宣誓仪式。车辆管理所应当在领证宣誓仪式的当日核发机动车驾驶证。

驾驶人在机动非驾驶证的六年有效期内，每个记分周期均未记满 12 分的，换发十年有效期的驾驶证；在驾驶证的十年有效期内，每个记分周期均未记满 12 分的，换发长期有效的驾驶证。换证时，驾驶人应当于驾驶证有效期满前 90 日内，向驾驶证核发地或者核发地以外的车辆管理所申请，并提交以下证明、凭证：①机动车驾驶人的身份证明；②医疗机构出具的有关身体条件的证明。

年龄在 60 周岁以上的，不得驾驶大型客车、重型牵引车、城市公交车、中型客车、大型货车、轮式专用机械车、无轨电车和有轨电车；持有大型客车、重型牵引车、城市公交车、中型客车、大型货车驾驶证的，应当到机动车驾驶证核发地或者核发地以外的车辆管理所换领准驾车型为小型汽车或者小型自动挡汽车的机动车驾驶证。

年龄在 70 周岁以上的，不得驾驶低速载货汽车、三轮汽车、轻型牵引挂车、普通三轮摩托车、普通二轮摩托车；持有普通三轮摩托车、普通二轮摩托车驾驶证的，应当到机动车驾驶证核发地或者核发地以外的车辆管理所换领准驾车型为轻便摩托车的机动车驾驶证。

机动车驾驶人身体条件发生变化，不符合所持机动车驾驶证准驾车型的条件，但符合准予驾驶的其他准驾车型条件的，应当在 30 日内到机动车驾驶证核发地或者核发地以外的车辆管理所申请降低准驾车型。

驾驶人身体条件发生变化，不适合驾驶机动车的，应当在 30 日内到驾驶证核发地车辆管理所申请注销。驾驶人身体条件不适合驾驶机动车的，不得驾驶机动车。

5. 机动车驾驶人管理

机动车驾驶人管理包括审验、监督管理、校车驾驶人管理。

(1) 审验

驾驶证审验的内容包括：①道路交通安全违法行为、交通事故处理情况；②身体条件情况；③道路交通安全违法行为记分及记满 12 分后参加学习和考试情况。

持有大型客车、重型牵引车、城市公交车、中型客车、大型货车驾驶证一个记分周期内有记分的，以及持有其他准驾车型驾驶证发生交通事故造成人员死亡承担同等以上责任未被吊销机动车驾驶证的驾驶人，审验时应当参加不少于三小时的道路交通安全法律法规、交通安全文明驾驶、应急处置等知识学习，并接受交通事故案例警示教育。

年龄在 70 周岁以上的机动车驾驶人，应当每年进行一次身体检查，在记分周期结束后 30 日内，提交医疗机构出具的有关身体条件的证明。

持有残疾人专用小型自动挡载客汽车驾驶证的机动车驾驶人，应当每三年进行一次身体检查，在记分周期结束后 30 日内，提交医疗机构出具的有关身体条件的证明。

(2) 监督管理

机动车驾驶人初次取得汽车类准驾车型或者初次取得摩托车类准驾车型后的 12 个月为实习期。在实习期内驾驶机动车的，应当在车身后部粘贴或者悬挂统一式样的实习标志。机动车驾驶人在实习期内不得驾驶公共汽车、营运客车或者执行任务的警车、消防车、救护车、工程救险车以及载有爆炸物品、易燃易爆化学物品、剧毒或者放射性等危险物品的机动车；驾驶的机动车不得牵引挂车。

驾驶人在实习期内驾驶机动车上高速公路行驶，应当由持相应或者包含其准驾车型驾驶证三年以上的驾驶人陪同。其中，驾驶残疾人专用小型自动挡载客汽车的，可以由持有小型自动挡载客汽车以上准驾车型驾驶证的驾驶人陪同。

在增加准驾车型后的实习期内，驾驶原准驾车型的机动车时不受上述限制。持有准驾车型为残疾人专用小型自动挡载客汽车的机动车驾驶人驾驶机动车时，应当按规定在车身设置残疾人机动车专用标志。

机动车驾驶人具有下列情形之一的，车辆管理所应当注销其机动车驾驶证：①死亡的；②提出注销申请的；③丧失民事行为能力，监护人提出注销申请的；④身体条件不适合驾驶机动车的；⑤有器质性心脏病、癫痫病、美尼尔氏症、眩晕症、癔病、震颤麻痹、精神病、痴呆以及影响肢体活动的神经系统疾病等妨碍安全驾驶疾病的；⑥被查获有吸食、注射毒品后驾驶机动车行为，依法被责令社区戒毒、社区康复强制隔离戒毒，或者长期服用依赖性精神药品成瘾尚未戒除的；⑦代替他人参加机动车驾驶人考试的；⑧超过机动车驾驶证有效期一年以上未换证的；⑨年龄在 70 周岁以上，在一个记分周期结束后一年内未提交身体条件证明的；或者持有残疾人专用小型自动挡载客汽车准驾车型，在三个记分周期结束后一年内未提交身体条件证明的；⑩年龄在 60 周岁以上，所持机动车驾驶证只具有轮式专用机械车、无轨电车或者有轨电车准驾车型，或者年龄在 70 周岁以上，所持机动车驾驶证只具有低速载货汽车、三轮汽车准驾车型的；⑪机动车驾驶证依法被吊销或者驾驶许可依法被撤销的。有第②项至第⑪项情形之一，未收回机动车驾驶证的，应当公告机动车驾驶证作废。有第⑧项情形被注销机动车驾驶证未超过二年的，机动车驾驶人参加道路交通安全法律、法规和相关知识考试合格后，可以恢复驾驶资格。有第⑧项情形被注销机动车驾驶证，机动车驾驶证在有效期内或者超过有效期不满一年的，机动车驾驶人提交身体条件证明后，可以恢复驾驶资格。

(3)校车驾驶人管理

取得校车驾驶资格应当符合下列条件：①取得相应准驾车型驾驶证并具有三年以上驾驶经历，年龄在 25 周岁以上、不超过 60 周岁；②最近连续三个记分周期内没有被记满 12 分记录；③无致人死亡或者重伤的交通事故责任记录；④无酒后驾驶或者醉酒驾驶机动车记录，最近一年内无驾驶客运车辆超员、超速等严重道路交通安全违法行为记录；⑤无犯罪记录；⑥身心健康，无传染性疾病，无癫痫病、精神病等可能危及行车安全的疾病病史，无酗酒、吸毒行为记录。

6. 法律责任

本部分规定了驾驶人违规、交通管理人员违规的处罚等内容。

7. 附则

本部分规定了驾驶证换证、驾驶证式样等内容。

机动车驾驶证的式样由公安部统一制定并监制。机动车驾驶证的制作应当按照中华人民共和国公共安全行业标准《中华人民共和国机动车驾驶证》执行。拖拉机驾驶证的申领和使用另行规定。拖拉机驾驶证式样、规格应当符合中华人民共和国公共安全行业标准《中华人民共和国机动车驾驶证》的规定。

7.2.7 《机动车登记规定》

《机动车登记规定》于 2008 年 5 月 27 日以中华人民共和国公安部令第 102 号发布，自 2008 年 10 月 1 日起施行。根据 2012 年 9 月 12 日中华人民共和国公安部令第 124 号公布的《公安部关于修改〈机动车登记规定〉的决定》修正。修正后的《机动车登记规定》于 2021 年 12 月 4 日第 8 次部务会议审议通过，中华人民共和国公安部令第 164 号发布，自 2022

年5月1日起施行。

《机动车登记规定》共七章九十三条，七章分别是总则、机动车登记、机动车牌证、校车标牌核发、监督管理、法律责任、附则。部分内容简介如下：

1. 总则

本规定由公安机关交通管理部门负责实施。

省级公安机关交通管理部门负责本省(自治区、直辖市)机动车登记工作的指导、检查和监督。直辖市公安机关交通管理部门车辆管理所、设区的市或者相当于同级的公安机关交通管理部门车辆管理所负责办理本行政区域内机动车登记业务。

县级公安机关交通管理部门车辆管理所可以办理本行政区域内除危险货物运输车、校车、中型以上载客汽车登记以外的其他机动车登记业务。具体业务范围和办理条件由省级公安机关交通管理部门确定。警用车辆登记业务按照有关规定办理。

车辆管理所应当使用全国统一的计算机管理系统办理机动车登记、核发机动车登记证书、号牌、行驶证和检验合格标志。计算机管理系统的数据库标准和软件全国统一，能够完整、准确地记录和存储机动车登记业务全过程和经办人员信息，并能够实时将有关信息传送到全国公安交通管理信息系统。

2. 机动车登记

本部分阐述了车辆注册、变更、转让、抵押和注销等登记的相关规定。

机动车所有人应当到机动车安全技术检验机构对机动车进行安全技术检验，取得机动车安全技术检验合格证明后申请注册登记。但经海关进口的机动车和国务院机动车产品主管部门认定免予安全技术检验的机动车除外。

免予安全技术检验的机动车有下列情形之一的，应当进行安全技术检验：①国产机动车出厂后两年内未申请注册登记的；②经海关进口的机动车进口后两年内未申请注册登记的；③申请注册登记前发生交通事故的。

专用校车办理注册登记前，应当按照专用校车国家安全技术标准进行安全技术检验。

已注册登记的机动车有下列情形之一的，机动车所有人应当向登记地车辆管理所申请变更登记：①改变车身颜色的；②更换发动机的；③更换车身或者车架的；④因质量问题更换整车的；⑤机动车登记的使用性质改变的；⑥机动车所有人的住所迁出、迁入车辆管理所管辖区域的。属于前三项规定的变更事项的，机动车所有人应当在变更后十日内向车辆管理所申请变更登记。

机动车所有人的住所迁出车辆管理所管辖区域的，转出地车辆管理所应当自受理之日起三日内，查验机动车，在机动车登记证书上签注变更事项，制作上传机动车电子档案资料。机动车所有人应当在三十日内到住所地车辆管理所申请机动车转入。属于小型、微型载客汽车或者摩托车机动车所有人的住所迁出车辆管理所管辖区域的，应当向转入地车辆管理所申请变更登记。

申请机动车转入的，机动车所有人应当确认申请信息，提交身份证明、机动车登记证书，并交验机动车。机动车在转入时已超过检验有效期的，应当按规定进行安全技术检验并提交机动车安全技术检验合格证明和交通事故责任强制保险凭证。车辆管理所应当自受理之日起三日内，查验机动车，采集、核对车辆识别代号拓印膜或者电子资料，审查相关证明、凭证和机动车电子档案资料，在机动车登记证书上签注转入信息，收回号牌、行驶证，确定新的机动车号牌号码，核发号牌、行驶证和检验合格标志。

机动车所有人申请转出、转入前，应当将涉及该车的道路交通安全违法行为和交通事故处理完毕。

同一机动车所有人名下机动车的号牌号码需要互换，符合以下情形的，可以向登记地车辆管理所申请变更登记：①两辆机动车在同一辖区车辆管理所登记；②两辆机动车属于同一号牌种类；③两辆机动车使用性质为非营运。

机动车所有人应当确认申请信息，提交机动车所有人身份证明、两辆机动车的登记证书、行驶证、号牌。申请前，应当将两车的道路交通安全违法行为和交通事故处理完毕。

车辆管理所应当自受理之日起一日内，审查提交的证明、凭证，在机动车登记证书上签注变更事项，收回两车的号牌、行驶证，重新核发号牌、行驶证和检验合格标志。

同一机动车一年内可以互换变更一次机动车号牌号码。

已注册登记的机动车所有权发生转让的，现机动车所有人应当自机动车交付之日起三十日内向登记地车辆管理所申请转让登记。

机动车所有人申请转让登记前，应当将涉及该车的道路交通安全违法行为和交通事故处理完毕。

车辆管理所办理转让登记时，现机动车所有人住所不在车辆管理所管辖区域内的，转出地车辆管理所应当自受理之日起三日内，查验机动车，核对车辆识别代号拓印膜或者电子资料，审查提交的证明、凭证，收回号牌、行驶证，在机动车登记证书上签注转让和变更事项，核发有效期为三十日的临时行驶车号牌，制作上传机动车电子档案资料。机动车所有人应当在临时行驶车号牌的有效期限内到转入地车辆管理所申请机动车转入。

申请机动车转入时，机动车所有人应当确认申请信息，提交身份证明、机动车登记证书，并交验机动车。机动车在转入时已超过检验有效期的，应当按规定进行安全技术检验并提交机动车安全技术检验合格证明和交通事故责任强制保险凭证。转入地车辆管理所应当自受理之日起三日内，查验机动车，采集、核对车辆识别代号拓印膜或者电子资料，审查相关证明、凭证和机动车电子档案资料，在机动车登记证书上签注转入信息，核发号牌、行驶证和检验合格标志。

小型、微型载客汽车或者摩托车在转入地交易的，现机动车所有人应当向转入地车辆管理所申请转让登记。

机动车作为抵押物抵押的，机动车所有人和抵押权人应当向登记地车辆管理所申请抵押登记；抵押权消灭的，应当向登记地车辆管理所申请解除抵押登记。

机动车有下列情形之一的，机动车所有人应当向登记地车辆管理所申请注销登记：①机动车已达到国家强制报废标准的；②机动车未达到国家强制报废标准，机动车所有人自愿报废的；③因自然灾害、失火、交通事故等造成机动车灭失的；④机动车因故不在我国境内使用的；⑤因质量问题退车的。

3. 机动车牌证

本部分主要规定牌证的发放、换领、检验合格标志核发相关内容。

机动车所有人可以通过计算机随机选取或者按照选号规则自行编排的方式确定机动车号牌号码。

公安机关交通管理部门应当使用统一的机动车号牌选号系统发放号牌号码，号牌号码公开向社会发放。

办理机动车变更登记、转让登记或者注销登记后，原机动车所有人申请机动车登记时，可以向车辆管理所申请使用原机动车号牌号码。

申请使用原机动车号牌号码应当符合下列条件：①在办理机动车迁出、共同所有人变更、转让登记或者注销登记后两年内提出申请；②机动车所有人拥有原机动车且使用原号牌号码一年以上；③涉及原机动车的道路交通安全违法行为和交通事故处理完毕。

夫妻双方共同所有的机动车将登记的机动车所有人姓名变更为另一方姓名，婚姻关系存续期满一年且经夫妻双方共同申请的，可以使用原机动车号牌号码。

对临时入境的机动车需要上道路行驶的，机动车所有人应当按规定向入境地或者始发地车辆管理所申领临时入境机动车号牌和行驶证。公安机关交通管理部门应当使用统一的号牌管理信息系统制作、发放、收回、销毁机动车号牌和临时行驶车号牌。

机动车号牌灭失、丢失或者损毁的，机动车所有人应当向登记地车辆管理所申请补领、换领。申请时，机动车所有人应当确认申请信息并提交身份证明。车辆管理所应当审查提交的证明、凭证，收回未灭失、丢失或者损毁的号牌，自受理之日起十五日内补发、换发号牌，原机动车号牌号码不变。

机动车所有人可以在机动车检验有效期满前三个月内向车辆管理所申请检验合格标志。除大型载客汽车、校车以外的机动车因故不能在登记地检验的，机动车所有人可以向车辆所在地车辆管理所申请检验合格标志。

申请前，机动车所有人应当将涉及该车的道路交通安全违法行为和交通事故处理完毕。申请时，机动车所有人应当确认申请信息并提交行驶证、机动车交通事故责任强制保险凭证、车船税纳税或者免税证明、机动车安全技术检验合格证明。

车辆管理所应当自受理之日起一日内，审查提交的证明、凭证，核发检验合格标志。

对免予到机动车安全技术检验机构检验的机动车，机动车所有人申请检验合格标志时，应当提交机动车所有人身份证明或者行驶证、机动车交通事故责任强制保险凭证、车船税纳税或者免税证明。

车辆管理所应当自受理之日起一日内，审查提交的证明、凭证，核发检验合格标志。

4. 校车标牌核发

本部分规定学校或者校车服务提供者申请校车使用许可，应当按照《校车安全管理条例》向县级或者设区的市级人民政府教育行政部门提出申请。公安机关交通管理部门收到教育行政部门送来的征求意见材料后，应当在一日内通知申请人交验机动车。

5. 监督管理

本部分主要规定对车辆进行的监督管理。公安机关交通管理部门应当建立业务监督管理中心，通过远程监控、数据分析、日常检查、档案抽查、业务回访等方式，对机动车登记及相关业务办理情况进行监督管理。

直辖市、设区的市或者相当于同级的公安机关交通管理部门应当通过监管系统每周对机动车登记及相关业务办理情况进行监控、分析，及时查处整改发现的问题。省级公安机关交通管理部门应当通过监管系统每月对机动车登记及相关业务办理情况进行监控、分析，及时查处、通报发现的问题。

车辆管理所存在严重违规办理机动车登记情形的，上级公安机关交通管理部门可以暂停该车辆管理所办理相关业务或者指派其他车辆管理所人员接管业务。

7.2.8 《机动车维修管理规定》

《机动车维修管理规定》是为规范机动车维修经营活动，维护机动车维修市场秩序，保护机动车维修各方当事人的合法权益，保障机动车运行安全，保护环境，节约能源，促进机动车维修业的健康发展，根据《中华人民共和国道路运输条例》及有关法律、行政法规的规定所制定的，于2005年6月24日由交通部发布；根据2015年8月8日《交通运输部关于修改〈机动车维修管理规定〉的决定》第一次修正；根据2016年4月19日《交通运输部关于修改〈机动车维修管理规定〉的决定》第二次修正；根据2019年6月21日《交通运输部关于修改〈机动车维修管理规定〉的决定》第三次修正；根据2021年8月11日《交通运输部关于修改〈机动车维修管理规定〉的决定》第四次修正。

《机动车维修管理规定》分七章五十五条。七章分别为总则、经营备案、维修经营、质量管理、监督检查、法律责任、附则。部分内容简介如下：

1. 经营备案

本部分规定了汽车维修经营业务分类等内容。

机动车维修经营依据维修车型种类、服务能力和经营项目实行分类备案。机动车维修经营业务根据维修对象分为汽车维修经营业务、危险货物运输车辆维修经营业务、摩托车维修经营业务和其他机动车维修经营业务四类。

汽车维修经营业务根据经营项目和服务能力分为一类维修经营业务、二类维修经营业务和三类维修经营业务。一类、二类汽车维修经营业务，可以从事相应车型的整车修理、总成修理、整车维护、小修、维修救援、专项修理和维修竣工检验工作；三类汽车维修经营业务可以从事汽车综合小修或者发动机维修、车身维修、电气系统维修、自动变速器维修、轮胎动平衡及修补、四轮定位检测调整、汽车润滑与养护、喷油泵和喷油器维修、曲轴修磨、气缸镗磨、散热器维修、空调维修、汽车美容装潢、汽车玻璃安装及修复等汽车专项维修工作。具体有关经营项目按照《汽车维修业开业条件》(GB/T 16739)相关条款的规定执行。

从事汽车维修经营业务或者其他机动车维修经营业务的，应当符合下列条件：

①有与其经营业务相适应的维修车辆停车场和生产厂房。租用的场地应当有书面的租赁合同，且租赁期限不得少于一年。停车场和生产厂房面积按照国家标准《汽车维修业开业条件》相关条款的规定执行。

②有与其经营业务相适应的设备、设施。所配备的计量设备应当符合国家有关技术标准要求，并经法定检定机构检定合格。从事汽车维修经营业务的设备、设施的具体要求按照国家标准《汽车维修业开业条件》相关条款的规定执行；从事其他机动车维修经营业务的设备、设施的具体要求，参照国家标准《汽车维修业开业条件》执行，但所配备设施、设备应与其维修车型相适应。

③有必要的技术人员。

a. 从事一类和二类维修业务的应当各配备至少一名技术负责人员、质量检验人员、业务接待人员以及从事机修、电器、钣金、涂漆的维修技术人员。技术负责人员应当熟悉汽车或者其他机动车维修业务，并掌握汽车或者其他机动车维修及相关政策法规和技术规范；质量检验人员应当熟悉各类汽车或者其他机动车维修检测作业规范，掌握汽车或者其他机动车维修故障诊断和质量检验的相关技术，熟悉汽车或者其他机动车维修服务收费标准及相关政策法规和技术规范，并持有与承修车型种类相适应的机动车驾驶证；从事机修、电器、钣金、涂漆的维修技术人员应当熟悉所从事工种的维修技术和操作规范，并了解汽车或者其他机动车维修及相关政策法规。各类技术人员的配备要求按照《汽车维修业开业条件》相关条款的规定执行。

b. 从事三类维修业务的，按照其经营项目分别配备相应的机修、电器、钣金、涂漆的维修技术人员；从事汽车综合小修、发动机维修、车身维修、电气系统维修、自动变速器维修的，还应当配备技术负责人员和质量检验人员。各类技术人员的配备要求按照国家标准《汽车维修业开业条件》相关条款的规定执行。

④有健全的维修管理制度。包括质量管理制度、安全生产管理制度、车辆维修档案管理制度、人员培训制度、设备管理制度及配件管理制度。具体要求按照国家标准《汽车维修业开业条件》相关条款的规定执行。

⑤有必要的环境保护措施。具体要求按照国家标准《汽车维修业开业条件》相关条款的规定执行。

2. 维修经营

本部分规定了更换发动机、车身和车架，维修工时定额和收费等内容。

机动车维修经营者不得擅自改装机动车，不得承修已报废的机动车，不得利用配件拼装机动车。托修方要改变机动车车身颜色，更换发动机、车身和车架的，应当按照有关法律、法规的规定办理相关手续，机动车维修经营者在查看相关手续后方可承修。

机动车维修经营者应当公布机动车维修工时定额和收费标准，合理收取费用。机动车维修工时定额可按各省机动车维修协会等行业中介组织统一制定的标准执行，也可按机动车维修经营者报所在地道路运输管理机构备案后的标准执行，也可按机动车生产厂家公布的标准执行。当上述标准不一致时，优先适用机动车维修经营者备案的标准。机动车维修经营者应当将其执行的机动车维修工时单价标准报所在地道路运输管理机构备案。机动车生产企业在新车型投放市场后六个月内，向社会公布其维修技术信息和工时定额。

3. 质量管理

本部分规定了维修原则、维修质量保证期制度等内容。

机动车维修经营者应当按照国家、行业或者地方的维修标准规范和机动车生产、进口企业公开的维修技术信息进行维修。尚无标准或规范的，可参照机动车生产企业提供的维修手册、使用说明书和有关技术资料进行维修。机动车维修经营者不得通过临时更换机动车污染控制装置、破坏机动车车载排放诊断系统等维修作业，使机动车通过排放检验。

机动车维修实行竣工出厂质量保证期制度。汽车和危险货物运输车辆整车修理或总成修理质量保证期为车辆行驶 20000km 或者 100 日；二级维护质量保证期为车辆行驶 5000km 或者 30 日；一级维护、小修及专项修理质量保证期为车辆行驶 2000km 或者 10 日。摩托车整车修理或者总成修理质量保证期为摩托车行驶 7000km 或者 80 日；维护、小修及专项修理质量保证期为摩托车行驶 800km 或者 10 日。其他机动车整车修理或者总成修理质量保证期为机动车行驶 6000km 或者 60 日；维护、小修及专项修理质量保证期为机动车行驶 700km 或者 7 日。质量保证期中行驶里程和日期指标，以先达到者为准。机动车维修质量保证期，从维修竣工出厂之日起计算。

对机动车维修质量的责任认定需要进行技术分析和鉴定，且承修方和托修方共同要求道路运输管理机构出面协调的，道路运输管理机构应当组织专家组或委托具有法定检测资

格的检测机构作出技术分析和鉴定，鉴定费用由责任方承担。

案例7-1

车辆维修质量问题导致的车辆损失

案情介绍：一辆家用轿车，在发动机进行了大修后的第65天，在高速公路超车时，发现路上有一石块，制动不及，只能从石头上“骑”过去。驾驶员听到“当”的一声响，停车后发现发动机下有机油，遂拖至修理厂。在修理厂拆检发现：第一缸缸体的右侧有一个60mm×50mm的不规则孔洞；第一缸内表面上侧及左侧有击打过的痕迹多处；第一缸曲轴连杆轴径有烧蚀，曲轴有碰擦痕迹，其他缸主轴承及连杆轴承均正常；铝质油底壳与第一缸连杆轴承相对处内表面有多处击打痕迹和多个击穿孔洞，并且有一道穿透了的裂纹；第一缸连杆折断，连杆大头粉碎，活塞粉碎，只剩下活塞的头部；连杆螺栓断口处弯曲变细；各缸活塞均有与气门碰撞痕迹，但第一缸活塞碰撞较轻。

根据拆检发现的现象，结合汽车发动机的工作原理分析，假如汽车发动机只是托底，绝对不可能造成这样的损坏。由于第一缸连杆螺栓为受拉变形至折断，且曲轴只有第一缸连杆处有烧灼过的痕迹，因此可以得出如下结论：该发动机的损失是由于第一缸连杆螺栓折断造成的机械事故引起的，而连杆螺栓的折断则是由于发动机大修时的拧紧力矩过大或者螺栓自身有缺陷造成的。这属于典型的维修质量缺陷！保险公司予以拒赔。

分析：为了维护广大汽车消费者的合法权益，交通部出台了《机动车维修管理规定》。机动车维修实行竣工出厂质量保证期制度。汽车整车修理或总成修理质量保证期为车辆行驶2000km或者100日。本案中，发动机在大修后的第65天发生了事故，出险时间在质量保证期内，因此应该由汽车修理厂负责。

7.2.9 《机动车强制报废标准规定》

为保障道路交通安全、鼓励技术进步、加快建设资源节约型、环境友好型社会，根据《道路交通安全法》及其实施条例、《中华人民共和国大气污染防治法》、《中华人民共和国噪声污染防治法》，制定了《机动车强制报废标准规定》。根据机动车使用和安全技术、排放检验状况，国家对达到报废标准的机动车实施强制报废。商务、公安、环境保护、发展改革等部门依据各自职责，负责报废机动车回收拆解监督管理、机动车强制报废标准执行有关工作。

以下对2021年《机动车强制报废标准规定》的最新报废规定做简要解读。

1. 机动车强制报废制度

根据机动车使用和安全技术、排放检验状况，国家对达到报废标准的机动车实施强制报废，其所有人应当将机动车交售给报废机动车回收拆解企业，由报废机动车回收拆解企业按规定进行登记、拆解、销毁等处理，并将报废机动车登记证书、号牌、行驶证等交公安机关交通管理部门注销。

2. 报废年限和里程规定

机动车使用年限及行驶里程参考值见表7-2。机动车使用年限起始日期按照注册登记日期计算，但自出厂之日起超过两年未办理注册登记手续的，按照出厂日期计算。

表 7-2　机动车使用年限及行驶里程参考值

车辆类型与用途					使用年限/年	行驶里程参考值/万千米
汽车	载客	营运	出租客运	小、微型	8	60
				中型	10	50
				大型	12	60
			租赁		15	60
			教练	小型	10	50
				中型	12	50
				大型	15	60
			公交客运		13	40
			其他	小、微型	10	60
				中型	15	50
				大型	15	80
		专用校车			15	40
		非营运	小、微型客车、大型轿车		无	60
			中型客车		20	50
			大型客车		20	60
	载货		微型		12	50
			中、轻型		15	60
			重型		15	70
			危险品运输		10	40
			三轮汽车、装用单杠发动机的低速货车		9	无
			装用多缸发动机的低速货车		12	30
	专项作业		有载货功能		15	50
			无载货功能		30	50
挂车			半挂车	集装箱	20	无
				危险品运输	10	无
				其他	15	无
			全挂车		10	无
摩托车			正三轮		12	10
			其他		13	12
轮式专用机械车					无	50

国家规定对达到表 7-2 所列行驶里程的机动车，其所有人可以将机动车按《机动车强制报废标准规定》进行报废处理。

3. 变更使用性质或者转移登记的机动车确定使用年限和报废的要求

变更使用性质或者转移登记的机动车应当按照下列有关要求确定使用年限和报废：①营运载客汽车与非营运载客汽车相互转换的，按照营运载客汽车的规定报废，但小、微型非营运载客汽车和大型非营运轿车转为营运载客汽车的，应按照本规定附件 1 所列公式核算累计使用年限，且不得超过 15 年；②不同类型的营运载客汽车相互转换，按照使用年限较严的规定报废；③小、微型出租客运汽车和摩托车需要转出登记所属地省、自治区、直辖市范围的，按照使用年限较严的规定报废；④危险品运输载货汽车、半挂车与其他载货汽车、半挂车相互转换的，按照危险品运输载货车、半挂车的规定报废。距本规定要求使用年限 1 年以内(含 1 年)的机动车，不得变更使用性质、转移所有权或者转出登记地所属地市级行政区域。

除了本书列出的车辆管理和使用相关法律法规，还有《拖拉机和联合收割机驾驶证管理规定》《拖拉机禁用与报废》等。本书对摩托车与拖拉机的相关保险不做详细叙述。

7.3 人身损害赔偿相关法律法规

7.3.1 《最高人民法院关于审理人身损害赔偿案件适用法律若干问题的解释》

为正确审理人身损害赔偿案件，依法保护当事人的合法权益，根据《民法典》《中华人民共和国民事诉讼法》等有关法律规定，结合审判实践，制定《最高人民法院关于审理人身损害赔偿案件适用法律若干问题的解释》。本解释于 2003 年 12 月 4 日最高人民法院审判委员会第 1299 次会议通过；根据 2020 年 12 月 23 日最高人民法院审判委员会第 1823 次会议通过的《最高人民法院关于修改〈最高人民法院关于在民事审判工作中适用《中华人民共和国工会法》若干问题的解释〉等二十七件民事类司法解释的决定》修正；根据 2022 年 2 月 15 日最高人民法院审判委员会第 1864 次会议通过的《最高人民法院关于修改〈最高人民法院关于审理人身损害赔偿案件适用法律若干问题的解释〉的决定》修正，该修正自 2022 年 5 月 1 日起施行。

本解释规定了受害人遭受人身损害后可获得的赔偿项目及其计算标准等内容。受害人遭受人身损害后可获得的赔偿项目包括四个方面：一是因就医治疗支出的各项费用，以及因误工减少的收入；二是受害人因伤致残的；三是受害人死亡的；四是精神损害抚慰金。

1. 因就医治疗支出的各项费用及因误工减少的收入

受害人因就医治疗支出的各项费用及因误工减少的收入，包括医疗费、误工费、护理费、交通费、住宿费、住院伙食补助费、必要的营养费。

2. 受害人因伤致残的

受害人因伤致残的，其因增加生活上需要所支出的必要费用以及因丧失劳动能力导致的收入损失，包括残疾赔偿金、残疾辅助器具费、被扶养人生活费，以及因康复护理、继续治疗实际发生的必要的康复费、护理费、后续治疗费。

3. 受害人死亡的

受害人死亡的，赔偿义务人除应当根据抢救治疗情况赔偿医疗费、误工费、护理费、交通费、住宿费、住院伙食补助费、必要的营养费等相关费用外，还应当赔偿丧葬费，被扶养人生活费、死亡补偿费，以及受害人亲属办理丧葬事宜支出的交通费、住宿费和误工损失等其他合理费用。

4. 精神损害抚慰金

受害人或者死者近亲属遭受精神损害，赔偿权利人向人民法院请求赔偿精神损害抚慰金的，适用《最高人民法院关于确定民事侵权精神损害赔偿责任若干问题的解释》予以确定。

7.3.2 《人体损伤致残程度分级》

《人体损伤致残程度分级》是由最高人民法院、最高人民检察院、公安部、国家安全部、司法部联合发布，作为人体损伤致残程度鉴定统一适用的标准，于 2017 年 1 月 1 日起正式施行。

损伤是指各种因素造成的人体组织器官结构破坏和/或功能障碍。残疾是指人体组织器官结构破坏或者功能障碍，以及个体在现代临床医疗条件下难以恢复的生活、工作、社会活动能力不同程度的降低或者丧失。

《人体损伤致残程度分级》将人体损伤致残程度划分为十个等级，从一级(人体致残率100%)到十级(人体致残率 10%)，每级致残率相差 10%。每级对致残状况都做了详细规定。致残程度等级划分见表 7-3。

表 7-3　致残程度等级划分

等级	划分依据	等级	划分依据
一级残疾	a. 组织器官缺失或者功能完全丧失，其他器官不能代偿； b. 存在特殊医疗依赖； c. 意识丧失； d. 日常生活完全不能自理； e. 社会交往完全丧失	六级残疾	a. 组织器官大部分缺损或者明显畸形，有中度功能障碍； b. 存在一般医疗依赖； c. 日常生活能力部分受限，但能部分代偿，条件性需要帮助； d. 各种活动中度受限，活动能力降低； e. 社会交往贫乏或者狭窄
二级残疾	a. 组织器官严重缺损或者畸形，有严重功能障碍，其他器官难以代偿； b. 存在特殊医疗依赖； c. 日常生活大部分不能自理； d. 各种活动严重受限，仅限于床上或者椅子上的活动； e. 社会交往基本丧失	七级残疾	a. 组织器官大部分缺损或者明显畸形，有中度(偏轻)功能障碍； b. 存在一般医疗依赖，无护理依赖； c. 日常生活有关的活动能力极重度受限； d. 各种活动中度受限，短暂活动不受限，长时间活动受限； e. 社会交往能力降低
三级残疾	a. 组织器官严重缺损或者畸形，有严重功能障碍； b. 存在特殊医疗依赖； c. 日常生活大部分或者部分不能自理； d. 各种活动严重受限，仅限于室内的活动； e. 社会交往极度困难	八级残疾	a. 组织器官部分缺损或者畸形，有轻度功能障碍，并造成明显影响； b. 存在一般医疗依赖，无护理依赖； c. 日常生活有关的活动能力重度受限； d. 各种活动轻度受限，远距离活动受限； e. 社会交往受约束

续表

等级	划分依据	等级	划分依据
四级残疾	a. 组织器官严重缺损或者畸形，有重度功能障碍； b. 存在特殊医疗依赖或者一般医疗依赖； c. 日常生活能力严重受限，间或需要帮助； d. 各种活动严重受限，仅限于居住范围内的活动； e. 社会交往困难	九级残疾	a. 组织器官部分缺损或者畸形，有轻度功能障碍，并造成较明显影响； b. 无医疗依赖或者存在一般医疗依赖，无护理依赖； c. 日常生活有关的活动能力中度受限； d. 工作与学习能力下降； e. 社会交往能力部分受限
五级残疾	a. 组织器官大部分缺损或者明显畸形，有中度(偏重)功能障碍； b. 存在一般医疗依赖； c. 日常生活能力部分受限，偶尔需要帮助； d. 各种活动中度受限，仅限于就近的活动； e. 社会交往严重受限	十级残疾	a. 组织器官部分缺损或者畸形，有轻度功能障碍，并造成一定影响； b. 无医疗依赖或者存在一般医疗依赖，无护理依赖； c. 日常生活有关的活动能力轻度受限； d. 工作与学习能力受到一定影响； e. 社会交往能力轻度受限

复习与思考

1. 简述《保险法》对投保人和被保险人义务的规定。
2. 简述《道路交通安全法》对车辆管理和驾驶人管理的内容。
3. 简述适用交通事故简易程序处理的事故。
4. 简述《机动车驾驶证申领和使用规定》对驾驶人的计分规定。
5. 简述机动车驾驶证包含的内容，各类驾驶证的准驾车型的相关规定。
6. 简述各类汽车维修作业的质量保证期。
7. 简述《机动车强制报废标准》对各类机动车报废年限和里程的规定。
8. 简述交通事故中人身损害赔偿的项目。
9. 简述交通事故受伤人员伤残等级划分的等级和划分依据。
10. 案例分析：交强险是否可以垫付抢救费用？

2021 年 6 月 10 日晚 6 时，原告张某驾驶两轮摩托车在锦州市某公路由西往东行驶时，与由王某驾驶的往西行驶的大型货车相撞，张某倒地受重伤，立即被送医院急救，由于张某昏迷不醒，一直在重症监护室救治，并随时有生命危险。大型货车驾驶员王某在肇事后逃逸。伤者张某的家人为挽回张某的生命，先后用去了抢救费 10 多万元，但毕竟由于家境贫寒，还是欠下医院 5 万元的医疗费，医院多次向张某家人催交未果，想停止抢救。于是，家人便想让王某车辆所投保交强险的保险公司给予赔付。

思考：

(1) 王某车辆的交强险能否为张某垫付抢救费用？

(2)《道路交通安全法》对此情况是如何规定的？

(3) 如果王某的车辆根本没有买保险，那么张某的抢救费用应如何处理？

11. 超载大货车致人死亡，如何理赔？

某保险公司承保的一辆大货车在行驶途中由于超载，导致车辆制动性能减弱，以致不能及时制动，将横穿马路的李某轧死。交通事故认定书认定，大货车负完全责任。

思考：

(1)大型货车因超载导致交通事故，被保险人有无违反《保险法》规定的投保人和被保险人义务？

(2)假设法院判决此案由保险人对第三者进行人身损害赔偿，那么保险人应赔偿受害人哪些费用？

参考文献

[1]游彩霞. 汽车保险与理赔[M]. 北京：机械工业出版社，2020.

[2]赵长利，李景芝. 汽车保险与理赔[M]. 北京：机械工业出版社，2021.

[3]魏华林，林宝清. 保险学[M]. 3版. 北京：高等教育出版社，2011.

[4]魏巧琴. 保险公司经营管理[M]. 4版. 上海：上海财经大学出版社，2012.

[5]中保研汽车技术研究院有限公司新能源汽车研究课题组. 新能源汽车保险事故查勘定损指南[M]. 北京：机械工业出版社，2020.

[6]王永盛. 车险理赔查勘与定损[M]. 3版. 北京：机械工业出版社，2014.

[7]李建华，王立. 中华人民共和国道路交通安全法实施条例适用指南[M]. 北京：中国法制出版社，2004.

[8]国务院法制办政法司. 中华人民共和国道路交通安全法释义[M]. 北京：人民交通出版社，2003.

[9]龙玉国，龙卫洋，胡波涌. 汽车保险创新和发展[M]. 上海：复旦大学出版社，2005.

[10]中国保险行业协会. 中国保险行业协会机动车商业保险示范条款(2020版)[Z]. 2020.

[11]中华人民共和国民法典[EB/OL].[2020-06-01].https://www.gov.cn/xinwen/2020-06/01/content_5516649.htm.

[12]《道路交通安全法及相关规定》编委会. 道路交通安全法及相关规定[M]. 北京：中国人事出版社，2003.

[13]中国保险行业协会. 车险查勘定损实务[M]. 北京：中国财政经济出版社，2015.

[14]张晓明，欧阳鲁生. 机动车辆保险定损员培训教程[M]. 北京：首都经济贸易大学出版社，2007.

[15]唐阳山，郑利民，张丽萍. 汽车事故分析处理与鉴定[M]. 上海：复旦大学出版社，2023.

[16]许洪国，刘宏飞. 道路交通事故分析与处理[M]. 3版. 北京：人民交通出版社，2019.

[17]徐立友. 汽车维修工程[M]. 北京：人民交通出版社，2014.

[18]林绪东. 汽车保险定损与理赔实务[M]. 2版. 北京：机械工业出版社，2021.